JOEY RAMONE

Os últimos ajustes deste livro foram feitos em fevereiro de 2022. E foi também no mês de fevereiro, mas 20 anos antes, que saiu o primeiro (e maravilhoso) álbum solo de Joey Ramone, *Don't Worry About Me* (2002). Disco póstumo, como se sabe, pois infelizmente Joey tinha nos deixado em 2001. O autor desta biografia assinou a produção executiva do álbum (ao lado da mamãe Charlotte Lesher), além de tocar guitarra e fazer backing vocals na faixa-título. Dez anos depois, outro material póstumo foi lançado, *...Ya Know?* (2012). No segundo disco solo de Joey, o seu irmão Mickey teve uma participação mais efetiva, tocando em várias músicas e também coproduzindo. O álbum fecha com a emocionante "Life's a Gas", releitura de uma canção gravada originalmente pelos Ramones no *¡Adios Amigos!* (1995). Na letra, Joey dá o recado para todos nós, eternos fãs de Ramones: "Não fique triste, pois eu estarei lá". Ele tinha razão, afinal sempre está conosco quando colocamos um disco dos Ramones para tocar. Obrigado, Joey.

Esta coleção celebra a vida com paixão em volume máximo e os muitos aniversários do rock.

Foto: David Godlis

EU DORMI COM JOEY RAMONE

MEMÓRIAS DE UMA FAMÍLIA PUNK ROCK

MICKEY LEIGH COM LEGS MCNEIL

Belas Letras

Copyright © 2009 Mickey Leigh e Legs McNeil
Publicado originalmente pela Touchstone.

Título original
I slept with Joey Ramone: a punk rock family memoir

Nenhuma parte desta publicação pode ser reproduzida, armazenada ou transmitida para fins comerciais sem a permissão do editor. Você não precisa pedir nenhuma autorização, no entanto, para compartilhar pequenos trechos ou reproduções das páginas nas suas redes sociais, para divulgar a capa, nem para contar para seus amigos como este livro é incrível (e como somos modestos).

Este livro é o resultado de um trabalho feito com muito amor, diversão e gente finice pelas seguintes pessoas:
Gustavo Guertler (*publisher*), Marcelo Viegas (edição), Tanara de Araújo (revisão), **Celso Orlandin Jr. (capa, projeto gráfico e diagramação)** e **Hilton Lima (tradução).**
Obrigado, amigos.

Os nome e detalhes sobre algumas pessoas foram alterados.

2022
Todos os direitos desta edição reservados à
Editora Belas Letras Ltda.
Rua Antônio Corsetti, 221 – Bairro Cinquentenário
CEP 95012-080 – Caxias do Sul – RS
www.belasletras.com.br

Dados Internacionais de Catalogação na Fonte (CIP)
Biblioteca Pública Municipal Dr. Demetrio Niederauer
Caxias do Sul, RS

L529e	Leigh, Mickey
	Eu dormi com Joey Ramone: memórias de uma família punk rock / Mickey Leigh e Legs McNeil; tradutor: Hilton Lima. - Caxias do Sul, RS: Belas Letras, 2022.
	352 p.
	Título e subtítulo originais: I slept with Joey Ramone: a punk rock family memoir
	ISBN: 978-65-5537-135-2
	ISBN: 978-65-5537-184-0
	1. Rock (Música). 2. Ramones (Conjunto musical). 3. Músicos de punk rock - Estados Unidos. 4. Ramone, Joey, 1951-2001. I. McNeil, Legs. II. Lima, Hilton. III. Título.
22/7	CDU 784.4(73)

Catalogação elaborada por Vanessa Pinent, CRB-10/1297

Dedicado à minha mãe, Charlotte Lesher.
Se o seu inesgotável amor não fosse maior que as minhas mágoas, eu estaria frito!

NOTA DO AUTOR..8

NOTA DO AUTOR À NOVA EDIÇÃO BRASILEIRA..............................9

PRÓLOGO..10

CAPÍTULO 1: EU DORMI COM JOEY RAMONE – E COM A MÃE DELE TAMBÉM!......13

CAPÍTULO 2: O DIA EM QUE A MÚSICA NASCEU....................................19

CAPÍTULO 3: VOCÊ SE LEMBRA DA RÁDIO ROCK & ROLL?........................25

CAPÍTULO 4: TOCA "WIPE OUT"..31

CAPÍTULO 5: TUDO VEM ABAIXO...40

CAPÍTULO 6: FOREST HILLS VIVE..46

CAPÍTULO 7: NÃO FOMOS NÓS, PAI..55

CAPÍTULO 8: VIOLÊNCIA NAS RUAS..62

CAPÍTULO 9: A BUSCA..70

CAPÍTULO 10: VIERAM ME LEVAR EMBORA...80

CAPÍTULO 11: UM POUCO DE GÊNIO EM CADA LOUCO.............................84

CAPÍTULO 12: TUDO EM CASA ENTRE OS PACIENTES NÃO-RESIDENTES..........90

CAPÍTULO 13: TENHO 18 ANOS E NÃO ME IMPORTO.............................99

CAPÍTULO 14: PURPURINAS CINTILANTES...109

CAPÍTULO 15: SUPERANDO FRANK ZAPPA..119

CAPÍTULO 16: 1-2-3-4!...128

CAPÍTULO 17: CAFÉ PARA JESUS..140

CAPÍTULO 18: AS CRIANÇAS VÃO FICAR BEM?....................................152

CAPÍTULO 19: HOJE O SEU AMOR...162

CAPÍTULO 20: AMANHÃ O MUNDO...173

CAPÍTULO 21: QUERO SER SEDADO...186

CAPÍTULO 22: DIM-DOM! 192

CAPÍTULO 23: ALCOÓLICOS SINÔNIMOS 206

CAPÍTULO 24: QUEIMANDO O MENSAGEIRO 219

CAPÍTULO 25: O AMANHÃ NUNCA CHEGA 227

CAPÍTULO 26: VOU QUERER UM LANCHE FELIZ – PARA VIAGEM! 234

CAPÍTULO 27: A CULPA É DO RUM 244

CAPÍTULO 28: OUVI DIZER QUE É SEU ANIVERSÁRIO 257

CAPÍTULO 29: SOMOS OS MACACOS! 268

CAPÍTULO 30: A GARRAFA ESTÁ VAZIA, MAS A BARRIGA ESTÁ CHEIA 277

CAPÍTULO 31: UM POUCO DA VERDADE 289

CAPÍTULO 32: PALHAÇOS PELO PROGRESSO 307

CAPÍTULO 33: FARRA ENTRE IRMÃOS 325

CAPÍTULO 34: A DURA LEI DE MURPHY 329

CAPÍTULO 35: DEPRESSÃO NAS TERRAS ALTAS 338

CAPÍTULO 36: ESTRANHO, NÃO É? 345

CAPÍTULO 37: FORTE DEMAIS PARA MORRER? 350

CAPÍTULO 38: QUER SER MINHA MENINA? 356

CAPÍTULO 39: O VELHO E OS FRUTOS DO MAR 366

CAPÍTULO 40: UM NOVO COMEÇO PARA VELHOS PRINCIPIANTES 372

CAPÍTULO 41: EM BREVE 376

EPÍLOGO 401

AGRADECIMENTOS 414

SOBRE OS AUTORES 415

NOTA DO AUTOR

LEVEI MUITOS ANOS PARA FINALMENTE NARRAR, com a ajuda de Legs, a história de Joey Ramone — das suas origens nos subúrbios do Queens como Jeff Hyman à cena do glitter rock, aos Ramones, ao CBGB e também à sua extraordinária música, energia e capacidade de inovação. Entrevistamos dezenas de familiares, amigos, colegas e profissionais da indústria musical para auxiliar nossa narrativa e também para dar a perspectiva daqueles que estavam lá enquanto a vida de Joey se desenrolava. Incluímos alguns desses relatos em primeira pessoa ao longo de *Eu dormi com Joey Ramone: memórias de uma família punk rock*, o que além de dar um toque a mais a um livro de memórias, creio que também ajudará a apresentar o mais completo relato da vida de Joey que eu poderia conceber. Espero que nestas páginas você compartilhe do espírito do meu irmão — um verdadeiro punk rocker — Joey Ramone.

NOTA DO AUTOR À NOVA EDIÇÃO BRASILEIRA

EU NÃO PODERIA ESTAR MAIS FELIZ POR TER ESTE LIVRO disponibilizado em português – não apenas para pessoas que gostam de ler sobre os Ramones, mas também para todos que adoram ler ótimas histórias. Especialmente histórias sobre indivíduos que enfrentaram enormes adversidades e, com a ajuda de uma família solidária, conseguiram superá-las para alcançar coisas grandes. São essas as histórias que inspiram as pessoas que estão lutando para superar seus próprios obstáculos na vida.

Mickey Leigh
NYC, 2022

PRÓLOGO

Era uma daquelas noites cristalinas no fim do inverno de 1969. Minha mãe, meu irmão e eu havíamos recentemente nos mudado para um edifício de apartamentos em Forest Hills, no Queens, que tinha uma vista espetacular de Manhattan.

Eu estava em nosso novo quarto sentado com Arlene, uma amiga que tinha resolvido dar uma passada por lá depois de nossa última aula na Forest Hills High School. Da minha cama podíamos ver todo o horizonte pela janela, enquanto assistíamos o sol se pôr sobre Manhattan. Arlene contemplava as luzes da cidade enquanto eu passava um baseado para ela.

De repente, do outro lado do quarto, algo se moveu embaixo de uma enorme pilha de entulho caseiro. Era como se aquela irreconhecível montanha de tralhas ganhasse vida própria.

"O que foi isso?", Arlene perguntou em um tom silencioso, porém enfático. Ela estava pronta para sair correndo, caso aquela inexplicável agitação continuasse.

"Ah, isso é o meu irmão", eu respondi, de forma inexpressiva.

De um lado do quarto próximo à janela estava a bagunça padrão de todo adolescente, com algumas esquisitices a mais: um cachimbo fino e espelhado de vinte e cinco centímetros para fumar haxixe, feito por índios mexicanos, um leitor de cartuchos de áudio, uma edição da *East Village Other*, um exemplar de *How to Talk Dirty and Influence People*, de Lenny Bruce, e palhetas de guitarra.

Do outro lado — o lado do meu irmão — estava a montanha.

Ela tinha níveis que mais se pareciam com camadas: camisas, calças, meias e cuecas diversas, limpas e sujas, um par de botas de camurça com franjas na altura da canela (como aquelas que Ian Anderson do Jethro Tull aparece usando na capa do disco *Stand Up*), tudo isso coberto por um enorme casaco afegão. Abaixo em outra camada estavam discos, jornais, revistas de rock e embalagens de comida, de diversos grupos alimentares, tudo cercado por pratos, xícaras e copos que serviam como cinzeiros, contendo líquidos que haviam criado espuma — como colarinhos em canecas de cerveja — e que haviam subido até o topo, transbordando pelo bocal.

Lençóis e cobertores abriam caminhos, serpenteando para dentro e para fora da escultura viva. Um colchão oculto ficava ao chão, sustentando a crescente maravilha geológica que era o lado do quarto pertencente ao meu irmão.

"Ãh... Você tem certeza que é ele?", Arlene perguntou, um tanto confusa por eu não ter sequer olhado em direção à massa misteriosa. "Não vejo ninguém ali."

"É, é ele", eu respondi. "A menos que tenha um novo inquilino morando ali e eu não esteja sabendo."

Arlene deu uma risadinha, um tanto sincera e um tanto nervosa.

Ao escutar nossas vozes, meu irmão abriu uma trilha entre uma quantidade suficiente de escombros, permitindo a ele colocar a cabeça para fora e ver o que estava acontecendo.

Ele ainda estava de óculos escuros. Raramente tirava.

"E aí, como é que está?", ele disse para Arlene. Eles já tinham se visto pela vizinhança.

"Tudo bem", Arlene respondeu. "A gente te acordou?"

Olhando para a janela e vendo que já era quase noite, meu irmão respondeu:

"Não, tudo bem. Eu já estava acordado".

Quando ele começou a sair do monte, percebemos que ele estava sem calças. Arlene então disse:

"Olha, acho que eu já vou. Prometi ao Alan que ia passar lá em cima".

"É", eu disse. "A minha mãe vai chegar daqui a pouco também."

Fui para o meio do quarto para bloquear a visão dela.

Não foram muitas as garotas que foram à minha casa depois daquilo.

O meu irmão — o cara sem as calças — viveria para se tornar Joey Ramone, com uma história de vida bastante surpreendente.

Eu viveria para contar essa história.

CAPÍTULO 1

EU DORMI COM JOEY RAMONE
— E COM A MÃE DELE TAMBÉM!

Os nossos pais, Charlotte Mandell e Noel Hyman, cresceram a poucos quilômetros de distância um do outro no Brooklyn, em Nova York.

Curiosamente, eles se conheceram pela primeira vez a mais de cem quilômetros de distância, no Nevele Resort, nas Montanhas Catskills. A área do resort, localizada no interior do estado de Nova York e conhecida como Cinturão do Borscht, tinha virado um ponto de encontro para jovens judeus solteiros após a Segunda Guerra Mundial.

Felizmente para meu irmão e para mim, sem falar nos milhões de fãs dos Ramones, meu pai e minha mãe realmente se encontram no ano-novo de 1946.

Eles se conheceram quando minha mãe, Charlotte, tinha dezenove anos. Quando ela tinha vinte já estava casada com Noel. "Eu queria sair de casa", ela disse.

Nossos avós paternos nasceram no Brooklyn. Tinham ascendência judaica europeia e origens humildes. Os pais da nossa mãe também haviam nascido no Brooklyn e também eram judeus, mas eram mais ricos. A família de Charlotte não estava muito confiante em relação ao casamento.

"Eu não estava satisfazendo as expectativas do meu pai", ela explicou. "No início, Noel era divertido. Era um cara mais velho com um conversível. Eu queria mais agito na minha vida e ele também. Tivemos um bom tempo juntos."

Depois do casamento os dois se mudaram para um modesto apartamento na Rua 95, no Upper West Side de Manhattan.

Noel trabalhava bastante como dono de uma nova empresa de transportes, chamada Noel's Transfer. Charlotte tirou licença no seu emprego de artista gráfica em uma agência de publicidade quando ficou grávida do meu irmão mais velho.

Jeffry Ross Hyman nasceu em 19 de maio de 1951, no Beth Israel Hospital, localizado no centro de Manhattan. O jovem casal, juntamente com suas famílias em êxtase mútuo, comemorou a alegria que foi a chegada de Jeff. Mas esse dia abençoado não passou sem que houvesse uma grande angústia. O maior fardo da vida de meu irmão havia se formado antes mesmo que ele começasse a respirar. Conforme a vontade da natureza, uma massa de um feto não desenvolvido permaneceu presa à sua coluna. O termo médico para esse problema é *teratoma sacrococcígeo,* um tipo de tumor com células bastante diferentes do tecido ao seu redor. Ocorre uma vez a cada trinta e cinco ou quarenta mil nascimentos, com setenta e cinco por cento dos casos envolvendo o sexo feminino. Se o tumor é removido rapidamente, o prognóstico é favorável. Se elementos do teratoma são deixados no corpo — ou se o diagnóstico é tardio —, o risco de tumor maligno aumenta. Quando ele nasceu, com dois quilos e oitocentos gramas, o teratoma era do tamanho de uma bola de beisebol.

A cirurgia para retirar o teratoma era extremamente arriscada devido à localização da massa, mas era inevitável, uma vez que as complicações seriam muito maiores se o tumor fosse mantido. Algumas semanas depois, quando os médicos declararam que o corpo minúsculo de Jeffry era forte o bastante para aguentar o trauma de uma cirurgia, o procedimento foi realizado com sucesso. Restaram algumas inevitáveis cicatrizes no tecido espinhal, que poderiam causar problemas neurológicos mais tarde. Não era possível determinar o tamanho desses problemas na época, mas os médicos previam que o efeito não seria nada de devastador — se é que haveria algum — para o crescimento do Jeff.

Papai e mamãe, aliviados, cuidaram de Jeff até que ele ficasse saudável. Meu irmão maior parecia estar a caminho de um crescimento feliz e com saúde.

Mais ou menos um ano depois, papai, mamãe e Jeff se mudaram para o Queens, fixando residência em uma área de judeus de classe média chamada Forest Hills. Eles foram para um prédio de apartamentos instalado em um canto da vizinhança onde havia o cruzamento entre a Long Island Expressway e a Grand Central Parkway. O prédio estava convenientemente situado mais ou menos entre os dois principais aeroportos da cidade: La Guardia e Idlewild.

Na frente de casa havia uma passarela que atravessava a Grand Central Parkway e chegava até o enorme Flushing Meadows Park, que sediou a Feira Mundial de 1939. O parque tinha entre suas atrações o Lago Meadow, onde as pessoas podiam alugar barcos a remo durante o dia e à noite assistir grandes exibições de fogos de artifício apresentadas durante o verão. Forest Hills era uma comunidade pequena e amistosa — um lugar divertido, onde as crianças poderiam crescer saudáveis e em segurança.

E EIS QUE EM UMA NOITE DE OUTUBRO EM 1953, por meio dos impulsos instintivos de meu pai e da inabalável colaboração de minha mãe, comecei a dar um jeito em mim. Nove meses depois eu me encontrei com eles e com Jeff pela primeira vez.

Ganhei o nome de Mitchel Lee Hyman.

Nascido em 15 de julho de 1954 no Forest Hills General Hospital, passei nos exames com apenas alguns dedos palmeados no pé incluídos no meu histórico. Meu pai nos levou de carro até a nova casa, que ele tinha adquirido recentemente para sua família em expansão. Ficava do outro lado da rua, bem na frente do condomínio de apartamentos onde moravam antes. Nossa casa tinha um quintalzinho de bom tamanho, com uma pequena cerejeira. Conforme Jeff e eu crescíamos, a árvore também ia crescendo.

Até onde eu e meu irmão sabíamos, éramos uma família feliz naquele tempo. Porém, anos depois começaríamos a ouvir vozes irritadas vindas do quarto de nossos pais. Jeff e eu dividíamos um quarto no andar de cima, próximo ao deles.

Jeff era um bom irmão mais velho. Quando eu me assustava à noite, fosse por causa do barulho dos fogos que vinham do lago ou por causa de um filme assustador do tipo *Os Invasores de Marte, The Crawling Eye* ou *A Coisa,* eu corria até sua cama em busca de proteção.

"Jeff, socorro!", eu gritava. "Os monstros estão embaixo da minha cama e estão querendo sair."

"Vem aqui", Jeff dizia, puxando os lençóis. "Pode dormir comigo. Aqui é seguro."

Jeff tinha apenas cinco anos, mas parecia indiferente aos perigos que estavam à espreita debaixo de sua cama. Talvez a vida real fosse suficientemente assustadora para ele: a cicatriz em formato de lua crescente na parte inferior das suas costas lembrava o que era perigo de verdade.

Nossos amigos David e Reba moravam na mesma rua e a nossa mãe fez amizade com os pais deles, Hank e Frances Lesher.

"Eu me lembro", disse David Lesher. "Nós costumávamos correr pelo estacionamento, inventando brincadeiras malucas como Menino-Cocô."

A brincadeira era basicamente pega-pega com um nome exagerado. Em vez de ser aquele que tentava pegar os outros, você era o Menino-Cocô. O principal objetivo era não ficar com o apelido no fim do dia para não ter que caminhar até em casa ouvindo todos rindo de você, gritando *Ô, Menino-Cocô!* De alguma forma Jeff seguidamente terminava como Menino-Cocô.

Um dia, vários de nós brincávamos nos labirintos dos porões pouco iluminados de um complexo de apartamentos nas proximidades.

De repente um garoto gritou: "Corram! É um fantasma!".

Todos nós gritamos e saímos correndo em direção à saída.

Mesmo em meio ao estridente som de crianças berrando, todos puderam escutar a batida que ressoou quando meu crânio teve a oportunidade de conhecer melhor um cano de ferro na minha frente. Eu fui cambaleando até o chão e comecei a chorar. Quando vi, Jeff estava me ajudando a levantar, dizendo: "É melhor a gente ir pra casa".

Apesar de todos saírem correndo, Jeff ficou para me ajudar a sair de lá.

O sangue cobria a minha testa e os meus olhos. Jeff colocou o braço em minha volta, segurou minha mão e me levou para casa, onde estavam os nossos horrorizados pais, que me levaram ao médico. Lá tive minha primeira experiência com drogas pesadas e levei os meus primeiros pontos: foram cinco, bem no meio da cabeça.

Quando o efeito da anestesia começou a passar, abri meus olhos e vi Jeff sorrindo para mim, enquanto segurava um móbile de aviõezinhos coloridos sobre a minha cabeça. Ele tinha feito enquanto eu dormia.

"Você gostou?", Jeff perguntou.

"Agradeça ao seu irmão", mamãe falou. "Ele te trouxe até em casa."

"Obrigado, Jeee...", eu balbuciei, ainda meio adormecido, enquanto meu pai pendurava o móbile sobre a minha cama.

Na verdade, Jeff e eu não chamávamos o nosso pai de *pai*. Nós o chamávamos Bub, um apelido que nós demos para ele quando ele chegava em casa dizendo em voz alta *E aí, Bub!*, enquanto nos levantava para o alto.

"E aí, Bub!", nós respondíamos repetidas vezes na espera de uma segunda ou terceira viagem para as alturas. O nome pegou.

Mamãe era carinhosa e enérgica. Estava sempre nos ensinando coisas novas, lendo histórias ou nos mostrando como se desenhava. Ela fazia questão de que ouvíssemos todo tipo de música: qualquer coisa desde canções infantis até clássicos como *Pedro e o Lobo* de Prokofiev. Fazíamos tudo juntos, como uma família. Mamãe, papai, Jeff e eu caminhávamos pela rua rindo, todos de mãos dadas.

Seguidamente convidávamos os amigos e a família para festas no porão, onde Jeff e eu cuidávamos do entretenimento. Nós ficávamos à vontade tocando naquele lugar. Subíamos em cima do piano e cantávamos músicas como "When the Saints Go Marching In" e "She'll Be Coming 'Round the Mountain".

Minha avó paterna, Fanny, comprou um acordeão para Jeff, que ele adorou. Ele aprendeu a tocar bem rápido e tocava tudo em estilo oompah, provavelmente por ter escutado muito Lawrence Welk. Eles me deram um ukulele, que eu também adorei. Infelizmente eu o arrebentei em pedaços certa noite, depois de uma "apresentação" nossa: pulei de cima do piano, quebrando o pequeno ukulele no chão. Fez um som memorável.

Um dia ao voltar para casa depois de nossa primeira ida ao circo, no Madison Square Garden, Jeff disse: "Vamos tentar fazer o número do atirador de espadas!".

"Isso!", eu exclamei. "Que nem a Fantástica Família Fontaine!"

Jeff pegou meia dúzia de facas na cozinha. Fomos até o gramado ao lado de casa e eu me deitei no chão com os braços e as pernas esticadas. Jeff imitou o som de um rufar de tambores.

Quando ele arremessou a primeira delas, minha mãe gritou da janela da cozinha: "Jeffry! Não jogue essa faca!", bem no momento em que a faca passava pela minha cabeça.

"Ah, qual é, mãe?", eu expliquei. "A gente só está brincando de circo!"

Ela saiu correndo de dentro de casa com uns papéis e uma caixa de lápis de cera.

"Vocês dois, nunca mais brinquem com facas, ouviram bem? Tomem, brinquem com isto aqui", ela disse, ao entregar os lápis.

Assim que ela saiu de vista, eu me estendi novamente na grama. Jeff imitou o som dos tambores — e começou a jogar os lápis em mim!

No inverno, nossos pais seguidamente nos levavam até o interior do estado em Bear Mountain para patinar no gelo ou andar de trenó. No fim do dia íamos até os alojamentos para jantar em frente a uma grande lareira.

Uma vez em Bear Mountain, uma grande escolta chegou exatamente quando nos preparávamos para entrar nos alojamentos. Fizeram a gente aguardar do lado de fora ao longo da entrada, enquanto uma procissão de policiais e homens de terno acompanhava alguém até a porta.

"É o presidente!", meu pai gritou. "Acene pra ele, talvez ele diga *olá* pra você!"

Jeff e eu olhamos um para o outro e começamos a pular, gritando: "Ei, presidente, diga *olá*!".

Estávamos um pouco nervosos. Meses antes nós estávamos na passarela sobre a Grand Central Parkway quando uma escolta semelhante passava na rua abaixo. Naquele dia muitos de nós, crianças, derrubavam pedrinhas do corrimão da ponte, que rolavam até caírem nos carros que passavam por baixo. Jack Byrne, o valentão da vizinhança, que seguidamente implicava com meu irmão, atirou uma pedra que encostou em um dos carros da escolta. Pior ainda: alguns policiais que estavam na passarela viram quando começamos a fugir. Agora Jeff e eu estávamos com medo de que o presidente pudesse estar sendo escoltado por aqueles mesmos policiais, que poderiam nos reconhecer. Mas já que não queríamos contar aos nossos pais sobre aquele incidente, continuamos acenando e gritando para ele.

Quando ele chegou mais perto, conseguimos chamar sua atenção. O presidente dos Estados Unidos parou por um segundo e, por detrás dos seguranças, ordenou que fôssemos até ele. Achamos que estávamos metidos em uma grande encrenca, mas quando nos demos conta, estávamos apertando a mão do presidente Dwight D. Eisenhower. Ike nos disse para sermos bons meninos e obedecer os nossos pais. Concluímos que o presidente tinha nos perdoado.

No verão caminhávamos até o Lago Meadow para pescar, fazer piqueniques e andar nos barcos a remo. Papai nos ensinou um jogo chamado Afunde o Bismarck. Consistia em deixar uma lata ou uma garrafa boiando na água e atirar pedras até que ela afundasse. Era nossa brincadeira favorita, apesar de nenhum de nós saber que diabos era um Bismarck!

Jeff tinha uma predileção por caçar borboletas. Ele tinha até mesmo um kit de colecionador. Seus troféus de caça eram organizados em um tabuleiro com pequenos pinos, onde ele escrevia o nome da espécie em um espaço logo abaixo. A Mammoth Viceroy era a peça mais valiosa. O problema era que Jeff nunca seguia corretamente as instruções de preservação, e as borboletas invariavelmente secavam, virando pó depois de mais ou menos uma semana.

Ele era um dos garotos mais felizes na Forest Hills dos anos 1950: rolando pela grama dos morros rindo, girando ao seu redor em círculos de pé, com seus longos e desengonçados braços esticados e caindo no chão como um macaco bêbado.

Jeff tentava me convencer a acompanhá-lo, mas me avisava: "Não vomite em mim!". Eu fazia as duas coisas.

Nós encontramos maneiras de compartilhar praticamente tudo, ajudando o outro a subir em uma árvore nos dias ensolarados e cantando juntos os versos de "Oh! Susanna" no porão durante os dias chuvosos.

Meu irmão mais velho era extrovertido e aventureiro, alegre e talentoso e, como eu havia dito antes, corajoso. Ele não era esquisito. Ele não era brabo, nem distante, nem problemático, nem doentio, nem solitário, nem pensativo. Jeff era um garoto sorridente com pernas longas, que corria pela grama caçando borboletas e chamando o meu nome.

Quando eu fecho os olhos e penso em meu irmão, são essas as primeiras coisas que vejo.

CAPÍTULO 2
O DIA EM QUE
A MÚSICA NASCEU

Quando Jeff entrou para a primeira série, ficou claro que ele estava tendo uma certa dificuldade para aprender a ler, o que fez sua professora sugerir para minha mãe que o levasse a um oftalmologista. Além de fazer um par de óculos para ele, nossa mãe também o ajudou nos estudos durante as manhãs.

Consequentemente, tive um ensino pré-escolar residual em casa. No café da manhã minha mãe ensinava o alfabeto para Jeff, usando grandes fichas de arquivo. Ainda que ele estivesse tendo dificuldades, eu praticamente sabia ler antes de entrar no jardim de infância.

Em uma manhã, depois de Jeff ter ido para a escola, quando minha mãe limpava a mesa da cozinha, uma música tocou no rádio. Eu consigo escutá-la até hoje com a mesma nitidez que a escutei pela primeira vez, há mais de quarenta e cinco anos. Essa música mudou completamente nossas vidas para todo o sempre. Uma parte era cantiga de roda e a outra parte era algo desconhecido. Ela me levou para um lugar onde eu nunca havia estado antes, apesar de já ter escutado a parte da cantiga de roda em músicas que tinham versos como "tiskets, taskets, little green and yellow baskets" e "little brown jugs". Mas eu não conseguia sequer identificar sobre o que falava essa canção. O mais importante: a batida me fez rir, bater palmas e pular.

Rock & roll! Perfeito para crianças de todas as idades. Nenhuma música havia nos feito pular antes, a menos que houvesse instruções nas letras ("Coloque seu pé esquerdo no chão, coloque seu pé esquerdo pra cima"). Nem eu nem Jeff éramos grandes fãs de The Hokey Pokey, mas esse novo movimento não precisava de um narrador. Simplesmente e alegremente aconteceu.

"Gostou disso, hein?", minha mãe observou.

Mais tarde naquele dia, quando Jeff chegou em casa, contei para ele sobre a música que eu havia escutado, que me fez pular e ficar louco. Não podia esperar para vê-lo tentar essa nova brincadeira. Era ainda melhor do que ficar rodopiando em círculos!

"Se chama 'Ah Ya Ba Ba'", falei com entusiasmo. "Eu acho."

"Como é?", ele perguntou, sentindo que eu havia feito uma grande descoberta.

"Não sei", disse. "Você nunca ouviu?"

"'Ah Ya Ba Ba'?", Jeff perguntou. "Aquela do barbeiro?"

"É 'La Bamba'", mamãe disse, rindo. "Vem do espanhol."

"Onde fica o espanhol?", perguntamos.

Na manhã seguinte, Jeff pediu para mamãe ligar o rádio da cozinha antes de ir para a escola. Ele aguardava ansiosamente para ouvir aquela tal de "Ah Ya Ba Ba" e finalmente naquela manhã ele conseguiu ouvir. Depois de ter escutado a canção, Jeff nunca mais tocou música em estilo oompah no seu acordeão. Na verdade, poucas vezes ele tirou o instrumento de sua grande caixa preta depois daquilo. Ritchie Valens acabou com a carreira de acordeonista de Joey Ramone, mas plantou a semente para uma nova.

Estávamos muito entusiasmados com esse novo fenômeno que tínhamos descoberto, mas rapidamente fomos afastados de nossa recém-encontrada utopia. Jeff pegou uma forte escarlatina, o que era algo sério para um garoto de sete anos. Não era uma doença comum de infância, como catapora ou caxumba. Nossos pais ficaram bastante preocupados.

Mamãe colocou Jeff no quarto de hóspedes para evitar que eu pegasse a doença. Ele deve ter ficado lá por duas semanas inteiras, talvez mais. Eu não tinha mais para onde correr quando ficava com medo.

Mais ou menos nessa época, o relacionamento dos nossos pais começou a piorar.

Jeff e eu ouvíamos muita gritaria e também víamos coisas como papai empurrando a mamãe, um claro sinal de problema para qualquer um, menos crianças de cinco e oito anos de idade. Sabíamos que alguma coisa estava errada, mas as crianças dessa idade nunca estão preparadas para algo como a separação de seus pais.

Nosso pai começou a chegar em casa tarde da noite e a dormir no sofá da sala. Não fazíamos mais nada juntos.

Ainda não conseguíamos entender por que eles não podiam ficar juntos, por que não podíamos ser como as famílias dos seriados da tevê, como *Papai sabe tudo*. Nosso pai dizia que não queria se separar da nossa mãe, mas eles continuavam a brigar.

Minha mãe percebeu que ele estava magoado por causa dela. "Ele havia se tornado bastante dominador", recorda Charlotte. "Eu queria voltar para o meu trabalho de artista gráfica, e ele não queria saber. Dizia que eu tinha que ficar em casa cuidando das crianças. Noel não queria que eu fosse independente e eu comecei a me dar conta que não poderia passar o resto da minha vida com aquele homem. Mas ele não queria o divórcio. Ele não apenas lutou comigo com unhas e dentes como também contratou detetives particulares para me investigarem. Ele suspeitava que eu estivesse tendo um caso com Hank Lesher, o cara que morava na mesma rua que a gente."

Parece que papai havia descoberto algo.

Tudo começou inocentemente, quando Hank passou a acompanhar nossa mãe até em casa depois de partidas de Scrabble que ela jogava com a esposa dele, Frances. Eles caminhavam e conversavam e ocasionalmente faziam o caminho mais longo até em casa. Em seguida os Leshers se mudaram do seu apartamento.

Um dia — mais ou menos seis meses depois —, Jeff, meu pai e eu estávamos passeando pela vizinhança, quando vimos Hank Lesher com seus filhos, David e Reba. Não tínhamos mais nos encontrado com eles desde que haviam ido embora do nosso quarteirão. David tinha por volta de seis anos, e Reba, apenas três.

Caminhamos na direção deles, enquanto eles entravam no carro. Mas ao invés de dar *oi*, nosso pai começou a gritar com o Hank, falando palavrões.

Jeff e eu começamos a ficar muito assustados.

Hank dizia: "Qual é, Noel, não tem necessidade disso. Vamos falar sobre isso outra hora. As crianças estão aqui!".

Quando Hank tentou ir embora, papai o pressionou com o corpo contra a lateral do carro e deu um tapa em seu rosto.

Hank ainda segurava Reba adormecida em seus braços. "O que você está fazendo?", ele argumentou. "Estou com um bebê aqui!"

"Então coloque no chão!", meu pai gritou. Ele esbravejou, disse mais palavrões e novamente deu um tapa em Hank.

David, Jeff e eu começamos a chorar, implorando para que ele parasse. Foi então que ele virou a cabeça e ao olhar pelo quarteirão viu um carro de polícia dobrar a esquina. Meu pai pegou Jeff e eu pelas mãos e disparou, correndo de mãos dadas conosco a toda velocidade pela rua. Ainda chorávamos quando chegamos em casa e fomos correndo em direção à mamãe, que estava em estado de choque. Papai não entrou em casa, mas a gravidade da situação, sim. Nós sabíamos que não iríamos ser como as famílias felizes da televisão.

"O que vai acontecer com a gente?", perguntei para Jeff antes de ir dormir.

"O papai vai voltar", Jeff tentou tranquilizar a mim e a si mesmo. "Você vai ver!"

"Espero que sim", eu falei. "Mas e se ele não voltar? Mamãe vai ficar com a gente?"

"Não sei", Jeff disse, estremecendo.

No dia seguinte, mamãe garantiu que ela e nosso pai ainda nos amavam mais do que qualquer coisa no mundo, mas que por enquanto seríamos só nós três em casa.

Durante o ano a casa ficou com um ar mais calmo. Eu tinha começado a ir para a escola, e Jeff e eu nos adaptávamos à vida sem papai dentro de casa. Ainda saíamos com ele, no entanto. Naquele verão, ele nos levou a alguns jogos no Yankee Stadium e depois nos levou até Chinatown para jantar. Percorríamos toda a extensão da Broadway, andando de carro da parte mais ao norte de Manhattan até Chinatown, passando pela Times Square. O irmão do meu pai, Sy, nos deu a nossa primeira lição de física, misturando mostarda chinesa quente com molho de pato, entre outras coisas. Mas ainda estávamos confusos em relação à química da nossa família.

Aproximadamente um ano depois, quando Jeff tinha terminado a quarta série e eu, terminado a primeira, mamãe sentou conosco e nos informou que ela tinha casado com Hank Lesher.

"Eu me divorciei de Noel em Juarez, no México", ela explicou. "Casei com Hank exatamente um dia depois". Ela disse que iríamos nos mudar com Hank, David e Reba. Estávamos chocados e confusos. Aparentemente a esposa de Hank, Frances, tinha falecido.

Para piorar, os Leshers haviam se mudado para uma parte mais remota do Queens, chamada Howard Beach. Teríamos que deixar a nossa casa, nossos amigos, os gatos vira-latas que moravam no nosso quintal e a vida que conhecíamos em Forest Hills.

A mudança para Howard Beach foi uma grande reviravolta para nós. Estávamos perdidos naquele mundo. A principal confusão era sobre como chamaríamos o Hank: *Pai? Padrasto? Hank?*

E quanto a David e Reba? *Irmão* e *irmã?*

Jeff e eu ganhamos o quarto de David, que foi exilado para o quarto de Reba.

"Foi difícil pra mim", David Lesher confessou. "Às vezes eu imitava os outros e ignorava o Jeff, porque ele era muito alto, magro e esquisito. Outras vezes eu tinha pena dele. Queria manter as minhas amizades, mas Jeff era meu irmão adotivo. Eu fiquei dividido."

Se acostumar a ver o Hank como uma pessoa que exercia controle absoluto sobre nós dois foi certamente a transição mais difícil. Esse novo acordo parecia roubar a autoridade de nosso pai verdadeiro, que é onde um garoto instintivamente espera que a autoridade esteja. Foi um processo doloroso, que deu início a uma rebelião.

"Não quero ter que obedecer ao Hank", disse Jeff, enquanto deitávamos em nossas novas camas. Nossas vozes soavam diferentes naquele lugar à noite. Havia novos ecos e novas sombras. Pelo menos não havia mais monstros debaixo da minha cama.

Mas pela primeira vez em nossas vidas tínhamos inimigos de verdade. Um deles tinha roubado nossa mãe.

"Temos que obedecer ao Hank?", Jeff perguntou.

"Não", eu respondi. "Ele não é nosso pai."

"Mamãe falou que ele é nosso padrasto", Jeff refletiu. "Mas o David e a Reba precisam obedecer à nossa mãe, correto?"

"Acho que sim", respondi.

"Não é justo. Eles não precisam respeitar o nosso pai como a gente precisa respeitar o pai deles. Temos que obedecer a dois pais agora e eles não têm mais que obedecer a mãe deles. São duas pessoas a mais que precisamos obedecer em comparação a eles!"

"Ãh?", eu falei, tentando entender o conceito de dois pais.

"Bom, você gosta dele?"

"Ele é legal, até. Eu acho."

"E de David e Reba?"

"Também são legais", eu respondi, sentindo uma grande tristeza. "Mas gostaria de voltar pra nossa velha casa."

"Eu também", Jeff respondeu. "Os garotos aqui são muito idiotas."

Por sorte, tínhamos um ao outro para compartilhar nossas lamentações. Porém ainda nos sentíamos bastante sozinhos.

Como era de se esperar, os garotos da vizinhança pegaram no nosso pé. Nenhum de nós era escalado para jogar quando eles escolhiam os times para um jogo de beisebol ou stickball (uma espécie de jogo de taco). Jeff recebia a maior parte do *bullying*. Falavam para ele que se ele quisesse jogar stickball, poderia ser o taco. Papai Pernilongo era o seu novo apelido, como se Quatro Olhos não fosse ruim o bastante.

Quando não havia crianças suficientes para jogar e precisavam de um de nós para completar um time, tiravam cara ou coroa para saber qual equipe ficaria com o Jeff.

"Não vou jogar com esse cara. Ele fede de ruim!", era a reação mais típica.

"Era uma droga ter que assistir ao Jeff se esforçando para correr", recorda David Lesher, "porque ele não era exatamente capaz disso. Quando ele corria, era meio devagar, e os garotos cuspiam nas suas costas. Depois disso não lembro de ter visto Jeff praticando esportes".

Quando Jeff corria, os seus pés meio que iam para os lados, em vez de irem para frente como os nossos. Como eu já estava acostumado a vê-lo correr assim, era normal para mim. Mas agora que estavam reparando, eu comecei a reparar também. Jeff era definitivamente diferente.

Contávamos os dias para os fins de semana, quando nosso pai nos buscava para dar um passeio. Às vezes ele nos levava de volta para a casa do antigo bairro, que ainda era dele. Ele havia alugado para estranhos e era muito esquisito ver outras pessoas morando em nossa casa.

Estávamos ansiosos para retomar contato com nossos velhos amigos, com quem tínhamos feito rituais que envolviam juramentos de sangue, mas até eles já estavam agindo de forma diferente. Agora tinham novos melhores amigos.

Tínhamos a sensação de que já que fazíamos parte de uma família desestruturada, agora nos consideravam garotos problemáticos ou até mesmo encrenqueiros. Não sabíamos aonde pertencíamos ou se pertencíamos a algo. A alienação nos tornou mais próximos um do outro e foi aí que eu e Jeff viramos melhores amigos.

CAPÍTULO 3
VOCÊ SE LEMBRA DA RÁDIO ROCK & ROLL?

HANK LESHER FOI UM HOMEM CARINHOSO E UM PAI AFETUOSO. Ele apenas não era nosso pai. Tinha frequentado a faculdade e recebido um diploma, então claramente possuía uma vantagem educacional em relação a Noel. Hank dava mais ênfase à instrução e gostava de nos fazer pensar, periodicamente nos interrogando com problemas matemáticos e enigmas. Junto com seu cunhado Lou, tinha um negócio de lavagem a seco em Manhattan, que atendia a uma clientela de maior poder aquisitivo, mas Hank era bem mais intelectual do que o seu ramo de atuação indicava.

Ele também era um grande aficionado por equipamentos hi-fi e tinha um aparelho de som na sala de estar que nós nunca tínhamos visto antes, nem mesmo em lojas de eletrodomésticos. Hank tentou explicar para nós como o sistema funcionava, mas não entendemos muito bem. Também informou que iríamos nos dar muito mal se mexêssemos no aparelho quando ele não estivesse na sala. Isso nós entendemos.

Mesmo assim, um dia tentamos colocar o som para tocar quando Hank tinha saído com David e Reba. É claro que ele percebeu só de ver as marcas dos nossos dedinhos sujos. Mas em vez de ficar furioso, Hank optou por dar outra explicação, dessa vez mais detalhada. Ele era um homem esperto e provavelmente sabia que um gesto desses era parte de uma longa trajetória para fazer com que eu e Jeff ficássemos mais à vontade com ele. Funcionou.

"Esse aqui é o divisor de frequência Marantz", ele explicou, "com um sintonizador Fischer, amplificadores McIntosh e um toca-discos Rek-O-Kut. É o que tem de melhor. Isso aqui manda as frequências para as caixas de som ou para os canais que você quiser..."

Ficamos fascinados. Hank colocou um disco, *Abertura 1812*, de Tchaikovsky, e fez a máquina girar. O som nos impressionou pra cacete — durante muitos anos.

Fomos até a rua nos exibir para as outras crianças. Percebemos que ninguém mais tinha algo parecido com aquilo, não naquela vizinhança.

Morávamos em uma parte de Howard Beach chamada Lindenwood Village, bem na costa do Brooklyn. Era uma vizinhança de classe operária branca, voltada às famílias e formada principalmente por prédios de apartamentos. Havia vários prédios de seis andares no centro daquela vila em crescimento, e vários outros estavam para ser construídos.

O perfil da comunidade era mais diversificado. Em outras palavras, nem todo mundo era judeu. Os garotos eram mais antenados, malandros, durões e num certo sentido falavam mais que os garotos de Forest Hills. Usavam calça jeans com bainhas grandes e enrolavam para cima as mangas de suas camisetas brancas.

Havia mais valentões por metro quadrado também. Os irmãos Garillo — Billy e Bobby — eram muito piores que o nosso antigo carrasco em Forest Hills, Jack Byrne. David nos alertou sobre eles e, conforme esperado, os "Irmãos Bullying" persegui-ram Jeff e eu alegremente pelo bairro.

Muitos dos garotos naquele lugar tinham apelidos exóticos. Tinha o Victor "Es-tourado" Mootel, que tínhamos visto acertar o Roy "Espinha na Bunda" Brown na cabeça com um taco de stickball (o Roy tinha xingado a mãe do Estourado).

Havia também outras diferenças culturais. Os garotos se reuniam em pequenos grupos e cantavam músicas estranhas com palavras que soavam estrangeiras, estalan-do os dedos no ritmo. As palavras não identificadas soavam algo parecido com *yip, sha la la* e *wop du wop*.

Isso nos lembrou "La Bamba", embora fosse mais esquisito. Tinha um espírito semelhante no entanto, e era animador saber que aquele espírito não havia desapare-cido, que nós apenas tínhamos perdido o contato com ele. Foi nosso irmão adotivo David que nos colocou novamente em contato. Um dia, ele tirou algo do bolso da camisa, uma caixinha retangular com um fio conectado. A outra ponta do fio era co-locada no seu ouvido.

Perguntamos o que ele estava fazendo e que diabos era aquilo.

"É um rádio de oito transistores."

"Como assim?", perguntou Jeff. "Ele faz oito coisas?"

David puxou o fio da caixinha e, na mesma hora, escutamos o ruído sibilante da tor-cida no Yankee Stadium vibrando com um *home run* de Roger Maris, acompanhado de uma voz: "E esse é o primeiro *home run* do número 9 nesta World Series de 1961!".

"Nossa! Isso é muito legal!", nós exclamamos em uníssono. "E as outras coisas que ele faz?"

David passou o indicador sobre um pequeno dial do lado da caixa, e lá estava! *Who put the bomp in the bomp sha bomp sha bomp? Who put the ram in the rama lama ding dong?*

Ele passou o dedo novamente e nós escutamos: *Sha da da da, sha da da da da, Yip yip yip yip yip yip yip yip, Mum mum mum mum mum mum, Get a job, sha da da da, sha da da da* e então: *Ei, garotos, aqui é Murray The K, continuem ligados na 88 do seu dial pra mais rock & roll!*

Jeff e eu incomodamos o nosso pai até que ele finalmente comprou rádios transistores para cada um de nós, com fones de ouvido e tudo! Não estávamos mais tão sozinhos. Agora tínhamos Murray The K, Cousin Brucie, Dandy Dan Daniels, Harry Harison e todos os outros DJs como novos amigos e companhia constante. Eles nos deram todo o rock & roll que queríamos — e queríamos o máximo que poderíamos ter.

Logo havíamos reatado com nosso velho amigo Ritchie Valens, que tinha um novo sucesso, "Come On, Let's Go". Dessa vez não estava cantando em espanhol, e sim na nossa própria língua, rock & roll. Ainda que essa revelação tenha sido uma salvação emocional, não preencheu completamente o vazio que sentíamos. Ainda queríamos ser aceitos e fazer parte do grupo, como acontecia com os nossos amigos de antigamente. O rock & roll era um denominador comum e esperávamos que fosse nos ajudar a nos enturmar com nossos colegas de classe.

Como ainda não havia escolas em Lindenwood Village, íamos de ônibus para o colégio público de Ozone Park. Jeff ia para a quinta série, e eu, para a segunda.

Foi uma experiência terrível.

A escola, um lugar pintado com tinta cinza à base de chumbo, contaminada por amianto e infestada de insetos, era um lugar que odiávamos. As professoras eram malvadas e as salas de aula tinham cor verde-ervilha. Lá tivemos nossas primeiras brigas de soco. Os dias se arrastavam até virarem noites e mal conseguíamos esperar para sair dali. Depois de um ano fomos embora.

Nunca nos sentimos tão felizes ao ouvir a sirene da escola soar, pois sabíamos que não voltaríamos mais. Depois do verão iríamos para uma escola novinha em folha no nosso próprio bairro. Ficava a seis quadras descendo a rua e passando pelo banhado.

Aquela área, ou quarteirão, antes da escola era um extenso pântano: grande o bastante para acomodar futuramente uma dúzia de prédios de apartamentos com seis andares. Jeff, David e eu passávamos a maior parte do nosso tempo livre brincando naquele lugar em meio a juncos de três metros de altura. Voltávamos para casa imundos, com carrapatos em nossas cabeças. Mamãe pegava os bichos com pinças.

Quando desaparecíamos naqueles juncos, tudo o que era real, com exceção do céu que nos cobria, desaparecia também. Virávamos soldados, caubóis, caçadores, monstros e criaturas da Lagoa Negra: qualquer coisa que desejássemos, desde que houvesse algo perigoso por trás. Se não quiséssemos ser encontrados ou apanhados, era para lá que íamos. Havia até mesmo boatos sobre corpos de mafiosos boiando entre os juncos e as ervas daninhas. Éramos ratões-do-banhado e conhecíamos todos os locais para ficarmos invisíveis.

Certo dia, uma bola de lama arremessada por Jeff acertou as costas de um menino que atravessava o lodaçal no caminho de casa. Como se não bastasse, ele era amigo dos irmãos Garillo. Eles rapidamente souberam do nosso "primeiro ataque" e o clã Garillo foi em nossa direção no pântano, armado com baldes de lama e bombas de terra.

Victor "Estourado" Mootel se tornou nosso novo líder de esquadrão. Sugeriu que usássemos pedrinhas dentro das bolas de lama. As pedrinhas logo viraram pedras maiores e, no terceiro dia, uma fulminante briga de pedras eclodiu por um córrego fétido. Finalmente a briga terminou quando Jeff e eu lançamos uma rajada de pedrinhas na direção do inimigo e Dave, ao recuar para lançar uma grande pedra no formato de uma bola de futebol americano, acabou acertando em cheio o meu rosto.

Ele lançou o míssil para o outro lado da linha de batalha, enquanto eu assistia a meus dois dentes da frente caírem no riacho, vítimas de fogo amigo.

"Merda!", Jeff exclamou. "Você está sangrando! Temos que ir!"

Deixamos nossa munição e batemos em retirada para a rua. Quando saímos do pântano, Jeff e David me olharam e começaram a rir dos meus dentes. Então escutamos gritos e avistamos os Garillos, que estavam putos. Uma das pedras que atiramos acertou um alvo: podíamos ver o vermelho no corte de cabelo escovinha de um dos garotos. Saímos novamente em disparada. Eles queriam o Jeff, o mais lento, mas não podíamos deixá-lo para trás!

"Vamos lá! Corre, seu veado!", o Estourado implorou a Jeff da única forma que sabia. O inimigo estava se aproximando.

De repente, Hank surgiu dirigindo pela rua, voltando para casa depois do trabalho. Ele parou a van e gritou: "Mas que droga está acontecendo aqui? O que vocês fizeram?"

O grupo que estava nos seguindo também parou quando viu Hank.

"Só estávamos brincando", disse David, nos dando cobertura.

Hank ordenou que voltássemos para casa. "E rápido!". Ele esperou para se certificar de que os Garillos não viriam atrás de nós novamente para lançar um contra-ataque.

Quando chegamos na porta de casa, mamãe ficou de queixo caído e deu um suspiro de terror quando nos apresentamos.

"Tudo bem, fique quieto", disse ela, enquanto examinava minha boca ensanguentada. "Algum de vocês quer me contar o que foi que aconteceu?"

"Alguém jogou uma pedra", Jeff disse em um lapso temporário de sanidade.

"Uma briga de pedras?", ela gritou. "Vocês ficaram LOUCOS ou o quê?"

Assim que o sol se pôs sobre o campo de batalha, uma grande vitória havia sido conquistada para os vira-latas. Quando Jeff e eu estávamos deitados em nossas camas no calor daquela noite de fim de verão, ele me lançou questionamentos filosóficos: "Você acha que é pior matar alguém ou ser morto por alguém?".

"Bom, se você mata alguém, vai para o corredor da morte, não é? Então acaba morto de um jeito ou de outro", eu deduzi.

"E se eles não conseguirem prender você?", Jeff perguntou.

Eu teria respondido, mas minha língua estava ocupada demais explorando o recente vão que surgiu entre meus dentes da frente.

"Por que aquele cara, o Mootel, tinha que me chamar de veado?"

"Porque ele é um veado", tentei explicar. "Aquele cara é um animal. Lembra quando vimos o que ele fez com o Roy, logo que a gente se mudou para cá?"

"Está falando do Roy 'Espinha na Bunda'? Pois é, o Mootel bateu nele com um taco."

"Mas talvez tenha sido porque o Roy disse que o cachorro dele tinha quase a mesma quantidade de pelo que as pernas da mãe do Victor", eu palpitei, tentando limpar o caminho para uma amizade com os nossos mais novos aliados.

"É, talvez. Mas ele está sempre me chamando de nomes. Quando eu vejo aqueles outros garotos da escola, eles também começam a mexer comigo."

"Eu fiz um amigo ano passado", Jeff continuou a desabafar. "Mitchell Becker, mas ele mora lá do outro lado do pântano. Ele tem um toca-discos e um monte de discos bons também. Você tinha que ir lá comigo. Ele tem aquele novo dos Dovells, 'You Can't Sit Down', e um daquele cara, The Duke of Earl. Eu adoro aquela música."

"Acho que ele vai estar no Clay Cole Show nesse sábado à noite. Temos que assistir! Espero que eles deixem a gente ver. E acho que o Four Seasons vai estar no American Bandstand! Sabe...", ele continuou. "Estava pensando em 'Walk Like a Man' quando o Victor estava me xingando. Ele ficou falando que eu corria como uma menina. Não sei por que eu não consigo correr como ele. Mamãe disse que não importa, de qualquer jeito — e que o fato de eles não precisarem usar óculos não faz com que eles sejam melhores que eu. Eles são uns grandes idiotas. Algum dia, alguém vai mostrar pra eles..."

O som de um vozerio de garotas entrou no quarto através de uma brisa que mexeu a persiana da janela por alguns segundos. Era aquele som que meninas fazem, meio rindo e gritando ao mesmo tempo. Costumávamos ouvir isso quando elas estavam prestes a ser alcançadas por um menino que corria atrás delas. Ou, na maioria das vezes, parecia que estavam deixando que os garotos as pegassem, mas a gritaria continuava.

"Você gosta de meninas?", perguntei.

"Bom, eu gostava da Karen Klein, da nossa quadra de antes", Jeff admitiu. "Ela era minha amiga..."

"Sua namorada?", eu perguntei.

"Nah...", Jeff respondeu, rapidamente. "Não falo muito com as meninas agora."

"Só os veadinhos gostam de meninas, certo?", lembrei. "Caminhar de mãos dadas e pegar flores — e ser todo limpinho e tudo mais. E dançar com elas na escola, não é? Essas danças idiotas que eles fazem a gente dançar."

"Eu odeio essas danças", ele disse e então me alertou: "As meninas sempre querem que você dance com elas. E sempre querem que você diga que gosta delas e aí te beijam. Eca!".

"Acho que é diferente quando você fica mais velho", ele acrescentou.

"Acho que sim", respondi, antes de fechar os olhos e esperar que o sono me consumisse.

Debaixo da nossa janela, na entrada da garagem entre os dois prédios, adolescentes tentavam fazer uma versão *a capella* de "The Lion Sleeps Tonight", dos Tokens. Conseguiram fazer um bom eco com o som que rebatia nas paredes de tijolos.

"É legal quando eles fazem isso", Jeff sussurrou.

"É."

Eram coisas assim que nos faziam pensar e sonhar. Não tenho nenhuma dúvida de que Jeff estava provando uma dose infantil da mais perfeita fantasia naquele exato momento. Sei que eu estava. Poderíamos algum dia realizá-la?

Foi emocionante. A música era contagiante, assim como a energia daqueles caras. Fomos contaminados por aquela febre, que ardia lentamente dentro de nós.

Jeff poderia passar em frente a uma transmissão de um jogo decisivo dos Yankees na World Series e seguir sem se interessar, mas a música estimulava e atiçava a sua imaginação. Ele poderia se perder em um mundo de canções do radinho, da tevê, dos filmes e das brisas noturnas. Ali ele conseguia se encaixar. Ele poderia ser invisível. Poderia se apaixonar. Poderia ser o cara da canção "The Wanderer", de Dion. Poderia ser como The Duke of Earl. E nada poderia pará-lo.

CAPÍTULO 4
TOCA "WIPE OUT"

ALÉM DO SOFISTICADO APARELHO DE SOM DE HANK, também havia em nossa casa uma pequena vitrola para as crianças. Porém, ainda não tínhamos nenhum disco de rock & roll. Guardei o dinheiro que ganhei no Halloween e fiquei sem comprar *cards* de beisebol por uma semana. Assim que consegui juntar o bastante, algo em torno de US$ 0,58, Jeff e eu fomos de bicicleta até uma loja para comprar o primeiro disco de nossa coleção.

Havia uma lista no balcão com os dez maiores sucessos do momento, e gostávamos muito de todas aquelas músicas. Já que o dinheiro era meu, e era o nosso primeiro disco, eu disse: "Vamos comprar a música número um!". Era "It's My Party", de Lesley Gore.

A coleção cresceu em ritmo acelerado: "He's a Rebel", dos Crystals, "The Wanderer", de Dion, e "Monster Mash", de Boris Pickett.

Quando não estávamos ouvindo nossos discos, ouvíamos nossos rádios, e até mesmo os levávamos para a cama, munidos com nossos fones de ouvido. Jeff perdera o interesse em quase tudo, menos no rock & roll. Quando sua primeira luva de beisebol ficou pequena demais, não fez muita questão de ir correndo à loja para comprar uma nova.

Logo comecei a perder interesse pelos esportes também, mantendo o foco quase que inteiramente na música. Nos fins de semana, quando eu e Jeff não estávamos com o nosso pai, passávamos o dia inteiro curtindo rock. Bem, quase isso.

Primeiro vinham os desenhos de sábado de manhã na televisão. A seguir, roller derby e, logo depois, *Rin Tin Tin, Sky King* e *American Bandstand*. Os sábados chuvosos eram os melhores. Tínhamos o dia inteiro para jogos e para ouvir nossos *singles*, que eram selecionados em nosso porta-discos para guardar vinis de quarenta e cinco rotações, que estava enchendo rapidamente.

Ocasionalmente, por volta das cinco da tarde, um aroma de perfume e de roupas recém-lavadas emanava do quarto da mãe e de Hank, criando aquela aura especial de sábado à noite. Sempre sabíamos quando nossos pais se preparavam para sair — sozinhos. A qualquer momento mamãe apareceria com um vestido chique, com Hank logo atrás exalando o aroma de loção pós-barba e graxa de sapato.

Enquanto mamãe colocava o jantar na mesa, eles nos falavam para que nos comportássemos e obedecêssemos a babá. Quando tínhamos sorte, era uma garota mais nova que gostava de rock & roll. Logo, Jeff, David, Reba e eu estaríamos ouvindo música alta, com um arremessando o outro para o lado na sala de estar — um preparativo para ver Killer Kowalski, Haystacks Calhoun, Bobo Brazil e todos os caras ferozes da luta livre no Saturday Night Wrestling na WOR TV, Canal 9.

Finalizávamos um ao outro com estrangulamentos, chaves de braço e crucifixos. No entanto, ninguém conseguia imobilizar Jeff no chão: as suas pernas eram longas e fortes demais.

Quando Jeff conseguia aplicar uma tesoura com aqueles pernões, era o fim.

"Eu desisto! Eu desisto!", era só o que conseguíamos dizer, isso se ele ainda não tivesse trancado o ar dos nossos pulmões.

Jeff e eu passamos a nos sentir mais em casa. David e Reba começavam a fazer parte de nossa família, não eram mais apenas amigos.

É claro, ainda amávamos nosso pai, mas seguíamos em processo de adaptação. Papai não havia assimilado muito bem o fato de ter sido rejeitado pela nossa mãe, e era possível sentir o seu rancor. Um dia, ficou furioso quando ouviu Jeff se referir a Hank como *pai*.

Por outro lado, quando não estava brabo, o nosso pai verdadeiro era uma pessoa muito mais tranquila que Hank. Jeff e eu ainda passávamos muitos bons momentos com ele, quando ele nos levava para passear nos fins de semana. Papai normalmente trazia "amigas" para acompanhar, *brotos* como ele gostava de chamá-las. Ele se considerava um membro honorário do lendário Rat Pack e frequentemente deixava o som do carro sintonizado em uma estação que tocasse músicas de Tony Bennet, Dino ou Sammy.

Nosso pai tinha um grande Cadillac conversível e gostava de deixar o teto sempre abaixado, o que eu e Jeff odiávamos. A única coisa que sentíamos era um vento constante em nossa cara, e aquele furacão todo destruía os topetes que preparávamos com tanto esmero. Para piorar, não dava para escutar o rádio!

Sempre que o papai saía do carro, imediatamente trocávamos de estação para a WABC ou WMCA. Ele nos deixava escutar por um tempo, mas depois tentava fazer com que a gente se sentisse como se a *nossa* música fosse bobinha. Ele batia palmas e fazia palhaçadas, gesticulando as palavras. Ficávamos constrangidos e pedíamos para ele parar.

Ele seguidamente nos levava para passeios a cavalo em lugares conhecidos como hotéis-fazenda. Nós adorávamos. A melhor coisa nisso, tirando a lama, os cavalos e os cachorros, era que bandas tocavam à noite. Bandas de rock!

"Toca 'Wipe Out'?", essa era sempre a primeira pergunta, dirigida ao baterista.

"Isso é só o que vocês pirralhos sabem pedir", ele reclamava. "'Wipe Out', 'Wipe Out'!".

"Mas você pode tocar?", nós implorávamos. "Por favor?"

"Ok, ok, garoto. Mais tarde."

Ficávamos impressionados de ver que esses caras arranjavam tempo entre a preparação do seu equipamento e a pegação com suas namoradas para falar com a gente. Eles tinham por volta de vinte anos e, assim como os garotos que cantaram embaixo da nossa janela naquela noite, nos causaram uma forte impressão. Usavam roupas chamativas e pareciam legais tocando as nossas músicas favoritas.

Mesmo depois que nosso pai nos colocava na cama, continuávamos a escutá-los através das paredes.

Mas o que queríamos mais do que qualquer coisa era ver as bandas de verdade que ouvíamos no rádio. Atazanamos o nosso velho sem parar para que ele levasse a gente a shows de rock & roll de verdade. Ele cedeu em pouco tempo e nos levou ao Rock'n' Roll Extravaganza de Murray The K, no Brooklyn Fox Theater, para uma incrível apresentação com Marvin Gaye, Supremes, Temptations, Jay and the Americans, Shangri-Las e Ronettes.

Mais algumas centenas de *Por favor, pai!* nos levaram ao show Good Guys da WMCA, no Paramount Theater, no Brooklyn, onde os Animals eram a atração principal entre várias bandas espetaculares. Queríamos sempre que papai nos deixasse na frente do teatro para que fôssemos sozinhos (principalmente Jeff, então com doze anos), temendo que o velho fosse nos envergonhar na frente dos outros garotos.

Não era sempre que nosso pai estava disposto a ficar até o fim do show e às vezes ele imitava os movimentos de palco das bandas, tentando ser engraçado. Quanto mais descolado ele tentava ser, mais nos encolhíamos de vergonha. Era coisa típica de criança, com a única exceção de que sabíamos que ele não queria que a gente se envolvesse demais com aquela cena.

Ele teria ficado entusiasmado se Jeff quisesse jogar futebol americano ou lutar boxe, como ele havia feito no seu tempo de garoto. Papai tinha um jeito machão e rígido de ser. Sabia nos humilhar a respeito de certas coisas, como, por exemplo, fugir dos valentões da vizinhança. Se ficávamos tristes, ele debochava de nós por termos chorado.

Nosso pai queria que Jeff fosse mais durão e não estava contente com o que via. Ele disse para nós que Jackie Wilson era uma frutinha. Achava que esses rapazes do rock & roll — com seus penteados esquisitos e um jeito de falar extravagante — eram desrespeitosos. Acho que o meu pai pensava que todo esse fenômeno do rock & roll era uma ameaça ao seu modo de viver.

"Olha só esses caras!", papai dizia, "com seus brilhos e lantejoulas, parecem uns maricas!"

"O SINATRA USA TERNO E GRAVATA, CACETE!".

Nosso pai sentia a rebelião que vinha dos artistas, do público e também de nós dois. Queria que respeitássemos a autoridade e que fôssemos obedientes. Jeff começava a aprender que ser obediente nem sempre garantia pontos de popularidade na vida.

"Mantenha a postura!", ele gritava para Jeff, às vezes reforçando a ordem com um tapa na bunda.

Jeff tinha começado a andar com uma postura relaxada para ser mais aceito ou para não se destacar tanto na multidão.

"E pare de mexer no cabelo!"

Ele também criou um hábito nervoso de enrolar o cabelo no dedo indicador, atrás da cabeça.

Meu pai não gostava de maricas. Ele gostava de homens. Assim, tentava fazer de nós homens e trabalhava duro com o Jeff nisso. "É para o bem dele", era a sua resposta.

Isso era um problema inerente. Para ser um machão, Jeff era simplesmente inepto do ponto de vista físico e já largava em desvantagem.

Papai certamente amava Jeff e eu, à sua própria maneira.

Quando passávamos a noite em seu apartamento na esquina da Rua 15 com a Sétima Avenida, em Chelsea, Manhattan, ele abria o sofá-cama para nós dois na sala de estar. Às vezes, ele entrava no meio e nos abraçava muito apertado, dizendo o quanto nos amava.

Nós nos contorcíamos, dizendo: "Pare, pai. Estamos cansados. Você está ocupando toda a cama!"

Houve vezes em que ficamos com ele na cidade, que foram ótimas. Ele nos levava ao cinema da Rua 42 e também a Chinatown. Nós jogávamos boliche e patinávamos no gelo, o único esporte em que Jeff realmente era bom. Jeff e o velho criaram laços no rinque de patinação, o que tornou aquilo mais divertido para todos nós, ainda que o cheiro de óleo de cozinha reaproveitado, o chulé dos patins de aluguel e a música brega de órgão me deixassem nauseado.

Nos passeios de carro, papai desligava o rádio e nos incentivava a conversar com ele. Considerando que éramos a parte mais tímida, era necessário um empurrãozinho. "Ok, falem comigo agora", ele insistia.

E aí ficávamos ainda mais quietos, algo que ele não gostava. Ele nos fazia perguntas sobre a mãe e o Hank. Quando conseguíamos satisfazê-lo com algumas palavras sobre a escola e os amigos, podíamos finalmente relaxar. Então sugeria que cantássemos músicas. Ele nos ensinou a cantar "Show Me the Way to Go Home", que Jeff e eu adorávamos, porque fazíamos de conta que estávamos bêbados ao cantar.

Isso era algo estranho no pai. Uma hora ele fazia palhaçadas como em um filme de Jerry Lewis, na outra ele parecia o carcereiro do filme *O expresso da meia-noite*. Quando ele virava o carcereiro, mal podíamos esperar para ele nos largar em Howard Beach, onde já começávamos a nos sentir mais à vontade. Jeff e eu estávamos quase em casa.

Embora estivéssemos nos habituando à vida naquele lugar, ainda éramos considerados forasteiros no novo bairro.

Certo dia, vimos uma gata vira-lata com pelo preto e branco e um focinho muito rosado. Jeff e eu a cortejamos com um pedaço de sanduíche de atum que tínhamos guardado em nossas lancheiras e oficializamos o relacionamento com uma caixinha de leite da cantina da escola. Ela retornou no dia seguinte e também nos dias seguintes. Nós a batizamos de Pinky. Como não podíamos levá-la para o apartamento, deixávamos a gata na escada do prédio e a alimentávamos com migalhas do jantar, que levávamos enroladas em guardanapos.

Colocávamos Pinky no colo e contávamos os nossos problemas a ela, como, por exemplo, o quanto estávamos tristes pelos nossos pais e como odiávamos ter feito a mudança. Se chorávamos, ela começava a ronronar. Tínhamos que colocá-la do lado de fora à noite, mas ela sempre voltava. Pinky nos fez superar aquele péssimo momento que vivíamos melhor do que qualquer terapeuta. Ela se tornou a nossa melhor amiga e a mais leal companheira. Ela era a nossa Lassie.

As coisas estavam definitivamente se acomodando em um cenário mais positivo, quando de repente recebemos a informação de que a mãe e o *pai* — que era como chamávamos o Hank agora — estavam procurado uma nova casa e pensavam seriamente em voltar para Forest Hills. Jeff e eu ficamos muito empolgados, prevendo uma calorosa recepção em nossa antiga vizinhança. A mãe e o pai optaram por uma casa grande e bonita na 67th Drive, uma rua arborizada a três quadras da Forest Hills

High School. Estávamos com a mudança agendada para logo depois do término do ano escolar.

No verão de 1963, colocamos todos os nossos discos e as revistas nas malas. Na nossa última noite em Howard Beach, David, Jeff e eu zoamos os irmãos Garillos até não poder mais, mantendo uma distância segura. "Amanhã vocês já eram!", foi o alerta dos valentões ignorantes.

Na manhã seguinte, Jeff e eu fomos buscar a Pinky e todo mundo se amontoou dentro do Jaguar do Hank rumo a Forest Hills.

Nossa nova casa ficava a apenas doze quadras da antiga. Fomos de bicicleta até a nossa velha quadra, mas percebemos que não era nem de perto a mesma coisa. A única constante era o nosso velho arqui-inimigo Jack Byrne. Ele estava em boa forma: deu um tapa tão forte nas costas do Jeff que ele quase caiu da bicicleta.

"E então, Quatro Olhos?", Byrne avisou: "A gente vai se ver lá na escola! Aposto que você deve estar ansioso! Rá, rá!".

Mas a volta às aulas ainda estava bem longe. Passamos o restante daquele verão explorando a nova vizinhança e a nova casa. Tínhamos um quintal novamente e um porão onde Hank colocou o seu grande aparelho de som.

David, Jeff e eu dividíamos um grande quarto de casal no andar de cima. Reba tinha seu próprio quarto ao lado do nosso. Havia um dormitório para nossa avó, Nanu, também no andar de cima. Mamãe e o Hank pegaram um cômodo no andar de baixo, próximo à sala de tevê, e o transformaram no quarto deles.

Tinha muitos garotos nas redondezas e fizemos amizade com eles logo de cara. Com os seus pais, no entanto, foi outra história. Havia um grande contingente de imigrantes judeus relativamente abastados da Europa, com atitudes esnobes. Também não ajudou muito o fato de nossos pais terem se divorciado e casado novamente, o que era estigmatizado em 1963. Os vizinhos nos olhavam e murmuravam coisas entre eles. Nós olhávamos de volta, dando um grande sorriso. Então, eles viravam as costas, balançando a cabeça um para o outro. Só Deus sabe o que teria acontecido se não fôssemos judeus. Em nosso auxílio, havia uma família italiana e uma de latinos no quarteirão.

Na nossa rua havia dois garotos da minha idade, Kenny Slevin e Michael Goodrich, que estaria na mesma classe que eu, indo para a quarta série. A PS 3 era uma das escolas mais antigas da cidade, uma autêntica escolinha de tijolos vermelhos construída nos anos 1920, com apenas uma classe para cada série.

O vizinho de Michael, Bernard Tinter, tinha a mesma idade que Jeff. Todos nós ficamos amigos rapidamente. Jeff e eu nos enturmávamos melhor em Forest Hills. Os garotos eram mais próximos dos judeus de classe média do Queens, mais interessados em serem engraçados e divertidos e menos em serem durões e atléticos.

Mas Jeff não estava se dando muito bem na sétima série na Stephen A. Halsey Junior High, em Rego Park. Houve vezes em que ele voltou para casa com uma sola de tênis marcada nas costas de sua camisa branca. Por ser muito alto e magricela, Jeff era presa fácil. Até mesmo David e eu ficávamos surpresos de ver a velocidade com que nosso irmão chegava às camadas mais altas da atmosfera.

Como se as coisas já não fossem suficientemente ruins para Jeff, uma nova loja de brinquedos chamada Toys'R'Us tinha acabado de abrir. Nos comerciais, havia um mascote chamado Geoffrey Girafa. Sempre que a propaganda aparecia, David e eu gargalhávamos, porque nos lembrávamos de Jeff. Era um deboche amistoso, se é que existe tal coisa nessa idade.

Enquanto ríamos, Jeff rebatia: "E você é o Patolino!", fazendo alusão aos meus dedos palmeados. "Quack, quack!"

Com a nova vitrola em nosso quarto, nós quatro curtíamos o rock com nossos discos de quarenta e cinco rotações, pulando loucamente de cama em cama. Ficávamos loucos com "Surfin' Bird", do Trashmen, fazíamos manobras de surfe ao som de "Surf City", de Jan & Dean, e dançávamos até cair com "Martian Hop", dos Ran-Dells. Tirávamos todo tipo de som possível da nossa caixinha musical mágica.

Ao retomar o fôlego, vimos a Feira Mundial de 1964 sendo montada logo ao fim da rua, no Flushing Meadow Park. Pessoas do mundo todo iriam à nossa vizinhança para ver a mais incrível demonstração de tecnologia moderna já reunida.

E o mundo realmente estava precisando de uma feira. Ele havia passado por acontecimentos nefastos nos últimos anos.

Depois que a Crise dos Mísseis de Cuba deixou o mundo à beira de uma aniquilação nuclear em 1962, o presidente Kennedy deu início a um programa de mísseis nucleares ao custo de US$ 17 bilhões e aconselhou os americanos a construírem abrigos. Os Estados Unidos haviam começado a realizar testes nucleares subterrâneos. As tensões raciais também chegavam a um ponto crítico, com a intensificação de confrontos violentos entre negros oprimidos e brancos extremistas. O governador George Wallace havia dado o discurso da "segregação para sempre" no Alabama, o que fez com que o presidente Kennedy apresentasse o projeto da Lei de Direitos Civis em 11 de junho de 1963. No dia seguinte, Medgar Evers da NAACP (Associação Nacional para o Progresso das Pessoas de Cor), foi assassinado na frente da sua casa. Em 22 de novembro, o presidente Kennedy foi assassinado em Dallas. Em 24 de novembro, o presidente Johnson reforçou o envolvimento militar do país na Guerra do Vietnã.

Havia testes com bombas nucleares e vários tratados exigindo a proibição da bomba. Porém, da nossa perspectiva, a maior bomba a atingir nosso território caiu bem no Queens, no aeroporto JFK: a beatlemania explodiu nos Estados Unidos.

Ouvimos durante semanas que eles estavam vindo para o país. Murray the K, Primo Brucie... todo mundo no rádio estava falando deles. Os Beatles!

Colados ao rádio naquele mês de fevereiro, não podíamos ir para a cama sem antes conferir entre nós quantos dias faltavam para os Beatles chegarem aos Estados Unidos, quando se apresentariam no Ed Sullivan Show. Sabíamos que aquilo era a maior coisa que havia acontecido em nossas vidas. Juntamos nosso dinheiro e compramos todos os discos dos Beatles que conseguimos encontrar. Nosso primeiro achado foi o *single* do sucesso "I Wanna Hold Your Hand". Depois também descolamos o álbum *Meet The Beatles*.

De uma hora para a outra, tudo parecia velho. Esses caras obviamente eram o futuro. Eles não usavam roupinhas de universitário, como Pat Boone, nem jaquetas bregas reluzentes.

Eles não eram uma continuação das bandas com brilhantina no cabelo da era do doo-wop ou de Elvis Presley. Eles deixavam o cabelo para baixo, na frente do rosto, como nós fazíamos antes de penteá-los cuidadosamente com brilhantina. Eram engraçados, relaxados, novos e eram nossos. Os Beatles viraram o centro das nossas vidas e nos deram novas fontes de estilo, som e filosofia.

A banda finalmente chegou a apenas alguns quilômetros da nossa casa, no Aeroporto Idlewild, que agora havia sido rebatizado Aeroporto John F. Kennedy em homenagem ao falecido presidente. Jeff e eu fomos de bicicleta até a passarela sobre a Grand Central Parkway. Sabíamos que eles iriam passar por ali, provavelmente em grandes e reluzentes limusines pretas, como os grandes líderes que havíamos visto antes deles.

Faltavam apenas dois dias para o Ed Sullivan Show, domingo à noite.

Pela primeira vez em nossas vidas, nos certificamos com mil por cento de certeza de que todo o dever de casa do fim de semana estaria pronto até a tarde de domingo. Não haveria nada no mundo que iria nos impedir de estar na frente daquela televisão às oito da noite. Sentamos e assistimos com reverência, saboreando cada segundo de uma apresentação curta demais.

As ondas da Invasão Britânica continuaram a quebrar na costa americana, com bandas como Rolling Stones, Dave Clark Five e Herman's Hermits, enquanto os artistas locais tentavam apenas não se afogar.

Nós não havíamos conscientemente abandonado os Beach Boys ou Chubby Checker. Ainda adorávamos tudo aquilo, de Four Seasons a Four Tops. A rádio AM tinha uma inacreditável abundância de grandes músicas e grandes artistas, como James Brown, Supremes, Aretha Franklin e Little Stevie Wonder. Que diabo, mesmo o nosso pai começou de uma hora para a outra a ter problemas para achar algo para ele no *dial* do Cadillac. As estações que antes tocavam Tony Bennett, Sinatra e o resto da Brigada da Gravata Borboleta estavam sendo reformatadas.

O rock e o soul tinham tomado conta. Enquanto o som da Califórnia estava relutantemente sendo empurrado para o Pacífico, o som da Motown se espalhava de Detroit em direção às duas costas. Mas não tínhamos mais dinheiro para discos feitos por qualquer pessoa que não tivesse sotaque estranho ou cabelo com corte cogumelo.

CAPÍTULO 5
TUDO VEM ABAIXO

Durante esse período de transição da música e da moda, as pernas excepcionalmente longas de Jeff acabaram sendo de grande auxílio para mim. Nós fazíamos lutinhas no gramado, quando um sentava no ombro do parceiro e tentava puxar os outros para baixo. Quando eu estava nos ombros do Jeff, tínhamos uma grande vantagem, pois nossos adversários tinham que se esticar para alcançar os meus braços.

Um dia, meu amigo Kenny Slevin colocou o pé na nossa frente e fez Jeff tropeçar enquanto celebrávamos nossa vitória. Eu estava com meus punhos levantados para o alto em sinal de triunfo quando subitamente desabamos — para a alegria de todos. Cortei a cabeça ao bater em um cano no chão e mais uma vez Jeff me pegou no colo e me levou para casa. Imediatamente, a mãe me levou para o hospital, onde ganhei quinze pontos no meio da cabeça. A parte positiva foi que durante pelo menos um mês eu tinha carta branca para fugir do cabeleireiro. Todos nós queríamos deixar o cabelo crescer sobre as orelhas e ter franjas como nossos heróis, mas ninguém tinha ganhado permissão — ainda. Eu fui o primeiro garoto da escola a ter um corte de cabelo dos Beatles!

Ganhei todo tipo de atenção das garotas da minha classe na quarta série, que disseram que eu parecia o Ringo Starr por causa do meu narigão. As garotas na escola do Jeff não eram assim tão gentis com ele, e tampouco os garotos.

Magro feito um palito, Jeff regularmente voltava para casa da escola com histórias sobre ataques, puxões, empurrões e arremessos pelos corredores e escadarias da escola. Ele estava ficando mais introvertido socialmente. Não saía com os colegas depois da aula e ainda não tinha feito nenhum amigo.

Jeff teve que frequentar as aulas de educação física pela primeira vez na sua vida. Imagine aquele garoto magricela tentando escalar uma corda de sete metros de altura puxando seu longo corpo para cima, com o professor incitando e os outros garotos tirando sarro dele. Toda a classe ficava assistindo para ver como meu irmão se sairia na trave de equilíbrio, esperando por uma explosão de gargalhadas. As notas do Jeff andavam em paralelo com sua autoestima: ambas eram baixas.

Nossa mãe e Hank deram uma certa atenção especial a ele, ajudando no dever de casa. Hank o incentivava bastante. Ele havia se formado no Brooklyn College e queria que tivéssemos os nossos próprios diplomas. Jeff recebeu ajuda, mas também ficou ainda mais frustrado.

Jeff havia começado a ter lições para se preparar para o *bar mitzvah* no seu aniversário de treze anos em maio. Isso virou um ponto de discórdia entre nossa mãe e o pai. Ainda que nosso pai fosse categórico a respeito da *barmitzvação* do Jeff, ele não queria ajudar a mãe a pagar a conta, fosse por mágoa ou simplesmente por puro rancor.

Não éramos um lar muito religioso e sempre celebrávamos Hannukah e Natal, com uma árvore e uma *menorah*. Pensávamos no Natal como sendo uma data festiva americana e o Hannukah como uma data festiva judaica. Havia uma sincera consideração pelo judaísmo e pela tradição, mas Jeff queria o *bar mitzvah* pelos mesmos motivos que os outros garotos da vizinhança queriam: o dinheiro!

Normalmente, os garotos de Forest Hills frequentavam eventos pretensiosos em hotéis sofisticados ou grandes salões de festas e estavam todos por cima da carne seca. Mamãe e o Hank deram uma festa simples em casa para o Jeff, mas mesmo assim o saque foi muito bom.

Um mês depois eu também ganharia alguns presentes. Passei de ano na quarta série com o mais alto índice de leitura da escola. Eles me deram vários prêmios, incluindo um certificado, um globo e um atlas mundial. E ganhei muitos tapinhas nas costas dos meus pais.

Também fiz teste e fui aceito para o grupo coral da escola, que faria uma apresentação no New York State Pavillion durante a Feira Mundial. Mas haveria uma apresentação um pouquinho maior naquele verão de 1964: em agosto, os Beatles tocariam bem no nosso bairro! Eles fariam dois shows no estádio de tênis de Forest Hills, que ficava a apenas algumas quadras da nossa casa. Mamãe e o Hank nos avisaram que éramos pequenos demais para esse tipo de coisa e insistiram para que ficássemos longe do pandemônio. Eu tinha dez anos e sabia que aquilo estava fora de cogitação para mim. Jeff ficou indignado: ele tinha treze. Tivemos que nos contentar com o nosso pai nos levando ao cinema para assistir *A Hard Day's Night*.

Nosso pai havia nos levado ao campo no fim de semana em que o filme estreou e não sossegamos até ele concordar em nos levar até o cinema onde o filme estava passando, que ficava a quase cinquenta quilômetros dali.

"Vai mais rápido, Bub! Mais rápido!"

Jeff começou a desenvolver um grande interesse por carros esportivos, certamente porque as músicas que escutávamos falavam de Deuce Coupes, Mustangs e Corvettes. Ele adorava quando nosso velho nos levava anualmente à Exposição Nacional de Automóveis, no New York Coliseum, e sempre queria ficar o dia inteiro lá.

Ele entrou no hobby do autorama com réplicas em miniatura de carros de corrida, que eram propulsionadas eletronicamente em uma pista e controladas por geringonças manuais. Tínhamos uma pequena pista no porão. Também havia lojas que alugavam por tempo grandes pistas com cenários elaborados. Jeff se deu bem nesse esporte, onde músculos não eram um fator determinante.

Mais para o fim da quinta série, minha professora, a Sra. Lacy, deu uma tarefa de casa para a turma que consistia em escrever uma redação com o tema *se eu tivesse um desejo...* Eu entreguei uma boa composição, embora alarmante: *Eu queria que a escola explodisse!* Provavelmente inspirado pelos treinamentos para nos abaixarmos sob as mesas, o que deveria nos proteger das bombas nucleares, o texto era uma fábula inofensiva sobre o bem que uma destruição poderia causar. Se a escola explodisse — e as crianças poderiam todas ficar em casa ajudando suas mães e brincando. Ninguém seria ferido ou preso e todos ficariam felizes.

Porém, quando a Sra. Lacy leu minha redação de fantasia, ela chamou minha mãe para conversar na escola. A Sra. Lacy sabia que eu era um bom aluno, mas precisava de foco. Ela sugeriu um hobby, talvez um instrumento musical.

Eu concordei ansiosamente. Tocar música e fazer parte de uma banda era algo que eu sonhava desde os nossos dias em Howard Beach quando ouvimos aqueles caras cantando no beco. Minha primeira escolha foi tocar bateria como o Ringo. Mamãe e o Hank vetaram a ideia porque acharam que seria barulhento demais.

Minha segunda opção era o violão. A mãe me levou para uma lojinha de barganhas no bairro, onde eu escolhi um violão Harmony com cordas de aço no valor de US$ 15. Corri para casa e dentro de alguns minutos estava tirando os riffs de "Satisfaction", dos Stones e de "Hang on Sloopy", dos McCoys. Toquei até que os meus dedos não aguentassem mais de tanta dor. Ainda não conseguia tocar acordes, mas era a maior diversão tocar de ouvido as melodias de novas músicas e revisitar as velhas confirmadas, como "Wipe Out".

Jeff estava impressionado — e bastante entusiasmado. Às vezes, quando eu estava praticando, ele acompanhava a batida da música tamborilando com um lápis. Estávamos nos divertindo, mas um grande dilema pairava no ar: os Beatles tocariam no Shea Stadium em agosto, enquanto nós quatro — as crianças da casa — estaríamos passando o verão pela primeira vez num acampamento no interior do estado de Nova York. Perderíamos de novo a chance de assisti-los.

Meu irmão ficou tão brabo que mencionaria isso anos depois no rascunho de um artigo para uma revista que ele começou, mas nunca terminou.

"Era 1965", ele escreveu. "Eu tinha entre treze e quatorze anos. Minha mãe tinha se casado novamente. Eu era solitário, eu e meu irmão, e tinha orgulho disso, e o rock & roll foi a minha salvação. Sempre durante o verão havia uma enorme faixa estendida na Queens Boulevard com os shows que estavam por vir no Estádio de Tênis de Forest Hills. Naquele ano a faixa dizia: *15 de agosto — Os Beatles no Shea Stadium*. Era emocionante, eu queria ir, mas NÃO, eu tinha que ir para o acampamento de verão. Aquilo me massacrou".

Pelo menos pude levar meu violão para o acampamento e continuei a progredir.

No acampamento, Jeff sofreu inicialmente com o habitual deboche dos garotos que jamais tinham visto alguém como ele. Mas depois de se divertirem com ele, os atletas e os idiotas elitistas — os "populares" — pararam de incomodá-lo, permitindo alguma camaradagem verdadeira entre Jeff e os outros no acampamento. Como qualquer garoto, Jeff entrou no espírito do acampamento, conforme ele expressou em uma carta para nosso pai:

Querido pai:

Como vai você? Eu vou bem. Desde a última carta que mandei tivemos jogos e uma gincana, o que foi bem divertido. Na última semana fomos para Tanglewood, um lugar muito bonito. Um colega de acampamento e eu saímos para caminhar e, descendo por um campo, vimos um grande celeiro. É nesse celeiro que eles guardam todos os seus tambores, sinos, gongos, bongôs etc. Achamos algumas baquetas e tocamos os tambores e todas as outras coisas que havia lá. Aí voltamos para ver o show da Boston Pops Orchestra, que até as oito horas ainda não tinha começado.

Também encontrei vários garotos da minha escola aqui. Me diverti bastante. Esta semana, no dia 9 de agosto, nós fomos ver How to Succeed in Business Without Really Trying, *que também foi legal. No nosso último dia livre fomos até o Capitólio do Estado e depois ao cinema, ver* Batman *e também* Disk-O-Tek Holiday. Batman *foi legal, mas eu gostei mais do outro filme. Apareciam todos os grupos musicais. Tinha um grupo chamado VAGRANTS, que é de Forest Hills e que eu conheço. Eles são muito bons e acabo de ver que lançaram seu primeiro disco. Esta semana fizemos uma caminhada noturna. Dormimos em Thomson's Lake nos nossos sacos de dormir, fizemos uma fogueira e a nossa própria comida. Vivemos de um jeito bem rústico. Ao todo caminhamos dezesseis quilômetros. Hoje é 16 de agosto e a Guerra das Cores deve estourar a qualquer momento. Bom, essas são todas as novidades até o momento.*

Até breve!

Com amor, Jeff.

Enquanto estávamos no acampamento, mamãe e o Hank tinham ido para Stuttgart, na Alemanha, comprar um Porsche 911 zero quilômetro cor de chocolate. Eles estavam planejando andar de carro pela Europa até a metade de agosto e voltar para os Estados Unidos no SS France com seu belo carro novo a bordo.

Quando eles não apareceram na data de chegada, ficamos preocupados. Nossa tia Elaine Gindy, que trabalhou no acampamento, nos informou que houve um imprevisto, mas disse para não nos preocuparmos. Com o nosso pai fazendo a visita, eu e Jeff estávamos apreensivos e não pensamos muito no assunto.

Mas quando o acampamento terminou e o ônibus nos deixou no Queens, só a mãe estava lá para nos receber. Ela nos abraçou como nunca antes. Achei que ela estava com muita saudade. Disse a nós que Hank não pôde vir com ela para nos apanhar e que explicaria assim que chegássemos em casa.

Quando voltamos para casa, ela pediu para irmos até a sala da tevê. Sabíamos que alguma coisa estava errada. Nós quatro sentamos no sofá. Instintivamente começamos a entrar em pânico.

"O pai não vai voltar pra casa hoje", ela começou. De repente o rosto dela parecia visivelmente diferente de quando fomos para o acampamento. "Tivemos um acidente de carro", ela disse, serenamente. "O pai de vocês faleceu".

David se dobrou e caiu de joelhos em frente da minha mãe em um pranto incontrolável. Reba pareceu chocada por alguns segundos e depois fez o mesmo, enquanto minha mãe estendeu os braços para abraçá-los. Eles estavam arrasados de uma maneira indescritível.

Ainda que estivéssemos consternados, Jeff e eu certamente não fomos afetados da mesma forma. Quando olhamos um para o outro, vimos mais medo do que tristeza.

A essa altura, nossa mãe já tinha desabado. Jeff e eu também começamos a chorar incontrolavelmente. Finalmente David se recompôs o bastante para perguntar o que havia acontecido.

Mamãe disse que eles estavam aproveitando muito a viagem, dirigindo pela França, quando bateram o carro de frente.

Como ela estava dormindo, sequer se deu conta de que havia sido impulsionada diretamente contra o para-brisa. Disse que teve muita sorte de sair viva — mas que o Hank não teve a mesma sorte. Todos começamos a chorar novamente e a nos abraçar.

Agora, Jeff e eu também estávamos aterrorizados — com a ideia de que estivemos muito próximos de perder nossa mãe. Também sabíamos por que o rosto dela estava tão diferente: ela havia tomado pontos na boca e sofrido machucados no rosto.

Dentro de mais ou menos um mês as coisas se acalmaram e nós quatro e a mãe — o que restou do nosso lar — conseguimos encontrar certo alívio e motivo para rir juntos. Parecia que estávamos em um daqueles filmes da Doris Day, nos quais a tragédia virava comédia. Então Jeff e eu voltamos para a casa um dia e encontramos mamãe chorando de novo.

Havia um pequeno banquinho espanhol no corredor, entre a cozinha e a sala de tevê. Nossa mãe nos fez sentar no banquinho e disse que David e Reba haviam ido morar com os tios. Eles não iriam mais voltar. Disse que não era o que ela queria, mas que não havia como mudar.

"Vamos ser só nós três de novo", ela disse. "E vamos ficar bem. Não se preocupem. Vamos ficar bem".

Mamãe nos abraçou. Nós três soluçávamos baixinho enquanto nos apertávamos forte, um contra o outro. Antes da mãe nos largar ela deu mais um grande abraço e um beijo no alto das nossas cabeças.

Bom, na verdade foi no alto da cabeça de um de nós — Jeff estava fora de seu alcance.

CAPÍTULO 6
FOREST HILLS VIVE

Na Forest Hills de meados dos anos 1960, bandas de rock estavam surgindo em um número fenomenal. Era como se ao formar uma banda você recebesse um prêmio, o que de certa forma era o que acontecia. Vários garotos do bairro já estavam nessa há algum tempo e alguns haviam atingido sucesso considerável: Tom e Jerry, também conhecidos como Simon e Garfunkel, Spirit, e os Vagrants — para citar alguns.

Uma multidão de bandas locais lutava para se destacar do resto, aguardando reconhecimento. Todas as bandas tentavam superar as concorrentes, fosse no estilo, talento musical ou no que quer que conseguissem bolar. Poderia ser um vocalista que conseguia atirar um pandeiro a uma altura de seis metros e pegá-lo de costas, um baterista que conseguia fazer malabarismos com as baquetas enquanto castigava os tambores ou um guitarrista com um cabelo muito comprido que andasse pelo palco com uma postura ameaçadora, como se fosse um leão enjaulado.

Os garotos de Forest Hills encaravam o termo *batalha das bandas* literalmente, e sabotar a competição não era apenas uma opção: era rotina. Tradicionalmente, a pele dos tambores das baterias era cortada e os amplificadores eram repentinamente desligados durante as apresentações de bandas no ginásio da escola.

Um grupo chamado Tangerine Puppets havia se consolidado como a mais popular das bandas locais. O irmão mais velho do meu amigo Michael Goodrich, George, era o baterista, e os caras da Puppets estavam sempre indo na casa dele para ensaiar. Um dia, no outono de 1965, Mike e eu estávamos lá em cima no sótão, lendo gibis do Archie, quando escutamos o som da música que vinha do porão se alastrar para os andares de cima.

"Vamos lá embaixo ver o ensaio deles", disse Mike. "Talvez a gente aprenda alguns truques para o nosso show". Mike era o vocalista designado da banda que criávamos nas nossas cabeças.

Achamos os caras da Tangerine Puppets os mais legais do mundo. Tinham cabelo no estilo dos Beatles e usavam roupas de mod. Faziam uns movimentos de palco legais enquanto tocavam e tinham namoradas!

Um dos guitarristas da banda que foi para o ensaio era um garoto chamado Tommy Erdelyi. Havia outro, John Cummings, que tocava baixo.

"Cuidado com esse cara", Mike Goodrich me avisou sobre John. "Às vezes ele acorda de mau humor".

"Conheci John Cummings no refeitório da Forest Hills High School", recorda Tommy Erdelyi. "Bob Roland, que virou o vocalista da Tangerine Puppets, me levou até a mesa onde John estava sentado e me apresentou a ele. Ele tinha personalidade: era engraçado e estava com várias pessoas sentadas ao seu redor".

"Às vezes eu sentava na mesa do John", Tommy prosseguiu, "e fazia queda de braço com ele. John era fisiculturista e eu pesava por volta dos quarenta e três quilos na época. Ele simplesmente atirava a minha mão contra a mesa. John Cummings gostava de ser dominador, tanto verbalmente quanto fisicamente. Parecia não se sentir completo quando não podia fazer isso".

Quando Michael e eu fomos ao porão assistir aos Puppets em um boquiaberto silêncio, tomamos todo o cuidado para ficar longe de John, principalmente depois que vimos o cara virar bicho com Bob Roland num dos seus shows.

"John tentou dar um pontapé na cabeça do nosso vocalista Bob Roland quando tocávamos em uma daquelas batalhas das bandas em Forest Hills, no ano de 1966", recordou Tommy Erdelyi.

"O amplificador de John começou a fazer um ruído", disse o guitarrista Richard Adler. "O som estava cortando e John começou a chutar a lateral do amplificador. Bob Roland foi lá e começou a chutar também, só que ele chutou a frente e enfiou o pé bem no meio do alto-falante."

"John ficou tão furioso", lembrou Richard, "que largou o baixo no meio da música e enquanto a gente seguia tocando, começou a dar socos e pontapés no nosso vocalista em pleno palco, na frente do público. John estava dando uma surra nele, até que largamos nossos instrumentos e o interrompemos."

John, Tommy, George e os outros caras eram mais ou menos seis anos mais velhos que Michael e eu. Mas eles haviam sido "nós" alguns anos antes, então permitiam que eu e Michael ficássemos por perto, observando. Sabiam que nunca era cedo demais para aprender e ganhar experiência para o palco.

Um dia, quando os Tangerine Puppets faziam uma pausa, Tommy colocou a sua guitarra Fender em uma cadeira. Eu fui até lá e fiquei olhando para ela. Tommy me viu e foi até mim: "Você toca?", ele perguntou.

"Ããâh", eu falei.

"Vamos ver", ele disse ao me entregar a guitarra.

"Faz pouco tempo que eu comecei a tocar", eu avisei, e coloquei a alça de uma guitarra elétrica em meu pescoço pela primeira vez na minha vida. Como eu não sabia tocar nada muito complicado, optei pela minha velha favorita: "Wipe Out".

"Nossa, isso é muito bom!", Tommy disse, surpreso. "Quem te ensinou a tocar?"

"Ninguém", eu respondi. "Eu estava aprendendo sozinho. Você teria como me ensinar? Eu arranjei um violão há uns seis meses, um Harmony, mas acho que tem alguma coisa errada com ele. Teria como você vir dar uma olhada?"

Depois do ensaio ele foi até a minha casa e viu o violão: "Como é que você toca com essa coisa?", ele riu. "O braço está torto pra cacete. Está empenado. Dá pra passar uma mão inteira entre as cordas e o braço!"

Tommy pegou a sua guitarra para mostrar a diferença, tocando "House of the Rising Sun".

"Você me ensina a tocar isso?", eu implorei. "Por favor?"

Quando ele começou a me ensinar a tocar os acordes, eu fui pegando o jeito, mas meus dedos estavam me matando, e não conseguia trocar de um acorde para o outro rápido o bastante.

Jeff foi ver o que estava acontecendo. "Esse é meu irmão Jeff", eu informei Tommy, introduzindo os dois futuros colegas de banda.

"Você também toca?", Tommy perguntou a Jeff.

"Nah...", Jeff respondeu, sem mencionar a fase do acordeão.

"Bom, você toca muito bem. Continue praticando", Tommy me aconselhou. "E arranje outro violão. Dá pra atirar flechas com essa coisa aí!"

"Nossa, obrigado, Tommy!", eu disse, emocionado.

Mais ou menos uma semana mais tarde, depois que eu fiquei craque nas mudanças de acordes e Michael começou a praticar o vocal, ele sugeriu que tocássemos "House of the Rising Sun" no dia de apresentações na minha classe, na sexta série. Nossa professora, a Sra. Wolfson, gostou tanto que insistiu para que tocássemos em todas as turmas do colégio. Tínhamos a nossa primeira turnê agendada e colocamos o pé na estrada, prontos para encarar as intimidantes salas de aula da PS3.

Adorávamos a forma como eles nos assistiam. Adorávamos os aplausos — e escapar da aula! Eu até consegui um par para o baile da sexta série: a garota mais cobiçada da escola, Dee Dee Friedman. Michael e eu já nos considerávamos profissionais e começamos a compor nossas próprias músicas. Quando Jeff nos viu tendo toda essa diversão, ele também quis entrar em ação.

Jeff não começou economizando dinheiro, mas sim figurinhas do King Korn, uma rede de supermercados que usava figurinhas como uma jogada de marketing. Ele colava as figurinhas em álbuns, que poderiam ser trocados por prêmios. Havia postos de troca na maioria dos bairros, onde os selos podiam ser trocados por itens. Jeff estava de olho em uma caixa de percussão Maestro na cor vermelho-brilhante.

Mamãe tinha dito que ela e Hank não queriam uma bateria dentro de casa. Mas com todo o barulho que vinha do porão agora — com Michael e eu cantando e tocando nossos violões e Jeff batendo na mesa com qualquer coisa que ele encontrasse para usar como baquetas improvisadas — ela sabia que travava uma guerra perdida. David e Reba não estavam mais em casa, assim como infelizmente Hank e a nossa avó Nanu, que tinha falecido pouco tempo antes. Assim, minha mãe deixou Jeff ter um tambor e só.

Nós fomos até o posto de trocas e levamos a caixa Maestro. Mas quando chegamos em casa, vimos que uma caixa de percussão precisava de um suporte para caixa de percussão. Jeff então colocou o tambor no colo e ficou batucando com a gente até conseguir o tal suporte. Ele realmente não fazia ideia do que estava fazendo, e eu também não, mas era divertido.

O braço do meu violão tinha ficado tão empenado que as cordas mal encostavam nele. Minha mãe percebeu que eu levava a música a sério e, após eu ter choramingado bastante, me levou até a Rua Austin, onde comprou uma guitarra elétrica Hagstrom novinha, um amplificador Univox e um microfone Shure com suporte. Agora eu também queria cantar, como John, Paul, George e Ringo. Passei a levar meu equipamento em festas de aniversários e a cantar músicas dos Beatles, Stones, Dave Clark Five, Herman's Hermits, entre outros.

Depois de um tempo, ficar o dia todo batendo num tambor não era mais desafiador o bastante para Jeff. Eu já tinha uma banda em formação e ele também queria fazer parte de uma. Algumas semanas antes de partirmos para o acampamento de verão, mamãe deu o aval para que Jeff tivesse uma bateria completa, com pratos, suportes, banquinho e tudo mais. Custava US$ 350 naquela época, o que era bastante dinheiro. Ela deu US$ 100 para Jeff usar na compra — o preço da minha guitarra — e ele completou com o dinheiro do *bar mitzvah*. Amém.

Nós nos amontoamos na caminhonete e nossa mãe nos levou até a Manny's Music na Rua 48, em Manhattan, para Jeff adquirir a sua bateria Gretsch "Pérola Branca". A casa nunca esteve tão barulhenta e houve noites em que nossa mãe até cortou a nossa luz. Os garotos do quarteirão começaram a aparecer nas janelas do porão para nos ouvir tocar.

Às vezes, eles falavam que éramos muito bons e, às vezes, que éramos muito ruins. Mas eles apareciam e nossa casa estava se transformando no centro da cena do quarteirão. Era legal demais!

Uma coisa que não foi muito boa, no entanto, foi o boletim do Jeff na nona série. Mas mamãe e o nosso pai de verdade — nosso único pai agora — com certeza ficaram contentes ao ver Jeff completando o ensino fundamental na Stephen A. Helsey Junior High.

Enquanto isso, eu mais uma vez havia superado minhas expectativas acadêmicas, recebendo a notícia de que no semestre seguinte entraria num programa escolar de progresso acelerado chamado SP. Combinava três anos do ensino fundamental em dois, passando da sétima série direto para a nona. Minha mãe estava muito orgulhosa e até me premiou com uma linha telefônica própria e um telefone Trimline.

Quando voltamos do acampamento de verão, estávamos determinados a formar uma banda.

Michael Goodrich conheceu um garoto chamado Andy Ritter, que fez um teste na bateria do meu irmão. Andy estava tocando fazia mais ou menos um ano e era bom demais para alguém de doze anos. Agora tínhamos uma banda — ou quase. Não tínhamos um baixista, mas seguimos em frente e batizamos o grupo de Overdose of Sound.

Andy trouxe sua bateria e agora tínhamos duas delas no porão, juntamente com amplificadores e microfones. Mais tarde, colocaríamos também um pequeno sistema de som para os vocais.

Em poucos meses Jeff também tentaria formar uma banda. Ele estava no primeiro semestre do primeiro ano do ensino médio na Forest Hills High School e tinha conhecido um colega de classe chamado Demetrious, um guitarrista muito bom, que também sabia cantar.

Demetrious era uma figura. Ele tinha uma linda Fender Stratocaster, que beijava e cobria com um cobertor antes de fechar o estojo. Ele e Jeff viraram bons amigos e acabariam formando a primeira banda de ambos, The Intruders. Mamãe desenhou o logotipo para eles e pintou com canetinha no bumbo da bateria de Jeff.

Os dois estavam sofrendo para achar outros integrantes para a banda, uma vez que Demetrious era bastante temperamental e Jeff ainda tentava pegar o ritmo das músicas com uma batida mais rápida. Ele ainda não conseguia tocar "Wipe Out" muito bem, mas estava decidido a ter uma banda e certamente mostrava que, apesar da sua enorme timidez, ele tinha a vontade, a determinação e a coragem para fazer o que fosse preciso para colocar seu plano em prática.

Tendo se passado um ano e mais alguns meses após o falecimento de Hank, minha mãe começou a ter dificuldades financeiras. Custava muito dinheiro manter uma casa daquele tamanho e ela não havia mais trabalhado de fato desde o acidente.

Estávamos no outono de 1967. O aquecedor tinha estragado e o preço do óleo para aquecimento havia subido. As janelas cederam e a televisão queimou. O inverno estava a caminho, mas não havia dinheiro em vista para ajudar na nossa preparação.

Nossa mãe teve que usar a criatividade. Ela teve a ideia de alugar o quarto que era da nossa avó para aeromoças, já que estávamos bem no meio de dois aeroportos.

Jeff e eu tínhamos agora quinze e doze anos respectivamente e estávamos amadurecendo, se entendem o que eu quero dizer. O que pensamos foi: "Aeromoças! Grande ideia, mãe!".

Uma aeromoça da Pan Am respondeu ao anúncio da minha mãe, enquanto Jeff e eu ansiosamente aguardávamos pelo seu desembarque. À noite compartilhávamos as nossas fantasias.

"Ouvi dizer que essas aeromoças são bem loucas", Jeff disse na noite anterior à chegada da primeira delas.

"Isso pode ser bom, cara! Como naquele filme do Tony Curtis, *Boeing Boeing*, mas...", eu parei para pensar. "Você acha mesmo que elas fariam qualquer coisa com a gente? Quer dizer, nós não somos exatamente o Tony Curtis."

"Não", ele concordou. "Mas pelo menos somos mais... novos."

A primeira a chegar foi uma aeromoça bonitinha da Pan Am chamada Joanie. Era simpática e amistosa de verdade, mas era muito certinha e tinha um namorado, um piloto chamado Skip — ou seria Chip? Lá se foram minhas esperanças.

Em seguida, minha mãe ficou amiga de uma mulher que se divorciara recentemente, chamada Geraldine Einhorn. Gerri também era meio maluca. Tinha um casal de filhos, Richard e Amy, e não tinha onde ficar. Os três viraram inquilinos passageiros no quarto de Reba.

A casa estava novamente se enchendo de vida, o que eu e meu irmão achamos ótimo. Só havia gente nova e mulheres. Não havia ninguém para bancar o durão conosco.

Foi como uma grande festa da comiseração de uma certa forma, porque estávamos todos no mesmo barco. Podíamos nos identificar um com o outro e rir dos nossos problemas. E também eram os anos 1960, quando a ideia de abandonar os padrões do passado e substituí-los por novos fez com que não nos sentíssemos tão abalados assim com nossa própria anormalidade.

Às vezes, nós até nos divertíamos. "Somos o mundo moderno, somos o futuro", dizíamos para nós mesmos. Então assistíamos todos a um programa voltado para a família no Hallmark Hall-of-Fame e ficávamos muito tristes.

MEUS COLEGAS DE BANDA, ANDY RITTER E MIKE GOODRICH, levaram um garoto chamado Doug Scott, que era meio que um menor abandonado. Ele havia perdido o pai e a sua mãe vivia com um modesto salário de enfermeira. Virou o meu melhor amigo e uma presença constante em nossa casa.

Doug começara a tocar guitarra dois anos antes de mim, desde os nove. Ele era o melhor na nossa faixa etária. Se tornou um integrante da banda e me substituiu na guitarra. Eu passaria para o baixo. Fomos a uma loja de penhores e arranjei um baixo Höfner usado, igual ao do Paul McCartney. Agora nossa banda estava completa!

Jeff parecia estar passando mais tempo sozinho no banheiro do andar de cima. Achei que sabia o que ele estava fazendo lá, deduzi que deveria ser a mesma coisa que eu estava fazendo quando eu comecei a me... descobrir. Mas hoje realmente não tenho mais tanta certeza.

Quando Jeff terminava lá em cima, o tapete do banheiro ficava todo molhado, e as toalhas ficavam estendidas, sem serem penduradas. Ele deixava a água quente correndo por uma hora, e isso que ele ainda nem fazia a barba. O banheiro ficava tão cheio de vapor que a água escorria pelas paredes. O vidro ficava tão embaçado que eu não conseguia me enxergar nem que o esfregasse dez vezes seguidas. Jeff não tinha respostas quando eu indagava sobre o que ele estava fazendo lá durante todo aquele tempo. Não havia nada que indicasse um problema específico. Porém, algo um pouco além do incomum estava acontecendo.

Eu sabia que meu irmão era diferente. Mas agora que todos haviam ido embora, e sem outros irmãos, irmãs ou padrastos para me distrair, minhas atenções estavam mais voltadas a ele. Comecei a perceber certas coisas nele — como, por exemplo, quando ele tirava e colocava a escova de dentes no armário repetidas vezes sem motivo aparente, e quando ele desligava a luz ao sair do banheiro para então voltar e acendê-la novamente.

Jeff se deitava na cama e em seguida se levantava. Então colocava o pé de volta ao chão, pausava e voltava à cama. Outros eventos misteriosos começaram a acontecer: copos e pratos sujos eram deixados à esquerda, ao lado da pia, e não dentro. O sorvete era deixado a noite inteira em cima do refrigerador. Embalagens vazias de alimentos não eram jogadas no lixo. Na metade das vezes eu levava a culpa por essas coisas.

Às vezes, eu era mesmo o culpado, mas tinha uma boa desculpa para esse problema: eu era só um garoto.

Nossa mãe estava começando a ficar bastante irritada com o crescente desleixo de Jeff e sua falta de consideração, aparentemente involuntária. A última coisa que ela queria era perder as aeromoças, que precisavam aguardá-lo sair do banheiro enquanto se arrumavam para um voo. As desavenças entre mamãe e Jeff ficaram mais frequentes quando seu comportamento incomum passou a ser um estorvo.

Ela já tinha que cuidar da casa, fazer compras, cozinhar e fazer faxina. Não tinha ninguém para ajudar a pagar as contas, trocar fusíveis, consertar cadeiras quebradas ou ver se as calhas do telhado não estavam entupidas — todas as coisas que um pai normalmente faz.

Inicialmente, ela tentou argumentar com Jeff, mas ele respondeu às suas queixas com total dissimulação, num surpreendente tom de deboche. Esperávamos que fosse só uma fase pela qual ele iria passar.

Havia outra explicação possível para o seu estranho comportamento.

As coisas estavam mudando rapidamente em 1967. Os Beatles não eram mais apenas caras engraçados e inocentes com penteado cogumelo. Eles tinham evoluído.

Elvis, Dion e toda a turma do doo-wop, com seus cabelos penteados para trás, eram apenas manchas de brilhantina que poderiam ser facilmente removidas com um novo spray da era espacial. Agora, eram todos simplesmente cafonas. Tão cafonas como a capa do nosso novo disco dos Beatles, *Sgt. Pepper's Lonely Hearts Club Band*. Essas músicas não eram mais sobre garotas com rostinhos bonitos, de vestidinhos de renda e rabo de cavalo.

Agora eram garotas com "olhos de caleidoscópio" que trabalhavam como adoráveis "inspetoras de tráfego". Poderiam ser vistas flutuando no céu com diamantes após encontrarem você na catraca. E então iam embora com o sol no olhar.

Penny Lane? Muito estranho.

Todas as coisas e todas as pessoas se pareciam diferentes e agiam de maneira diferente, e havia um bom motivo: drogas. Não havia nada que pudesse nos afastar de sucumbir alegremente aos caminhos da "contracultura". As head shops — lojas especializadas na venda de produtos relacionados à contracultura e às drogas — se proliferavam, mesmo em Forest Hills. Nós íamos ao In Market da Rua Austin, a primeira head shop do bairro, para cheirar incenso e olhar os pôsteres em tinta fluorescente. Jeff inclusive viajava sozinho pela cidade de metrô. Seu lugar favorito era Greenwich Village. A Rua 4 Oeste ficava a apenas uma parada de onde saímos da casa do meu pai em Chelsea. Jeff falava sobre os bares que ele via, como o Café

Wha?, The Bitter End e Folk City — bares sobre os quais ele havia lido nos encartes dos nossos discos do Lovin' Spoonful.

Com exceção de uma vã tentativa de fumar casca de banana, inspirada pela música "Mellow Yellow", de Donovan, eu ainda não tinha experimentado nenhuma droga. E apesar do comportamento estranho de Jeff nos últimos tempos, tinha certeza de que ele também não. Ele teria me contado. Nós com certeza estávamos mais curiosos. Ouvíamos o som de cítara emanar das faixas do nosso novo disco dos Beatles, principalmente em "Within You Without You", de George Harrison, no *Sgt. Peppers*, e fazíamos de conta que estávamos tendo viagens de LSD. Ficávamos tontos e nos convencíamos de que tínhamos atingindo um clímax místico por meio de uma chapação por contágio.

"Você já está flutuando?", perguntávamos um para o outro.

NAQUELE MÊS DE JUNHO, JOANIE SE MUDOU e uma nova aeromoça da Pan Am, chamada Rickie, chegou. Ela tinha um fusca vermelho e dizia que ia nos ensinar a dirigir quando voltássemos do acampamento de verão. O daquele ano foi o melhor de todos, porque sabíamos que seria o nosso último. Curtimos guerras de cores, esqui aquático, disparos com rifles e arcos e flechas, criação de fogueiras e arrastões para roubar sutiãs nos beliches das garotas. Mas já estávamos cheios dessa diversão boa e inocente e queríamos nos despedir em grande estilo.

Uma noite, Jeff e eu invadimos a cabana do conselheiro-chefe e sacrificamos um de nossos discos de quarenta e cinco rotações prediletos: "The Martian Hop". Colocamos a música para tocar a todo volume no sistema de alto-falantes e corremos de volta para a cama, enquanto a canção ressoava estrondosamente por todo o acampamento! Nós rimos tanto ouvindo a música ecoar pelas montanhas, que acabamos sendo pegos logo pelo instrutor de caratê. Mas valeu muito a pena dizer *adeus* aos nossos colegas de acampamento daquela forma.

Jeff estava muito feliz de não ter mais que voltar para lá. Ele queria retornar para casa, onde tinha sua bateria, e retornar para Greenwich Village, onde tinha o seu futuro.

CAPÍTULO 7
NÃO FOMOS NÓS, PAI

PODEMOS AFIRMAR COM CERTEZA QUE EU E MEU IRMÃO tínhamos um caminho livre pela frente, mas certamente não era um caminho que iria nos manter na linha. Assim que voltamos do acampamento, que fez bem para o corpo, fomos logo trabalhar nossas mentes.

Ouvíamos os ecos rebeldes sobre jovens ditarem as regras na música "My Generation", do Who, mas percebemos que o desabafo daquela canção era apenas a ponta de um iceberg sociológico. Uma noite, num quarto de motel ao norte do estado com nosso pai, ligamos a tevê para assistir a *Where The Action Is*, o programa de Paul Revere & The Raiders. Nosso pai foi rígido e mudou de canal para a cobertura da Guerra do Vietnã, dizendo que era aquilo que *deveríamos* assistir.

"Ah, qual é, cara?", Jeff o desafiou. "Hoje os Turtles vão tocar!"

Mesmo em uma música dos Turtles poderia haver uma mensagem vital, que podíamos escolher para moldar o nosso estado mental:

You say you're lookin' for someone	*Você diz que procura alguém*
Never weak but always strong	*Que jamais será fraco, que não vai temer nada*
To protect and defend you	*Que te proteja e defenda também*
Whether you are right or wrong...	*Quer você esteja certa ou errada...*
But it ain't me, babe	*Mas não vou ser eu, garota*

Esses versos resumiam com precisão a ideologia sobre a qual estávamos ouvindo, falando, pensando e cantando. Nos identificávamos não apenas por causa das garotas, mas também por causa da sociedade, do país e até mesmo dos nossos pais. Ainda que essas fossem na realidade as palavras de Bob Dylan na voz dos Turtles, não havia importância, pois estávamos todos na mesma sintonia agora.

"Nossos pais podem muito bem terem feito merda. Não podemos defender o que eles fizeram a esse mundo. Não se corrige um erro com outro", era a moral da nossa história.

Afinal, adultos linchavam pessoas no sul dos Estados Unidos, se falava na poluição do ar e da água, que iria nos matar assim que nossos pais não estivessem mais aqui, e os professores estavam mandando a gente ir para baixo das carteiras para se proteger das bombas atômicas. Nós achávamos mesmo que estávamos às vésperas de uma destruição completa. Também achávamos que a juventude dos Estados Unidos estava em maior número agora e que iríamos tomar conta — através da música!

Já tínhamos tudo planejado.

É claro, não tínhamos coisa alguma. Mas era sobre isso que eu falava com o Jeff, às vezes durante todo o dia e toda a noite.

O pai apoiava a guerra. A mãe, não. Quem estava certo e quem estava errado?

Sabíamos da guerra. Apenas não queríamos ouvir falar nela pelas fontes do nosso pai. Nós não confiávamos nelas.

"Isso é importante e vocês vão assistir", nosso pai disse, dando continuidade ao seu sermão de motel. "Esses soldados estão lá lutando e morrendo pelo nosso país, como nós fizemos quando eu estava servindo."

"A gente ouviu falar que essa guerra é imbecil", Jeff persistiu, estendendo a mão para trocar de canal. "E a mãe disse que você nunca foi pra França. E isso aí também é outra coisa, cara. Ninguém faz ideia por que estamos indo lá!"

"Ei!", papai gritou, dando um tapa no braço de Jeff e colocando o dedo na sua cara. "Você vai fazer o que eu mandar! Eu entrei para o quartel e estava pronto pra lutar e você também vai quando chegar a sua vez. É melhor ter respeito. Do jeito que vocês dois estão, eu não fico surpreso com o que estou ouvindo. O que aquela mãe de vocês está ensinando? Está criando vocês pra serem beatniks! E hipniks! Seja lá qual for o nome! E não me chame de *cara*! Eu não sou o seu *cara*! Eu sou seu pai! Não sou um dos seus beatniks!"

Isso era verdade.

Quando saímos do quarto para jantar fora, Jeff colocou o termostato no máximo para que estivesse quente quando retornássemos, já que estava congelando lá nas montanhas. Quando voltamos, o quarto parecia um forno. O velho ficou tão puto que arremessou Jeff por cima da cama, para o outro lado do quarto, fazendo com que se espatifasse contra a parede. Foi o castigo mais violento que eu já o vi distribuir. Jeff não se machucou, pelo menos não fisicamente, mas ficou bastante abalado. Eu me senti muito mal por ele e também fechei a cara para o velho.

Isso não nos tornou mais próximos um do outro, o suposto objetivo dessas viagens. Meu pai estava com uma de suas namoradas fixas, uma divorciada chamada Nancy, junto com o filho dela de seis anos, Jonathan. Ela era inteiramente submissa e jamais interferia ou intercedia quando nosso pai explodia para cima do Jeff ou de mim, o que estava acontecendo com mais frequência. Ela sequer se defendia dos deboches, das provocações e dos seus implacáveis insultos, quando ele a chamava de *estúpida* ou *gorda*.

Perna de Gelatina era um dos seus apelidos favoritos para a Nancy, fazendo alusão às suas coxas um pouco longe da perfeição. Era para ser engraçado e se esperava que déssemos risada dessa humilhação junto com ele.

Nancy apenas dava uma risadinha e dizia: *Ai, Noel, para!*

Gostávamos dela e portanto nos sentíamos mal e ficávamos constrangidos com a forma com que nosso pai a tratava. Agora entendíamos por que nossa mãe não quis ficar e aturar o seu comportamento pelo resto da vida.

Jeff estava com dezesseis anos, faltando um pouco mais de um ano para o alistamento militar. Eu havia feito treze durante o verão e teria uma grande festa de *bar mitzvah* em setembro. Eu tinha até mesmo estudado e aprendido a ler em hebraico. Todos os nossos amigos estavam fazendo suas festas em hotéis chiques de Manhattan ou Long Island, mas a nossa seria no porão, o que estava OK para nós. Realmente não nos importávamos com toda aquela coisa de *bar mitzvah* exagerado.

Porém, mesmo nesse padrão, nosso pai não achou que deveria contribuir. Agia de má vontade ao ser procurado para pagar as despesas. Seu raciocínio era *Deixem que ela pague. Foi assim que ela quis.* Ele pagava o mínimo definido em lei para a pensão. Ouvíamos a mamãe tentar espremer um pouco mais dele em diversas ocasiões sem sucesso.

Assim eram nossas "relações" em casa: melhor do que não ter nenhuma, o que acabaria por nos estigmatizar nessa vizinhança fortemente judaica. Naquela época era um lance de status, e era tão importante para manter as aparências como era para servir como um rito de passagem religioso. Digamos que era pressão religiosa. Não tínhamos vergonha, apenas não éramos judeus muito religiosos. Éramos provavelmente os piores judeus do quarteirão. Quando as crianças falam, têm a tendência de repetir o que os pais falam. Muitos dos nossos vizinhos expressavam desaprovação lançando um olhar cáustico em nossa direção ou mexendo a cabeça em sinal de desprezo quando passavam em frente à nossa casa.

Também não era como se assássemos porco na porta de casa durante os dias mais sagrados do calendário, mas de fato tocamos rock em alto volume no porão em várias dessas datas. Talvez isso não fosse exatamente kosher e eles estivessem certos em reclamar, mas nos surpreendeu o quão intolerantes poderiam ser essas pessoas que recém haviam sido perseguidas.

Consequentemente, nós desenvolvemos um estranho ressentimento em relação à "nossa gente". Aí percebemos que o problema que eles tinham com a gente era mais em relação a dinheiro. *Os vizinhos malucos*, que é como eles nos chamavam, estavam ferrando o preço do imóvel no quarteirão. Se era só isso, então nós, judeus, éramos iguais a todo mundo: nem melhores, nem piores.

Apesar disso, tivemos uma festa legal, com todos nós correndo atrás um do outro para dentro e para fora de casa. Um dos meus amigos surrupiou o estoque de maconha do seu irmão mais velho e acendeu um atrás da garagem durante a festa. O cheiro chegou até o quintal. Eu fiquei um tanto irritado, afinal era a minha festa e eles nem tinham me oferecido. Talvez aquela não fosse a ocasião apropriada para fumar meu primeiro baseado, já que estava meio tonto de fumar um dos cigarros que roubei da minha mãe. Em breve todos nós estaríamos chapados.

Nossa mãe tinha lido artigos no jornal sobre casos de overdose de heroína e os perigos das drogas de maneira geral. Cheirar cola havia se tornado popular e ela nos alertou sobre o risco de perder células do cérebro e ficar lesado para o resto da vida.

Mas não estávamos interessados em cola ou heroína. Queríamos ficar "experientes", como Jimi Hendrix dizia. Queríamos que nossas almas ficassem "psicodelizadas", como os Chamber Brothers cantavam em "Time Has Come Today". Sem limites mundanos, queríamos ver além do que as nossas capacidades normais poderiam fornecer. Esses não eram tempos normais.

Começamos a nos vestir como nossos astros do rock favoritos, usando camisas de seda com grandes colarinhos, lenços e coletes, enfim, qualquer coisa que parecesse algo que o Who ou o Jimi Hendrix pudessem vestir. Até mesmo Forest Hills tinha duas lojas voltadas para a contracultura. Jeff e eu passamos a colecionar pôsteres em luz fluorescente do In Market e ele trouxe mais alguns de Greenwich Village. Compramos uma lâmpada de luz negra ultravioleta e mais outra lâmpada, que faziam as cores dançarem em nosso quarto. Compramos também tinta fluorescente e pintamos estrelinhas no teto que podiam ser vistas somente com luz-negra. Transformamos o nosso quarto em uma experiência psicodélica, repleta de música e com shows de luzes.

Uma noite, levamos mamãe para nossa experiência cósmica. Ela ficou de fato bastante impressionada e percebeu como tudo aquilo era artístico e na sua opinião inofensivo. Ela até mesmo se sentiu encorajada pela nossa criatividade.

"Só tomem cuidado com esse incenso", disse ela. "Não coloquem fogo na casa!".

Estávamos no caminho para a loucura hippie.

O quarto ao lado era o total oposto da nossa rebeldia. Rickie, a aeromoça da Pan Am, não poderia ser mais careta. Com tudo o que estava acontecendo na peça ao lado, ela demonstrava a tolerância de uma santa. Ou de uma aeromoça, dependendo da sua crença religiosa. Ela também estava indo embora para se casar e seria substituída por outra aeromoça, uma linda russa chamada Tetanya.

Ela insistia que a chamássemos de Tanya, porque não conseguíamos dizer Teta com uma cara séria.

Uma outra família havia se mudado para o antigo quarto de Reba: uma mulher chamada Bea e sua filha Sandra. Bea era gostosa, mesmo para nós meninos. No entanto, até a Sra. Howell da Ilha dos Birutas estava valendo, em uma situação onde fantasias de Ginger e Mary Ann já estavam desgastadas e precisando de um tempo.

Bea havia sido casada com um homem rico e agia como se fosse superior a nós. A filha era muito gatinha, mas também era uma esnobe. Com certeza Bea a instruiu para manter padrões altos e não se misturar com uns caras ferrados como nós. Foram embora em pouco tempo.

Era estranho receber olhares atravessados dentro da nossa própria casa. Com todas essas pessoas saindo e entrando em nossas vidas, ficamos cada vez mais cientes do quão longe estávamos de ser uma família tradicional. Já havíamos nos tornado forasteiros em nossa própria quadra. Jeff e eu escolhemos "People Are Strange", do Doors, como nossa trilha sonora naquele ano.

Éramos as ovelhas negras do quarteirão e de certa forma gostávamos de ser. Jeff estava se tornando a mais rebelde da casa. Conforme ele foi ficando mais velho, passou a ir a Manhattan mais seguidamente.

"Quando tinha dezesseis anos, fui ver o Who no show do Murray the K, na Rua 59", ele escreveu em seu diário. "Era a primeira vez que eles vinham aos Estados Unidos e era um grande show: The Who, Cream, Mitch Ryder and the Detroit Wheels, The Vagrants e mais um monte de bandas. Cheguei de manhã bem cedo. Quem chegava cedo o bastante, às vezes ganhava um disco grátis ou alguma outra coisa. Até levei a minha câmera Instamatic".

"O Who tocou só três músicas: 'I Can't Explain', 'Happy Jack' e 'My Generation', e eu fiquei de queixo caído", ele escreveu. "Eles foram tão empolgantes, visualmente impactantes e divertidos. E ainda destruíram os seus equipamentos! The Who era a minha banda favorita."

Ainda que seu desempenho escolar estivesse péssimo, Jeff começou a sair em Greenwich Village, inclusive nos dias de semana. Ele também estava voltando mais tarde para casa. Isso causou uma certa aflição na mãe. Porém, ela estava tendo dificuldade de controlar meu irmão a essa altura, que já estava com quase dezessete anos. A banda dele, The Intruders, sumiu do mapa, e ele agora procurava por novos integrantes em casas noturnas e cafés nos arredores da Rua McDougal. Uma improvável descoberta em uma loja do Village acabaria entrando para a história.

Certa noite, ele voltou com um par de óculos escuros e me perguntou como ficava com eles.

"Ficaram bem mais legais que aqueles oclinhos do Senhor Peabody que você tem", eu disse a ele. Eles eram parecidos com os óculos do John Lennon e realmente tinham combinado com seu rosto. Mas eram lentes sem receita.

Ele pediu para minha mãe levá-lo a um oftalmologista para fazer um par de óculos com a armação e ela concordou. Jeff saiu do consultório usando seus novos óculos de armação dourada em formato oval e lentes rosadas. O resto é história: eles virariam uma extensão da sua cabeça. Mas como Jeff não tinha nenhuma razão médica para usá-los na escola, os professores foram contra. Consequentemente, ele passou bastante tempo na sala do diretor, onde curtia um bom momento de lazer.

Jeff estava criando uma forte resistência a tirar os óculos. Nosso pai não deixava usar seus óculos de "esquisitão" quando saíamos com ele.

O desgaste no relacionamento de ambos começava a ficar aparente. E não era uma visão bonita. Fosse por causa do nosso velho gritando com ele nos fins de semana ou pela tensão entre Jeff e nossa mãe, devido ao seu comportamento cada vez mais estranho, era algo que começava a afetar a todos nós.

Durante um ano minha mãe o levou a médicos e psiquiatras, tentando chegar à raiz do problema. Eu passava algumas dessas noites fazendo a lição de casa no carro enquanto esperava por eles, o que não me incomodava, ao contrário daquela gritaria. Jeff estava se tornando bastante grosseiro com a mãe e eu às vezes tinha que atacá-lo para protegê-la. Por outro lado, tolerância, paz e amor ao irmão eram as mensagens que estavam no ar que respirávamos, e provavelmente nunca estivemos tão próximos um do outro.

Minha banda, a Overdose of Sound, havia mudado de nome para Purple Majesty e Jeff gostava muito. Nós também estávamos frequentando o Village. Saíamos de tarde e éramos acolhidos na estação de metrô da Rua 4 Oeste por hippies que mendigavam moedas nas ruas. Os mais radicais dos revolucionários nos ridicularizavam quando não dávamos dinheiro para eles.

"Aí, ioiôs!", eles gritavam. "Cara, vocês não moram aqui! Por que vocês não voltam pra mamãe e pro papai cheios da grana que vocês têm lá no Queens, ou seja lá de onde vocês vieram?"

Ioiô era como chamavam as pessoas que iam para o Village, mas que não moravam lá. Mais ou menos um precursor do rótulo *bridge and tunnel* — forma pejorativa de chamar pessoas das regiões vizinhas a Manhattan, em referência às duas principais vias de acesso à ilha — só que mais ofensivo, porque esses hippies se julgavam eticamente superiores a nós. Era o começo da era do hippie metido.

Assim que nos livrávamos deles íamos até as head shops e às lojas de roupas e discos para dar uma conferida. Íamos até o Café Wha?, onde o Hendrix havia tocado, e ao Night Owl, onde Bob Dylan e a Lovin' Spoonful tinham se apresentado. Eles não nos vendiam bebida alcoólica, é claro, mas podíamos entrar, tomar um refrigerante e ver as bandas. Não são muitos os bares que deixariam um monte de garotos de treze anos fazerem isso nos dias de hoje.

Jeff entrou em uma banda chamada The Hudson Tube, que recebera o nome da linha de trem que largava seus novos companheiros de banda, de Nova Jersey, para seu novo pouso no West Village. Ele estava se apresentando no Bitter End, no Café Bizarre e no Cafe Wha? A Hudson Tube acabou pouco tempo depois de ter começado e Jeff entrou para outra banda, chamada 1812. Meu irmão estava se dando bem e fazendo avanços para ganhar a confiança e a aceitação que não recebia do pessoal de Forest Hills.

Mamãe estava um tanto preocupada com a hora que o Jeff chegava em casa e com as pessoas estranhas que ligavam para ele no telefone. Eram pessoas com nomes cósmicos e que falavam com uma enrolação psicodélica sem nexo. Às vezes, quando Jeff não estava em casa, falavam comigo durante horas sobre guerra e política. Eu ficava me perguntando por que esses caras legais mais velhos ficavam falando com um garoto de treze anos. Descobri a resposta bem rápido: estavam todas chapadas de anfetamina ou tendo uma viagem do cacete.

Jeff estava no meio disso agora. Uma noite ele me disse que havia tido uma experiência com pílulas. Implorei para que ele me descrevesse como era.

"É exatamente como você acha que é", ele disse, antecipando o que eu mais tarde descobriria ser a única resposta válida.

"Nossa!", eu disse.

Por meio da sua timidez, meu irmão encontrou uma forma de dizer muita coisa usando apenas algumas palavras.

CAPÍTULO 8
VIOLÊNCIA NAS RUAS

Em um dia de inverno, a banda de Jeff ensaiava no porão. Assim, minha banda foi para a casa de Michael Goodrich. Os Tangerine Puppets não tocavam mais lá porque o lugar tinha um fedor horrível de merda de cachorro. O louco pastor alemão da família, Beylon, era confinado ao porão ou ao quintal. O gracioso filhotinho de outrora havia se transformado em uma fera selvagem.

Caminhando até a porta dos fundos da casa de Michael, dei uma olhada e vi Beylon saltar um metro e meio no ar e avançar bem na minha direção, mostrando os dentes e rosnando como eu nunca tinha visto antes. Ele vivia tentando pular a cerca do quintal. Finalmente conseguiu.

O cão cravou as patas em mim e me derrubou em um só golpe. Eu berrei, torcendo para que ele reconhecesse a minha voz — mas Beylon estava *possuído*. Encolhi os meus ombros e apertei meu queixo contra o peito, enquanto ele roçava os dentes nas minhas costas e em meus ombros. O cachorro mordeu a gola da minha jaqueta e a arrancou, sacudindo sua cabeça e me arrastando pela entrada da garagem. Ele ia em direção à minha garganta e era maior, mais pesado e mais forte do que eu.

Meu companheiro de banda, Doug, ficou paralisado. Michael foi correndo para fora, mas não era forte o bastante para tirar Beylon de cima de mim. Quando eu tentava me levantar, o cachorro novamente me atirava ao chão. Por sorte eu tinha as mãos em meus bolsos, o que o impedia de morder os meus dedos e prejudicar minha capacidade de tocar guitarra. Enfim, o irmão mais velho de Michael, Bob, que tomava banho no andar de cima, chegou correndo com uma toalha amarrada na cintura e conseguiu conter o cão.

Eu quebrei meu recorde pessoal acumulando vinte e seis pontos, distribuídos pelo rosto, costas, ombro e braço direito. Mas meus dedos estavam intactos e, embora meu braço esquerdo estivesse amarrado em uma tipoia, ainda assim queria tocar no show que tínhamos marcado para a batalha das bandas da Halsey Junior High dentro de duas semanas. Durante o show, enquanto Doug tentava tocar o solo de "Purple Haze", rasguei a tipoia do meu braço, peguei meu velho violão pelo braço, levantei o mais alto possível, sem abrir os pontos, e bum! Igual ao Pete Townshend! Nós não ganhamos, mas ficamos em segundo lugar. Mais tarde descobriria que John Cummings, dos "localmente famosos" Tangerine Puppets, estava na plateia naquela noite e ficou impressionado!

Jeff também gostava muito do que estávamos fazendo. Tínhamos começado a compor músicas próprias e chegamos a almoçar com um cara que trabalhava no Departamento de Artistas e Repertório de uma gravadora. Jeff gostou em especial de uma canção que Doug havia composto, intitulada "In This Day And Age", uma mistura de "If 6 Was 9" do Hendrix (repleta de improvisos no meio com inspiração no jazz) e "Shape of Things to Come" de Max Frost and the Troopers, da trilha sonora de *Violência nas Ruas*.

Possivelmente inspirado pelo seu ídolo de longa data, Phil Spector, Jeff veio até o nosso ensaio e disse que queria nos levar a um estúdio para produzir um *single*. No Saunders Studio da Rua 48, em Manhattan, era possível gravar as suas músicas e sair de lá com um disco de acetato, um vinil de dez polegadas que se deteriorava depois de tocar algumas dezenas de vezes. De uma forma notável para um garoto de dezesseis anos na década de 1960, Jeff fez sua primeira incursão na indústria musical.

Ele ouviu nós ensaiarmos a música e então foi a Manhattan, fez um depósito e marcou a data no estúdio para o sábado seguinte, à tarde. Jeff me levou ao estúdio para gravar meu primeiro disco e produzir o seu primeiro.

"Jeff queria muito que o nosso disco fosse gravado *direito*", Andy Ritter explicou. "Ele não gostava *nem um pouco* do timbre do baixo Höfner do Mitch. Então correu até a Rua 48 e alugou um baixo diferente para Mitch, um Fender Jazz."

"Jeff tinha essa visão e não aceitava obstáculo *nenhum*", Doug ri. "Ele nos colocou no estúdio — uma salinha minúscula — e tinha *certeza* que a gente ia gravar um grande hit!"

Talvez o fato de Jeff não estar tendo sorte com suas próprias bandas fez com que se interessasse pelos aspectos mais empresariais da música. Ou talvez apenas tenha achado que nós éramos, como ele costumava classificar certas coisas, *muito foda!*

Jeff não apenas produziu e pagou pelo nosso disco como também começou a marcar shows. Ele conseguiu nos colocar nos bares onde vinha tocando no Village, acertando apresentações em dois fins de semana no Cafe Bizarre. É claro, tínhamos que terminar antes da meia-noite e ser acompanhados por um adulto. Com nossa mãe sendo a acompanhante, Jeff, Doug, Andy e eu empilhamos as nossas tralhas na caminhonete Chevy e partimos para nosso primeiro "show" de verdade. Até recebemos um pagamento: cada um levou US$ 12,50 por noite e demos dez por cento para Jeff por ter sido nosso "empresário".

Foi um grande momento para todos nós. Tocamos bem, o público gostou bastante, e não só porque éramos pequenos. Jeff ficou radiante. Nossa mãe também ficou orgulhosa e nos levou para um lanche tarde da noite depois da última apresentação. Ao retornar e descarregar o equipamento, Jeff prometeu que arranjaria mais shows para nós.

Uma noite, semanas mais tarde, eu estava deitado na cama com meu radinho sintonizado no *Alex Bennett Show*. Apresentando o primeiro talk show "alternativo" da WMCA-AM, Bennett ia ao ar à meia-noite e saía às seis horas da manhã. O *Alex Bennett Show* foi o precursor e o protótipo de programas de rádio com a participação de ouvintes, como Howard Stern. Era histericamente engraçado, mas bem mais intelectual e político do que o programa de Howard.

Ouvíamos religiosamente o Bennett e ele foi uma influência tremenda para nós. Às vezes ficávamos acordados tão tarde que ouvíamos o tilintar das garrafas do leiteiro ao fazer suas entregas antes do amanhecer. Em uma noite específica, Jeff não tinha voltado para casa e muitas horas depois das garrafas de leite soarem, um telefonema rompeu o silêncio da noite.

Era a polícia. Jeff havia sido preso no Village com pílulas no bolso: Belladonna — disseram à minha mãe —, um tipo de alucinógeno. O sargento da polícia a informou que Jeff também ligara para o meu pai, que estava indo à delegacia para tirá-lo da cela.

Para sorte dele a delegacia ficava no mesmo distrito que o terminal da Hyman Trucking do nosso velho, na junção da Rua Charles com a Hudson. Como ele adorava contar para a gente, nosso pai tinha estabelecido um "bom relacionamento" com os policiais. Às vezes uma caixa de mercadorias caía "acidentalmente" de um dos caminhões, e *talvez* acontecesse de um policial ficar com um dos itens. Depois os caras que ficavam com o resto da caixa faziam de alguma maneira com que certos caminhões recebessem "tratamento justo" dos estivadores no cais do porto. Em 1968, isso era um típico dia de trabalho no porto do Rio Hudson.

Meu pai conseguiu fazer com que Jeff fosse liberado relativamente rápido e sem ser fichado. Aparentemente, alguns dos camaradas de Jeff no Village ou eram policiais ou o estavam usando para transportar as pílulas de uma boate para a outra. De qualquer forma armaram para ele, que foi pego bem na Rua McDougal. Era isso que a polícia fazia no Village naquela época. Eles o abordaram sabendo que estava com pílulas. Por sorte, Jeff ainda não havia tomado nenhuma, ou aquilo teria sido uma experiência ainda mais aterrorizante.

Na manhã seguinte, meu pai arrastou Jeff para casa. Ele estava furioso — e estava de cara com nossa mãe também. Agora ele podia dizer que esteve certo o tempo todo. Isso provou o seu argumento: minha mãe era muito permissiva. Ele sabia o que era melhor, seu jeito rígido era o que precisávamos. Ainda que fosse difícil argumentar com ele, ela tentou da melhor forma.

Nosso pai deu um discurso sobre mandar a gente para a Escola Militar.

"Nenhum dos dois vai a lugar algum", mamãe nos garantiu. "Você tem que se acalmar, Noel!"

Ele não seguiu o conselho. Meu pai já havia levado Jeff ao seu barbeiro para uma tosa. Foi feio. Acho que nunca tinha visto o Jeff tão triste.

Então ele pegou os óculos rosados de Jeff e atirou no chão da cozinha, estilhaçando em pedaços. Quando Jeff protestou, levou um tapa na cara. Ele começou a recolher os pedaços e levou mais um, dessa vez no traseiro.

Foi um dia terrível.

Mais tarde naquela noite, Jeff me disse que a pior coisa foi ter se sentido traído pelos seus novos amigos, que ele considerava *gente muito boa*.

Minha mãe sabia que o garoto dela tinha passado por um bocado e garantiu a Jeff que ele ganharia novos óculos escuros. Ela sabia que colocar a culpa em óculos, corte de cabelo, música ou roupas era um equívoco, para não dizer uma estupidez. Por todo o país jovens estavam levando surras sem saber que estavam abrindo o caminho para a juventude de hoje, que vai para o escritório com jeans rasgado, tatuagens e piercing no nariz. Felizmente para nós, nossa mãe sabia da importância de ser flexível. Não fosse por isso poderia ter criado filhos tão destroçados como aquele par de óculos. Como era uma artista, sabia que era importante ter personalidade própria e permitia que cultivássemos a nossa. Ela até nos encorajava nesse ponto, tendo sido esse o estágio mais crucial do nosso desenvolvimento.

Foi essencialmente assim que Joey Ramone nasceu: diferente e desfavorecido, mas destemido.

Naqueles dias estávamos no epicentro de um choque de gerações. Nossa mãe tentou se posicionar no meio para amortecer o impacto entre os dois lados. Depois que Jeff foi preso nada de fato mudou em casa, com exceção do seu relacionamento com nosso pai, que foi gravemente afetado. Permanecemos unidos nesse aspecto.

Jeff também não ia mais ao Village com a mesma frequência. Acho que ele estava dando um tempo até que o seu cabelo crescesse novamente.

Começamos a dar grandes festas em casa quando nossa mãe não estava, especialmente quando ela passava a noite em outro lugar. Nessa época, Doug havia entrado para uma banda com um cara da mesma idade de Jeff, chamado Steve Marks. Os amigos de Steve sempre tinham maconha de boa qualidade e várias namoradas meio hippies. Ele regulava em idade com Jeff e era um cara bem tranquilo — exceto quando o irmão menor, Larry, roubava o seu haxixe.

Steve e Jeff se deram bem, assim como Larry e eu. Quando Steve levava a galera para a festa, era uma loucura total. Havia garotas nuas na banheira e o pessoal pirava com bad trips de ácido. Eu fumava maconha com meu irmão, que discutia política com os hippies. A música tocava a noite toda em alto volume e Andy Ritter subia comigo pelas janelas do andar de cima para caminharmos pelo telhado e assistir ao nascer do sol em seu ápice. De algum jeito conseguíamos colocar tudo em ordem com a ajuda de todos antes da mãe voltar.

Mesmo depois da festa ainda haveria um clima agradável em casa. Minha mãe tinha uma amiga, Pearl, que queria ser comediante. Elas ficavam na cozinha conversando, rindo, bebendo café e anotando ideias para sua apresentação de comédia. No fim elas testavam o número conosco. Elas também tinham iniciado um pequeno negócio de produção de bolsas criadas a partir de lancheiras e marmiteiras, que eram vendidas para várias butiques do Village. Aquele era definitivamente um ambiente criativo.

Doug e eu também tivemos uma empreitada criativa. Nos fins de semana comprávamos US$ 10 em maconha de um dos amigos do Steve Marks, dividíamos em três pilhas e vendíamos por US$ 5 cada. Não estávamos sempre fumando — ainda. E aquilo não parecia estar ferrando com a gente.

Eu já havia intencionalmente cagado tudo o que podia no meu último ano na Halsey Junior High. Não queria ir para a Forest Hills High School sem os meus amigos, então tentei ficar para trás de propósito. Eu matava aula constantemente e consegui igualar minha pior nota em matemática nas provas finais. Empatei com Manny Pedillo, membro da 108th Street Men, uma gangue da área de Forest Hills, Rego Park e Corona.

Os caras da 108th Street Men não eram garotos judeus típicos de Forest Hills. Eram adolescentes durões. Batiam em pessoas com tacos de beisebol e portavam canivetes. Nosso velho arqui-inimigo Jack Byrne havia entrado para a gangue. Também havia outros caras durões no bando, como Phil Russo, o Açougueiro, e Melvin Jones, o Cafetão, esse último um dos poucos garotos negros do bairro. Esses eram os caras que deixavam marcas de sapato nas costas do meu irmão e pegavam "emprestado" o dinheiro da sua merenda. Alguns anos mais tarde Manny Pedillo seria preso e condenado pelo assassinato de Jack Byrne no Flushing Meadow Park após uma fracassada transação de compra e venda de heroína.

Ainda não estávamos usando nenhuma droga pesada, com exceção de algumas anfetaminas e cápsulas de Seconal e Tuinal que nossos amigos surrupiavam dos seus pais.

Pearl e nossa mãe tinham assistido ao filme *O Abilolado Endoidou*, que falava de maconha, e pareciam estar curiosas. Embora mamãe tivesse uma suspeita de que fumávamos e particularmente não apoiasse tal hábito, sua principal preocupação era que não fumássemos o tempo todo nem em locais que pudéssemos ser pegos. Ela dizia que se algum dia resolvêssemos fumar, deveríamos fazer isso em casa.

Um dia, convencemos ambas a experimentar. Jeff, Doug, Scott, Andy Ritter e eu estávamos sentados à mesa na cozinha passando um baseado, ensinando Pearl e minha mãe como segurar e tragar. Finalmente começamos a apreciar o número de comédia da Pearl.

Depois de tudo isso o comportamento esquisito de Jeff não havia mudado. Até ele começava a ficar preocupado consigo mesmo. Ele não entendia por que sentia um impulso por fazer coisas tão estranhas. Começava a apalpar colheres e garfos sem parar. Ia até a mesa, pegava uma faca e soltava. Então pegava mais uma vez, largava, pegava e largava de novo, como se estivesse contando. Conforme aquilo piorava, Jeff buscou auxílio para resolver o mistério.

Ele foi a um médico que o indicou um endocrinologista, que por sua vez o indicou a um psiquiatra, que disse à minha mãe que Jeff não estava nem um pouco bem e que jamais seria produtivo em sociedade: "Ele provavelmente será um vegetal".

Lá se foi a ajuda dos médicos. Para nós, aquilo não era nada além da opinião de um charlatão perturbado do Queens, ainda que tenha sido uma situação extremamente desconcertante para Jeff. Com sua frustração aumentando, Jeff passou a fumar cigarros.

O bate-boca entre a mãe e Jeff ficava cada vez mais marcado pela intransigência, conforme Jeff entrava em seu modo de negação.

"Você tinha que ter ido ao dentista hoje!", a mãe dizia.

"Você não me avisou", Jeff rebatia, tentando culpá-la.

"Claro que avisei! Falei umas cinco vezes!"

"Não falou, não."

"Também falei pra jogar fora aquele lixo que você deixou no porão!"

"Tá, tá... Eu já vou jogar fora."

"Você disse isso ontem!"

"Você disse isso ontem!", ele a imitava.

Continuava assim até que eles se cansassem, o que normalmente levava em torno de uma meia hora. Aí tudo voltava ao normal. Às vezes a briga era bem feia e eu me sentia mal pelos dois.

Ainda que eu fosse o mais novo da casa, de certa forma acabei me tornando o pacificador da família. Em 1968, no Dia das Mães, eu escrevi no meu cartão: *PS: Mãe, da próxima vez não se estresse tanto com o Jeff. Não vale a pena.* Ela guardou aquele cartão por muitos anos.

Independente de qual era o problema, já havia se tornado insustentável para ambos. Jeff estava perdendo o controle da situação. Nossa mãe estava perdendo a batalha para manter a casa limpa — e também a batalha para manter a casa, no geral. As despesas eram muitas e chegava a hora de se mudar novamente.

No outono de 1968, a mãe vendeu a casa e nós três nos acomodamos em um apartamento de dois quartos a quatro quadras do nosso velho endereço. Estávamos morando no vigésimo segundo andar de um edifício novo em padrão semiluxo chamado Birchwood Towers, localizado na Yellowstone Boulevard. Tínhamos uma vista incrível dos distritos da cidade e de Long Island. Parecia quase como se pudéssemos encostar no Empire State e podíamos enxergar dentro do Shea Stadium com binóculos.

Era um lugar caro, mas minha mãe tinha um dinheiro da venda da casa. Mesmo assim a maioria das pessoas que moravam lá eram muito mais ricas que nós.

Jeff e eu ainda éramos alunos muito tímidos, principalmente diante das garotas bonitas e populares, as Princesas Judias Americanas. As PJAs normalmente colavam nos caras populares com pais ricos ou nos caras durões de Corona, que as faziam se sentirem protegidas e importantes. Sair com um cara de Corona quase sempre garantia à PJA um carro novo de presente do papai, como uma condição para que ela parasse de sair com o sujeito.

É claro, nós não éramos nem ricos nem barra-pesada. Ainda que nós fôssemos altos, essas garotas raramente baixavam seus narizes suficientemente para fazer contato visual conosco. Jeff, no entanto, estava tendo mais sorte do que eu. Isto é, ele tinha uma namorada ou duas e estava realmente fazendo sexo com outra pessoa que não ele próprio. Não sei como ele arrumou aquelas garotas, mas o fato é que ele arrumou.

Uma delas, Lois, era do Brooklyn. "Naquele tempo eu nem pegava muitas garotas", Jeff recordou. "Ninguém tinha namorada no fim das contas e só tinha mesmo essa mina do Brooklyn chamada Lois, que uma vez fez um boquete em mim no porão".

"Todo mundo ia lá sexta-feira à noite e os caras faziam fila", Jeff detalhou. "A Lois era horrorosa. Tinha uns vinte e sete anos e era muito difícil convencer ela a transar. Então eu deixava ela excitada com LSD e a levava pra minha casa aos domingos. Naquela época eu estava morando com a minha mãe e era bem complicado levar a Lois pra casa sem que ninguém percebesse."

Embora Lois sofresse de algum tipo de distúrbio cerebral, era difícil identificar o problema. Ela ligava praticamente todos os dias e depois de começar devagar, rapidamente colocava para fora a frase que estava tentando dizer, de uma só vez.

"Alô?"

"Ãah." Haveria uma longa pausa. "Ãah." Mais uma longa pausa e finalmente: "Oi, é a Lois".

"Oi, Lois", eu suspirava, sabendo que ia demorar até ela perguntar pelo Jeff.

"O... ãh... ãh... ãh... ãh... o Jeff está?"

"Não, Lois. Ele não está em casa. Eu peço pra ele ligar pra você."

"Ãh... ãh... ãh... Obrigada, tchau, tchau!"

Ela sempre dava uma risadinha no fim. Pelo menos Lois tomava medicamentos, uma virtude que não estava presente em algumas das namoradas de Jeff.

Nem todas as mulheres na vida de Jeff estavam sempre rindo, no entanto.

Minha mãe arrumou um emprego em uma loja de roupas femininas e chegava em casa por volta das seis da tarde. Ela encontrava uma enorme bagunça na cozinha e ficava puta da cara. Muito!

Jeff entrava na cozinha, inclinava a cabeça com um sorrisinho sacana e dizia: "O quê? Eu não fiz isso!", incapaz de segurar uma risada curta e constrangida. Pela próxima hora ele submeteria minha mãe a um teste de resistência. Os dois então se enfrentavam, o que tinha se tornado uma briga diária para ambos, com minha mãe lutando para preservar sua sanidade e meu irmão lutando para defender sua insanidade. Na verdade, Jeff era quase incapaz de limpar a própria bagunça. Mesmo quando se esforçava, eram muitas horas de frustração.

Todos sabíamos que ele tinha um problema. Depois descobriríamos finalmente que havia um termo médico para a sua doença, mas isso só aconteceria anos mais tarde.

Eu sentia pena do meu irmão, mas também já começava a me irritar com ele. Ele estava sendo agressivo demais com a nossa mãe ultimamente e se tornava uma pessoa muito difícil de conviver, principalmente nos novos — e menores — cômodos da nossa casa.

CAPÍTULO 9
A BUSCA

Nosso novo edifício ficava a apenas duas quadras da Forest Hills High School, onde Jeff cursava o terceiro ano e eu havia começado o primeiro. O inconveniente disso era que centenas de jovens negros menos privilegiados andavam bem em frente ao nosso prédio, a caminho da nossa escola. Vinham de ônibus da Jamaica High, como parte da nova política de integração. E aqui estavam esses judeus brancos "endinheirados", saindo de um prédio bacana, caminhando lado a lado com garotos que guardavam ressentimentos compreensíveis. Eis então que Jeff saiu para a rua: alto, magricela, frágil e mais do que apenas esquisito — uma presa fácil.

Tanto Jeff como eu éramos hippies e dessa forma entendíamos o ressentimento que sentiam em relação a nós, já que representávamos "o homem" ou, no mínimo, "os filhos do homem". Mas havia um cara chamado Jarod que fazia *bullying* com o Jeff de uma forma absurda. Um dia bolamos um plano para fazê-lo parar.

No dia seguinte na escola, vestindo os nossos trapos do rock com estampas tie dye, recebemos o deboche de sempre dos garotos que vinham de ônibus e dos idiotas locais. Quando chegamos perto da escola, Jarod veio em nossa direção e se aproximou de Jeff:

"E aí, magrelo. O que tem pra mim hoje, riquinho? Dá alguma coisa pra mim!".

Jarod era baixinho, mas era forte. Tinha uma energia intensa e um brilho louco em seus olhos.

Enquanto Jeff procurava algo em seus bolsos, pilhas de lixo caíam no chão: chiclete com embalagem aberta, lenços sujos, punhados de tabaco e de cigarros partidos ao meio, papéis com os horários das aulas e uma variedade de papéis amassados, pastilhas para tosse e lápis quebrados.

Jarod começou a ficar impaciente. E eu também. Era impressionante a quantidade de coisas que havia nos bolsos do meu irmão. Ele simplesmente não conseguia jogar nada fora.

"Ei! Vocês estão tirando com a minha cara?"

Bem na hora, Jeff puxou um enorme baseado do bolso e entregou para Jarod. "Ó, meu", ele disse. "A gente não quer confusão. Só queremos ser amigos."

Mas o nosso plano não deu certo.

"Eu sei que você tem alguma coisa aí pra mim, riquinho! Vou cortar os teus bolsos, filho da puta!", ele ameaçou.

Quando Jarod se aproximou do rosto de Jeff e o agarrou pelos ombros, meu irmão tentou se esquivar. Eu não sabia o que fazer naquela situação. Ele era meu irmão mais velho. Ele é quem deveria estar me protegendo. "Ei, cara!", foi tudo que eu consegui dizer.

"É melhor trazer alguma coisa amanhã, seu magricela de merda!", disse Jarod, ao atirar Jeff em uma cerca de arbustos, onde seria acompanhado por mim logo em seguida.

Um amigo meu que tinha presenciado o incidente ajudou a gente a sair dali. Felizmente ele tinha um irmão mais velho e mais forte, com muitos amigos. Depois que falaram com Jarod a nosso favor mais tarde naquele dia, ele parou de nos incomodar. Mas o fato de meu irmão ter sido encontrado no meio dos arbustos deu origem a uma piada recorrente entre alguns dos meus amigos.

Na verdade, Jeff era uma piada recorrente para a maioria dos garotos daquele colégio, que gostavam de fazê-lo correr. Em qualquer lugar que fôssemos — no restaurante, na fila do cinema ou até mesmo na entrada do nosso prédio —, os garotos apontavam, dizendo "Olha ali!"; os adultos se cutucavam e gesticulavam na sua direção. Quando entrávamos num lugar, podíamos ouvir o burburinho e então as risadinhas. Isso incomodava o nosso pai quando saíamos os três juntos e ele culpava os óculos, as roupas ou o corte de cabelo de Jeff.

Mas a escola era o que havia de pior. Os garotos torturavam Jeff de verdade, tanto fisicamente como verbalmente. Embora fosse o auge da era hippie, o pessoal metido a machão ainda tentava impressionar uns aos outros, mexendo com o esquisitão. Certas coisas jamais mudam.

Ter uma família com um grau de esquisitice compatível acabou salvando Jeff de perder completamente o rumo. O lar era um porto seguro. Rock & roll era o paraíso, e morávamos em uma casa rock & roll. Depois da sua formatura no colégio, com a exceção de algumas poucas viagens, Jeff passou a maior parte do tempo em casa, ouvindo discos, fumando cigarros, enrolando o cabelo, fazendo bagunças horríveis e participando de rotineiras gritarias com a nossa mãe.

Uma das grandes excursões de Jeff foi para São Francisco. Ele queria atravessar o país pedindo carona, um método popular de viagem para aqueles que buscavam a "experiência de vida real". Tentei fazê-lo mudar de ideia. Tínhamos acabado de assistir *Sem Destino*. Em vez disso, Jeff optou pela experiência de uma viagem de avião. Viajou a Frisco, onde conheceu outros hippies e caminhou pela Haight-Ashbury de pés descalços. Depois de três dias na sua jornada, Jeff ligou para dizer que tinha sido roubado no lugar em que estava hospedado.

Ele estava sem dinheiro. Tinha só um grande corte no pé, que achava estar infeccionando. Voltou para a casa e como lembrança trouxe uma desagradável infestação de chatos. Foi fácil se livrar deles, mas a infecção no pé levou muito mais tempo do que deveria para curar.

Outra viagem surgiu de seu interesse repentino pelo novo livro de George Harrison sobre filosofia oriental, que Jeff carregava como se fosse a *Bíblia*. Em pouco tempo, menestréis carecas o atraíram para um templo hare krishna no Brooklyn. Ele ligou e nos disse que ficaria um tempo por lá. Cogitou até mesmo se mudar.

Poucas horas depois de recebermos o telefonema sobre o templo, eu, minha mãe e seu novo namorado, Phil, estávamos sentados à mesa, quando Jeff entrou subitamente.

"O que aconteceu?", perguntamos em coro.

Eles tinham dito a ele que *a limpeza está próxima da Divindade. Para agradar a Deus você deve se manter limpo na casa do Senhor para só então aceitar o seu alimento.*

"Bom, eu não tenho certeza", ele nos contou. "Mas acho que eles queriam que eu limpasse os banheiros".

Todos nós caímos na gargalhada, incluindo Jeff.

"Mas eu queria agradar a Deus, então aceitei seu alimento". Ele segurava duas enormes sacolas de compras repletas de iguarias vegetarianas dos hare krishnas. Jeff fez uma limpa no templo.

Ainda que estivéssemos rindo, estávamos aliviados pela sua volta. Jeff parecia tão perdido. Ele estava muito sozinho, quase desesperado, e era alvo fácil para uma seita qualquer. Ficamos muito felizes de ver que ele não havia retornado vestindo uma túnica, com a cabeça raspada, um ponto branco na testa e um rabinho de cavalo atrás. Ele ainda tinha seu senso de humor, mas sua busca espiritual ultrapassava em muito a dose diária de um adolescente comum.

Enquanto isso, Jeff se afundava em um mundo misterioso onde não poderia mais viver por muito tempo. Seu comportamento bizarro e compulsivo piorava e nenhum de nós conseguia oferecer ajuda de verdade. Nem o ex-namorado da mãe, o Dr. John Stevens, um negro estiloso que parecia gostar bem mais quando não estávamos por perto, nem sua nova paixão, Phil Sapienza.

Phil trabalhava na rede de ensino público com garotos da idade de Jeff. Era um homem compreensivo e tranquilo, e também parecia ser atencioso e prestativo, mas recém começávamos a nos conhecer. Era o quarto ou quinto namorado da mãe desde a morte de Hank.

Ele recorda a primeira vez que nos encontrou: "Quando eu fui na casa da Charlotte, Mitch estava lá e parecia um garoto normal de dezesseis ou dezessete anos. Aí veio o Jeff — com um metro e noventa e cinco, cabelo até o peito e usando botas grandes com franjas. Eu só disse *uau!*".

Phil se tornou um pai substituto para nós e logo percebeu que Jeff tinha sérios problemas. Como não perceber?

Eu e meu irmão tínhamos um banheiro no quarto. Certa noite Jeff estava lá dentro, lavando seus óculos roxos durante mais ou menos duas horas. Ele os colocava embaixo da água e então tirava. Depois de um tempo, o som virava uma tortura.

Sshhhhup... Sshhhhhup... Sshhhhup...

Aquilo começou a me deixar louco. Eu tinha uma prova importante na manhã seguinte e já eram duas da manhã. Depois de aproximadamente três horas daquilo, eu finalmente perdi a paciência e joguei um tênis na porta: bum!

"Está bem! Está bem!", eu ouvi Jeff dizer, com a água ainda correndo. O barulho na porta deve ter assustado meu irmão para valer. Ainda hoje me sinto mal por isso.

Eu sabia que ia levar pau no meu teste do dia seguinte e que o mundo acadêmico provavelmente estava fora de cogitação para mim. E sabia que não era culpa minha nem de ninguém. Me lembro de ter a noção de que a música era a única esperança para mim e para meu irmão, que um de nós teria que dar certo de alguma forma. Mas desde que havíamos nos mudado, perdendo o nosso porão e local de ensaio, nenhum dos dois estava tocando como antes.

Eu sabia também que Jeff estava se coçando para fazer alguma coisa musicalmente, mas não podia sequer praticar naquele prédio de apartamentos. A sua bateria estava guardada no closet do corredor. Eu estava louco para tocar de novo, mas minha guitarra Hagstrom havia cedido perto do *jack* e meu baixo Höfner se separou em duas partes. Somente as cordas ligavam o braço ao corpo. A máxima de que *não se pode ter tudo que se deseja* era algo que eu lutava contra e que infelizmente precisava encarar. Temia a possibilidade de nunca mais poder tocar em uma banda. Mas como diria outra máxima, *timing é fundamental*.

Um dia, entre o fim de 1968 e o início de 1969, Doug me reapresentou a John Cummings na rua. Eu disse a John que o conhecera anos atrás no porão da família Goodrich. Embora ele tenha dito que se lembrava de mim, não acho que realmente lembrasse.

Cerca de um mês depois, bateram na minha porta: era John Cummings e mais um outro cara. Sem o meu conhecimento, Doug tinha dito que eu e ele operávamos um pequeno negócio para complementar a renda dentro do meu apartamento, lá em Birchwood Towers.

Curiosamente, John havia morado no mesmo prédio que eu, mas se mudou para outra quadra pouco antes de nos mudarmos. O porteiro normalmente ligava quando havia visitas, mas John sabia o caminho.

"Quem é?", eu perguntei.

"Oi, Mitchel. É o John."

"E Michael", acrescentou o seu amigo, Michael Newmark.

"E aí? Como é que está?", eu disse pela porta.

"Ah, sabe como é, né?", John disse, na defensiva. "E aí, ãh, a gente pode entrar?"

Abri uma fresta na porta.

"Como assim?", eu perguntei.

"Doug me disse que você tinha um bagulho aí...", ele pressionou.

"Qual é, John? Eu nem te conheço direito", eu falei. "E nunca vi esse cara aí antes."

"Ah, qual é, meu? Não seja assim", John continuou pressionando. "Você sabe quem eu sou, eu não sou da Narcóticos. Só dessa vez, vai."

Ele meio que me convenceu e meio que fez eu me sentir culpado. Com isso deixei John entrar em meu apartamento junto com Newmark. Nós fomos ao meu quarto. Jeff não estava em casa naquele dia.

Eles queriam comprar US$ 10 de maconha. Logo eu fiz a divisão. Então, como qualquer pessoa que acabou de comprar erva, queriam apertar um e fumar. Meus nervos se acalmaram quando começamos a conversar.

"Vi você quebrar seu violão na batalha das bandas lá do Halsey", John disse, ao me passar o baseado. "Fiquei impressionado."

"É, ouvi dizer que você estava lá", eu disse, de um jeito descolado. "Eu costumava ver sua banda também. O Goodrich e eu fomos escondidos ver vocês na noite em que você chutou o saco daquele cara. Por que fez aquilo?", perguntei, acrescentando em seguida: "Quer dizer, foi bem engraçado, mas parece que você machucou o cara".

Johnny riu.

Foi um tanto beligerante para nossa primeira conversa, mas eu não queria que John pensasse que eu me sentiria intimidado por ele. Ele ficou surpreso ao ver que questionava suas atitudes, mas ao mesmo tempo parecia respeitar. "Sabe como é quando a gente está tocando, não?", ele disse.

Eu balancei a cabeça, concordando.

"Você não quer que ninguém chegue muito perto. Como quando você estava girando o seu violão. Alguém pode se machucar. Ou levar um chute", acrescentou.

Nós rimos todos, quebrando a ansiedade.

Eles ficaram por mais ou menos uma hora, fumaram e escutaram uns cartuchos de áudio no leitor Panasonic que o meu pai deu de presente por eu ter me formado na Halsey antes do tempo. Tinha caído de um dos seus caminhões. Jeff e eu compartilhávamos, é claro.

John gostou da nossa coleção: Led Zeppelin, Steppenwolf e o nosso mais novo tesouro, *Tommy*, do Who. Ao olhar o álbum ele disse que eu lembrava Pete Townshend, principalmente quando tocava. Me perguntou com quem eu estava tocando e em qual banda eu estava. Contei a ele sobre os meus problemas de equipamento.

Ele disse que eu era bom demais para não estar tocando. Sugeriu que nos encontrássemos novamente para conversar sobre formar uma banda. Disse que iria me emprestar sua Gibson SG, que era exatamente a guitarra que Pete tocava quando não a estava arrebentando em pedaços.

Eu mal podia acreditar!

Sabia que John tinha vinte anos e era seis anos mais velho que eu, mas não considerei nenhum empecilho. A única coisa que me incomodava era o estranho brilho que faiscava em seus olhos ocasionalmente, como o olhar que ele deu quando falávamos sobre ele ter chutado aquele cara no saco em cima do palco.

John e eu ficamos amigos rapidamente e começamos a andar juntos com frequência. Nós comprávamos maconha, apertávamos uns dez baseados e depois fumávamos todos. Seguidamente íamos até a sua casa, já que ninguém estaria por lá durante o dia. Fumávamos uns baseados, ouvíamos discos e ensaiávamos músicas para nossa banda. Ele esquentava a massa que a mãe tinha deixado para ele. Aí terminávamos de fumar o resto e assistíamos um filme de terror na tevê.

Ele decidiu que iria tocar baixo. Achou que eu daria um melhor guitarrista, porque aprendia rápido e conseguia tirar músicas de ouvido facilmente.

Um dia comecei a tocar "Communication Breakdown", do Led Zeppelin, e John ficou bastante surpreso.

"Nossa, você saca de *downstroke*, hein?", ele disse.

"O que é isso? *Downstroke*?"

"É como você está tocando, palhetando tudo pra baixo", John falou, gesticulando o movimento.

"Estou tentando tocar com o mesmo som da música."

"Pois é, isso é muito importante", ele me disse. "A maioria das pessoas não se dá conta. É assim que o rock & roll tem que ser tocado. Tudo assim! Tudo tinha que ser com *downstroke*, a não ser que você esteja tocando música folk ou banjo ou aquela música 'Mrs. Brown You've Got a Lovely Daughter'. Aí pode até ser. Mas não é rock & roll!"

Olhando para trás, acho que Johnny tinha começado a idealizar o conceito do som dos Ramones já naquela época.

John conhecia um baterista chamado Peter McAlister e em pouco tempo já tocávamos juntos canções do Led Zeppelin, The Who, "My Little Red Book", do Love, e "Pushing Too Hard", dos Seeds.

Não tínhamos um vocalista. John achava que eu tinha uma voz muito boa, mas precisou me convencer a tocar e a cantar ao mesmo tempo.

Nós havíamos lido sobre um maluco chamado Humphrey Lynch, que fez assaltos bizarros no meio-oeste americano, e usamos o seu nome como o nome da banda. Depois que tínhamos trabalhado músicas suficientes para um show, começamos a tocar pela vizinhança. Naqueles dias ainda havia bandas nos centros israelitas de Rego Park e Forest Hills se apresentando nas noites de sábado.

Meu pai começava a relaxar aos poucos, quase aprovando que eu estivesse tocando em uma banda. Eu tinha ido bem na escola naquele ano e não havia sido preso por causa de drogas. Meu pai era sócio de uma organização chamada SWORDs — Single, Widowed, or Divorced Men —, ou seja, *homens solteiros, viúvos e divorciados*. Ele nos colocou para tocar em uma das festas semanais da associação.

Ele também fez os trâmites para que houvesse entretenimento a fim de melhorar as condições de vida dos detentos na Prisão de Devedores em Manhattan, onde pais que não pagavam pensão eram colocados atrás das grades. Nós até viramos notícia no Daily News por ter tocado "Communication Breakdown", "Good Times, Bad Times" e "I Can't Explain" na ocasião.

Por volta do verão de 1969, John e eu nos tornamos melhores amigos e andávamos juntos praticamente todos os dias. A maioria dos seus amigos me aceitou, mas alguns diziam coisas como *Quem é o bebê?*

"Mitch é o guitarrista da minha banda", John respondia a eles.

Um dia, John me levou até a casa de seu amigo Richard Freed, no condomínio de apartamentos Lefrak City. Todo mundo estava injetando, inclusive o John. Ele vinha tomando Clorpromazina fazia muitos anos e ia a um psiquiatra para conseguir as receitas. Como trabalhou com construção, tinha feito bastante dinheiro. Assim ele e Richard compraram muita heroína de boa qualidade.

Felizmente, injetar não era algo que me interessava, mas logo tomei meu primeiro alucinógeno com John: grandes pílulas roxas de mescalina. Ele me mostrou como entrar escondido no antigo Pavilhão do Estado de Nova York, no Flushing Meadow Park, onde agora havia shows de rock. Depois de subir várias cercas e passar pelos seguranças, ouvimos o locutor dizer: *Senhoras e senhores, com vocês, Joe Cocker!*

Aí fomos embora.

Como era 4 de Julho, havia coisas surgindo por todo o parque — ou pelo menos era o que parecia. Quando voltávamos para o nosso bairro, passávamos no supermercado depois que eram feitas as entregas do leite e do pão, que ficavam sem ser vigiados naquela época. Pegávamos tudo o que conseguíamos levar correndo e nos empanturrávamos de rocamboles e leite achocolatado.

Durante o dia, íamos até a lavanderia para tingir nossas camisetas ou desbotar nossos jeans. Às vezes jogávamos handebol ou stickball. John tinha o desejo de ser um arremessador de beisebol profissional em um momento anterior da sua vida. Sempre acabávamos indo para o Thorneycroft, um complexo de apartamentos que ficava do outro lado da rua, em frente ao prédio do John. A cobertura sobre uma enorme garagem no centro do complexo era utilizada como área de recreação. De um lado havia uma passarela inclinada para cima, que chamávamos de *a rampa*. Nós sempre nos encontrávamos na *rampa* para falar merda, pregar peças, se esconder da polícia e, é claro, ficar doidão. A gente se reunia lá depois de ir de carona para Rockaway Beach para ouvir as loucas histórias de todos e ver quem não tinha conseguido retornar.

Um dia, um garoto do bairro levou umas pílulas verdes misteriosas e saiu distribuindo. John deu um punhado para seu amigo Jay e maldosamente disse que ele podia tomar todas de uma vez só. Jay tomou bem mais do que poderia e ficou louco na frente de toda a vizinhança. Ele tirou a roupa, correu pela rua e fez um mergulho sobre o capô de uma viatura da polícia que se aproximava.

Isso não era nada comparado com alguma das histórias que John me contou.

"Eu cheirava cola de vez em quando", John recordou. "Tomava pílulas, roubava os garotos na rua... coisas desse tipo. Se eu tinha uma faca? Não, simplesmente ia até eles, dava um soco e falava *Me dá o dinheiro, porra!* Eu roubava a bolsa das velhinhas, pegava e saía correndo, ou atirava tevês pela janela. Uma vez joguei uma tevê a menos de um metro de distância de umas velhinhas. Eu pintava suásticas em tudo quanto era canto em um bairro quase só de judeus. Na época aquilo era engraçado pra mim. Era divertido".

Havia uma garota que morava em Thorneycroft chamada Arlene Kohn, que eu já tinha visto pela escola. Arlene estava saindo com meu amigo Alan Wolf, que morava na cobertura do meu prédio.

Apesar de John ser muito mais velho que Arlene, ela tinha saído com ele por um tempo. Aparentemente tinha terminado com ele, e ele não estava contente com isso. Na verdade, na primeira semana em que comecei a andar com o John, esbarramos em Arlene e Alan Wolf passando pela *rampa*.

John se aproximou deles e começou a dar tapas no rosto de Arlene. Ficou gritando *Por que faz isso comigo, hein?* e dando tapas.

"Pare com isso!", ela berrou. "O que você está falando?"

Ele deu mais um tapa e disse: "Sabe o que eu estou falando. Por que faz isso comigo, hein?".

John não estava batendo nela com força, mas era claramente uma violência — e uma humilhação. Lá estava um homem de vinte e um anos gritando com uma garota de quinze.

Não gostei nem um pouco daquilo, mas não achei que competia a mim fazer alguma coisa. O melhor que pude fazer foi dizer *Vem, John, vamos embora* e me afastar na esperança de que ele fizesse o mesmo.

Para manter uma boa relação com ele, via os seus atos como se fossem cenas de um filme do James Dean ou coisa do tipo. De alguma forma parecia emocionante. John se tornou um irmão mais velho e bacana, o que Jeff não estava sendo.

Mas John não queria saber de Jeff. Para ele, meu irmão era apenas um hippie doidão. E ele não gostava de hippies, ainda que curiosamente se parecesse muito com um deles.

"Conheci John Cummings por meio do meu irmão", Jeff recordaria mais tarde. "Às vezes eu saía com ele e meu irmão. Nós íamos juntos a shows no Fillmore. Lembro de ter assistido Mountain e The Who".

Certo dia, no verão, Jeff sugeriu que fôssemos para Woodstock num grande festival que iria rolar em agosto.

John disse: "Nem fodendo, cara. Ficar sentado na terra com aquele monte de hippies sujos? Talvez você queira ir lá, eu não". John se virou para mim e perguntou: "Você ia querer ir pra lá ficar sentado com aquele monte de hippies fedidos, roçando a bunda nas suas cuecas sujas por três dias seguidos?".

"Ãh, não, acho que não", eu falei, mentindo.

Jeff fez toda a viagem, mas nunca chegou ao festival. Ele pegou carona no interior do estado com a banda do Bob Roland, que estava tocando em um dos hotéis nas Catskills, no Cinturão do Borscht. Devido ao excesso de carros tentando chegar à área do festival, as estradas estavam bloqueadas e Jeff não conseguiu nem chegar perto.

John apenas riu quando ficou sabendo disso. Ele não tinha saco para lidar com Jeff.

Eu não tinha muita empatia pelo meu irmão naquele momento específico. Acho que me sentia decepcionado e provavelmente acabava descontando nele.

Do seu ponto de vista, ele lamentava o fato de que havia uma inversão de papéis entre nós em diversos aspectos. O irmão mais novo era mais atlético, tinha mais amigos e tocava em uma banda com caras mais velhos.

Ter que perguntar para mim se ele podia ir junto — e nem sempre receber *sim* como resposta — era algo que só poderia causar uma grande mágoa em Jeff.

Quando eu e John íamos comer uma pizza, ficar chapados ou fazer qualquer outra coisa, Jeff perguntava *Posso ir também?*

"Não, a gente quer falar sobre a banda", John respondia, deixando Jeff sentado ao lado do som da sala de estar, ouvindo Quicksilver Messenger Service.

"Eu via o que ele estava fazendo", John recorda, "mas eu não fazia ideia qual era o problema dele. O cara era pirado. Ele não era excêntrico, ele era *pirado*. Só é excêntrico quem é rico. Senão você é pirado e deu."

Pelo menos as relações que foram formadas ali abriram o caminho para outras que estavam por vir.

Eu queria mesmo era me exibir sobre o meu irmão mais velho, como os outros faziam. Nunca pensei se ele estava decepcionado consigo mesmo por não corresponder às expectativas de um típico irmão mais velho. Não entendia por que ele ofendia nossa mãe com tanta hostilidade. Aos quinze anos eu não era maduro o suficiente para compreender o sofrimento emocional pelo qual Jeff estava passando. Tinha todos os motivos no mundo para estar mais preocupado com os meus problemas.

Porém, eu também compartilhava dos seus problemas. Minha vida estava mergulhada na sua bagunça. Eu jamais o submeti a constrangimento e sempre tentei defendê-lo.

Ainda assim, era a bagunça do Jeff; quando eu saía daquele quarto e do apartamento, só queria esquecer aquilo tudo. A rejeição era algo que deveria magoá-lo e que cobraria o seu preço nos meses seguintes.

CAPÍTULO 10
VIERAM ME LEVAR EMBORA

DURANTE O ANO SEGUINTE, JOHNNY E EU COMEÇAMOS a levar um pouco mais a sério o que estávamos fazendo. Apesar de Johnny ter me incentivado muito para ser o vocalista da banda, eu não me sentia muito extrovertido naquela época. Assim chamamos o nosso velho amigo Tommy Erdelyi para assumir o posto de líder do nosso grupo e fazer a maior parte do vocal. Estar em uma banda com dois integrantes dos lendários Tangerine Puppets era um sonho que se tornava realidade. Incluímos mais algumas canções novas em nosso repertório e começamos a tocar em bares da região. Tommy passou a compor músicas próprias e tentou nos convencer a manter o foco em canções originais, mas Johnny não tinha interesse nessa ideia.

"Eu não quero tocar músicas piores só porque são nossas. Eu quero é tocar músicas muito boas, as melhores que a gente puder tocar", ele dizia.

Mas Tommy estava determinado. Ele queria que gravássemos uma de suas canções. Tinha o contato do dono de um estúdio em Manhattan. Disse que o cara morava num prédio ao lado do seu e que estava na indústria da música fazia bastante tempo. Ele até chegou a gravar um disco de sucesso.

"E quem é esse cara?", perguntamos, tentando imaginar quem diabos era o morador daquele prédio que tinha gravado um disco de sucesso.

"O nome dele é Jerry Samuels", disse Tommy, "mas vocês devem conhecê-lo como Napoleon XIV. Ele gravou 'They're Coming to Take Me Away, Ha-haaa!'".

"Está brincando!"

Jerry nos encontrou na porta da sua casa, usando um rabo de cavalo na frente da cabeça e com uma tigela de cereal cheia de M&Ms na mão. Só que não eram M&Ms, e sim tabletes de ácido. Depois que nos sentamos, ele tocou o seu novo projeto experimental, "Nascimento", que consistia no som de um bebê chorando e levando palmadas — de um obstetra, espero. E uma pérola na mesma linha, chamada "Estupro".

Ambas as canções soaram bem melhor depois de experimentarmos uns M&Ms. Soaram inesquecíveis, eu diria.

No dia seguinte, fomos até o estúdio de Jerry, acima do Metropole Cafe, e gravamos "Lady Lane", a música de Tommy.

"Lady Lane" tinha influências de Jimi Hendrix. "Era um plágio de 'Little Miss Lover'", explica Tommy. "Eu vinha tocando em uma banda com John e Mitch fazia alguns meses e, enfim, tinha conseguido convencer o John a gravar uma de minhas músicas."

Era uma música divertida, mas Johnny não morria de amores por ela.

A gravação correu bem, e criamos o hábito de passar o tempo na casa de Napoleon XIV. Uma noite, levamos Jeff junto, o que não foi uma grande experiência.

Jerry Samuels era um anfitrião generoso e um cavalheiro plenamente excêntrico. Ele falou para Jeff se servir de M&Ms. Meu irmão mais tarde confessaria que naquela noite estava tendo uma tremenda *bad trip* e tinha ficado bastante nervoso, achando que chegaria ao fundo do abismo. Às vezes, quando se toma LSD, apenas ficar preocupado com a possibilidade de chegar à beira do precipício é o suficiente para levar a pessoa até lá. Eu já tinha tirado pessoas de *bad trips* antes e sabia mais ou menos como proceder.

"Apenas relaxe, ok?", eu sussurrei, calmamente. "Não lute e tente agir como se você pudesse, quem sabe, até mesmo aproveitar. Não leve nada que você está pensando agora muito a sério, porque amanhã você provavelmente vai se esquecer de tudo mesmo. Você sabe disso! Só dura por um tempo. Eu estou bem aqui."

Conversamos mais um pouco e, então, ele disse que estava se sentindo melhor. "Quer ouvir música?", perguntei. Dei a ele meus fones de ouvido e coloquei para tocar "Bourée", do disco *Stand Up*, do Jethro Tull, uma música relaxante de flauta, mistura de jazz e clássico. Jeff disse que era ótima e que fez com que ele se sentisse bem melhor. Os cartuchos de áudio tocavam até o fim do álbum e começavam de novo, e ele deixou tocar umas quatro vezes seguidas. No outro dia, ele me agradeceu repetidas vezes por tê-lo ajudado a sair do buraco.

Foi um gesto bem legal, mas não foi exatamente uma promissora demonstração de estabilidade.

Johnny, Tommy, Peter e eu continuamos a tocar juntos, mas nos deparamos com certos problemas de pessoal. Nada havia se materializado com a gravação que tínhamos feito, mas Tommy atraíra um certo interesse como cantor e compositor próprio.

"Quando estávamos gravando 'Lady Lane', eu já tinha passado por um desentendimento com o John", Tommy lembra. "Quando Richard Demedia entrou para os Tangerine Puppets, eu disse: *Vamos ter duas guitarras solo?* John preferiu Richard

Demedia a mim, e eu falei: *Tchau, John*. A segunda rixa aconteceu no estúdio do Jerry Samuels, quando estávamos gravando 'Lady Lane', e esse cara queria que apenas eu gravasse para ele, e não a banda inteira. Eu disse: *Ok*, e saí. Foi a minha forma de me vingar do John. Acabava ali."

Johnny e eu continuamos tocando e saindo juntos, fazendo coisas como descartar discos em cima do meu terraço e entrar escondidos em shows. Ao longo do ano seguinte, Jeff visivelmente mergulhava cada vez mais fundo no desespero. Seu fluxo mental fez com que esquecesse a sua higiene. Obviamente isso estava levando nossa mãe à beira de um colapso, uma vez que ainda não sabíamos a causa do seu comportamento, se é que havia uma.

Jeff não conseguia jogar nada fora. Usava as mesmas peças de roupa todos os dias. Seus tênis tinham ficado tão fedorentos e repugnantes que um dia, enquanto ele estava no banho, a mamãe jogou o par no incinerador. Ele ficou furioso quando soube. Ficava cada vez pior. Jeff estava chegando ao fundo do poço.

À noite, depois que John e o resto do pessoal haviam ido embora, Jeff se abria um pouco comigo e falava sobre o que estava passando. Ele estava ouvindo vozes na cabeça e não sabia de onde vinham ou como lidar com isso. Às vezes, ele disse, eram tão ruins, e ele se sentia tão desesperadamente insano, que pensava em se atirar da janela do 22º andar. Jeff falou sobre cometer suicídio em várias ocasiões.

Quanto mais frustrado se sentia, mais violentamente agia com a nossa mãe. Isso causou grandes problemas entre Jeff e eu. Às vezes, ele a colocava contra a parede, usando seu corpanzil, e a culpava pelos seus problemas físicos e emocionais. Eu não podia ficar parado vendo meu irmão ou qualquer outra pessoa encurralar minha mãe contra a parede, dizendo palavrões a ela.

Um dia, durante uma gritaria particularmente feia, Jeff pegou uma faca grande na gaveta da cozinha e a colocou ameaçadoramente contra o peito da mãe.

Dessa vez, eu estourei: "Baixa essa porra dessa faca, seu doente de merda!", era isso ou iria meter porrada nele.

Enfim, a mamãe decidiu levá-lo a um psiquiatra.

No dia seguinte, depois de termos brigado verbalmente, ele pegou a faca na gaveta de novo e, dessa vez, encostou a ponta na minha barriga.

"Vai fundo", eu desafiei. "Vai me esfaquear?"

Dei um bofetão nele, que fez os seus óculos saltarem no ar. Em todas as brigas que tivemos ao longo das nossas vidas, jamais um havia batido no rosto do outro.

Jeff largou a faca e lançou os braços na minha direção. Agarramos-nos pelos ombros das camisas e começamos a puxar um ao outro pela casa. Eu o atirei contra a janela da sala de estar, que foi quebrada. O vidro estilhaçado caiu por 22 andares. Agora eu tinha 16 anos e era mais forte que Jeff. Foi a pior briga que já tivemos.

Mais tarde, bebemos o seu vinho predileto, Boone's Farm Strawberry Hill, e conversamos. Ele disse que não iria fazer nada com a faca mesmo, e eu admiti que sabia que ele só estava fazendo pose, mas que não podia deixar alguém tratar minha mãe daquele jeito.

Jeff disse que entendia.

Ele praticamente não saiu mais. Apenas ficava em casa e fazia os seus rituais repetitivos: colocava as mesmas roupas dia após dia, não jogava nada fora, apalpava objetos, ligava e desligava interruptores, abria e fechava torneiras e, repetidamente, pegava coisas na mão para largá-las em seguida. Poderia levar dez minutos para colocar o leite na geladeira e deixar lá.

Meu irmão estava agoniado, tentando desesperadamente manter a sua sanidade. Ele passou a escutar com menor frequência o rock & roll mais pesado, preferindo músicas mais suaves e introspectivas. Tínhamos ouvido falar que aquela canção do James Taylor, "Sweet Baby James", era sobre o tempo em que ele se internou num hospital psiquiátrico em Massachussets durante nove meses. Jeff se interessou muito pela música e pelo álbum.

Jamais me esquecerei de quando saí à noite uma vez e vi Jeff sentado na sala de estar em sua posição habitual: no chão, com os joelhos para cima e os braços em volta, enquanto enrolava seu cabelo com uma mão e, com a outra, segurava um cigarro em seus dedos manchados pela fumaça. Ele escutava aquela música do James Taylor quando eu me despedi dele. Parecia tão triste, atormentado e confuso.

Ele nem se importava mais em perguntar onde eu estava indo e se podia ir junto. Fui até lá e escutei "Sweet Baby James" com ele por um minuto. Demos uma boa olhada um no outro. Eu sabia o que ele estava pensando e sabia que ele iria embora de um jeito ou de outro. A questão era se seria pela porta ou pelo terraço.

Tudo o que eu poderia dizer a ele era que eu ia sair e que certamente iria vê-lo novamente. Naquela noite, não consegui pensar em mais nada. Eu percebi que meu irmão precisava do meu auxílio e do meu apoio. Sabia que teria de aceitar certas coisas e começar a tratá-lo diferente ou ele não conseguiria se recuperar. Amadureci um ano — ou dez — naquela noite.

Por pior que fosse a situação, não queria perder meu irmão. Mas também não queria ter de ouvir James Taylor e Cat Stevens por dez horas seguidas todos os dias.

Graças a Deus, existia psicoterapia — e Alice Cooper.

CAPÍTULO 11
UM POUCO DE GÊNIO EM CADA LOUCO

Vários anos se passariam até que mamãe e Phil Sapienza se casassem, mas, para nós, Phil já era parte da família. Tivemos muita sorte de tê-lo em nossas vidas. Phil era um cara de mente aberta, extremamente inteligente e com quem nos sentíamos bastante à vontade para contar as nossas inquietações, algo que não tínhamos coragem de fazer com nosso pai.

Phil trabalhava como orientador educacional na Benjamin Franklin High School do East Harlem, um dos bairros mais perigosos da cidade naquela época, principalmente para um branco. Em 1970, ele havia participado de uma passeata em protesto contra as condições precárias às quais os alunos do coração do gueto eram submetidos e contra a desigualdade nas escolas dos bairros pobres em geral. Os ânimos se acirraram, e o protesto quase virou um tumulto. O incidente conseguiu atrair a atenção da imprensa, e, no dia seguinte, havia um artigo no jornal com uma foto de Phil caminhando ao lado das crianças e dos pais da comunidade.

Na nossa visão, Phil já era um herói. Jeff e eu íamos a todo tipo de passeatas em Nova York e Washington para protestar contra a Guerra do Vietnã. Nós nos identificávamos com o Phil em praticamente todos os aspectos. Ele também estava estudando para ter uma formação em Psicologia, o que foi essencial para ajudar Jeff a se sentir bem com sua decisão de buscar auxílio.

Todos nós fizemos o possível para dar um alívio à sua mente depois que ele tomou a decisão de se internar de modo voluntário no St. Vincent's Hospital para uma avaliação psiquiátrica.

O papai achou que Jeff estava sendo mimado e discutiu com a minha mãe, dizendo que meu irmão deveria ser mandado ao exército como ele. Lá fariam dele um homem.

Jeff havia tomado sua decisão, mas estava naturalmente apreensivo. Ele temia o que poderia acontecer lá dentro, mas tinha mais medo do que estava acontecendo aqui fora no momento. Iria por um período de avaliação de duas semanas e, esperava-se, não mais do que isso. Achei que ele estava sendo extremamente corajoso e disse isso para ele.

Nos dias que antecederam a sua despedida, passei o máximo de tempo que podia com ele, conversando sobre sua ida para o hospital durante a noite até de manhã. Falei para que não se preocupasse e que várias pessoas tinham problemas desse tipo.

"É, tem um monte de gente assim no Bellevue", brincou Jeff, fazendo alusão ao infame hospital psiquiátrico de Nova York.

Ele estava lidando bem com a situação, mas se preocupava com o estigma de estar em um hospital psiquiátrico e com a chateação que certamente teria de encarar na sua volta. Os garotos da vizinhança teriam nova munição para atacá-lo.

Teriam uma bomba A para jogar em cima dele.

Minutos antes de nossa mãe e Phil o levarem para Manhattan, senti uma crescente tristeza em Jeff e vi o medo em seu olhar. Era a hora de partir. Abracei rapidamente o meu irmão.

"Não se preocupe, vai ficar tudo bem", eu o tranquilizei. "Lembre-se de que todo louco tem um pouco de gênio."

"Não é o contrário?", ele riu.

"Bom, deve ser verdade dos dois jeitos, não é?", eu disse.

Jeff pensou um pouco. "É, acho que você tem razão. Obrigado."

Ele ficou aproximadamente um mês no St. Vincent's. Quando o visitamos, ele não conseguia falar, de tão inchada que sua língua estava devido à clorpromazina. Trechos da avaliação psicológica de Jeffry Hyman no St. Vincent's Hospital deixaram claro que ele tinha problemas de verdade.

FATORES EMOCIONAIS: O paciente essencialmente se enxerga com baixa autoestima, sendo tanto perigoso como se pondo em perigo, aproximando-se do desconhecido com considerável cautela e suspeita, frequentemente empregando pouco discernimento no processo.

Sofrendo grande dor emocional na forma de ansiedade, Jeff se sente à mercê de forças externas e internas que estão além do seu controle, resultando em comportamento explosivo, acompanhado de depressão e confusão.

Sua autoimagem é de uma pessoa passiva e dependente, com identificação sexual ambígua, contra a qual o paciente apresenta uma tendência a defender-se por meio de mecanismos de distanciamento, chegando ao nível da separação quando o ritualismo é incapaz de frear sua ansiedade.

O paciente possui uma visão marcadamente temerosa da autoridade, acreditando que sua vida encontra-se em perigo diante de tais figuras. Torna-se incapaz de conciliar esse sentimento de perigo devido às complicações introduzidas pelas suas próprias reações mal administradas contra a raiva. Recorre a fantasias inconscientes que não oferecem saídas conscientes aceitáveis, ampliando tensões e culminando em um comportamento explosivo em busca de atenção.

RESUMO E CONCLUSÕES: A personalidade do paciente é consistente com o diagnóstico de esquizofrenia do tipo paranoide, com dano cerebral mínimo (esse último de uma provável longa duração). Recomenda-se fortemente a sua colocação em psicoterapia intensiva com o objetivo de fortalecer suas defesas obsessivo-compulsivas, auxiliando-o simultaneamente a interpretar, primeiramente, a realidade externa e, finalmente, sua própria realidade, em especial suas reações à raiva.

Era difícil dizer o quanto o St. Vincent's ajudou Jeff.

Mesmo com a forte insistência do papai na ideia de ir para o exército, Jeff decidiu ficar com ele em Manhattan em vez de voltar para Forest Hills. Nosso pai certamente se preocupava com Jeff, mas, como sempre, passava a impressão de estar mais preocupado com sua imagem projetada no seu filho. Parecia não enxergar o que era extremamente óbvio para mim. Esse garoto não iria entrar em um ringue de boxe como o seu pai entrou. Esse garoto não iria sobreviver no exército. Esse garoto não iria se impor diante dos valentões como seu pai fazia. Jeff encontraria um caminho diferente.

O papai não conseguia aceitar isso. Assim, continuou enchendo o saco do meu irmão sobre o seu corte de cabelo, óculos, roupas e maus hábitos. Ele tentava provar que, ao endurecê-lo de verdade, haveria uma diferença, que ele estivera certo o tempo todo e que a mulher que o havia deixado estava errada.

Depois de duas semanas sob as tentativas de reprogramação do nosso pai, Jeff voltou para casa, mas não demorou muito até que tentasse escapar outra vez de Forest Hills. Ele arranjou um apartamento em West Village, quase em frente ao St. Vincent's Hospital.

"Fui morar no Village, na Rua Jane", Jeff recordou. "Lembro-me de entrar no apartamento achando que eu iria a algum lugar, mas aquilo parecia uma cela de prisão. Deitado na cama, era como se os meus pés estivessem dentro do fogão. Era bizarro."

O apartamento era minúsculo e se parecia mais com um quarto, embora, na verdade, fosse menor do que a cama. Quando ajudamos Jeff a fazer a mudança na caminhonete da família, não conseguimos achar espaço no apartamento para os dois colchões e a mala. O aluguel foi pago para dois meses, mas acho que ele nem chegou a ficar lá. Foi de volta para a família, de volta para Forest Hills.

Jeff estava diferente depois de sua passagem pelo St. Vincent's, assim como todos nós, pois aquilo nos ajudou a entender o que realmente estava acontecendo. Tínhamos uma visão muito mais clara do seu comportamento e podíamos ser mais solidários à sua situação. Ele estava mais aliviado, mas ainda assim se sentia frustrado. Naquele tempo, não havia nenhum tratamento real para o seu estado. Na verdade, houve uma recomendação para que Jeff prolongasse a sua permanência no hospital, mas nenhum de nós queria isso. Como alternativa, meu irmão fez visitas ao St. Vincent's como paciente ambulatorial, ou não-residente, várias vezes por mês.

Ele também retornaria às suas habituais rotinas, mas em vez de ouvir "Sweet Baby James" dez vezes ao dia, a trilha sonora da sua vida passou a ser uma canção de Alice Cooper, "Ballad of Dwight Fry". Jeff a tocava sem parar. Às vezes, tocava também o restante do disco, o que para mim não tinha problema.

Na verdade, descobrimos Alice através de Frank Zappa. Meu amigo Larry Marks me emprestou sua cópia de *Weasels Ripped My Flesh* e, na parte interna do encarte, havia o anúncio de um disco chamado *Zapped*, uma coletânea de músicas de bandas e artistas que Frank Zappa havia "descoberto". A única forma de conseguir o disco era enviar US$ 2 pelo correio para a gravadora do Zappa, Bizarre Records. O álbum tinha um conteúdo que estava anos-luz à frente do seu tempo, de artistas como Captain Beefheart & His Magic Band, Wild Man Fischer, Lord Buckley, GTOs, Mothers of Invention (a banda de Zappa) e de um cara chamado Alice Cooper.

Gostávamos das músicas de Alice. Então compramos o seu álbum *Love It to Death*, que se tornou o disco preferido de Jeff, para dizer o mínimo. Tornou-se sua inspiração. Ele ainda estava em seu modo hippie, ouvindo bandas como Grateful Dead e Jefferson Airplane, mas a relevância das palavras de Alice Cooper o pegou de jeito durante seu período de adaptação. E como não pegar? Eram quase telepáticas:

I was gone for fourteen days	*Fiquei ausente por catorze dias*
I coulda been gone for more	*E podia ter ficado mais*
Held up in the intensive care ward	*Preso na UTI*
lyin on the floor	*Deitado no chão*
I was gone for all those days	*Fiquei ausente durante todos esses dias*
but I was not all alone	*Mas não fiquei sozinho*
I made friends with a lot of people	*Fiquei amigo de muitas pessoas*
in the danger zone	*Na zona de perigo*
See my lonely life unfold	*Veja minha vida solitária se revelar*
I see it every day	*Eu vejo todo dia*
See my only mind explode	*Veja minha mente única explodir*

Since I've gone away	*Desde o dia em que fui embora*
I think I lost some weight there	*Acho que perdi peso lá*
and I — I'm sure I need some rest	*E eu... eu preciso mesmo de descanso*
Sleepin don't come very easy	*Não tem sido fácil dormir*
in a straight white vest...	*com essa camisa branca*
See my lonely life unfold	*Veja minha vida solitária se revelar*
I see it every day	*Eu vejo todo dia*
See my lonely mind explode	*Veja minha mente solitária explodir*
when I've gone insane	*quando eu enlouquecer*
I wanna get out of here	*Eu quero sair daqui*
I wanna, I wanna get out of here!	*Eu quero, quero sair daqui!*

Jeff aumentava o volume no final da música, quando Alice gritava *I wanna get outta here* repetidamente, cada vez mais rápido.

Essa demonstração controlada de insanidade nos causava grande diversão. Ela desmitificou a questão para nós e a trouxe direto à tona: Alice é mentalmente perturbado. Não havia problema em ser doente. Era como uma extensão da alegria que sentíamos ao cantar "They're Coming to Take Me Away, Ha-haaa!", de Jerry Samuels (também conhecido como Napoleon XIV). Toda nossa percepção do adjetivo *doente* havia mudado. Também gostávamos do humor doentio de Lenny Bruce. De uma hora para a outra, todos nós queríamos ser "doentes".

John Cummings não gostava de Lenny Bruce nem de Frank Zappa, mas de fato gostava da liberdade para poder agir como se fôssemos doentes, estranhos ou diferentes, o que, comparativamente, nós éramos. Talvez John não estivesse fingindo.

Johnny começava a admirar as proezas de Charles Manson, cujo julgamento por assassinato estava andando a pleno vapor. Ele o via como um astro do rock, e o fato de Manson ter sido responsável pela morte de pessoas não parecia importar, pelo menos não no modo de ver de John. Os seguidores de Manson fizeram aquilo por ele, pois o idolatravam e o temiam. Para John, parecia algo muito legal. Apesar de ele ser o meu melhor amigo, não estávamos na mesma sintonia. Ele era declaradamente preconceituoso, mas eu não o levava a sério, já que 98% dos seus amigos eram judeus.

Johnny também tinha uma queda pela violência e, aparentemente, não era capaz de demonstrar muita compaixão. Creditei isso ao fato de ele ser filho de um operário da construção civil. Naquele tempo, eles tinham a fama de racistas e espancadores de hippies.

Ele também não achava que Manson era racista, mesmo depois de ler no jornal que "Manson desenvolveu uma obsessão pela morte e por 'Helter Skelter', sua interpretação de uma canção dos Beatles como sendo a previsão de uma guerra racial nos Estados Unidos. Segundo Manson, no momento em que os *pretinhos* fossem levados ao uso da violência, brancos indefesos seriam aniquilados, colocando Manson e sua família no comando".

"Bom, ele não está dizendo para *matar* os pretinhos", John esclareceu. "Está dizendo que *eles* vão matar os brancos indefesos, ou seja, os hippies pobres e burros. Onde que isso é racismo com os pretinhos?"

"John", eu respondia. "Ele está chamando os negros de *pretinhos*."

Mas Johnny continuava fascinado com Manson.

"Ele é ou não é doente?", ele dizia, rindo. "Ele é que nem o Hitler, só que mais legal."

Aquilo me dava medo.

CAPÍTULO 12
TUDO EM CASA ENTRE OS PACIENTES NÃO-RESIDENTES

POR VOLTA DE 1971, JEFF E EU COMEÇAMOS a nos rebelar ativamente contra o nosso pai. Seus valores conservadores causavam forte repulsa em nós dois e faziam com que nos revoltássemos ainda mais. Ele nos apanhava na frente do nosso prédio em seu Cadillac dourado com uma bandeira dos Estados Unidos na janela. Era o auge da era Nixon, e, naquela época, estávamos mais dispostos a incendiar bandeiras — e Cadillacs.

Considerando que Jeff não conseguia mais se dar bem com o nosso pai e raramente o visitava, a atenção do papai se voltou a mim. Uma noite, ele me levou para jantar fora junto com Barbara, um de seus "brotos", e começou a pegar no meu pé sobre o meu cabelo, roupas e gosto musical, falando de um jeito cada vez mais alto e desagradável. As pessoas começaram a olhar.

Ele continuou me incomodando até que eu finalmente estourei:

"Minha mãe não dá bola para minha aparência, e eu não vou mudar nos dias em que eu te vejo. Nem o Jeff. Ele não aguenta mais ouvir as porcarias que você fala. Você não entendeu? E você não paga pelas nossas roupas ou pelos nossos livros. Você quase nunca dá nada para minha mãe. Você só é pai no fim de semana!".

Como era de se esperar, isso não caiu muito bem. Foi de fato bastante ríspido.

Quando o papai me deixou em casa, ele e sua namorada entraram no apartamento. Eu esperava encontrar meu irmão e minha mãe lá, mas nenhum dos dois estava em casa.

"Então quer dizer que sou pai só no fim de semana?", ele gritou. "Pois então eu acho que você não dá valor para essas coisas que eu te dei e não as merece." Em seguida, ele foi até o armário do meu quarto e pegou o par de esquis que recém havia comprado para mim.

Em silêncio, ele pegou as botas, os bastões e tudo mais que tinha me dado. Aí deu seu golpe final, arrancando o fio da tomada e pegando o meu leitor de cartuchos de áudio e os alto-falantes.

"Não pode fazer isso. Estas são as minhas coisas!", eu berrei.

"Você não deveria ter falado com seu pai daquele jeito", Barbara disse.

"Mas eu não quis dizer aquilo. Qual é, eu sou só um garoto!"

Naquele momento, meu pai já tinha levado as coisas para o elevador, onde começou a empilhá-las. Eu não conseguia acreditar. Praticamente em lágrimas, gritei no corredor: "Ok, pode levar então. Nunca mais falo com você!", enquanto as portas do elevador se fechavam.

Um segundo depois, as portas do outro elevador se abriram, e John Cummings apareceu.

"Qual o problema com você?", Johnny perguntou.

"A porra do meu pai pegou meu som", eu contei, com uma lágrima escapando pelo meu rosto. Era uma daquelas situações nas quais a gente não sabe se limpa o rosto e arrisca chamar atenção para a lágrima ou se deixa lá na esperança de que ela irá cair antes que alguém veja.

Não se preocupem, fãs dos Ramones. Johnny não colocou o braço em minha volta e disse que tudo ficaria bem.

"Que se foda. Não dá bola pra isso", ele disse, dando de ombros. "Vamos fumar um e tocar umas músicas. Você vai se sentir melhor."

Para quem era seu amigo, Johnny era leal e protetor — às vezes até demais. Meu amigo Doug Scott certa vez ficou me devendo uma quantia pequena de dinheiro, talvez US$ 5. Um dia, quando nos deparamos com ele a caminho do ensaio, John resolveu fazer a cobrança. Veio por trás de Doug, colocou o joelho em suas costas e então puxou seus braços.

Ganhei meus US$ 5 de volta, mas meu amigo se machucou.

"John era alguém que achava que estava sempre certo", disse Richard Freed. "Você discordava dele em uma conversa normal, e ele partia para um ataque de raiva violento."

Era como se acontecesse um incidente atrás do outro que abalava minha amizade com John. Um dia, passávamos na frente de Thorneycroft quando topamos com um dos meus colegas de classe, Teddy Gordon, um garoto da Hungria que estava exibindo as novas técnicas de karatê que havia aprendido.

John fez um comentário sobre como aqueles movimentos não iriam servir para nada em uma briga de verdade.

Teddy respondeu: "Claro que vão! Você está louco?".

Para John, *louco* era tudo o que ele precisava ouvir. "Como é que é? Está me chamando de louco? Quer brigar comigo e tirar a prova?"

Meu colega de classe equivocadamente não recuou: "É! Eu disse *louco*, e daí? É só uma palavra, John, relaxa!".

Paf! Bem na cara de Teddy.

"Não me diga para relaxar!", Johnny exclamou. "E nunca mais me chame de louco! Quer ver loucura?"

Bof!

"Está bem, John", Teddy disse, recuando um pouco. "Acalme-se! O que há com você, ficou maluco?"

Opa.

"O que foi que eu acabei de falar?", Johnny disse, dando outra pancada em seu rosto. "Onde é que está seu karatê agora, hein?"

"John, ele não falou por mal", eu disse, tentando acalmá-lo.

"Não. Ele que começou!", ele respondeu, ainda na frente de Teddy.

"Não comecei nada", Teddy respondeu.

"Ah, não?"

Paf!

De repente, o pai de Teddy apareceu, um imigrante judeu baixinho no alto dos seus 50 anos, quase 30 cm mais baixo que John.

"O que você está fazendo com meu filho?", berrou em um carregado sotaque europeu, subindo a rampa atrás de nós.

Johnny riu dele.

"Deixa ele em paz! Você é louco ou o quê?"

Putz.

Johnny começou a fazer uma dança de boxe feito Muhammad Ali, fingindo *jabs*. Então lançou um bofetão no rosto do pai de Teddy.

"Quer mais?", Johnny o atingiu com um soco de mão fechada no queixo. Àquelas alturas, um outro garoto e eu imploramos para Teddy tirar seu pai daquele lugar.

"Vamos lá, pai. Vamos embora." Puxando pelo braço, Teddy levou seu pai embora, enquanto aquele senhor continuava a gritar com Johnny, que ria.

Além de sentir um desconforto cada vez maior ao lado de John, eu também não estava mais me encaixando entre os meus colegas de classe. Eles haviam pego a típica *síndrome de Forest Hills*, de querer impressionar as garotas com roupas de estilo — calças boca de sino justas e botas de couro caras — e de falar sobre como seus pais iriam comprar carros novos e possantes para eles quando se formassem. Alguns dos meus antigos amigos reparavam no meu jeans rasgado e no meu casacão esfarrapado do Aqualung.

"O que há com você? Parece que você vai se desmanchar", eles diziam.

Esse foi um dos motivos por que comecei a andar com John em primeiro lugar. Mas agora ele dava mostras de estar passando dos limites.

Doug Scott estava tocando agora com caras como Bob Roland, Steve Marks e um baixista chamado Ira Nagel. Eles conseguiam trabalho em hotéis-fazenda e hotéis tradicionais no interior do estado de Nova York, além de bares de *strip* como o Metropole, em Manhattan. Doug disse que tinham interesse que eu tocasse com eles em algumas apresentações.

O Metropole! Garotas peladas dançando! E eu tinha 16 anos. Lamento, Johnny.

Finalmente criei coragem e fui até John falar para ele que queria sair da banda e tocar com outras pessoas.

"Pra que você quer fazer isso?", ele disse, ofendido. "Aqueles caras não são legais. Eles não são seus amigos."

"É, mas é que eu queria fazer outra coisa", falei.

"Se é isso que você quer...", ele respondeu, decepcionado.

No entanto, acho que Johnny sabia que, no fundo, era bem mais do que isso, o que acabou magoando seus sentimentos. Falou para esquecer da grana que eu ainda devia da guitarra. É claro que isso feriu bastante nossa amizade, mas eu queria ganhar experiência e me afastar da sua violência e da sua loucura.

JEFF ESTAVA SE SENTINDO UM POUCO MAIS SEGURO depois de sobreviver ao pesadelo de permanecer internado em uma ala psiquiátrica por duas semanas. Uma indiscutível vantagem daquela experiência foi que ele saiu de lá fortalecido. Nem ele nem o seu espírito foram destruídos. E, embora ele ainda aparentasse estar em desacordo consigo e retraído diante de certas pessoas, se mostrava ansioso para ter novamente uma vida mais social.

Richard Freed tinha ido para o hospital alguns meses antes em estado crítico por ter abusado do seu corpo de diversas formas.

"Eu estava muito mal", Richard confessou. "Estava usando drogas naquela época, muito barbitúrico e alguma coisa de heroína."

Agora que estava se sentindo melhor, ele tinha se tornado amigo próximo de Jeff e aparecia em nossa casa regularmente. Richard vinha ao nosso apartamento para fumar haxixe, passar um tempo no banheiro (provavelmente injetando heroína), comer uma tigelona de sorvete e ficar plantado em nosso quarto assistindo à TV.

Como se fosse um relógio, depois de dez colheradas, a cabeça de Richard caía lentamente e, em seguida, subia num movimento só. Aí caía de novo até embaixo, de modo que seu rosto ficava todo na tigela. Nós então o acordávamos assim que parássemos de rir.

Ver Richard cair no sono era nosso entretenimento de camarote. Ele levava uma vida que fazia até mesmo a existência de John Cummings parecer singela. Era o judeu mais louco que eu conhecia até aquele momento. Mas, por mais maluco que fosse, era um bom amigo de Jeff.

"Jeff ia sempre pela ponte para me visitar em Lefrak City, descalço", Richard Freed recorda. "Seus pés ficavam cheios de cortes. Eu tentava dar apoio emocional e aconselhava: *Você tem de usar tênis!* Jeff quase teve de amputar o pé de tão inchado que ficou."

Jeff também tinha criado vínculo com o pessoal que conheceu na ala psiquiátrica do St. Vincent's, os pacientes não-residentes, em situação semelhante, o que foi bom para ele. Meu irmão brincava que todos eles *tinham um parafuso a menos, mas também tinham boas pílulas pra manter tudo no lugar.*

Meu irmão se sentia em casa entre os não-residentes — principalmente os não--residentes do sexo feminino.

Quando fez 20 anos, ele disse que faria algo diferente no seu aniversário. Alguns dias antes, apareceu em casa exibindo um cabelão cheio e volumoso, com permanente afro. Era alto, arredondado e o mais encrespado possível para a densidade capilar de um garoto branco. Descobrimos a razão do seu novo penteado quando ele falou que tinha uma namorada, uma garota negra do Brooklyn, Wilna. Ela ainda estava internada na ala psiquiátrica do St. Vincent's, mas Jeff queria que a conhecêssemos assim que ela saísse de lá.

Wilna era bonita e tinha um sorriso amistoso, além de um olhar assustado em seus grandes olhos castanhos, como se algo terrível estivesse prestes a acontecer. Fizemos o nosso melhor para ela se sentir tranquila e em casa. Sabíamos que era emocionalmente frágil. Jeff a levava em casa com frequência, e Wilna dormia lá quando a mamãe não estava ou quando passava a noite no apartamento do Phil na Rua 9 com a Terceira Avenida, no East Village.

Jeff parecia levar a sério seu relacionamento, e estávamos felizes por ele. Mas Wilna dava trabalho, e precisávamos ficar de olho nela — e em qualquer objeto cortante ao seu redor. Na maior parte do tempo, Jeff e ela ficavam no apartamento ouvindo música e vendo TV.

Às vezes, ela era bastante lúcida, e falávamos sobre música, política e várias questões sociais, incluindo a estupidez do racismo. Wilna disse que seus pais não iriam aceitar que ela saísse com um branco ou que houvesse mistura de raças em geral. Jeff brincava que eles *deveriam ser da KKK — a Ku Klux Klan — ou algo assim.*

O fato era que, em 1971, um judeu hippie e uma negra hippie ainda estavam a perigo se viajassem juntos para fora da cidade. Eles conversavam sobre ir à Flórida de ônibus para visitar os nossos parentes lá de baixo. A previsão do que poderia acontecer se um casal como aquele pegasse um ônibus até o Sul conservador era assustadora. Se saíssem do ônibus em uma parada de caminhões em Jacksonville, a verdadeira KKK seria um grande problema.

Só Wilna já era um problema bastante real. Ela tomava remédios para suas necessidades psicológicas e depois bebia e, ocasionalmente, fumava maconha, haxixe ou pó de anjo junto com Jeff. Às vezes, ela tinha alucinações e ataques extremos de paranoia, entrando subitamente em um surto de histeria e falando sobre coisas que não estavam acontecendo.

Nós tentávamos acalmá-la, dizendo: "Nada irá te machucar, você está segura, tudo está bem". Algo então acontecia, e ela aparentemente recuperava o foco e voltava a nos reconhecer. Então, com a mesma instantaneidade, começava a rir. Era difícil dizer se aquilo era real ou se ela estava tentando chamar atenção.

Em uma certa manhã que Jeff havia saído, acordei com os gritos de Wilna. Corri até a sala de estar, onde ela estava dormindo no sofá. Tentei acordá-la, mas ela estava em um profundo pesadelo. Quando sacudi seu ombro, Wilna deu um pulo aos gritos, tirou sua peruca e a jogou em mim.

Sem saber o que havia me atingindo no peito, também saltei e dei um grito de pavor. Wilna colocou a mão na cabeça, percebendo o que havia feito, e gritou de novo.

Então Jeff entrou em casa, ao que Wilna deu mais alguns berros e correu até o banheiro. Um minuto depois, saiu de lá correndo, pegou sua peruca, que estava em minhas mãos, e retornou rapidamente ao banheiro, gritando durante o trajeto.

No verão de 1971, mamãe e Phil estavam se preparando para uma viagem de quatro semanas à Europa. Nossa prima Renee, um ano mais velha que Jeff, veio da Flórida para ficar em nossa casa. Ela desejava ser atriz e queria passar o verão em Nova York.

Renee prometeu à minha mãe que iria ficar de olho em tudo durante a sua ausência. Assim que mamãe e Phil partiram, Jeff fez a mudança da Wilna para o nosso apartamento. Ela levou seu gato junto, que não se deu muito bem com o meu gato, Stymie, um filhote vira-lata que eu tinha pego em Thorneycroft.

A diversão começou logo de cara. O fascínio inicial de Wilna pelo armário de bebidas da minha mãe rapidamente virou um *hobby* de verão para ela. Era um armário amplo, com uma ótima variedade de destilados fortes, vários conhaques e alguns licores. Wilna se mostrou bastante animada com a possibilidade de experimentar coisas novas que nunca havia tomado. Jeff também estava bebendo um bocado, mas seu paladar ainda estava mais voltado às suas preferências antigas, Boone's Farm Strawberry Hill ou cidra.

Apesar das lembranças de Renee sobre a nossa promessa de não destruir o local, corpos adolescentes eram encontrados espalhados pelo chão da sala de estar quase todas as noites.

Jeff e Wilna pouco saíram do apartamento durante aquele verão. Como estava ficando um pouco abafado lá dentro, meu amigo Allan Brooks e eu decidimos aproveitar as promoções de passagens áreas para a Europa destinadas a jovens. Cada um comprou US$ 60 em cheques de viagem da American Express. Ele roubava os meus, e eu roubava os dele. Aí eles imediatamente reembolsavam os nossos "cheques roubados". Repetimos o golpe enquanto viajávamos pela Europa por aproximadamente duas semanas.

Quando voltei para casa, Wilna não estava mais lá, assim como todas as garrafas de bebida no armário da mamãe. As coisas estavam um pouco tensas.

"Eles a levaram embora", Jeff disse.

"Eles quem?", perguntei.

"A KKK", Jeff respondeu, dando uma risada.

Descobri mais tarde que minha mãe havia ligado para os pais da Wilna para avisá-los de que a filha deles havia feito uma limpa no seu estoque de bebidas, que o gato dela estava cagando por tudo e que eles deveriam ir buscá-la.

Naquele ponto, o permanente afro de Jeff estava desaparecendo, e ele começava a exibir sua velha aparência de antes. Mas também estava mais uma vez sozinho e sem fazer muita coisa além de ouvir seus discos. Felizmente, ele começou a gostar de David Bowie, Lou Reed e T. Rex e voltou a ser criativo. Jeff queria roubar uma ideia da coleção de truques pop-art de Andy Warhol e, em vez de pintar uma foto de uma lata de sopa de tomate Campbell, teve a ideia de pintar a imagem de um tomate com a própria sopa.

Mamãe ainda pintava na época e deu algumas telas para o Jeff "fazer experiências". Quando não havia mais cores na sopa, ele esfregava mirtilo e dava umas pinceladas de sorvete de morango e de calda de chocolate. Jeff achava que esse conceito seria a próxima moda e que poderia vender suas obras na galeria de arte que a mãe iria abrir com Jeanie, sua melhor amiga.

Parecia uma boa ideia, mas um problema veio à tona: ainda que a calda nunca tivesse secado de fato, o sorvete secou. Mas, ao cair a crosta, as camadas de sopa começavam a quebrar e a descascar. Jeff não havia planejado tudo. Ele tentou passar mel sobre a tela como revestimento e colocá-la na frente do ventilador para secar. Imagine como ficou a cozinha depois disso e o que aconteceu quando ele não fez a limpeza.

Em seguida, Jeff iniciou uma nova empreitada: fazer flores. Elas vinham em um kit e eram feitas de arames moldados como pétalas de rosas em uma de suas pontas. Ele mergulhava a ponta em soluções de plástico líquido de diferentes cores e então as deixava secar. Jeff fazia buquês com as flores e vendia na rua. Teve bastante saída no Le Drug Store do Upper East Side, uma casa noturna da moda para riquinhos mimados, cujo dono era o primo do nosso amigo Ira Nagel.

"Jeff caminhava por lá de pés descalços, usando um cinto com sininhos pendurados. Ele era mesmo hippie", Ira Nagel relembra. "Ele vendia umas flores de plástico nas calçadas do Village e de Forest Hills, mas vivia sendo intimado pela polícia. Então combinei com meu primo para deixar Jeff vender na frente do Le Drug Store."

"Os caras espalhafatosos que iam lá estavam todos cheios do pó", Ira segue, "e riam do Jeff. Aí as namoradas chapadas deles ficavam com pena e faziam os namorados comprarem flores".

Ira não só arranjou um lugar seguro para Jeff vender suas mercadorias, como também arrumou um lugar para mim na sua banda, Sneaky Pete, na guitarra. O grupo era formado pelo ex-vocalista do Tangerine Puppets, Bob Roland, no vocal; Wayne "Lippy" Lippman na bateria; e Ira no baixo. Estávamos trabalhando constantemente, e a experiência foi de grande valor. Tocávamos todos os fins de semana e, às vezes, durante os dias de semana também. Se o trampo pagasse bem, Tommy Erdelyi nos acompanhava.

A banda tinha um agente que conseguia uma porrada de trabalhos em espeluncas da máfia no Bronx, no Brooklyn e em Nova Jersey, além de bases militares do exército e da marinha na região da tríplice fronteira. Jeff normalmente comparecia aos lugares onde tocávamos. O melhor de tudo eram os bares de topless. Fazíamos shows regularmente no Wagon Wheel na Rua 45, próximo à famosa Peppermint Lounge, onde lindas garotas nos cercavam e dançavam ao som dos hits. Era o sonho de um garoto de 17 anos se tornando realidade.

Tínhamos de tocar algumas músicas lentas e, como odiávamos baladas bregas, escolhemos "The Thrill Is Gone", de B. B. King, um clássico do blues, com uma levada lenta e sensual. Uma noite após viajar em um solo de guitarra, percebi que estava sendo ovacionado de pé pelos bêbados depravados e pelos desamparados do bar. Esses tarados que iam ao local apenas para ver peitos e bundas aparentemente tinham sido tocados pela música. Até hoje esse episódio segue como uma das façanhas mais memoráveis da minha carreira.

Na primavera de 1972, a banda recebeu uma proposta para tocar em uma base combinada do exército, da marinha e da aeronáutica em Keflavik, na Islândia. Foi uma passagem de duas semanas em um local com uma das mais extraordinárias geologias do planeta. Apenas a abundância de lindas garotas a fim de algo conseguia ser mais fantástico. Mas fomos expulsos da Islândia uma semana depois por causar um "incidente internacional" após uma ofensiva de tropas em revezamento, vindas do Vietnã, começar a fazer excursões noturnas ao nosso quarto com o objetivo de fazer farra com a banda. Como poderíamos mandá-los embora?

Os soldados tinham ótima erva à disposição, e contávamos, entre outras coisas, com duas dançarinas que viajavam conosco. No fim das contas, as coisas saíram do controle, e a polícia islandesa foi chamada à base para acabar com a festa e revistar o nosso quarto. Na manhã seguinte, fomos "aconselhados" a assinar um documento e acabamos sendo enviados de volta aos Estados Unidos em um avião de carga, do tipo que tem alças no lugar de poltronas. A banda estava em queda livre.

Quando voltei, Jeff estava saindo com uma nova namorada, chamada Lori. Ela também era paciente não-residente, mas tinha uma boa aparência e era da vizinhança. Ao contrário de nós, ela tinha pais ricos.

Embora Lori tentasse se passar por uma cigana hippie de espírito livre, parecia ser bastante mimada. Falava alto, sem reservas e era grosseira quando as coisas não aconteciam do seu jeito. Era também a feliz proprietária de várias receitas médicas, que ela ficava mais do que contente em compartilhar. Mas, se recusássemos suas ofertas, ficava desconfiada. Se *ela* tinha de tomar, então *todo mundo* tinha de tomar.

Lori também era poeta e se apresentava como "artista".

Também havia arranhões visíveis no meu violão Yamaha. Aparentemente, ela e Jeff vinham tentando compor músicas. Ela escrevia letras horríveis, com frases como: *Sou a mãe natureza, livre e disforme. Todas as pessoas frias, tão frias, precisam do meu calor cósmico. Você também é lindo, triste e tímido. Toque-me, e vamos brilhar como estrelas no céu.*

Cantando, era ainda pior.

CAPÍTULO 13
TENHO 18 ANOS
E NÃO ME IMPORTO

Jeff hesitava em confessar para mim que ele e Lori andavam fazendo arte com a minha guitarra sem a minha permissão. Tivemos algumas discussões sobre ele usar o meu aparelho de som. Eu recém tinha comprado meu primeiro aparelho, com sintonizador, amplificador e toca-discos, todos novinhos. Comprei com a grana que ganhei trabalhando como mensageiro depois da escola, um empreguinho vagabundo que eu e Jeff tivemos por um tempo.

Ele podia escutar o meu rádio quando quisesse, eu não me importava. Mas acontece que estava tocando discos com arranhões e marcas de perfuração. Eu tinha acabado de gastar US$ 75 em agulha e cápsula novas, e meu irmão ficava apagando cigarros em seus discos. Pedi para ele tocar aqueles no velho aparelho da sala. Mas, às vezes, quando eu entrava no quarto, o via levantar a agulha e abaixá-la 50 vezes seguidas, *espancando* o vinil até que ele ficava esburacado, e a agulha, desgastada, fazendo com que eu precisasse comprar outra. O ânimo de Jeff certamente havia melhorado, mas o seu TOC, não. Na verdade, estava ficando pior.

Falei a Jeff que sabia que ele tocava o meu violão e que estava tudo bem. Era um modelo relativamente barato e, de qualquer jeito, estava pensando em arrebentá-lo em breve e comprar um violão clássico. Queria aprender a ler música e tinha começado a estudar um pouco de teoria musical.

Em maio de 1972, o que sobrava na cultura musical era o rockstar espalhafatoso ou o rockstar hippie idealista e fora de moda. Ou uma combinação dos dois, como o herói da classe operária John Lennon, que cantava sobre imaginar um mundo sem posses materiais enquanto era filmado em uma mansão de milhões de dólares, tocando um piano que custava mais do que muitos americanos ganhariam durante toda uma vida. Por mais que adorássemos Lennon e os nossos velhos ideais, algo começava a não cheirar bem. Bandas como Yes não nos causavam nada além de confusão. O que mais havia? Elton John, "American Pie", Black Oak Arkansas? Hendrix estava morto, assim como os Beatles e The Doors. Tudo era tão pretensioso, todos pareciam querer empurrar goela abaixo suas filosofias, seus estilos de vida e a si próprios. Todos menos Frank Zappa e pouquíssimos outros.

Eu havia começado a escutar jazz e música clássica. A trilha sonora de *Laranja Mecânica* fez nascer em mim um grande interesse por Ludwig van Beethoven. Jeff e até mesmo John Cummings passaram a gostar de Beethoven depois daquele filme. No caso de John, desde que ele pudesse imaginar alguém levando pontapés no saco acompanhando as notas da música.

Jeff havia descoberto o mundo do glam rock. *Transformer*, de Lou Reed, e *Ziggy Stardust*, de David Bowie, agora encabeçavam sua lista de discos preferidos. Ele estava fazendo a transição das bandas da Califórnia, como Jefferson Airplane — que mudaria de nome para Jefferson Starship — e Youngbloods, que tinha letras como: *Come on people now/Smile on your brother/Everybody get together/Try to love one another right now* (*Vamos lá pessoal/Deem um sorriso para seu irmão/Todo mundo junto/ Tentando se amar agora mesmo*).

A androginia do glam rock e a nova decadência sexual do rock & roll era uma consequência indireta do amor livre que estava em voga nos anos 1960. Era como uma grande festa hippie correndo solta. Embora a crença da década de 1960 fosse que cada um era livre para fazer o que quisesse, a homossexualidade ainda era mantida em segredo, mesmo no rock & roll. Bowie, Reed e Andy Warhol fizeram de tudo para mudar essa realidade. A diferença agora era que as fronteiras de gênero não mais separavam o masculino do feminino: você era o que era na hora em que quisesse.

Ninguém disse que isso não seria confuso.

Por algum motivo, foi algo que exerceu um grande fascínio em Jeff. Fisicamente, fosse devido a uma lesão nos nervos causada pelo teratoma ou pela sua composição genética, meu irmão não tinha predisposição para ser atlético nem machão. Finalmente, isso não importava mais.

David Bowie se tornara sua nova inspiração. Jeff identificou-se muito com o viés introspectivo sobre a crise de identidade presente nas composições de Bowie, que havia convencido a ele e a milhões de outros garotos de que os patinhos feios do mundo se transformariam em belos cisnes, bastava acreditar. Ninguém precisava ser deixado de fora na parada. A ideia agora era: *Podemos ser bonitos! Podemos ser astros!* Jeff parecia especialmente cativado pelos versos na canção "Rock & Roll Suicide", de Bowie:

No matter what or who you've been	*Não importa o que ou quem você foi*
No matter when or where you've seen	*Não importa quando ou onde foi visto*
All the knives seem to lacerate your brain	*Todas as facas que dilaceram sua mente*
I've had my share, I'll help you with the pain	*Eu já passei por isso, vou ajudar com essa dor*
You're not alone	*Você não está sozinho*

Ouvíamos muito Bowie, mas Jeff tocava essa canção específica várias vezes todos os dias. Em relação à letra, para mim, parecia muita choradeira abusando do emocional. Era mais intelectual que "Beautiful People", de Melanie, mas quase tão melodramática quanto. Praticamente a mesma porcaria que a Liza Minelli cantava. Não me levem a mal. Eu adorava as músicas de Lou Reed no Velvet Underground e a maioria das canções do Bowie, mas, naquele momento, toda a obra do Lou Reed era uma celebração sobre "sair do armário", algo com o qual eu simplesmente não conseguia me identificar. Embora me sentisse feliz por ele, não tinha interesse em me "transformar" num "Diamond Dog" ou num travesti em "Venus in Furs". Estava mais a fim de deixar o pelo crescer no saco. Não desejava ardentemente usar batom nem roupas espaciais ou botas de plataforma. Alguns desejavam, e eu não via problema nisso. Jeff era um desses.

Sim, é meio estranho ver o seu irmão mais velho no banheiro, fazendo experiências com os produtos cosméticos da sua mãe.

Foi esse o momento em que finalmente começamos a traçar caminhos diferentes em nosso gosto musical, tirando, entretanto, algumas coisas que tanto ele como eu ainda adorávamos. Jeff trouxe para casa um novo disco de Stevie Wonder, o primeiro no qual ele não era chamado "Little" Stevie Wonder. O nome do álbum era *Music of My Mind* e tinha uma canção intitulada "Happier Than the Morning Sun", que nós dois amávamos e escutávamos todos os dias. Adoramos todo aquele disco.

Naquele ponto, eu só queria aprender a tocar coisas mais desafiadoras que solos punheteiros de rock. As caretas falsas que os "deuses do rock" daquela época faziam ao tocar seus solos de guitarra de uma extravagância pavorosa era algo que me dava aversão e me afastava. Eram os mesmos *riffs* que eu já tinha ouvido trocentas vezes antes. Estava ficando velho demais para "Crocodile Rock", ou aquilo era velho demais para mim. Resolvi cair fora e procurar novos santos. Que viessem Mingus, Django Reinhardt, Miles Davis e Igor Stravinsky.

John e Richard Freed achavam que eu estava louco.

Disse a Jeff que ele poderia ficar com o meu Yamaha assim que eu comprasse um violão novo. Ele perguntou se eu poderia ensiná-lo a tocar e se ofereceu para pagar pelas lições com o dinheiro da renda complementar do seguro social que ele começara a receber. Jeff havia feito 21 anos e tinha direito a auxílio financeiro do governo devido à sua doença. Eu disse que ele não precisava me pagar, mas que seria bem difícil ensiná-lo, já que ele era canhoto, e meu violão estava ajustado para destros. Teria de ser o mais simples possível.

Eu havia notado que o cantor de folk Richie Havens afinava seu violão em um acorde e pressionava os trastes com apenas um dedo. Adaptei essa técnica com o Jeff, usando apenas as duas cordas de baixo para começar.

Normalmente, um acorde é formado por três ou mais notas da escala musical — pensem nos Três Patetas cantando *Olá!, Olá!, Olá!*

Tocar as duas cordas de baixo criou um acorde invertido com apenas a quinta e a tônica (o primeiro *Olá* e o último *Olá*). Era praticamente o suficiente para dar a ideia de um acorde, principalmente se cantássemos por cima, e o bastante para simular uma música.

Expliquei a Jeff como segurar a palheta e como fazer *downstroke*. Fiz com que ele se familiarizasse com a escala do violão e tentei mostrar onde os acordes presentes na maioria das progressões do rock estavam localizados no braço do instrumento. É claro que era difícil, mas para um canhoto ele até que estava se saindo bem com esse método de duas cordas. Jeff estava pegando rápido, tornando aquilo agradável para ambos. Ele só tinha tocado bateria até então e não cantava. Logo era difícil saber se tinha uma boa afinação ou não. Estávamos descobrindo que ele tinha um ouvido muito bom.

Jeff me pediu que ensinasse para ele uma música que andava escutando umas 20 vezes por dia, "I'm Eighteen", de Alice Cooper. Achei que seria uma boa canção para começar. Não era nada escandalosamente difícil em relação aos acordes: tinha apenas três. Mostrei a ele os trastes onde deveria colocar o dedo e cantei a música, enquanto ele ia trocando os acordes. Depois de duas vezes, ele já estava fazendo sozinho.

Dias depois, quando cheguei em casa, Jeff estava novamente sentado com o violão. Ele ficou muito ligado ao instrumento.

"Ei, Mitch, me diz o que você acha disso aqui!", Jeff disse, com grande entusiasmo. Ele então começou a tocar os acordes de "I'm Eighteen".

"É, é isso aí mesmo. É 'I'm Eighteen'", eu disse a ele.

"É! Espere aí, espere aí", falou, começando de novo do início.

Jeff tocou os acordes de "I'm Eighteen" novamente, mas dessa vez cantando versos diferentes por cima: *I don't care, I don't care, I don't care about this world. I don't care about that girl. I don't care.*

"O que você acha?", Jeff perguntou, depois de tocar duas vezes.

"Bom, é um começo", eu falei. "Mas você não acha que precisa de mais alguma coisa aí?"

"Ok", ele disse. "Que tal isto aqui?"

Jeff usou os mesmos acordes em uma sequência diferente, mas continuou cantando I *don't care* várias vezes seguidas.

"Certo. É isso aí, algo assim", falei rindo. Eu estava falando sério, mas tentei incentivá-lo, dizendo:

"Para um começo, é muito bom!"

"É, eu acho que é *muito* bom!"

Surpreendentemente a música se chamava "I Don't Care".

Acabou sendo a primeira música dos Ramones da história.

Alguns dias depois, ele compôs mais uma ótima canção, chamada "Here Today, Gone Tomorrow" — com os mesmos três acordes!

Richard Freed, John e um cara de nome Doug Colvin, que morava do outro lado da nossa rua, sempre assistiam a uma banda chamada The Stooges quando eles vinham tocar em Nova York, cujo vocalista Iggy Pop era um novo herói para os três. Ocasionalmente, Richard levava Jeff junto. Meu irmão também virou um grande fã da banda e ainda ficou amigo de Doug Colvin.

O pai de Doug estava no exército e, apesar de Doug ter nascido na Virginia, cresceu em Berlim e Munique, na Alemanha. Sua mãe alemã era uma noiva de guerra. "Morávamos com outras pessoas das Forças Armadas dos Estados Unidos. Eu vivia fora da sociedade americana, mas estava dentro dela", ele explicou anos depois.

"Nós nos mudamos para a base de Pirmasens", Doug disse, "onde tinha umas casas velhas bombardeadas. Eu costumava andar por lá procurando relíquias de guerra, como velhos capacetes, máscaras de gás e baionetas. Tive uma infância ruim e o que eu fiz pra compensar foi viver em um mundo de total fantasia para fugir de mim enquanto ainda não conhecia as drogas. Comecei a me chapar primeiro com morfina".

"Quando nos mudamos para os Estados Unidos", Doug continua, "fomos direto para Forest Hills".

Jeff e eu morávamos na 66th Road; Doug morava atravessando a rua; John morava subindo o quarteirão. Todos nós morávamos na mesma rua, a uma quadra de distância um do outro.

A primeira vez que Doug e eu nos reconhecemos foi num dia em que ambos saímos de casa na mesma hora com estojos de guitarra. Falamos um pouco sobre bandas. Ele tinha dito que suas preferidas eram Byrds e Beatles. Mas, naquela hora, ele só falava em Iggy Pop e nos Stooges.

Jeff e eu nos deparamos com os Stooges pela primeira vez em um dia de junho de 1970, quando John estava lá em casa. Ele foi correndo ligar a TV para assistir a um grande show que precisávamos ver, segundo ele. Era o Cincinnati Pop Festival, que tinha Mountain, Grand Funk Railroad, Alice Cooper, Traffic, Bob Seger, Mott the Hoople, Ten Years After, Bloodrock, Brownsville Station e The Stooges.

Tirando as atrações principais, havia um monte de bandas horrorosas. Até que uma apareceu tocando com uma ferocidade intensa. Infelizmente, soou como um chiado no pequeno alto-falante da TV. O letreiro na tela exibia The Stooges. Só pelo nome já gostamos deles. Iggy apareceu com jeans azul e sem camisa, rolando pelo palco, debochando do público e finalmente se besuntando com uma coisa marrom que parecia ser merda de diarreia.

"Vocês viram isso?", Johnny perguntou, rindo. "O cara passou merda nele!"

"Não!", disse Richard Freed. "Isso aí deve ser... mousse de abóbora ou sei lá."

"Não", Johnny insistiu. "Eu li sobre esse cara. Ele faz essas coisas."

Nós ainda estávamos discutindo se era merda ou não quando, minutos depois, Iggy bravamente pulou no meio ou, mais especificamente, por cima da multidão.

"Olha ali, ele está tentando caminhar em cima do público, mas eles não querem deixar, porque ele está todo sujo de merda", Johnny continuou, rindo, enquanto assistíamos de boca aberta em admiração. "Estão segurando os pés dele para ele caminhar por cima deles!"

Em 1970, Jeff e eu não sabíamos direito como lidar com aquilo. Era legal e nos lembrava da luta livre de sábado à noite.

Por volta de 1972, Jeff teve uma forte influência de Iggy e Stooges. Ele tinha comprado todos os álbuns de Iggy lançados desde aquele show na TV dois anos antes. As coisas haviam mudado também: agora Iggy estava montado em glam da cabeça aos pés — calça de lamê prateado e blusa de oncinha.

Jeff também estava começando a se vestir para o sucesso. Começou a jogar fora todas as suas velhas roupas hippies (bom, na verdade, não estava jogando fora, já que seu TOC o impedia de jogar qualquer coisa fora) e fazendo uma revolução radical na sua imagem. Meu irmão se sentia mais à vontade andando com os warholianos transgêneros. Ele se encaixava melhor com essa turma — e queria fazer parte dela. Achava que poderia conseguir. E quanto mais acessórios ele tomava emprestado da minha mãe, mais eu sinceramente esperava que ele conseguisse.

Em Nova York, o movimento *glitter* estava a pleno vapor. Jeff, John, Richard e Doug estavam no meio daquilo e, em breve, aquilo estaria em meio a eles.

A mamãe tinha uma amiga que morava em nosso prédio, Edna Gladys Geer. Nós a chamávamos de *a senhora ovo de Forest Hills*. Ela era uma mulher baixinha e gentil que recém havia se mudado dos confins do Sul e que falava com um sotaque fortemente arrastado. Costureira de profissão, Edna ganhava a vida fazendo modificações de roupas sob encomenda no seu apartamento, onde havia uma impressionante coleção de objetos em formato de ovo por todos os cantos da sua casa. Fora isso, era uma mulher normal e, muito provável, ia à igreja todos os domingos.

Edna logo começou a ser procurada por Jeff, um rapaz de 21 anos com um 1,95 m, que encomendou um macacão com modelagem justa de paetês ou outro tecido brilhante, preferencialmente vermelho ou dourado. Teria de ser longo o bastante para cobrir suas botas com plataformas de 8 cm.

"Hm, claro, Jeff", Edna disse. "Se é isso o que você quer mesmo..."

Jeff já havia encomendado botas de plataforma na altura do joelho em uma loja chamada Granny Takes a Trip, uma boutique inglesa especializada em trajes de rock & roll. Eles haviam acabado de abrir uma loja em Manhattan, mas tiveram dificuldade para encontrar um par tamanho 42 masculino. Precisaram encomendar de Londres para ele.

Edna disse a Jeff que só tinha material suficiente para fazer sua peça com um tecido preto e macio de algodão — e que não era brilhante. Ele ficou decepcionado, mas quando Edna tirou suas medidas, garantiu que o macacão seria mais confortável e durável que paetês ou outro material reluzente. Além disso, precisaria gastar muito mais tempo procurando a cor e a espessura corretas se ele quisesse um tecido brilhante.

Jeff resolveu ficar com o preto.

As botas finalmente tinham chegado, mas ele não gostou da cor, um tom pálido de bege. Ele então tingiu com tintura de sapato cor lavanda durante algumas horas. As botas de plataforma lavanda criaram um impressionante complemento ao macacão preto.

A metamorfose de Jeff Hyman estava quase completa.

Mas ainda faltavam alguns ajustes antes que ele pudesse estourar na cena *glitter*. Jeff começava a encontrar o equilíbrio com as suas botas, se sentindo mais confortável naquela altura elevada (com seus novos calçados, ele agora se erguia a quase 2,05 m).

Meu irmão começou a consultar a seção de Anúncios ao Público em Geral — Música nos classificados do *Village Voice*, onde bandas publicavam notas procurando por músicos. A maneira como eram redigidos os classificados do *Voice* indicava qual a tendência do momento. O movimento do *somos todos lindos, vamos desfilar* havia sido basicamente iniciado pela declaração de Andy Warhol, de que *no futuro, todos serão famosos durante 15 minutos*, juntamente com Bowie convidando seus fãs a libertar o seu *Starman* interior.

Os anúncios eram algo assim: *Os Smoking Manholes procuram vocalista bonito com voz rouca. Venha com a gente se vestir bem e virar uma estrela amanhã. Contato com Dean Deanie.*

Jeff publicou o seu próprio anúncio, informando que procurava formar ou entrar para uma banda. Para melhor representar a sua nova imagem e aumentar sua autoconfiança, também pensou em uma mudança de nome.

No outono de 1972, não havia secretária eletrônica nem reconhecimento de chamadas. Você tinha de pegar o telefone para fazê-lo parar de tocar. No dia em que o anúncio foi publicado, Jeff usava seu novo traje, que não tinha tirado desde que Edna o terminou, e estava sentado na cozinha ao lado do telefone. No entanto, eu estava mais perto quando ele tocou.

"Alô. Poderia falar com Jeff Starship?", a pessoa do outro lado da linha perguntou.

"Hein? Jeff Starship?", eu disse, quando Jeff pegou o telefone das minhas mãos.

Jeff Starship era o nome que meu irmão havia escolhido em seu passaporte rumo ao estrelato no mundo do glam rock.

A Meca do glam, na verdade, não era Manhattan. Tampouco era o Max's Kansas City, onde os New York Dolls andavam com pessoas como Warhol, Iggy e David Bowie. O Max's era mais um cabaré do que uma boate do rock e ainda não colocava muitas bandas originais sem contrato para tocar. Curiosamente, a cena emergente estava no Queens.

Tudo acontecia em um lugar chamado The Coventry, em Sunnyside, que ficava na Queens Boulevard, a cerca de 1,5 km da ponte da Rua 59. Realmente não havia outro espaço na cidade para bandas locais que tocavam música original se apresentarem, exceto em casas da velha guarda no West Village, que agora eram vistas como armadilhas de turistas fora de moda. Jeff estava se tornando uma presença constante no Coventry. John Cummings, Doug Colvin e Richard Freed iam de vez em quando para assistir às bandas. Meu irmão se vestia com o macacão preto, as botas roxas e com qualquer acessório que "pegasse emprestado" da mamãe.

Jeff pediu para Edna deixar a roupa colada ao corpo, com só um pouco sobrando nos joelhos. Tinha um zíper na frente para que ele pudesse abaixar até o ventre, revelando seu peito branco fantasmagórico e sem pelos. Ele amarrou os lenços de chiffon da mamãe ao seu cinto, que ele usava na altura do quadril, e adornou a roupa com broches da caixa de joias da nossa mãe. Era um visual que dizia... bom, eu sei lá que diabo aquilo queria dizer, mas dizia um bocado.

No início, a mamãe não se preocupou em compartilhar seus lenços, cintos, joias, colares e braceletes com seu filho — nem em emprestar coletes e camisas, se servissem nele. Mas, conforme as regras ditadas pelo seu distúrbio, sempre que Jeff colocava alguma coisa, raramente tirava sem oferecer resistência. O macacão virou uma peça de roupa cotidiana, e Jeff usava também durante a luz do dia. Era uma visão e tanto.

"O modo de se vestir significava muito para o Jeff", Phil Sapienza recorda. "Ele enchia o saco da sua mãe, querendo saber se o macacão estava exatamente certo no corpo. Ele ficou obcecado com a sua aparência. *Como é que eu estou? Estou causando uma boa impressão?*"

Jeff Starship deixava Birchwood Towers pela saída do terceiro andar e precisava atravessar um playground para chegar até a rua. As crianças subiam nas gangorras e nos trepa-trepas para ver Jeff com seu macacão e botas de plataforma, coisa que elas jamais tinham visto antes (ainda bem que Edna não tinha lamê dourado). Disparavam todo o tipo de comentários que esperaríamos ouvir de crianças pequenas. As mães, que eram tão mimadas quanto as crianças, não faziam nada para impedi-las e sequer tentavam mostrar aos filhos que não era educado apontar e debochar de quem era um pouco diferente.

Meu irmão reprimiu a raiva que sentia pelos pestinhas e, mais tarde, usaria aquilo como inspiração para uma canção.

Depois que boa parte do guarda-roupa da mamãe retornou a ela fedendo a cerveja, fumaça, suor e mijo — ou, pior ainda, não retornou —, um novo e inusitado problema surgiu: ela proibiu Jeff de usar suas roupas, mas não adiantou. Ele continuava tentando surrupiar lenços ou colares de pérolas e seguia "pegando emprestado" e bagunçando o estojo de maquiagens da nossa mãe, o que causou uma série de trocas bizarras entre mãe e filho.

Justo quando eu estava me perguntando *E agora, o que mais falta?*, Lori, a louca namorada de Jeff, começou a dar em cima de mim. As namoradas insanas do meu irmão sempre acabavam dando em cima de mim em algum momento, talvez porque eu aparentava ser mais estável ou talvez porque eram simplesmente loucas. Se isso o incomodava, Jeff nunca chegou a demonstrar. Jamais chegou ao ponto de ser um problema, já que: 1) por mais tarado que eu fosse, não estava interessado; e 2) por mais tarado que eu fosse, não faria isso com meu irmão.

Lori também estava incomodada com o fato de as roupas de Jeff receberem mais atenção do que ela. Isso se tornou um problema tão sério que Lori terminou o namoro com ele por conta disso. Aquela foi provavelmente a única vez que eu gostei de verdade do macacão e das botas roxas de Jeff.

CAPÍTULO 14
PURPURINAS CINTILANTES

Outros garotos na vizinhança estavam entrando na onda do *glitter*. Doug Colvin tinha começado a andar com um velho camarada de John Cummings, Michael Newmark. Doug e Michael gostavam de se arrumar e passear pelo bairro. Eles iam a Thorneycroft, onde se comportavam como *drag queens*, tentando nos chocar. Mas não conseguiam chocar ninguém. Achávamos mais engraçado o fato de eles pensarem que iriam nos horrorizar com aquilo. Todos naquele lugar já tinham visto e ouvido de tudo, e havíamos desenvolvido um senso de humor bastante peculiar e cínico.

"Olha, lá vem Doug Colvin", falávamos. "Está usando a camisa com babados e maquiagem de novo!"

"Legal", seria a resposta, com um jeito chapado. "Parece blusa da minha vó. Ele ficava melhor de vermelho."

É possível que Milton Berle tenha causado choque quando apareceu vestido de mulher em nossa TV em preto e branco na década de 1950. Em meados dos anos 1960, quando os integrantes do Mothers of Invention apareceram usando vestidos na capa de seu álbum, foi um impacto. E mais tarde, quando um cantor usando maquiagem e se apresentando como *Alice* veio a público, foi divertido.

Agora era apenas uma piada.

Não achávamos nem um pouco que Doug e Michael fossem gays. E se fossem, estávamos cagando e andando. Para nós, desajustados de Forest Hills, se vestir daquela maneira e ir ao Max's era o equivalente a ser politicamente correto. Afinal era isso o que o pessoal da moda estava fazendo e era assim que todas as "pessoas lindas" se vestiam.

Johnny estava ciente disso e me confessou que andar com aquela gente o irritava. Mas ele queria competir e achou que era aquilo que deveria fazer naquele momento.

Na maioria das vezes, ele preferia que a gente fumasse uns, fosse ao Jack in the Box comer uns tacos e então voltasse à sua casa para assistir a uns filmes de terror.

De repente, Doug começou a debochar de mim porque, como a maioria dos garotos da vizinhança, eu havia abandonado a minha aparência mod-hippie vários anos antes e optado pelo velho modelo substituto: jeans azul justo, camiseta e tênis Keds. Era um visual que eu considerava eterno e sem pretensão. E ainda era confortável, prático e durável. Mas como eu não estava nessa coisa de *glitter* com eles, Doug dizia que eu não era mais legal e me rejeitava por eu ser um *hippie veado*.

Pelo menos uma lição de proveito que eu aprendi em nossos anos de hippies não-conformistas era que deveríamos cagar para esse negócio de querer fazer as coisas só porque *todo mundo estava fazendo*.

Johnny trabalhava com construção civil e ganhava uma boa grana. Quando eu o encontrei para ver o Jaguar usado que ele havia comprado, ele estava usando calças prateadas de spandex, uma camisa de veludo e um casaco de pele de chinchila. Parecia bem mais tranquilo emocionalmente. Johnny tinha recém se casado com Rosanna, que morava em seu prédio. Ela era mais próxima da minha idade, e eu já havia reparado nela na escola, assim como qualquer outro cara.

Rosanna era uma judia de olhos castanhos e pele bronzeada do Marrocos, incrivelmente sexy. Estava morando nos Estados Unidos fazia vários anos, mas ainda tinha sotaque. Era pequena e *mignon*, usava salto alto e microssaias e ostentava um par de seios que fazia os garotos babarem nas suas carteiras.

"John ficou a fim de mim desde a primeira vez que me viu", Rosanna recorda. "Eu saía do carro de um cara que me levava para casa do colégio, e John ficava na frente do prédio pra me ver. A primeira frase que saiu dos meus lábios foi: *Você me ensina a tocar guitarra?* Eu queria aprender a tocar a música de *Além da Imaginação*."

"No meu entendimento, John era um rockstar desde o primeiro dia. Ele tinha aquela aura. É como se eu tivesse me apaixonado mais pela sua imagem do que pela sua pessoa, porque a sua pessoa era um pé no saco."

Quando Rosanna ia ao apartamento de John, eles ouviam discos e falavam sobre rock 'n' roll. Finalmente ela se casou com ele, em parte porque queria fugir dos seus pais ultrarrígidos, em parte porque ela o viu como um rockstar.

"Foi legal enquanto durou, o que não foi muito tempo", ela disse. "John tinha decidido que eu deveria pesar menos de 45 kg, ou perto disso. E aí aconteceriam brigas porque eu ousava colocar mais do que oito canudinhos de massa no meu prato. Eu nunca havia tido um distúrbio alimentar antes de conhecer John."

A cena no Coventry estava ganhando força. Bandas glam da região, como New York Dolls e Harlots of 42nd Street, tinham assinado contratos com gravadoras e estavam inspirando novos grupos. O Kiss começou a carreira tocando no Coventry sem maquiagem, e aí, de repente, tiveram a ideia do visual monstro espacial com máscara de kabuki.

Richard Freed tinha um amigo baterista, George Quintanos, que estava formando uma banda glam chamada Sniper. Já que eles tinham um baterista, com George, e já que Jeff Starship estava se tornando tão conhecido no Coventry, decidiram tentar colocar o meu irmão como vocalista. Jeff já tinha a roupa, o nome e a atitude correta. Pelo jeito, haviam se convencido de que ele tinha voz boa também.

"Foi a primeira vez que eu cantei em uma banda, porque eu era baterista até então, sabe?", Jeff lembrou. "Fiz boas amizades naquele tempo e me diverti — de um jeito ingênuo e meio inocente, mas que foi bom. Eram *os anos do glitter*, o New York Dolls e o Kiss iam ao Coventry para tocar. Todas essas bandas vinham lá de Manhattan."

Jeff recebia os caras da Sniper em casa para falar sobre a performance de palco e a imagem da banda, além de elaborar as músicas. Naquela época, o guitarrista ainda fazia o vocal. Semanas depois, Jeff me contou que a banda tinha um show marcado e que eu *tinha de ir!*

Embora eu tivesse a expectativa de que aquilo iria ser xarope, fiquei boquiaberto quando a banda apareceu. Meu irmão tinha assumido a posição de vocalista, e eu mal podia acreditar no quão bom ele era. De alguém sentado em casa tocando meu violão, ele passou a ser esse cara do qual era impossível tirar os olhos no palco.

Eu fiquei de queixo caído. Eu fiquei assombrado. Não achei a Sniper grande coisa como banda, mas fiquei bastante impressionado com meu irmão. Ele se movimentava como nos seus primeiros anos de Ramones, imitando os maneirismos de *drag queen* sedutora do Bowie. Esse era o único elemento da sua performance que eu não curtia, ainda que fosse bastante chamativo ver um homem de mais de 2 m de altura vestido como uma diva do rock 'n' roll e enfrentando o público descaradamente com a postura e a atitude de uma prostituta bêbada da Rua 42. Era um tremendo show de circo, mas, para o meu irmão, foi uma epifania.

Depois que eles se apresentaram, o elogiei: "Não dá pra acreditar. É impressionante a presença que você tem, como está bem no palco!".

"Eu meio que virei um astro do meu próprio jeito, saindo no Coventry", ele disse.

"Vi um show da Sniper uma vez", disse Doug Colvin. "Jeff era o vocalista e estava ótimo. Achei que ele era o vocalista perfeito, porque sua aparência era muito estranha. E a forma como ele se inclinava no microfone era muito esquisita. Eu ficava me perguntando: *Como é que ele consegue se equilibrar?* Todos os outros vocais imitavam David Johansen, que imitava o Mick Jagger, e eu não aguentava mais isso. Já o Jeff era totalmente único."

Embora Jeff estivesse melhorando rapidamente no canto, ainda não havia encontrado um ponto de equilíbrio no palco. Ele tentava reproduzir o que tinha visto em outros vocalistas, mas cambaleava em busca de estabilidade como um bezerro recém-nascido dando seus primeiros passos. Eu sempre ficava com medo de que ele fosse tropeçar, o que às vezes acontecia. Mas, por mais esquisito que ele fosse, com aquela pose de sensualidade exagerada que tentava dar para sua performance, sua voz poderosa anulava facilmente a falta de jeito.

Aparentemente, seus colegas de banda não o viam dessa forma. Segundo eles, meu irmão *não era bonito o bastante,* e o cortaram. Jeff estava passando por uma encruzilhada agora, mas certamente contava com meu voto de aprovação para que continuasse seu caminho. Para mim, era fácil falar: ele não estava pegando minhas roupas emprestadas e não estava morando em minha propriedade. Com 22 anos, ele gastava o pouco de dinheiro que tinha em cigarros, bijouterias, maquiagem e bebidas. A mamãe começou a perder a paciência.

Agora imaginem uma figura estranha e muito alta em frente a uma multidão de observadores curiosos. Uma criatura de origem desconhecida, sexualidade incerta e com um uniforme não identificável aos cidadãos atônitos daquela agradável metrópole tentando pegar carona na Queens Boulevard. Determinado a reencontrar seus amigos em um lugar chamado The Coventry, Jeff não prestaria atenção aos avisos indicando que o perigo estava próximo.

"Eu estava sempre pegando carona", Jeff disse. "Geralmente fazia isso todo arrumado. Eu usava um macacão preto feito sob medida e botas roxas até o joelho, de plataforma, e tudo quanto é tipo de broches de strass, um monte de cintos pendurados e luvas. Era uma loucura."

Falei repetidas vezes para Jeff que ele estava arriscando sua vida ao pegar carona vestido daquele jeito. Era uma catástrofe prestes a acontecer. E, conforme esperado, um dia recebemos uma ligação da sala de emergência do Hospital Emhurst.

"Inevitavelmente alguém meteu porrada nele na Queens Boulevard", Phil Sapienza disse. "Naquele tempo, as pessoas metiam porrada nele com certa frequência."

"Acho que essa foi minha primeira experiência com gays, rá, rá!", Jeff falou, rindo. "De uma hora para outra, no meio do caminho, eles perguntavam: *Ei, você sabe de um lugar onde a gente possa dar uma rapidinha?* Normalmente, se eu estivesse perto do Coventry, eu saía do carro, mas às vezes tinha de brigar para conseguir."

A mamãe estava mais uma vez decepcionada com Jeff, mas não tinha muito tempo para lidar com ele. Depois de meses trabalhando duro, ela e sua sócia Jeannie estavam prontas para estrear a sua galeria de arte na Queens Boulevard. Batizaram o local de Art Garden e planejaram uma grande festa de inauguração. Basicamente, vendiam obras de artistas menos conhecidos que tinham descoberto, as quais vinham sendo exibidas por elas em galerias de Manhattan fazia vários anos. Era um empreendimento arrojado em uma vizinhança onde havia pouca demanda para pinturas, a não ser quadros retratando rabinos no Muro das Lamentações.

A inauguração foi um grande sucesso, e o negócio parecia promissor. Muitos artistas compareceram para apreciar a nova galeria, enquanto todos os nossos amigos compareceram para apreciar o vinho e o queijo de graça.

Já tínhamos transformado o porão da galeria em uma sala de ensaio, colocando bateria, amplificadores e um sistema de som. Era ideal para tocar depois que fechavam. O único problema era que estava cheio de baratas d'água.

Quando as coisas na galeria ficaram um pouco mais tranquilas, os problemas de Jeff voltaram a ser uma questão de maior urgência. Ele parecia estar mais agressivo em relação ao seu futuro. Minha mãe e Jeannie ofereceram a ele uma vaga como vendedor de obras, com a condição de que ele mantivesse uma aparência melhor. Jeff não precisaria se vestir de um jeito conservador nem qualquer coisa do tipo, mas certamente não pegaria bem ir ao trabalho usando o macacão. O único lugar onde o macacão pegava bem era na sua pele, de tanto que ele usava.

"Jeff estava trabalhando na galeria", Charlotte recorda. "As velhinhas judias entravam lá, querendo emoldurar suas pinturas do Muro das Lamentações. Todas ficavam com medo de Jeff, mas isso era problema delas."

Jeff e eu descobrimos que a mamãe estava planejando uma mudança para depois do verão. Havia várias razões para isso, segundo ela. Muito dinheiro tinha sido colocado na Art Garden, o que a deixou bastante apertada nas finanças. O contrato de locação terminava em outubro, o que significava um aumento no aluguel do nosso apartamento. Tivemos uma surpresa quando ela nos disse que havia encontrado outro bem no nosso prédio, mas a bomba mesmo foi saber que era um espaço muito menor. Ela informou a Jeff que ele deveria procurar um novo lugar para morar. Meu irmão teria de se virar sozinho.

"Fui expulso de casa", Jeff falou, dando risada. "Minha mãe disse que era para o meu próprio bem, rá, rá, rá! Aí me mudei para a galeria dela. Eu tinha de montar uma barricada bem rápido para a polícia não me pegar. Os tiras apareciam, e eu enxergava uma lanterna, ouvia o rádio deles, e então começavam a bater na porta, achando que eu era um ladrão. Era meio tenso. Estava sempre preocupado, achando que eles fossem me pegar. Aí eu fazia uma barricada com os quadros e dormia no chão. Eu tinha um saco de dormir, um travesseiro e um cobertor e ainda trabalhava lá durante o dia."

Eu me senti mal de ver meu irmão ser colocado na rua, mas percebi que era o que a mamãe precisava fazer para garantir a sobrevivência dele — e a sobrevivência dela também. Ela simplesmente não conseguia mais lidar com ele.

As chances de Jeff nunca encontrar o seu rumo eram bastante reais. Refleti sobre aquela vez que os médicos afirmaram que meu irmão jamais seria capaz de ser uma pessoa funcional e produtiva — e tenho certeza de que minha mãe também. Fiquei preocupado com a possibilidade de ele um dia tornar-se um estorvo para ela e, futuramente, para mim. Eu telefonava pra ele e o deixava dormir no sofá quando a mamãe não estava em casa. Sabia que ela estava tentando dar uma lição nele, mas eu não precisava fazer isso.

Jeff trabalhava meio turno na galeria e, com 23 anos, estava vivendo por conta própria pela primeira vez. Já eu tinha começado a ter aulas no Queensborough Community College e também tinha meu próprio quarto pela primeira vez na vida.

Um amigo dos tempos de escola, Michael Goodrich, estava trabalhando de *barman* numa discoteca chamada Butterfingers, que ficava na Queens Boulevard, a algumas quadras do Coventry. Bob, o irmão de Mike, era um dos proprietários do local, e eles me conseguiram um emprego de assistente de *barman*, o que mais tarde renderia uma vaga de *barman*. Eu ficava o dia inteiro na faculdade estudando música — história da música, teoria musical, composição, harmonia de teclado, solfejo e execução. À noite, trabalhava ao som da desgraçada repetição de batidas graves e pratos, que constituem a base de "The Hustle", além de outros clássicos da música de discoteca.

Às vezes, eu encontrava John e Doug, que ainda se vestiam daquele jeito quando não estavam trabalhando nos empregos de construção civil que o pai de John arranjou para eles. John falou em formar uma banda, mas Doug não achou que eu estaria interessado, já que eu continuava com a velha combinação jeans, camiseta e tênis, alheio a essa coisa de glam. Ele acreditava que eu não queria fazer parte da "cena" e que provavelmente me achava superior a eles, ainda mais agora que estudava música e violão clássicos na faculdade.

"Você é *sofisticado*, Mitchel", Doug debochou de mim. "A gente não sabe tocar essas coisas do Andrew Segovia. Você tem *muito estudo* agora!"

"Sabe o que eu aprendi, Doug?", perguntei. "Que os maiores compositores da história foram inspirados pela música simples dos camponeses, que hoje é o que você chama de rock 'n' roll." Provavelmente soei como um babaca quando disse: "Tudo tem o seu valor, não é?".

"Ok, Mitchel", ele retrucou. "Você é muito inteligente e vai para a faculdade, mas isso não significa que você vai se dar bem nem que você é melhor. Você pode tocar *bolerios* e *concertios*, mas não é um astro. Você tem 20 anos e é só um vagabundo, como nós."

Era sempre difícil saber quando Doug estava elogiando você.

Jeff me falou que Doug e Johnny haviam conversado com ele sobre formar uma banda, mas ele não seria o vocalista, e sim o baterista. Semanas depois, entrei na Art Garden e ouvi algo ressoando no porão.

A porta ficava no chão, nos fundos da galeria. Quando eu a levantei, o som veio correndo do fundo do buraco — o som que em breve entraria para a história. Nesse momento, era totalmente cru e difícil de definir. Era um som familiar, mas diferente e novo.

Havia outras novidades, como novos nomes para meu irmão e amigos. Jeff Hyman agora se chamava Joey Ramone; Doug Colvin era Dee Dee Ramone; John Cummings era Johnny Ramone; e Tommy Erdelyi, Tommy Ramone.

"Dee Dee pegou o nome Ramones de Paul McCartney", Tommy explicou. "McCartney fazia *check-in* nos hotéis com o nome Paul Ramone quando não queria ser reconhecido. Eu gostei, porque achei ridículo. Os *Ramones*? Que coisa absurda! Começamos a nos chamar de Ramones porque era divertido. Houve um tempo em que a gente levava as coisas muito na brincadeira, logo que estávamos começando."

"Jeff não gostava do nome *Jeff*", Tommy lembra. "Ele escolheu *Joey*. Eu queria chamá-lo de *Sandy Ramone*, porque soava como coisa dos Beach Boys, mas ele detestou. Achei que era um nome legal, engraçado... Sandy Ramone. Mas Jeff disse *Nem pensar!*"

Dee Dee e Johnny também estavam com guitarras novas.

"Comprei uma guitarra quando fui demitido do meu emprego de operário de construção, em janeiro de 1974", Johnny conta. "Com a *ação afirmativa*, precisavam preencher as cotas rápido. E quem é que foi cortado? Os brancos com menos tempo de serviço. Perdi meu emprego. Dee Dee trabalhava lá embaixo na sala de correspondência. Antes de eu ir pra rua, a gente almoçava junto."

"Eu trabalhava com correspondência em prédios de escritórios", Dee Dee explicou. "Pegava todo o correio de manhã e classificava. Johnny era operário de construção no 1633 Broadway, e eu tinha sido transferido pra lá. A gente se encontrava todos os dias na hora do almoço."

"Ainda éramos amigos de Tommy Erdelyi", Johnny disse. "Ele vivia me dizendo que eu e Dee Dee tínhamos de fazer uma banda."

"Achei que John era carismático e tinha uma boa presença de palco", Tommy admitiu. "Quando os Tangerine Puppets tocavam, ele segurava o baixo bem no alto, como uma metralhadora, e fazia movimentos com o instrumento. Ele era muito bom ao vivo. Aí falei pra ele: *Você tem de fazer uma banda.*"

Johnny disse a Tommy que nem sabia tocar guitarra direito, mas foi tranquilizado de que não deveria se preocupar com isso. Havia um certo conflito de ideias entre os dois. Mas quando Johnny foi ver os New York Dolls de novo, tomou sua decisão mais facilmente.

"Eu fui ver os Dolls", Johnny lembra, "e falei: *Nossa, eu também posso fazer isso aí. Eles são ótimos. São terríveis, mas são simplesmente ótimos. Posso fazer isso aí.*

"Aí eu vi um filme de rock 'n' roll, *That'll Be the Day*, que me ajudou bastante no impulso de formar uma banda", ele segue. "No fim do filme, o garoto olhava a vitrine de uma loja de instrumentos e via uma guitarra. Terminava assim. E eu pensei: *Eu estou entediado e inquieto, é assim que eu me sinto. Eu tinha de estar tocando em uma banda!*"

Tommy pode ter semeado essa ideia em sua cabeça, mas basicamente John deu início à formação dos Ramones porque queria estar em um grupo de novo.

"Um dia, depois de receber o salário", Dee Dee disse, "nós dois compramos guitarras e decidimos formar uma banda. Johnny comprou uma Mosrite, e eu, uma Danelectro, mas aí não sabíamos o que fazer com elas. No começo, tentamos tocar músicas do Wombles ou do Bay City Rollers. Não conseguíamos de jeito nenhum. A gente não sabia tocar aquilo. Aí começamos a fazer nossas próprias músicas e tocar da melhor forma possível".

Johnny e Dee Dee fizeram testes com bateristas, mas o cara normalmente aparecia e recusava a oferta antes mesmo que ela fosse feita, dizendo: *Nah... acho que eu não quero fazer isso aí.*

Eles sabiam que meu irmão tocava bateria e, embora Johnny não estivesse muito entusiasmado com a ideia, resolveu aceitar.

"Sempre achei que uma banda com nós três seria legal", Joey Ramone lembra. "Porque ia ter uma aparência boa, no que diz respeito à imagem. Então um dia eu recebi uma ligação perguntando se queria ser o baterista deles. Eu disse: *Quero!*"

"Eu devo ter visto um show da Sniper na época que o Jeff se apresentava como Jeff Starship. Não achei grande coisa. Mas não achava que o Jeff era um merda. Só achava que ele era um hippie e um pouquinho fora da casinha. Aí ele tocou umas músicas que tinha feito, e eu disse: *Estas são boas até*. Parecia um pouco com Alice Cooper, mas eram boas. Eu me surpreendi de ver que ele sabia compor. Dee Dee e eu ainda não tínhamos conseguido compor uma música inteira. Assim ele virou o nosso baterista."

"Quando fiz o teste", Joey relata "toquei duas músicas que eu tinha escrito: 'I Don't Care' e 'Here Today, Gone Tomorrow'. Foi assim que eu entrei pra banda".

Joey ainda morava na Art Garden, e Dee Dee vivia com uma garota no Brooklyn. Eles se encontravam na casa de Johnny.

"A gente estava formando uma banda e, de alguma forma, ouvindo discos como *Yummy Yummy* e *1-2-3 Red Light*", Dee Dee relatou. "Por que um monte de fãs do Stooges estavam ouvindo rock bubblegum, eu não sei dizer."

Poderia ter sido um brilhante planejamento, instinto ou pura sorte o que fez com que eles emulassem o mais básico estilo de rock 'n' roll, ainda que — sendo realista e considerando suas habilidades — eles não tivessem muita escolha.

Como era típico na maioria das coisas com as quais Johnny se envolvia, a banda teria de ser adequada à sua personalidade e às suas habilidades. Se não fosse assim, não teria durado. Teria de ser em um terreno onde ele pudesse se destacar e num nível no qual pudesse ser a autoridade. Logicamente, ele começou com o mais básico, sendo que Joey e Dee Dee estavam no seu mesmo nível técnico. Assim deram pequenos passos, o que acabou sendo a escolha certa, pois permitia a eles atingir uma meta alcançável e partir daquele ponto. Ou não.

"Johnny e eu, porém, ainda não conseguíamos compor canções", disse Dee Dee.

Essencialmente foi Joey quem forneceu a fórmula para as futuras canções dos Ramones, com contribuições iniciais de sua autoria: minimalismo pronunciado, duração máxima de dois minutos, máximo de três acordes e letras existenciais compostas por um total de duas frases. Os outros integrantes da banda observaram como ele fazia essa fórmula funcionar, e a dinâmica do grupo deslanchou a partir daí. No início, os Ramones não tinham repertório próprio e nenhum conceito. Se Joey não tivesse contribuído com "I Don't Care", seria mais que provável que o som e a ideia da banda fossem outros.

"Eu comecei tocando só pra marcar o tempo", Johnny explica. "Eu pensava em 'Communication Breakdown', marcando com palhetadas para baixo. Aí eu contava: *Um, dois, três, quatro, cinco, seis, sete, oito! Um, dois, três, quatro, cinco, seis, sete, oito!* pra manter o ritmo, porque não sabia tocar de outro jeito. Eu só contava."

"Éramos só nós três", Joey lembra. "Eu na bateria, e Dee Dee na guitarra base e no vocal. Mas quando Dee Dee cantava, ele parava de tocar, pois não conseguia cantar e tocar ao mesmo tempo. Nosso amigo Richard Freed tocou baixo, mas não durou muito tempo. Ele nunca tinha tocado antes e não tocava rápido o bastante para os padrões de John. Achei que ele fosse pirar!"

O histórico de liderança de Johnny estava, por bem ou por mal, consolidado. Joey e Dee Dee o seguiam alegremente.

O forte de John, como integrante dos Ramones, era ser um organizador. E como tal, ele era de grande valor. Não há dúvida de que ele deve ter recebido dicas ao ter estudado na escola militar e trabalhado na construção civil. Ele era fundamentalmente visto como *o general*, que assegurava que todos fizessem o que deveriam. Na verdade, ele agia mais como um mestre de obras em uma construção. Johnny finalmente havia conquistado o emprego dos sonhos de Archie Bunker.

"Eu queria tirar Joey da bateria", Johnny recordou. "Porque ele não estava melhorando conforme a gente praticava. Eu tocava melhor a cada dia, e ele continuava tocando igual."

"Demorou duas horas para o Joey montar a bateria", Dee Dee disse. "A gente teve de esperar sentado até ele terminar. Eu não estava mais aguentando, aí a gente começou a tocar. Paramos depois da primeira música, então olhei para onde o Joey estava. Ele estava sem o assento do banquinho. Estava sentado no pino!"

Depois disso, pediram para ele cantar. "Na verdade, quem sugeriu foi o Dee Dee, porque achou que eu tinha personalidade na Sniper", Joey lembra. "Eu não era como mais ninguém. Todo mundo imitava Iggy ou Mick Jagger."

"Joey era o vocalista perfeito", Dee Dee explicou. "Eu queria alguém esquisitão, e Joey era muito bizarro, cara, o que era *ótimo* para os Ramones. Acho que é melhor ter um cantor todo escroto do que ter alguém querendo ser o Sr. Sex Symbol ou sei lá o quê."

"Joey não era o que eu tinha em mente pra ser vocalista", Johnny admitiu. "Falei isso várias vezes para o Tommy. Eu dizia: *Tem de ser um cara bonitão no vocal.*"

Tommy convenceu Johnny de que meu irmão dava uma boa aparência entre ele e Dee Dee. Era algo que funcionava visualmente.

"Se Joey era um astro?", Johnny questiona. "Eu não sei. Ter ele no meio, eu de um lado e Dee Dee do outro acabou pesando em seu favor. Você tem de estar bem acompanhado. Praticamente todo mundo tem de estar bem acompanhado, mas alguns têm mais apelo para serem astros do que outros."

E alguns têm menos apelo do que outros. Mas, às vezes, brilham muito mais intensamente do que aqueles que têm maior apelo.

CAPÍTULO 15
SUPERANDO FRANK ZAPPA

JOHNNY SEMPRE SE ORGULHOU DE SER "DIFERENTE". Agora era como se ele soubesse que poderia deixar o seu ego tirar proveito da situação. Ele passou a acreditar que era diferente por um motivo e que tudo o que veio antes era uma preparação do que estava por vir. Johnny sempre acreditou que tinha poder, charme e carisma — o que ele tinha mesmo, de acordo com as circunstâncias. Agora parecia que estava determinado a lutar pelo seu destino, por mais brega que isso possa soar. Ele acreditava que era o astro — da *sua* banda.

Ele também sabia que tinha falhas, no sentido de não saber dançar conforme a música da indústria fonográfica, onde teria de babar o ovo de gente que ele preferia mijar em cima. Tommy ficaria a cargo disso. Johnny sabia que era limitado do ponto de vista criativo, mas suficientemente astuto para usar os recursos que tinha ao seu redor.

"Tommy era amigo de John e atuava mais ou menos como nosso orientador", Joey explicou. "Nós fazíamos testes com bateristas, e todo mundo era metido a virtuoso, ninguém tocava do jeito que a gente queria. Aí Tommy mostrava a eles como tocar. Ele nunca tinha tocado bateria antes na vida. Mas quando ele se sentou no banquinho, aquele estilo da banda veio à tona."

"Quando Tommy finalmente assumiu a bateria, a banda começou a engrenar", concordou Johnny. "Eu tocava a guitarra e mantinha a velocidade. Eu dizia: *Não está muito rápido, toca mais rápido!* Dee Dee não fazia progresso como guitarrista, então o coloquei de baixista."

"O som era apenas a química que nós quatro tínhamos: um desequilíbrio químico", Joey disse, rindo. "No início, a gente pensou em fazer uns *covers*, umas músicas de bubblegum. Mas aí começamos a compor para nós mesmos, porque a gente não gostava de nada que tocava no rádio naquela época. Todas as canções boas tinham parado de tocar, e, àquela altura, todas as estações tocavam soft rock!"

O nosso amigo Ira Nagel também teve uma rápida passagem como baixista da banda, após Richard Freed arruinar sua chance e ser expulso. Ira e mais alguns caras tinham se mudado para um casarão no bairro vizinho de Kew Gardens e queriam alugar os quartos disponíveis. Depois que Joey e Dee Dee se mudaram para lá, os ensaios saíram do porão do Art Garden e foram para o porão da casa.

"A gente ensaiava aqui e ali e convidava todos os nossos amigos, mas éramos terríveis", Johnny disse. "Achei que eles nunca mais iam querer falar com a gente depois de ouvir a banda, e isso provavelmente após uns dois meses ensaiando."

Eles ainda tinham dificuldade de tocar uma música inteira naquele tempo. E não existiam muitas, tirando aquelas que Joey escreveu em Birchwood Towers. Estavam todos fora de ritmo e paravam toda hora. Quando os assistíamos, torcíamos para que conseguissem pelo menos tocar uma música inteira. Nós nos divertíamos, mas ainda não sabíamos se esses caras se levavam a sério ou não. De qualquer forma, eles se mantiveram firmes e seguiram adiante. Não demorou muito até que tivessem músicas suficientes para uma apresentação.

Se conseguiriam tocar todas até o fim na frente do público era uma pergunta que seria respondida em breve. Os primeiros shows foram marcados em Manhattan. A estreia foi num lugar para ensaios e novos talentos, chamado Performance Studio. Já o segundo foi no CBGB, um novo bar no Bowery.

"Eu sabia do CBGB porque o Television foi o primeiro a tocar lá, antes de todo mundo", Dee Dee recorda. "Eu conhecia Richard Lloyd. Ele conseguiu entrar na banda após fazer um teste que eu também tinha feito antes de integrar os Ramones."

"O CBGB era uma espelunca", Joey lembra. "Não tinha público nenhum. Lembro que entrei no bar, com serragem no chão e merda de cachorro por tudo, tocando algumas músicas. Só estavam o *barman* e o cachorro dele."

"Os Ramones me contataram logo após o fim do New York Dolls e perguntaram se eu poderia ser o empresário deles", recorda Marty Thau, ex-empresário do New York Dolls. "Eu disse: *Olha, não tenho interesse em ser empresário de ninguém, mas queria conhecer vocês.*"

"Fui ver a banda tocar no CBGB", Marty segue. "Falei: *Gostaria de produzir uns singles com vocês.* E eles responderam: *Ok.* Fomos até um estúdio em Rockland County e gravamos umas faixas. Eu sempre achei que foi aquilo que fez com que eles assinassem seu contrato com a gravadora."

Johnny queria registrar os direitos autorais das músicas, mas naquela época não era possível fazer isso mandando apenas uma fita cassete e as letras impressas. Na verdade, ainda nem existiam fitas cassetes à venda naquele tempo. Johnny me deu as bobinas de fita e me contratou para transcrever as canções em notação musical, que poderiam então ser enviadas à Biblioteca do Congresso. Pagou pra mim US$ 15 por música.

A primeira que ouvi se chamava "Judy Is a Punk".

Jackie is a punk, Judy is a runt	*Jackie é um punk, Judy é uma anã*
They both went down to Frisco	*Eles foram pra Frisco*
Joined the SLA	*E entraram pro Exército Simbionês*
And oh, I don't know why	*E, oh, eu não sei por quê*
Oh, I don't know why	*Oh, eu não sei por quê*
Perhaps they'll die	*Talvez eles vão morrer*

Depois de ter dado risada, pensei: "Puta merda! É quase como 'Flower Punk', do Zappa, que tinha *Hey, punk, where are you goin' with that flower in your hand? Well, I'm goin' down to Frisco to join a psychedelic band* (*E aí punk, onde é que você vai com essa flor na mão? Estou indo pra Frisco entrar pra uma banda psicodélica*). Isso é sensacional!".

"Após ouvir 'Judy Is a Punk', eu vi tudo", Tommy Ramone lembra. "Eu vi que era totalmente diferente, único e que esses caras estavam fora de si. Eles eram tão originais — a gente tinha uma coisa incrível. Eles não sabiam o que estavam fazendo. Eles não estavam só fazendo uma música, mas inventando todo um novo estilo. Antes disso, sabia que eles eram bons. Mas, depois de ver que eles sabiam compor músicas, foi uma nova dimensão."

Enquanto eu ouvia a canção, quase todas as palavras me lembravam, de certa forma, das letras de Frank Zappa. E a música era tão crua e tão incomum que combinava perfeitamente com seus versos bizarros. Era como se todo esse repertório pudesse estar naquele álbum *Zapped*, que eu tanto adorava. Encaixaria perfeitamente com Captain Beefheart, Lord Buckley, Wild Man Fischer e, é claro, Alice Cooper.

David Walley havia escrito um livro sobre Frank Zappa, chamado *No Commercial Potential*, que abordava o conceito de ser financeiramente bem-sucedido e, ao mesmo tempo, ir contra o mundo corporativo. Falava sobre usar esse contraste a seu favor para definir seu público e sobre usar publicidade negativa para chamar atenção e finalmente vender discos.

Tendo músicas como "Now I Wanna Sniff Some Glue", "Beat on the Brat" e "Loudmouth", e letras que tinham em seus versos *You're a loudmouth baby/You better shut up/I'm gonna beat you up/Cause you're a loudmouth babe* (*Você é uma faladeira/É melhor calar a boca/Eu vou te dar porrada/Porque você é uma faladeira*) foi que eu vi que a banda tinha uma possibilidade de comercializar esse negócio.

Não achei que eles seriam os próximos Beatles, por mais que eu gostasse do que estavam fazendo. O fato de eles fazerem algo digno de ser incluído no *Zapped* era bem legal para mim — até mesmo mais legal do que ser os próximos Beatles. Eles até tinham sido mais espertos que Frank Zappa, pensei. No fundo, virei um fã dos Ramones instantaneamente. E eles continuariam a evoluir.

Quando liguei para Johnny para avisá-lo de que havia terminado a transcrição, a primeira coisa que ele perguntou foi: "E aí, o que achou?".

"É a melhor coisa que eu ouvi nos últimos anos! Gostei demais!", eu disse.

"Ah, é?", ele respondeu. "Isto me surpreende."

"John, não tem nenhum solo de guitarra nisso aí. Nenhum!", eu falei.

"Pois é", Johnny concordou. "Eu vi que dava muito trabalho. E de qualquer jeito eu não queria tocar."

"Isso é ótimo, cara. Estou de saco cheio dessa porcaria de deus da guitarra fazendo careta", eu comentei.

"Ah, mas achei que você não ouvia mais esse tipo de música", ele disse em um tom condescendente.

"É, mas é por isso mesmo. Todos os outros estão fazendo o que vocês não fazem", expliquei.

"É, eu sei o que você quer dizer", Johnny assentiu. "Bom, venha ver a gente tocar."

A primeira vez que vi os Ramones tocarem em um show propriamente dito foi no Performance Studio, onde trabalhava Monte Melnick, antigo amigo e ex-colega de banda de Tommy. Felizmente, eu já tinha ouvido a fita antes de assisti-los. Foi um show desleixado, mas engraçado e fascinante — e às vezes até assustador.

"Chris Stein e eu topamos com Tommy Ramone na rua", Debbie Harry, do Blondie, recorda. "Ele disse: *Ó, eu tenho uma banda. A gente vai se apresentar neste fim de semana. Vocês deviam ir.* Então a gente foi, e foi *ótimo!*"

"Foi hilário, porque Joey estava toda hora caindo. Ele é muito alto e muito desengonçado, não enxergava direito e ainda estava de óculos escuros. Ele ficava lá em cima cantando e, de repente, CABLOFT!, caía de cara em uma escada que dava para o palco. Aí o resto dos Ramones trazia Joey de volta e continuavam."

O público não sabia como reagir diante disso. Eles riam quando Joey caía, porque realmente não tinham como saber se era de propósito ou não. Ele se levantava do chão com um rombo na calça na altura do joelho e sangue pingando. As pessoas ao meu redor riam histericamente, mas eu ficava pensando: *Ah, cara. O que é que ele está fazendo, porra? Ele vai se matar.*

Dee Dee parecia seguidamente perder o tempo da música e errar as notas. Ele parava de tocar as canções e olhava para o John com um ar de dúvida. Aquelas eram as músicas mais simples que tínhamos ouvido nos últimos tempos, mas mesmo assim o sofrimento da banda era evidente. E eles pareciam irritados com isso.

Johnny trazia um rosnado cruel em seu rosto, acompanhado de um olhar penetrante que lembrava o seu herói Charles Manson. O rosnado se transformava em uma ameaçadora carranca de reprovação voltada a Dee Dee sempre que ele fazia uma cagada ao tocar. Dee Dee respondia dando de ombros de um jeito indefeso e pueril até que encontrava novamente o tempo e continuava a tocar — isso quando a música ainda não tinha acabado. Durante todo o tempo, Tommy ficava sentado na bateria com um ar totalmente impassível. Eu sabia que isso não fazia parte do show, mas ninguém mais lá sabia. Tudo isso, combinado aos gestos afetados de Joey, seu sotaque britânico fingido, um estilo vocal marcadamente incomum e tentativas quase fatais de acrobacias do rock garantiam um verdadeiro espetáculo. Poderia até mesmo se passar por uma paródia, como uma peça de teatro bem longe da Broadway.

"Eles tinham em torno de cinco ou seis músicas naquela época", Richard Hell lembra. "*I Don't Wanna Go Down to the Basement, I Don't Wanna Walk Around With You, I Don't Wanna Be Learned, I Don't Wanna Be Tamed e I Don't Wanna alguma outra coisa. Eu fiquei pensando: Será que esses caras estão sendo sérios? Será que isso é só teatro deles? Se for, é ótimo! É como estar no circo!*"

"John achava que as nossas músicas talvez fossem muito deprimentes", Joey disse, "porque era tudo I Don't Wanna isso e I Don't Wanna aquilo".

"Não tínhamos uma música positiva até escrevermos 'Now I Wanna Sniff Some Glue'", Dee Dee explica.

Nessa época, Joey estava torrando seus cheques mensais do seguro social como se fossem cigarros, o que era literal até certo ponto. As manchas amarelas de fumo em seus dedos praticamente brilhavam em contraste com sua pele clara. Ele também tinha feito marcas de queimado em seu colchão, na casa de Ira. Os discos que eu emprestei para ele estavam todos derretidos sobre a calefação e o parapeito da janela, e pilhas escondiam onde o chão terminava e as paredes começavam no seu quarto, que mais parecia um quadro de Salvador Dalí na vida real.

Felizmente, ele conheceu garotas no Coventry que moravam a algumas quadras da casa de Ira. Elas tinham ido ver os Ramones e acabaram gostando de Joey de um jeito meio maternal. Deram abrigo a ele e outras coisas mais. Ele descobriu que poderia se aproveitar das novas oportunidades que não receberia se não estivesse em uma banda.

Enquanto isso, lá em casa, a mamãe estava tendo fortes dores no abdômen. No outono de 1974, eram tão insuportáveis que ela pediu para que eu a levasse ao médico. Seguindo as ordens dele, levei minha mãe ao Hospital Israelita de Long Island. No dia seguinte, eles retiraram uma enorme porção do seu intestino, que havia sido perfurado. Ela ficou no hospital por umas boas três semanas.

Joey manteve contato com a mamãe, mas nunca foi visitá-la. Ela nunca reclamou disso nem demonstrou estar decepcionada pelo fato de ele não ter ido vê-la, mas é difícil imaginar que ela não estivesse.

Havia coisas que esperávamos que Joey fizesse e outras que não. Eu não tinha expectativas de que meu irmão maior fizesse as coisas que os irmãos mais velhos normalmente fazem pelos mais novos, como protegê-los. Nossa mãe tinha pensamentos semelhantes a respeito do relacionamento que ela tinha com seu filho. Era algo tácito entre nós três. Naquele ponto, já havíamos aceitado que ele tinha seus próprios problemas para tratar, os quais o deixavam bastante ocupado. Assim tolerávamos certas coisas que ele fazia, e, em retorno, ele passou a esperar isso de nós. E ele estava *mesmo* ficando muito ocupado.

Os Ramones começaram a tocar com maior frequência. Um pequeno contingente de pessoas da *rampa* de Forest Hills, que incluía Billy Banks, Merc "Babaca" Railin, Richard Freed, Arlene, Rosanna, entre outros, além de mim, continuava prestigiando e dando estímulo à banda. Ajudávamos a carregar os amplificadores, convidávamos pessoas para os shows e fazíamos o que fosse possível.

Nós distribuímos e colamos os novos pôsteres que eles haviam feito para divulgar o próximo show no CBGB, onde estavam se tornando a banda da casa. Ninguém conhecia o lugar ainda.

Alan Vega, vocalista do Suicide, recorda a história: "Um ou dois anos depois que Jeff Starship foi cortado da Sniper, eu vi uma banda chamada Ramones tocar no CBGB. E quem estava lá em cima cantando, senão Jeff Starship, agora Joey Ramone. Eu disse: *Bom pra ele, cara!*", Alan lembrou, entre risos. "Vi o primeiro show deles e ri pra cacete. Achei ótimo. Adorei o nome, adorei a forma como eles começavam todas as músicas com Dee Dee gritando *1, 2, 3, 4!* no microfone. Achei que eles eram muito fodas, legais demais. Falei com Joey depois do show e deu pra ver que ele estava mudado. Dava pra ver que esse garoto era especial."

"Por volta de agosto de 1974", Johnny Ramone contou, "nós tocamos no CBGB pela primeira vez. A gente ainda não tinha tudo certo, mas a música estava ficando melhor. Acho que havia duas pessoas no bar. Alan Vega, do Suicide, estava lá. Ele disse: *Nossa, era isso que eu estava esperando! Vocês são ótimos!* Eu falei pro Dee Dee que esse cara era louco e que se a gente conseguia enganar ele talvez conseguisse enganar mais gente. E com certeza ia aparecendo mais pessoas toda vez que a gente tocava".

Os novos pôsteres dos shows dos Ramones traziam a imagem de uma águia americana. Foram desenhados por Arturo Vega, um amigo de Dee Dee que morava virando a esquina na rua do CBGB. A águia era, na verdade, a fivela do seu cinto.

"Dee Dee vinha ao meu prédio no número 6 da Rua 2 Leste para ver a namorada, Sweet Pam", Arturo Vega lembra. "Ela morava no andar de cima com Gorilla Rose e Tomata du Plenty, que faziam parte da formação original das Cockettes de São Francisco."

As Cockettes eram um chamativo grupo teatral com uma roupagem *drag queen*. Arturo, na época, também era um sujeito bem chamativo.

"Dee Dee me falou que ele e uns amigos estavam formando uma banda, que me achava um cara muito legal e que eu deveria desenhar coisas para eles. Naquele tempo, quando a gente via os Ramones pela primeira vez, não sabia o que pensar. Nosso sentimento era de que havia algo acontecendo ali, mas o quê?"

Arturo ficou totalmente apaixonado pelos Ramones e investiu boa parte do seu tempo fazendo tudo o que podia para ajudar a banda, artisticamente ou não. Embora não pagassem para ele, continuou a produzir novos *designs* para *flyers*, pôsteres, faixas, cenários e, mais tarde, camisetas. Arturo seguiu com a temática da águia. Depois, com a ajuda de dois artistas das antigas — William Barton e Charles Thomson — e sugestões da banda, criou um logotipo que se tornaria um dos mais marcantes no gênero.

Alguns meses depois, as garotas que receberam Joey como inquilino passaram a exigir contribuições suas, financeiras e domésticas. Como ele não cumpriu, elas o colocaram para fora. Joey logo acompanharia Dee Dee para o *loft* de Arturo, que se tornava rapidamente um santuário para Ramones sem rumo.

"Achei Joey um cara muito legal", Arturo recorda, "mas não sabia o que tinha de errado com ele. De vez em quando, tentava fazer com que ele agisse de modo normal. Incomodei-o bastante. Mandava Joey fazer a limpeza, ou melhor, tentava mandar o Joey fazer a limpeza, mas ele não conseguia".

Todo mundo estava se mudando. Mamãe em breve se casaria com Phil Sapienza e faria a mudança para a casa dele, em East Village. Então encontrei um apartamento em Forest Hills Gardens por US$ 150 por mês. Tive de pedir para ela assinar o contrato de locação junto comigo, já que eu ainda não tinha 21 anos.

Felizmente, trabalhando de *barman* na discoteca, estava ganhando o suficiente para cobrir o aluguel, o seguro do carro e a comida. Dinheiro e tempo para a faculdade era um certo problema. Eu continuava sem falar com o meu pai, e Joey também. Agora havíamos oficialmente saído do ninho e estávamos voando com as próprias asas.

No início de 1975, os shows dos Ramones ainda eram sujos e sem refinamento, sua forma de se apresentar ainda era amadora. Mas andavam dando o que falar em círculos que os ouviam. Johnny e Tommy estavam convencidos de que tinham algo único, mas não poderiam atingir o próximo nível apenas espalhando pôsteres. Os quatro continuaram compondo músicas. Johnny, Joey e Dee Dee faziam com que as canções não se distanciassem de suas personalidades, enquanto Tommy buscava uma ajuda em forma de empresário.

"Queríamos que Danny Fields fosse o nosso empresário", Johnny disse. "A gente achava que o melhor caminho era escolher alguém que entendia o que estávamos fazendo, e Danny tinha sido empresário dos Stooges e do MC5, além de ter trabalhado com The Doors."

"Tommy Ramone estava me incomodando", Danny Fields lembra. "Eu estava na revista *Sixteen* quando ele começou a me telefonar e a me mandar *flyers*. Achei que eles eram espanhóis ou porto-riquenhos com um nome daqueles. Provavelmente uma banda de salsa ou coisa assim. Então eu ignorei."

"Acho que Tommy estava com inveja", Danny Fields acrescenta, "porque escrevi sobre o Television na minha coluna no *SoHo Weekly News*. Eu adorava o som do Television, mas não tinha nenhum interesse financeiro ou profissional neles. É claro que os Ramones ficaram com inveja, porque eles tinham ciúme de qualquer coisa que não fosse eles. Por isso, queriam saber por que estavam escrevendo sobre o Television, mas não sobre eles".

Finalmente Lisa Robinson, a editora da *Hit Parader* e da *Rock Scene* e colunista de rock 'n' roll do *New York Post*, foi ver um show dos Ramones, ligou para Danny Fields e disse: *Você tem de vir aqui ver esses caras.*

"Os Ramones estavam incomodando Lisa Robinson igual faziam comigo", Danny explica. "Mas Lisa disse que eu iria adorar os Ramones. Eles faziam músicas de um minuto de duração, muito rápidas, e terminavam tudo em menos de 15 minutos. Era a coisa mais engraçada que ela já tinha visto."

"Então um dia Danny foi ao CBGB", Johnny lembra. "Antes de eu conhecer Danny, não conhecia nenhum gay. Eu via gays por aí, mas não conhecia nenhum gay e nem queria conhecer. Apesar de eu não ser mais um garoto e de ainda ser um punk delinquente, eu levava uma vida bastante protegida de certa forma."

"Fui ver os Ramones no CBGB numa segunda ou terça-feira à noite", Danny recorda. "Peguei um lugar lá na frente sem problemas. E me apaixonei por eles. Achei que eles faziam tudo certo. Era a banda perfeita. Eram rápidos, e eu gostava que tocassem rápido. Quartetos de Beethoven têm de ser lentos, rock 'n' roll tem de ser rápido. Adorei. Eu me apresentei a eles mais tarde e disse: *Adorei tanto que vou ser empresário de vocês*. E eles responderam: *Ah, que bom. A gente precisa de uma bateria nova*. Quando fui a Miami ver minha mãe, pedi US$ 3 mil a ela. Ela me deu o dinheiro, e eu comprei uma bateria nova pra eles. Paguei para ser empresário deles."

"Danny tinha uma história diferente sobre como ele virou nosso empresário", Johnny afirma, contrariando Danny Fields. "O que eu lembro era que a gente disse que Lee Childers queria ser nosso empresário, e ele respondeu: *Se aquela bicha vai ser empresário de vocês, eu também posso ser*. Ele diz que é mentira, mas é disso que eu me lembro. Queríamos que ele fosse nosso empresário de qualquer jeito, então comprar uma bateria nova nunca foi uma condição."

De qualquer maneira, Danny Fields era agora o empresário oficial dos Ramones. Tommy pode ter ficado com o trabalho mais difícil: o de manter os outros três unidos e tirar o máximo deles musicalmente. Era também muito inteligente ao comunicar a mensagem da banda ao público, capaz de expressar com sagacidade a filosofia dos Ramones em palavras, mesmo que ainda não houvesse muita firmeza aí. Até o momento, vinha fazendo um trabalho bastante consistente.

"Eu queria Tommy como porta-voz", Johnny disse. "Dessa forma, eu podia manter Dee Dee e Joey sem falar. Eu achava que os dois não eram os caras mais espertos do grupo. Já estávamos ganhando a reputação de sermos burros, por isso deixei Tommy falar. Pelo menos ele soava inteligente. Eu não queria falar também. Quando você é um cara maneiro, você não fala. Deixei Tommy ser o meu porta-voz."

Cada um dos integrantes da banda tinha suas próprias funções e entendia seu papel. Pelo menos naquele instante, os quatro reconheciam e aceitavam os pontos fortes e as fraquezas de cada um — algo raro e mágico —, e isso permitia que sua química precária se desenvolvesse.

O resultado final foi que a criatividade da banda começou a fluir como uma fonte natural ou, melhor dizendo, um riacho insalubre. Canções como "Beat on the Brat, "You're Gonna Kill That Girl" e "Chain Saw" provaram que as águas eram perigosas, mas certamente emocionantes.

CAPÍTULO 16
1-2-3-4!

JOHNNY E EU ESTÁVAMOS NOVAMENTE EM UMA RELAÇÃO AMIGÁVEL. Fui com ele aos primeiros shows dos Ramones no Performance Studio. Eu o pegava de carro, ou ele me buscava no seu.

Porém, nossa amizade agora era diferente: tudo girava em torno da banda. Ainda tínhamos alguns interesses em comum, no entanto. Coisas como os Yankees, os Mets e, principalmente, filmes. Tanto Johnny como eu éramos cinéfilos e adorávamos filmes antigos em preto e branco e os de terror. Clássico dos anos 1940, *O Beco das Almas Perdidas* era um dos favoritos sobre o qual sempre falávamos. Também foi uma inspiração para toda a banda.

O filme era estrelado por Tyrone Power, que interpretava um andarilho que arranjava um emprego como vigarista num parque de diversões. Ele era fascinado por uma atração do parque, o Selvagem, um homem à beira da loucura que arrancava a cabeça de galinhas vivas a dentadas e depois recebia o "pagamento" sob a forma de uma garrafa de destilado barato e um lugar para dormir e curar a ressaca.

Tyrone Power incrementava o seu golpe de leitura da mente, criando um número no qual fazia contato com os espíritos de entes queridos que tinham partido. Ele deixou o parque de diversões para arrancar a grana de milionários incautos. Ao ser desmascarado como uma fraude, foi condenado a uma vida às margens da sociedade como um vagabundo alcoólatra, fugindo da polícia e das pessoas que enganou. Desesperado em busca de um trabalho, procurou outra pessoa do parque, que informou que o único emprego disponível era de o Selvagem. A última cena mostrava Tyrone em uma tenda iluminada por tochas, lançando um olhar canibalesco sobre a plateia e a galinha.

Filmes como esse nos deixavam intrigados e maravilhados. Eram estranhos, assustadores, mas claramente inteligentes. Era nisso que o repertório dos Ramones se inspirava no início. Os integrantes da banda queriam trazer a essência desses filmes para suas canções, e, quando acertaram, as músicas se tornaram tão clássicas quanto os filmes. Eu sabia que era isso que Johnny queria — e era basicamente isso que importava, já que ele se autodeclarava o líder do grupo.

Johnny desejava um festival de canções com a temática psicopatia-terror-show-de-circo, e a história-música deveria caber num máximo de dois minutos para que não houvesse tempo nem mesmo de decidir se você gostava ou não: *1, 2, 3, 4! Bam!* Tarde demais, a música já terminou... Agora escutem esta aqui... *1, 2, 3, 4! Bam!*

Felizmente, os outros estavam na mesma sintonia.

"No início", Joey lembra, "os Ramones tinham um senso de humor sombrio. Tínhamos uma persona no palco, mas estou falando dos assuntos que tratávamos em nossas músicas. Não em todas", Joey ri, "mas em várias das mais antigas. A gente se divertia. Tinha muita gente séria naquele tempo. Rock 'n' roll é pra ser divertido. Não teve diversão no rock por um bom tempo até os Ramones aparecerem".

Johnny tinha sua própria ideia de diversão: um fascínio por gente perversa como Hitler e Charles Manson. Dee Dee também cultivava isso, sobretudo em relação ao nazismo, o que possivelmente era consequência de suas fantasias de garoto que cresceu na Alemanha do pós-guerra, ou, muito provável, porque ele era apenas desequilibrado mental. Por algum motivo, parte disso influenciou as composições da banda.

Tommy também acrescentou algumas músicas à coleção. Ele compôs "I Wanna Be Your Boyfriend" sozinho e fez outra chamada "Animal Hop". Essa última era um ótimo exemplo de como as personalidades, estilos e visões dos integrantes entravam em conflito e como o processo colaborativo dava mesmo resultado.

"Eu compus 'Blitzkrieg Bop'", Tommy Ramone relata. "Também queria contribuir, mas os caras não recebiam bem as minhas sugestões. Sempre que eu escrevia uma música para a banda, tinha de ser algo incrivelmente bom. Não era culpa do John, mas do Dee Dee, que era muito competitivo. Não sei como Joey se sentia, pois ele era muito quieto. Joey ficava sentado lá sem dizer nada. Então eu tinha escrito uma música chamada "Animal Hop" que era boa demais pra ser recusada. Não era sobre nazistas. Era sobre a galera indo a um show, se divertindo."

Os versos eram: *They're forming in a straight line/they're going through a tight wind/the kids are losing their mind/the animal hop* (*Estão fazendo fila/passando pela curva/A galera fica louca/É a dança animal*).

"Tem um verso que diz *Hey, ho, let's go, they're shouting in the back now.* Dee Dee disse: *'Animal Hop'? Vamos chamar de 'Blitzkrieg Bop'!* Dee Dee estava sabotando a música", Tommy recorda, furioso. "Ele falou: *Eu não gosto desse verso 'They're shouting in the back now', que tal 'They shoot 'em in the back now'*. Ele queria fazer tudo sobre nazismo para a música nunca tocar no rádio!"

Nas palavras de Johnny, que resumiu a confusão: "Basicamente queríamos compor músicas bubblegum loucas".

A primeira vez que fui ao CBGB foi com Johnny. Eu o apanhei no meu Plymouth Duster, que havia comprado por US$ 600. Carregamos o carro com sua guitarra, uma sacola de cabos e os dois amplificadores Mike Matthews Freedom, que Johnny e Dee Dee usavam na época. Eram amplificadores pequenos, do tamanho de uma TV de 17 polegadas, bastante econômicos, mas faziam um som alto e criavam uma distorção harmônica única quando ligados no volume máximo.

No caminho, Johnny e eu falamos sobre as performances da banda — o que poderia melhorar, o que funcionava e o que não funcionava. Manter as canções correndo em rápida sequência parecia ser algo que dava certo para eles nas poucas vezes que conseguiam encaixar duas ou três seguidas. Johnny não queria nada de discursinhos ou coisas assim entre as músicas — ele achava isso babaquice.

Eu disse a ele que também não dava a mínima para essa porcaria. Diga o nome da música e toque. Às vezes, nem o nome era necessário. Apenas vá tocando.

Mas chegar nesse ponto não é tão simples assim. Percebemos que era preciso estar preparado para tudo. Nós dizíamos: *Vamos ver as bandas que já assistimos. Vamos estudar como eles fazem.*

Foi então que John tocou no assunto sobre eu trabalhar como *roadie* da banda. Eu ainda estava estudando e trabalhando como *barman*, mas disse que iria ajudar sempre que pudesse. Estava disposto a começar já naquela noite se conseguíssemos passar pelos bêbados cambaleantes e mijados que ocupavam a entrada do CBGB e mendigavam implacavelmente por dinheiro e cigarros. Havia um cortiço de vagabundos típico do Bowery logo acima do bar, chamado Palace Hotel. Houve um tempo em que aparentemente o CBGB era o bar do hotel.

Entrei no CBGB carregando um dos amplificadores e fui na mesma hora arrebatado por aquela fragrância. O aroma de merda de cachorro e as paredes de madeira lembravam o porão da casa do meu amigo Michael Goodrich, fazendo com que me sentisse totalmente em casa. Não era um *bar de rock* propriamente dito, mas parecia ser um lugar agradável e amistoso em comparação aos inferninhos da máfia onde eu havia tocado.

Não havia ninguém lá, somente Hilly Kristal, o dono, Merv e Ritchie do bar, os cachorros de Hilly e um membro do Hells Angels jogando sinuca em uma mesa atrás do palco.

Arrumamos o equipamento e fizemos uma pequena passagem de som. Johnny deixou os botões de volume da guitarra e do amplificador no máximo, que é onde deveriam estar para atingir o som que ele desejava. Quando ele parava de tocar, a guitarra dava um guincho terrível devido ao *feedback*. Levava muito tempo entre as músicas para aumentar e abaixar o volume da guitarra. Decidimos que seria preciso algum tipo de pedal ligado entre a guitarra e o amplificador para que ele pudesse parar aquele *feedback* gritante apenas com uma pisada. Assim a mão de Johnny estaria em posição de ataque quando Dee Dee fizesse a contagem para a música seguinte, que demoraria no máximo o tempo que se leva para dizer *1-2-3-4!*

Tratamos desse tipo de coisa até que estava na hora de tocar.

Mais tarde, uma porção de amigos de Forest Hills apareceu. Arturo Vega e seus amigos Gorilla e Tomata du Plenty também vieram. Deveria haver, ao todo, uns 15 no bar, incluindo os cachorros.

Embora o show tenha sido uma bagunça, foi incrível mesmo assim. Houve músicas que começaram atrasadas, outras que terminaram antes do tempo, diversas falhas técnicas e confusões na ordem do *setlist*.

As palhaçadas que iam acontecendo durante esses percalços podiam ser quase tão engraçadas quanto o próprio show. Johnny rosnava e latia ordens; Tommy discordava; Dee Dee sofria para fazer a sua opinião ser ouvida; e Joey fazia pose e se estatelava pelo palco durante as canções, ou então parava silenciosamente entre os três em posição de quem estava pronto para cantar e aguardava que a banda decidisse que diabos iriam fazer.

Quando conseguiam tocar por uns bons seis ou sete minutos consecutivos, tempo suficiente para, no mínimo, três de suas músicas, era possível ver que tinham potencial.

Quem é que poderia dizer o que seria deles naquele instante? Eu nem pensava nisso. Poderiam tranquilamente ter dado com os burros n'água. Mas, independentemente do que poderia acontecer a eles, respeitei demais a iniciativa de subir naquele palco e tentar. Era mais do que eu estava disposto a fazer. Eu já tinha praticamente largado de mão o rock 'n' roll. Esses caras me fizeram repensar. Não tínhamos nada em vista em lugar algum. Pelo menos agora havia alguma coisa para fazer — algo para me tirar de Forest Hills. Eu com certeza me sentia grato por isso.

A banda começou a tocar regularmente no CBGB nas noites de segunda.

"Quando a gente foi ao CBGB pela primeira vez, foi pesado por um tempo", Joey disse, "por causa da vizinhança, com todos aqueles bêbados. Tentamos incentivar outras bandas a tocarem lá, mas ninguém queria ir, porque era uma zona muito ruim. Porém, nós gostávamos do ambiente. O lugar tinha uma acústica muito boa".

Na época em que a banda fez seus primeiros shows no Performance Studio e no CBGB, os Ramones ainda não tinham um visual definitivo.

"Naquele tempo, John estava usando calças de spandex e jaquetas de David Bowie com *glitter*", Tommy disse. "Mas aí ele foi voltando aos poucos para as jaquetas de motoqueiro após a fase *glitter*. Achei que as jaquetas de couro ficavam melhor, mas não era algo novo, na verdade."

Johnny recorda: "A gente ainda se arrumava para sair, para ver os New York Dolls, mas agora estávamos formando uma banda — *o que que nós vamos fazer agora?* Um visual desses funciona em Nova York ou Los Angeles, mas vai ser muito limitado. Eu usava calça de lamê prateado e uma jaqueta de couro com estampa de leopardo na gola. Como é que você vai levar o pessoal para os shows vestido desse jeito? Nós queríamos algo com que todo garoto americano médio pudesse se identificar. A gente percebeu que teria de se uniformizar: jeans, camiseta, jaqueta de couro e tênis. Assim não teria problema, com a galera vestida que nem a gente. Nós definimos a imagem e aí tivemos de resolver o que exatamente a gente iria fazer lá em cima. Certas bandas chegam, começam a falar, a ajustar os instrumentos, e eu já estou de saco cheio. É a parte mais empolgante do show. Você já tem de ir direto para a música pra não perder aquela empolgação antes mesmo de começar. Tínhamos de acertar as guitarras antes de o show começar para ter o domínio do palco desde o momento da nossa entrada".

Eles filmavam os shows sempre que possível para estudar o que precisavam fazer.

"Nós aprendemos muito fazendo isso", Johnny ressaltou. "Joey caindo do palco com aquela performance de veado do Alice Cooper — tenebroso. Dee Dee tocando com os dedos. A gente assistia à fita e fazia as correções. Dee Dee conseguiu uma palheta. Falamos para o Joey: *Você fica melhor de pé e não caindo no chão. Não desgrude do pedestal do microfone.* Era assim que achávamos que Joey teria sua melhor aparência, e a banda também. Cada um tinha de manter a sua posição para deixar tudo bem simétrico."

Demorou um pouco para eles perceberem que fazer o que saía naturalmente era mesmo o melhor caminho a seguir. Os Ramones rasgaram o spandex e ressurgiram, vestindo o uniforme dos garotos suburbanos. Agora se pareciam como caras normais da cidade em vez de mais um monte de astros celestiais e intocáveis do rock.

Nossos garotos estavam de volta. Agora eles eram gente como a gente. Os desajustados de Forest Hills tinham mesmo um motivo para prestigiá-los em peso. Largávamos *flyers* e pôsteres com orgulho pelo Queensbourough Community College, Queens College, NYU, Hunter, Hofstra — por toda a vizinhança e em Manhattan. Éramos o início do futuro grupo de fãs dos Ramones.

Geralmente Johnny, Rosanna, Arlene, Alan Wolf e eu passávamos no Jack in the Box do Queens depois dos shows para uns tacos e milk-shakes antes de cada um ir para um lado. Emocionante, não é? Estávamos entediados e já tínhamos feito o que havia de pior, e não éramos mais adolescentes. Não havia nada mais para fazer. Esperávamos alguma coisa acontecer. Ao mesmo tempo, ainda que ninguém soubesse, algo *estava* acontecendo.

CERTA NOITE, JOHNNY VEIO ATÉ MIM NO CB e contou que Danny Fields estava perto de conseguir um contrato com uma gravadora para os Ramones. A banda tinha agendado um show importante em outra cidade e precisava muito de alguém de confiança para trabalhar com eles em tempo integral.

Johnny foi muito elogioso ao listar os critérios para a escolha do *roadie* perfeito: alguém que fosse esperto, rápido, ágil, que tivesse bom ouvido para afinar guitarras, que já tivesse tocado em bandas, que soubesse o que estava fazendo e que soubesse o que a banda estava fazendo. Ele disse que todos queriam que fosse eu e me garantiu que, assim que o contrato fosse fechado, eu teria um salário.

De alguma forma, foi uma oferta que eu não pude recusar. Eu tinha quebrado meu polegar jogando basquete e não podia tocar guitarra na época, mas podia afinar a guitarra deles.

Aceitei. No verão de 1975, me tornei o único *roadie* oficial dos Ramones, ainda que sem crédito e sem salário. No entanto, disse a Johnny que queria tocar de novo algum dia.

Mais ou menos uma semana depois, num show em Waterbury, Connecticut, colocamos as guitarras no porta-malas do meu Duster, e Johnny foi junto comigo pegar Danny Fields e o resto da banda na cidade. Foi a primeira vez que os Ramones não só colocaram o pé na estrada, como se apresentaram em um local com dimensões de teatro, abrindo para o lendário Johnny Winter. Como a banda foi incluída na programação mais tarde, seu nome nem chegou a ser colocado no letreiro da marquise.

"Na época que a gente estava tentando conseguir um contrato com uma gravadora", Tommy Ramone lembra, "Danny Fields era amigo de Steve Paul, que tinha o selo Blue Sky, que, por sua vez, tinha Johnny Winter. Para fazer um teste com a gente, Steve Paul nos colocou para abrir pro Johnny Winter em Waterbury, Connecticut".

Uma banda chamada Storm, um híbrido de clássico-rock-fusion, formada por antigos integrantes do Yes, abriria o show. Precisávamos ser rápidos no ajuste do equipamento, depois de uma hora de xaropice virtuosa e elitista para delírio de um público ligeiramente antiquado — uma plateia que os Ramones achavam que poderiam converter.

Por algum motivo, parecia que a equipe técnica da casa e das outras bandas tinha um verdadeiro desprezo por nós. Creio que eles não ficaram felizes com uma atração extra no palco. Foram bastante lentos na hora de me dar o espaço e a energia elétrica que precisávamos. Quando eu tinha terminado de arrumar o palco para os Ramones, a plateia estava ansiosa e gritando por Johnny Winter. Assim que as cortinas se abriram, revelando os Ramones, o público ficou, digamos, surpreso — sob diversas formas.

"NÓS SOMOS OS RAMONES E ESTA É 'LOUDMOUTH'!", meu irmão gritou. "VAI, DEE DEE!"

"1, 2, 3, 4!"

O público esperou um minuto, quase o tempo da música. Acharam que havia um problema técnico ou coisa assim. Mas quando os Ramones começaram a tocar a segunda canção, que era bem parecida com a primeira, o pessoal se deu conta de que aquilo era realmente o show e mudou de cara. Até hoje a expressão em seus rostos é uma memória que não tem preço para mim, ainda que naquela noite tenha sido bastante assustador. Cacete, eram só uns caras tocando música, mas o público reagiu como se estivessem apedrejando um monte de pedófilos assassinos.

"Quando a gente apareceu e tocou as músicas dos Ramones", Tommy recorda, "eles começaram a jogar tudo o que tinham na gente".

"Waterbury foi uma cidade bem desagradável", Dee Dee acrescenta. "Antes de a gente entrar, tinha um policial no camarim. Quando ele ouviu a gente se preparando, disse: *Tenho pena de vocês*. Nós perguntamos: *Como assim?*, e ele falou um papo sobre como não iríamos sair vivos do palco."

"Fiquei um pouco preocupado", Dee Dee admite. "Mas eu não sabia o que esperar, porque nunca tinha visto uma banda se dar tão mal como a gente. Nós nem fomos anunciados. Logo, quando as luzes se acenderam, o público não sabia quem diabos nós éramos. Todo mundo estava de pé, aplaudindo, indo à loucura. Assim que a gente começou a tocar, a coisa ficou feia. Nunca levei tanta garrafada e bombinha e nunca vi tanta gente me mostrando o dedo."

Havia até pilhas grandes voando pelo local, que possivelmente saíram das lanternas do pessoal da portaria. Entre as tentativas de remover os detritos que se acumulavam sobre o palco, busquei refúgio atrás de uma parede de amplificadores Marshall de Johnny Winters até o momento em que a banda resolveu encerrar a apresentação.

"Fomos expulsos do palco na base da vaia", Tommy explica.

A viagem de volta para casa foi um misto de entusiasmo e depressão. Danny Fields estava entusiasmado, a banda estava deprimida.

No fim de setembro, Johnny disse que eu *tinha de estar* em shows marcados para outubro num lugar chamado Mother's, na Rua 23, em Manhattan. A convite de Danny Fields, Seymour Stein, presidente da Sire Records, estava indo assistir aos Ramones. Tudo teria de correr bem.

"Foi uma noite de muita, muita neve", recorda a ex-esposa de Seymour, Linda Stein. "Seymour tinha de ir ver uma banda da qual Lisa Robinson e Danny Fields falavam maravilhas, mas estava com uma gripe terrível. Ele ficou em casa, e eu fui com Craig Leon, do escritório."

"O Mother's era um bar gay das antigas", Linda disse, "cheio de bichas velhas. Tinha uma salinha nos fundos. Ouvi os Ramones tocando '53rd and 3rd' e pensei: *Meu Deus, isso é incrível!*".

Felizmente, tudo correu bem no show que o pessoal da Sire assistiu, com exceção de uma corda que arrebentou na guitarra de Johnny e de Dee Dee saindo do ritmo uma ou duas vezes. Tirando isso, a banda manteve uma velocidade alucinante. O pessoal da Sire certamente ficou impressionado.

Linda Stein fez rasgados elogios sobre o show para seu marido.

"No caminho para casa, eu já sabia cantar todas as músicas", Linda Stein ri. "E todas elas grudavam no ouvido, sabe? Eu cheguei em casa e falei: *Seymour, você tem de ver essa banda! Tem de ver essa banda!*"

"Linda Stein descobriu a banda", Danny Fields confirmou. "Eu e ela organizamos um teste com eles em um estúdio de ensaio para o Seymour poder vê-los."

Dois ou três dias depois, os Ramones se apresentaram para Seymour. O produtor Craig Leon, a relações públicas da Sire, Janice Schlacht, Danny Fields e Linda Stein também estavam presentes na plateia do Performance Studio.

"Seymour parecia um menino", Joey Ramone lembra. "Ele estava todo empolgado. Estava deslumbrado. E foi aí que as coisas começaram a deslanchar. Na época, nenhuma banda em Nova York tinha sido contratada desde os New York Dolls. O fracasso deles colocou uma sombra sobre a cidade, porque a Mercury Records não apoiou a banda o bastante."

"O certo", Danny Fields disse, "é que Seymour Stein tem simplesmente um ótimo gosto pra rock 'n' roll".

A propaganda boca a boca sobre o CBGB começava a acontecer. Agora em um show dos Ramones era possível ver pessoas no fundo quando olhávamos ao redor após uma apresentação da banda. Toda uma nova safra de grupos estava surgindo. Garotos vinham do Queens, de Long Island, do Brooklyn, de Nova Jersey e até de lugares mais distantes, como Connecticut. Era uma Renascença, de certa forma, uma espécie de revolução, embora sem palavras de ordem ou gritos de guerra.

Esse movimento poderia ter fracassado se continuasse sem um foco. Mas alguns garotos enérgicos e ambiciosos de Connecticut tinham um remédio para isso. John Holmstrom, Legs McNeil e Ged Dunn, três amigos de Cheshire, vieram para o Sul com o objetivo de fundar uma nova revista que iria representar e refletir os acontecimentos e o espírito do que estava ocorrendo no Bowery.

"Eu queria que a *Punk* fosse uma revista de humor e rock 'n' roll", John Holmstrom explicou. "Patti Smith e Television eram os dois nomes mais importantes de Nova York em 1975, até a gente entrar em cena e arruinar tudo pra eles. A revista *Punk* deixou toda a cena de pernas pro ar. Mudamos a agenda, que passou de leitura de poesia, citações a Rimbaud, longos solos de guitarra e roupinhas *beatniks* para punks, hambúrgueres, cerveja, jaquetas de couro e tênis."

"Quando fomos ao CBGB ver os Ramones pela primeira vez, foi bem impressionante", Legs lembra. "Tinha só umas 35 pessoas naquela noite. Eles se prepararam para começar a tocar, mas aí cada um tocou uma música diferente. Em seguida, jogaram as guitarras no chão e saíram caminhando, indignados. Nunca vi nada tão autêntico num show antes. Depois de alguns minutos, eles voltaram e fizeram o melhor show que eu já tinha visto."

John Holmstrom era inteligente e engraçado, um grande ilustrador de cartuns com um estilo todo próprio. Legs, o redator, era um espertinho de boa índole, beberrão e desbocado. Simpático como o palhaço da turma da escola, parecia um amigo da primeira vez que o conhecíamos. Todos nós ficamos camaradas um do outro instantaneamente. Legs e Joey iniciaram uma amizade de cara.

Com toda essa energia positiva ao seu redor, Joey finalmente dava mostras de estar conquistando um sentimento verdadeiro de autoconfiança, o que era ótimo. Não era algo passageiro, que poderia ser apagado da próxima vez que alguns pirralhos começassem a apontar o dedo e rir da sua cara.

Embora Joey ainda fosse muito tímido, principalmente ao redor de Johnny e Tommy, quando íamos tomar uma cerveja e ver as bandas no CB, ele parecia um novo homem. Podíamos rir e sacanear um com o outro como há muito tempo não fazíamos. Eu não precisava me preocupar com as brigas que ele tinha com a minha mãe sobre a bagunça: isso era problema do Arturo agora. Não havia mais tensão entre nós dois. Vivíamos nosso melhor momento juntos desde quando éramos crianças.

Joey e eu não conversávamos muito sobre os Ramones. Eu estava sempre por perto e sabia praticamente tudo que estava acontecendo. Na verdade, falava mais sobre a banda com Johnny e Tommy do que com Joey. Com a exceção das vezes que ele pedia minha opinião sobre músicas novas, meu irmão trocava ideias comigo mais sobre outras bandas e outros assuntos — como, por exemplo, o que nosso velho ia achar dessa cena toda.

Mais para o fim de outubro, Johnny Ramone telefonou, trazendo notícias sobre o contrato com a Sire Records. Ele não parecia muito animado, mas Johnny nunca foi de ser emotivo — exceto quando demonstrava raiva. Ele apenas disse: "Conseguimos o contrato com a Sire, você tem de pedir demissão daquele seu emprego".

Avisei a discoteca, larguei a faculdade e dediquei a minha vida aos Ramones. Eles me pagavam US$ 50 por semana.

A banda tinha uma série de shows agendados na região para o resto do ano — e, em fevereiro, iria para um estúdio gravar o seu primeiro disco. Levamos muito a sério o que precisaria ser feito para que os shows fossem perfeitos. Tudo deveria estar certo para o lançamento do álbum — e da turnê que o seguiria.

A primeira coisa que os Ramones precisavam era de equipamento. O adiantamento de US$ 20 mil que receberam da Sire deu conta disso. Em seguida, tivemos de bolar uma maneira de evitar que houvesse qualquer interrupção no ritmo do show. Era necessário ter tudo em dobro para tal. Compramos dois baixos Fender Precision para Dee Dee. Johnny comprou uma Fender Stratocaster para a balada que seria tocada no meio do show, ou caso uma corda arrebentasse na Mosrite.

Sugeri que arranjássemos um espaço para todos na banda tirarem as jaquetas de couro na mesma hora, ao invés de parar duas ou três vezes separadamente. Chegamos à conclusão de que isso deveria ser feito dentro de dez segundos no máximo. Eu seguraria a guitarra de Johnny enquanto ele tirava a jaqueta, o que me daria talvez cinco segundos para correr ao outro lado do palco até Dee Dee e pegar as jaquetas de Joey e Tommy na saída. Isso também deveria acontecer cedo no show em vez de mais tarde, pois conforme o público ia crescendo, a temperatura aumentava no palco.

Hilly Kristal bancou luzes novas para o palco e até contratou um cara para a iluminação, Cosmo. Mas Johnny queria que ele apenas acendesse e apagasse as luzes, sem nenhum efeito de iluminação *psicodélico*. Também exigia que elas brilhassem com a mesma intensidade em todos os quatro integrantes, o que significava tentar evitar que o destaque fosse dado ao vocalista, como ocorre normalmente. Pediram para Cosmo tirar as gelatinas coloridas dos refletores para ter apenas luzes brancas brilhantes no palco. Isso esquentou as coisas também.

O meio do show era o momento designado para a *balada,* quando trocávamos as guitarras. Eu precisava ter 1000% de certeza de que a guitarra estaria afinada antes de devolvê-la para Johnny para não ter de receber uma cara feia. Em 1975, não havia esses convenientes afinadores eletrônicos de hoje em dia.

Antigamente eu corria até o camarim — o banheiro ou porão do CB — para afinar as guitarras de ouvido. Então, um dia, Johnny e Tommy apareceram com uma geringonça chamada Strobotuner, que parecia ter sido roubada de um submarino. Funcionava como um osciloscópio. Embora fosse um pé no saco mexer naquele negócio, era bem mais fácil do que sair correndo em busca de um lugar silencioso. Agora eu podia devolver a guitarra para Johnny totalmente afinada a tempo da música seguinte. Nós coreografávamos a troca para que demorasse apenas alguns segundos. Essa também era a hora em que a banda se refrescava. Ao contrário da maioria dos grupos, suas garrafas d'água tinham apenas água.

Colei palhetas extras com fita na parte de trás das guitarras. Também prendi as alças dos instrumentos para que não caíssem durante as músicas. Quando chegaram os novos amplificadores — Marshall para as guitarras e Ampeg SVT para o baixo —, fizemos ajustes para que eu pudesse automaticamente fazer a troca para o cabeçote reserva caso o principal estragasse. Tínhamos uma caixa e um pedal de bumbo extras para Tommy, que estava ficando mais forte e rasgava a pele dos tambores com maior frequência. Também tínhamos uma porção de cabos sobressalentes para as guitarras, já que normalmente eram as primeiras coisas a estragar.

Grudei o cabo do microfone do meu irmão para que o contato não fosse perdido quando ele o segurasse. Joey também tinha a mania de quebrar as bases metálicas na parte de baixo dos pedestais de microfones. Ele batia no chão até que os parafusos acabavam cedendo, fazendo com que eu tivesse de engatinhar na sua frente para tentar parafusá-los novamente.

Nas noites em que tudo começava a pifar ao mesmo tempo, era atordoante. Quando as coisas corriam tranquilas, eu podia balançar a cabeça ao som da música e, ao mesmo tempo, fazer um gesto para Johnny, reafirmando que tudo estava bem. Era difícil dizer se tudo estava bem para ele, pois seu rosto tinha sempre uma careta. Quando eu via Johnny de cenho franzido fazendo uma flexão com a cabeça, sabia que algo estava errado e entrava em ação.

Criamos uma rotina para o início do show. O palco ficava totalmente escuro depois que eu terminava de arrumar as coisas, com guitarras afinadas e ligadas. Tudo havia sido conferido para ver se estava funcionando, e o show estava pronto para começar. Os caras então subiam naquele breu do palco enquanto a música ambiente seguia tocando — eu os acompanhava com uma lanterna. Levava o meu irmão — de óculos escuros — ao seu lugar pelo braço para que ele não tropeçasse.

Quando chegavam lá em cima, nenhum ruído era feito. Assim que estivessem prontos, eu fazia um gesto para o operador de som, então a música parava. Após Joey gritar sua rápida frase de abertura, Dee Dee quase o interrompia com a contagem: *1, 2, 3, 4!* e *bum!* As luzes brancas brilhavam no instante em que eles tocavam o primeiro acorde. Os Ramones seguiriam em frente e iriam sem parar até o fim.

Era eletrizante demais quando o show corria naturalmente a ponto de não haver nenhuma paralisação — somente ação ininterrupta. Era incrível, e eu podia ver a empolgação refletida nos rostos das pessoas no público.

As coisas estavam bem encaminhadas. Ao entrar no estúdio, tínhamos a consciência de que os shows ao vivo nunca estiveram tão firmes. Estávamos prontos para cair na estrada, para levar o som adiante e divulgar o primeiro disco dos Ramones.

CAPÍTULO 17
CAFÉ PARA JESUS

EM JANEIRO, OS RAMONES DERAM UM TEMPO NOS SHOWS com o objetivo de se prepararem para a gravação do seu primeiro álbum no Plaza Sound, o estúdio de gravação que ficava acima do lendário Radio City Music Hall. Fui alguns dias antes levar as guitarras e deixar tudo pronto para que a banda pudesse começar a gravar o mais rápido possível. Estavam pagando o estúdio por hora. O relógio estaria andando, e o cronômetro, correndo.

Era fácil se perder dentro do cavernoso Music Hall, mas também era divertido. Subir ao estúdio por si só já era uma aventura. Apenas alguns elevadores iam até em cima. Pegar o elevador errado no andar errado e ver os acessórios de cenário e as fantasias das Rockettes era demais. Isso foi logo depois do grande show de Natal, de forma que os enormes soldados de madeira, anjos e elfos ainda estavam todos atirados em uma enorme área no *backstage*. Caminhei sobre as passarelas bem acima do palco. Não havia ninguém no teatro. Era tão quieto lá em cima que chegava a ser assustador.

No primeiro dia da sessão de gravação, Joey e eu saímos para tomar um café enquanto o engenheiro de som, Rob Freeman, aprontava a fita. Nós nos perdemos na volta para o estúdio, entrando numa enorme sala onde estavam guardados o trenó do Papai Noel, além da roupa, das botas e da barba do bom velhinho. Joey e eu demos a volta por um canto e vimos as renas. Então caminhamos por um corredor até chegarmos em uma sala pouco iluminada, na qual demos de cara com o próprio filho de Deus, recostado contra uma parede, manifestando-se em toda sua glória. Ele era duro como isopor, mas podíamos jurar que estava olhando bem em nossos olhos — como se estivesse nos perdoando.

Deixamos um copo de café para ele.

Craig Leon, o produtor da Sire Records, estava coproduzindo o álbum em parceria com Tommy Ramone. Antes de começar a gravar, eles passaram um tempo escolhendo os sons que mais lhe agradavam. Naquela época, a maioria das bandas fazia isso durante uma semana, mas os Ramones fizeram em poucas horas. Tommy me colocou para tocar a bateria enquanto ele e Craig ouviam, fazendo ajustes nos níveis e mudando a colocação dos microfones. Felizmente, eu já conhecia um pouco do instrumento por ter praticado na bateria do meu irmão em casa.

Para agilizar, Johnny me pediu para tocar sua guitarra, de modo que ele pudesse escutá-la na sala de controle. Considerando que o corredor entre o estúdio e a sala de controle tinha uns 400 m de distância, era mais rápido fazer isso do que ir e voltar toda hora.

Antes de começar a registrar os *takes*, Johnny e Tommy tiveram uma discussão sobre como as faixas deveriam ser gravadas. Tommy queria as guitarras dobradas para deixar o som mais encorpado, método que normalmente era usado em estúdios na época. Na verdade, Tommy, que havia trabalhado no Electric Lady Studios, onde Jimi Hendrix juntava dezenas de faixas de guitarra na mesma música, achava uma loucura não fazer *overdubs* na gravação. Ele acreditava que o disco não iria se equiparar aos padrões de fidelidade dos álbuns contra os quais a banda iria competir.

Johnny não queria nada de *overdubs*. Para começar, demoraria sabe-se lá quanto tempo para ele tocar duas faixas exatamente do mesmo jeito. Além disso, queria levar o som minimalista e despojado das apresentações ao vivo para o disco.

Tommy argumentou que soaria fraco demais. Ele explicou que não se podia gravar só uma faixa de guitarra, de baixo e de bateria em um álbum de estúdio.

"Eu só queria deixar 'Now I Wanna Sniff Some Glue' e outras músicas mais encorpadas e gravar as guitarras em dobro", ele disse. "Fiz uns *overdubs*, mas Johnny não queria fazer. Ele achou que a música ficaria mais devagar, mais arrastada. De fato, deixava mais arrastada, mas também mais encorpada."

Quando Johnny me chamou para a discussão, citei o fato de que todos nós adorávamos o disco *Live at Leeds*, do Who, que tinha um som rico e cheio mesmo sem ter *overdubs*. Tommy ressaltou que esse álbum era gravado ao vivo, então tinha de ter aquele jeito de som ao vivo. Johnny defendeu que era exatamente isso que ele queria e que não via motivo algum para que eles não pudessem fazer o mesmo. A discussão estava encerrada.

Trinta anos após o lançamento do disco, ainda acho que Johnny fez a decisão correta. O álbum serviu de parâmetro para o que viria a se chamar punk rock. Se ele tivesse sido um pouco mais "produzido", a simplicidade, que era a marca da banda, e o conceito de punk — de que qualquer garoto poderia se imaginar fazendo o mesmo com uma guitarra — teriam ido por água abaixo. Aquela abordagem foi o que deu charme e personalidade ao disco. E também colhões.

Na hora do jantar, no segundo dia de gravação, Tommy, Dee Dee e Johnny já haviam terminado todas as 14 músicas. Fizemos uma pausa para comer. Quando voltamos, Joey já tinha começado a gravar os vocais. Mas, depois de tentar vários microfones e técnicas diferentes, sua voz começou a cansar. Ele então gravou vocais improvisados, e a banda encerrou as atividades por aquela noite.

No dia seguinte, a voz de Joey estava mais inteira e mais forte. Ele não tinha ficado sentado, fumando o dia inteiro. Teve um pouco de trabalho sob a mira dos microfones de alta tecnologia — às vezes, ruídos eram captados quando ele pronunciava o P e o T, então precisou aprender a acertar sua sibilância. Era como se a intensidade da sessão de gravação ampliasse as notas ruins. Joey também teve de acertar isso, o que lhe exigiu uma concentração maior. Precisou ainda cantar algumas palavras novas.

Seymour Stein foi ao estúdio durante à tarde e reclamou: "Vocês não podem cantar *I'm a nazi baby, I'm a nazi, yes I am*", fazendo referência aos versos iniciais da canção *'Today Your Love, Tomorrow the World'*, que estava se tornando a música de encerramento nos shows dos Ramones. Era meio ridícula, mas não para Seymour. A letra era:

I'm a nazi baby	*Sou um nazista, baby*
I'm a nazi, yes I am	*Sou nazista, sou sim*
I'm a nazi shatzi	*Sou um queridinho nazista*
y'know I fight for the fatherland	*luto pela minha pátria*
Little german boy, being pushed around	*Menininho alemão, levando empurrão dos outros*
Little german boy, in a german town	*Menininho alemão, em uma cidade alemã*

Não fiquei ofendido, e sou judeu.

Meu irmão também não ficou ofendido.

Tommy, cujos pais escaparam por pouco da morte nos campos de concentração durante o Holocausto, era mais sensível a essa questão, mas consentiu para não censurar a liberdade artística e o humor sombrio da banda. Para mim, a canção retratou a imagem de um garoto alemão frágil e magrinho que, depois de ser alvo de valentões no seu pequeno burgo, encontrou uma maneira de virar um dos valentões. Era como um olhar sobre a mentalidade de um típico membro da Juventude Hitlerista, brilhantemente resumido em duas linhas.

Seymour insistiu para que a banda mudasse a letra. Os Ramones bateram o pé. Um debate acalorado e emotivo se sucedeu. Era como se aquilo pudesse romper o contrato.

Então eles começaram a discutir alternativas e sugeriram o verso *I'm a shock trooper in a stupor, yes I am* (*Sou da tropa de choque e estou paralisado, estou sim*).

Até mesmo isso era demais para Seymour. Na sua opinião, era igualmente ofensivo.

Porém, depois de uma longa briga, ele finalmente cedeu e deixou a banda usar o verso do *shock trooper*.

"Eu não sei se deveria admitir", Seymour confessaria mais tarde, "porque eu superei aquilo rapidamente, mas as referências ao nazismo nas músicas não me agradavam. Não tem como jogar fora 20 anos de criação judaica no Brooklyn".

"Deixaram a gente fazer muita coisa que não deixariam se a banda fosse famosa", Johnny contou. "Dee Dee compôs '53rd and 3rd' no primeiro álbum. Era uma música engraçada. Não acreditei que fosse nada perto da realidade. Achei que a gente estava cantando sobre temas pervertidos que ninguém mais cantava. Não significava que a gente estivesse fazendo aquilo."

A esquina da Rua 53 com a Terceira Avenida era um notório ponto de prostituição onde michês ofereciam seus serviços.

"Johnny teimou até a morte", disse Danny Fields, entre risos, "que não sabia que '53rd and 3rd' era sobre Dee Dee fazendo programa!".

No terceiro dia, Joey terminou de gravar todos os vocais principais. Quando começaram a registrar os vocais de apoio, a banda se deparou com problemas que poderiam causar enormes atrasos. Durante aqueles longos *oooohs*, Joey teria de manter afinadas as notas por um bom tempo. Ele havia feito um trabalho incrível nos vocais, sobretudo para alguém que tinha começado a cantar há apenas alguns anos. Seu instinto, talento, estilo e jeito únicos o levaram para um lugar na história naquele mesmo dia. Ele não conseguia, no entanto, cantar os vocais de apoio, sua voz começava a cansar.

"Tentamos com Joey e com Dee Dee", o produtor Craig Leon relembra. "Naquele ponto, nenhum dos dois conseguia manter as notas muito bem. Precisávamos de alguém para cantar."

Tommy, Johnny e Craig sabiam que tinham um problema a resolver e começaram a olhar em volta no estúdio. Tommy tentou primeiro, mas sua voz não soava suficientemente forte atrás da voz do meu irmão. Então Craig Leon, Arturo Vega e os engenheiros fizeram algumas tentativas.

"Ok, Mitchel", Johnny se dirigiu a mim, olhando para seu relógio. "Por que você não vai lá e tenta?"

"Mitch participou de vários vocais de apoio", Craig Leon lembra. "Não tínhamos muitas alternativas. Eu sei que ele também apareceu em 'Judy Is a Punk' e em

'Blitzkrieg Bop'. Quanto às outras músicas, Mitch cantou em algumas coisas, e eu e os engenheiros cantamos em outras."

Fui até lá e cantei um *take* do *ooh* na ponte de "Blitzkrieg Bop". Funcionou. Foi uma sensação ótima. *Uau, eu pensei, vou aparecer de verdade nesse disco!*

Eu estava muito empolgado, mas o sentimento durou pouco.

Quando eu voltei à sala de controle, Johnny parecia irritado — como se estivesse marcando território. Ou talvez ele ainda estivesse guardando rancor por eu ter saído da sua banda cinco anos antes.

"Quando Johnny guardava rancor", Tommy relatou, "ele guardava rancor *mesmo*. Não era problema para ele se levasse uma vida inteira: ele ia te dar o troco".

Para manter a gravação rodando, Johnny falou a contragosto para que eu voltasse lá. Cantei uma harmonia sobre a primeira parte que tinha feito para finalizar o vocal de apoio em "Blitzkrieg Bop". Então Tommy pediu para que eu cantasse o *uuh* que segue o *you* de Joey em "I Don't Wanna Walk Around You" e o *uuh* comprido na metade de "Judy Is a Punk".

Ficou bom, pois era algo suficientemente parecido com a voz do meu irmão, mas um pouquinho diferente — combinou muito bem.

Tommy foi comigo para gravar em duas vozes as harmonias do *uuh la la* na ponte de "Chain Saw". Em seguida, fiz o *uuh* na metade de "I Wanna Be Your Boyfriend". O engenheiro de som Rob Freeman cantou o refrão no final de "Boyfriend". E foi isso. Fiz todas minhas participações no primeiro *take*. A função toda demorou em torno de uma hora.

De volta à sala de controle, meu irmão disse: "Nossa, isso foi muito bom. Você salvou o dia".

Eu respondi: "Valeu. Apenas se lembre de mim quando o disco for lançado".

Dee Dee sugeriu que eu mudasse meu nome para os créditos na contracapa do disco. Eu gostava do nome Mickey, como o antigo craque dos Yankees, Mickey Mantle, e Lee é meu nome do meio. Dee Dee então disse: "Isso, Mickey Lee. É um nome muito bom".

Mais tarde, mudei a grafia para não ser colocado junto a outros Lees famosos, como Alvin, do Ten Years After; Albert, o grande nome do blues; além de Peggy, Sara e Bruce Lee.

Craig Leon saiu da sala e tocou o grande órgão do estúdio na faixa "Let's Dance". Eu, Tommy, Arturo e até mesmo Danny Fields fomos até a sala de gravação para bater palmas em algumas canções. Depois disso, Craig Leon e eu trabalhamos o efeito sonoro de bomba em "Havana Affair".

Toquei um reco-reco para simular o som de um pavio aceso, e Craig golpeou um enorme bumbo com uma baqueta de tímpano: *tssss BUM!*

E assim foi feito. Estava contente por ter ajudado e empolgado de saber que meu nome seria citado em um disco importante.

Tommy, Craig e Rob começaram imediatamente a fazer a mixagem. Para Johnny, mais tempo no estúdio significava ter menos dinheiro para outras despesas. Logo ele queria terminar o álbum o mais rápido possível. Eu tinha grandes esperanças no disco e na banda. Cerca de 60 horas após o início da sessão de gravação, eu já estava guardando as guitarras, enrolando os cabos e fazendo os preparativos para carregar tudo.

"Fizemos o álbum em uma semana e gastamos só US$ 6,4 mil nele", Joey disse. "Todo mundo ficou surpreso. Naquele tempo, as pessoas não davam tanto valor assim para o dinheiro. Tinha muita grana circulando. Alguns álbuns custavam US$ 500 mil para serem feitos e demoravam dois ou três anos para serem gravados, como Fleetwood Mac e Boston. Gravar um disco numa semana e por US$ 6,4 mil era impensável, principalmente considerando que esse disco mudou mesmo o mundo."

Um dia depois de a mixagem do álbum ter sido finalizada, caímos na estrada para os primeiros shows da turnê longe da cidade.

Johnny, Joey, Dee Dee, Tommy, Danny Fields e eu nos amontoamos em uma van que aluguei na Queens Boulevard e fomos até uma escola em Nashua, New Hampshire, onde os Ramones abririam para uma popular banda *cover* da região. Os caras usavam maquiagem, se vestiam em roupas apertadas de roqueiro e tocavam *covers* de Boston e Aerosmith. O grande ginásio estava cheio de garotinhas.

Na noite seguinte, os Ramones fizeram um show próprio em Boston. Foi relativamente tranquilo. O lugar não estava muito cheio, mas houve muito interesse por parte da mídia independente de Boston. Assim como o público, eles mostraram uma evidente curiosidade ao assistir à banda — em outras palavras, estavam perplexos.

Na outra noite, os Ramones abriram mais uma vez para a banda *cover* em Brockton, Massachussets. Os fãs do grupo não deram a mínima para os Ramones. Depois disso, Johnny jurou que não iria abrir para mais *ninguém*.

Danny marcou o maior número possível de shows na região entre Nova York, Nova Jersey e Connecticut. Não havia uma porrada de lugares onde bandas como os Ramones poderiam tocar. O My Father's Place, em Roslyn, era o único espaço de Long Island que aceitava repertório próprio. Os Ramones e os Heartbreakers tocaram pela primeira vez lá em março. O Max's Kansas City, é claro, foi a casa da banda longe do CBGB em Manhattan. Houve bares mais corajosos em Nova

Jersey que marcaram alguns shows com os Ramones e o Blondie. Então voltamos para Boston para uma sequência de três noites de apresentações e empreendemos algumas idas até Connecticut.

As viagens eram difíceis. Na maioria das vezes, éramos só eu, Danny Fields e os integrantes da banda. Nós alugávamos dois quartos nos hotéis: um para cada três pessoas. Naquela época, os Ramones não tinham condições de pagar ajudantes, então a própria banda cuidava do transporte do equipamento. Eu tocava bateria durante as passagens de som, enquanto Tommy ia até a mesa para fazer a mixagem e instruir o técnico a não fazer cagada com os ajustes. Escalávamos qualquer fã disposto para nos ajudar a carregar o equipamento no fim da noite.

Eu era *roadie*, gerente de turnê, gerente de palco, motorista, segurança e qualquer coisa necessária conforme a situação. Arturo Vega aparecia sempre que podia, mas ainda precisava do seu emprego de ajudante de garçom, já que a banda não tinha como pagá-lo. Monte Melnick, antigo amigo de Tommy, foi em uma ou duas viagens para fazer o som. No restante, eu tinha de fazer tudo. Ganhei 20% de aumento: meu salário subiu para US$ 60 semanais.

Naquele momento, nenhum de nós percebia a importância do que estávamos fazendo. Se percebêssemos, nada disso teria acontecido. As amizades entre vários de nós continuaram crescendo e ficando mais fortes. Em Legs McNeil, Joey tinha um amigo e um fã.

"Eu adorava os Ramones. E Joey adorava a revista *Punk*. Foi simples assim", Legs lembra. "A pose normal de Joey era como a de um ponto de interrogação: o corpo enrolado, as costas levemente encurvadas, os braços cruzados e os dedos mexendo constantemente no cabelo. Mas, no palco, Joey era um ponto de exclamação, o que o tornava totalmente dominante. Quando ele ficava na frente do microfone, não tinha como não olhar pra ele. E quando ele abriu a boca, e a gente ouviu sua voz, ele virou o líder dos Ramones."

"Não havia muitas garotas dando mole para o Joey ou para mim no início", Legs confessa. "Quando a gente saía para tentar pegar alguém, normalmente acabava a noite no *loft* do Arturo assistindo à *Mary Tyler Moore* até o canal encerrar a programação. Tanto eu como ele nos sentíamos como se estivéssemos ajudando a criar algo novo e diferente. Em 1976, não tinha nada que fosse legal, exceto talvez Fonzie, de *Happy Days,* e filmes antigos de monstros em preto e branco. Toda nossa vida era uma busca para redefinir o que era legal. Era coisa muito séria, porque todos nós estávamos definindo o futuro."

O primeiro disco dos Ramones foi um fator enorme para essa redefinição.

"A ideia original da banda era fazer a capa do disco como se fosse a capa de *Meet the Beatles*", John Homlstrom recorda. "Mas ficou horrível. Eles estavam desesperados atrás de uma alternativa, qualquer que fosse. Então pediram fotos do ensaio da revista *Punk* para a fotógrafa Roberta Bayley."

No início, os Ramones ficaram apreensivos de trabalhar com a Roberta", disse Holmstrom. "Garanti a eles que Legs e eu estaríamos lá para dirigir o ensaio. O que poderia dar errado? Bem, na verdade, muita coisa. Fazer os Ramones posarem para uma foto era como arrancar um dente. Eles reclamavam de tudo. Nós conseguimos tirar algumas com todo o grupo reunido em frente a uma parede de tijolos."

"O difícil era colocar os Ramones em uma linha simétrica", Legs relembra. "Embora tenham saído como se tivessem todos a mesma altura, se você olhar bem a capa vai ver Tommy na ponta dos pés e Joey um pouco encolhido pra dar essa impressão."

"A foto que, no fim, virou a imagem de capa do álbum foi um daqueles momentos perfeitos, quando tudo fica em seu devido lugar", Roberta Bayley disse. "O enquadramento anterior e o enquadramento seguinte não eram bons, mas, naquele exato momento, tudo parecia certo — assim como os Ramones. Aí quando eu estava trocando o filme, Dee Dee pisou em uma merda de cachorro."

"Se você olhar nos negativos", Legs disse, "vai ver Dee Dee tentando limpar a merda do tênis com um pauzinho. Aí ele corre atrás de todos com esse pauzinho cagado, e a sessão de fotos acaba aí".

A foto de Roberta virou a capa de disco clássica dos Ramones. E a imagem da banda usando jeans rasgado e jaqueta de motoqueiro em frente a uma parede de tijolos se tornou uma das mais copiadas de todos os tempos. Até *Alvin e os Esquilos* a usaram na capa do seu disco, *Chipmunk Punk*.

Estávamos no apartamento de Johnny, em Forest Hills, quando o primeiro disco dos Ramones foi lançado. Estávamos muito empolgados. Johnny abriu a caixa de discos que recebera e entregou uma cópia para cada um de nós. Ficou ótimo: preto e branco, puro e simples, totalmente legal. Johnny até abriu umas cervejas para a ocasião. Então ele colocou o álbum para tocar, e o escutamos quase sem acreditar, desfrutando o momento e muito surpreendidos com aquele evento notável. Ouvimos o disco diversas vezes e ficamos olhando a capa. Escutei os trechos de vocal que tinha gravado, o que me deu uma sensação ótima. Aí me lembrei de que o meu nome deveria estar em algum lugar no disco, mas eu não conseguia encontrá-lo.

Eu disse para Johnny: "O que aconteceu? Achei que eu ia ser mencionado".

Johnny respondeu: "Pois é, a gente não queria que as pessoas ficassem confusas em relação a quem está na banda e quem não está".

"Mas era só dizer *Vocal de apoio* ou *Vocais adicionais,* certo?", falei. "Não é como se eu estivesse na banda nem nada assim."

Ele disse: "É o nosso primeiro álbum e a gente não queria que as pessoas fizessem confusão".

É claro que eu estava chateado e decepcionado, mas aquilo meio que fazia sentido. O que eu podia fazer? Já estava feito. Eu tinha de aceitar e seguir adiante. Todos tínhamos nossas decepções. Todos estávamos engolindo o nosso orgulho.

"Escrevi uma música chamada 'Swallow My Pride'", Joey relembra. "Era sobre nosso contrato com a Sire. Tommy sempre usava a expressão *tem de engolir o orgulho,* e foi o que a gente fez quando assinamos com a Sire."

"A Sire Records era um pequeno selo independente", disse Joey, "que fazia a distribuição por outras empresas, como a ABC. E eles eram uma porcaria. A gente ia de avião até uma cidade onde iríamos tocar, e não tinha ninguém para esperar a gente no aeroporto nem nada. E achávamos que a banda tinha um monte de músicas que poderiam virar hits, mas isso não aconteceu. Assim, engolimos o nosso orgulho".

Johnny Ramone tinha começado a deixar um pouco do seu orgulho de lado também. Ele não ficou muito contente pelo fato de John Holmstrom ter optado por colocar somente Joey na capa da *Punk.* Johnny achou que seria toda a banda. Naquele momento, uma certa tensão — ou competição — pode ter surgido entre Johnny e Joey.

"Assim que a terceira edição da *Punk* saiu nas bancas", John Homlstrom comentou, "a revista começou a ser distribuída na Inglaterra. O exemplar com Joey na capa foi o primeiro número a ser vendido no país. Acho mesmo que isso ajudou os Ramones com os seguidores fanáticos que eles tinham por lá. A terceira edição vendeu tão bem que eles queriam mais a cada revista".

Havia uma sutil diferença de opinião entre os caras dos Ramones e os caras da *Punk* no que dizia respeito a *quem* era o responsável pelas vendas. Johnny fez chacota da ideia de que essa nova revista estivesse contribuindo para o sucesso da sua banda. Ele tinha plena consciência de que a imprensa era importante, mas acreditava que a *Punk,* entre outras, tirava proveito do efeito residual causado pelo sucesso inovador do grupo, e não o contrário.

Após ter estudado História da Música na faculdade, tenho a tendência a crer que Johnny Ramone estava mais certo — a música não antecede apenas revistas, mas também a palavra escrita por muitos séculos, talvez milênios. A arte vem antes do artigo. Mas uma coisa era fato: de uma hora para outra, Joey começou a chamar muito mais atenção e até começava a se expressar livremente. Eu fiquei bastante orgulhoso por ele. Não me importava nem um pouco em ser o seu *roadie*. Não me importava com o trabalho tampouco.

Tradicionalmente, no papel de *roadie*, eu deveria ser aquele que recebe ordens e xingamentos dos outros, mas eles não podiam fazer isso comigo. Johnny ainda tinha uma grande capacidade para se tornar desagradável, o que até era compreensível, com as enormes pressões em jogo.

Eu gostava da pressão. Como era o único trabalhador de palco, era inteiramente responsável por qualquer coisa que acontecesse durante os shows. E quando uma banda que antes era conhecida por parar repetidamente durante as apresentações ganhava a reputação de fazer uma incessante saraivada de canções, eu sabia que tinha feito a minha parte — e mais do que isso.

Um dia antes da passagem de som no CBGB, Johnny e Tommy tiveram mais uma discussão feia. Tommy achava que a banda estava começando a tocar as músicas rápido demais e, com isso, arriscava perder o *groove*. Johnny discordou totalmente e queria continuar tocando cada vez mais rápido. Eles batiam boca de modo furioso no momento que passei pelos dois, levando equipamentos para o CB. Johnny me parou e perguntou minha opinião sobre o assunto.

"Mitchel! Estamos tocando as músicas rápido demais?"

"Acho que não. Pelo menos ainda não", respondi a caminho o palco.

Johnny me parou: "E então? É melhor mais rápido?", ele seguiu.

"Bom, tem uma coisa que eu aprendi em teoria musical chamada *accelerando*", acrescentei.

"É, que legal, Mitchel. Palavra difícil", Johnny falou. "E aí, o que significa?"

"É um recurso usado em composição musical", expliquei, "quando você quer deixar algo mais emocionante, você aumenta a velocidade".

"Isso! Exatamente. Bom, quero que a gente seja o mais emocionante possível", Johnny disse, encerrando a discussão.

Além de atuar como um consultor nos momentos nos quais Johnny e Tommy discutiam e de cantar no primeiro disco, também comecei a contribuir com versos e ideias aqui e ali.

Um dia estava no *loft* de Tommy, guardando os amplificadores nos novos *cases* enquanto a banda compunha material para o segundo disco. Os quatro estavam juntos em um círculo, acrescentando palavras e melodias para os acordes que Johnny havia feito. A música se chamava "Suzy Is a Headbanger", e a letra dizia:

Do it one more time for me...	*Faz mais uma vez pra mim...*
Can't stop that girl	*Não tem como parar essa garota*
There she goes again	*Lá vai ela de novo*
I really, really love to watch her	*Adoro demais olhar pra ela*
Watch her headbangin'	*Olhar pra ela batendo cabeça*

Aí a música ia para a ponte: *Suzy is a headbanger*. E eles empacaram. Imaginei que alguma coisa associada ao filme *O Beco das Almas Perdidas* agradaria a todos. Então eu larguei o verso: *Her brother is a geek* (*O irmão dela é um Selvagem*).

Johnny riu, meu irmão me olhou de relance. Então a banda substituiu *brother* por *mother*, mas o verso pegou.

Quando fomos a Cleveland pela primeira vez, o show foi cancelado e ganhamos uma noite livre. Olhamos o jornal e vimos que o filme *Monstros* estava passando no centro da cidade. O pessoal da banda e da equipe — que agora incluía também Monte Melnick — entrou na van e foi assistir ao filme. Éramos fascinados por demências de todos os tipos. Suponho que isso nos ajudava a lidar com as nossas próprias.

Na cena do casamento, quando o noivo anão fazia uma dança na mesa do banquete e cantava *Gobble, gobble, we accept you, one of us* para sua noiva, todos nós caímos na risada. Sugeri a Johnny que a banda fizesse uma música com aquilo — que tivesse a participação do público. Ele gostou da ideia. Mais tarde, viraria o clássico do punk rock "Pinhead".

A canção terminava entoando repetidamente *Gabba gabba hey*. Eu levava na corrida uma grande placa com essas palavras e entregava ao meu irmão, que a levantava para o alto, mostrando para as pessoas no público e pedindo para que cantassem junto. Era o que a plateia fazia. Aquilo se tornou um dos pontos altos nos shows dos Ramones.

Na noite seguinte após termos assistido a *Monstros* em Cleveland, fomos até Youngstown para tocar no Agora Theatre, uma grande casa de espetáculos que estava dois terços vazia. Fomos recebidos por uma galera ensebada de uma banda chamada Dead Boys. Obviamente já eram grandes fãs. Foram muito simpáticos e fizeram com que nos sentíssemos bem-vindos, o que era mais do que os *promoters* do show fizeram. Ficaram putos ao saber que a apresentação foi um fracasso de público e incomodaram bastante Danny em relação ao pagamento.

Danny me ofereceu o título oficial de "gerente de turnê" se eu fosse até lá pegar o dinheiro para a banda. O argumento dele era que eu já estava fazendo esse trabalho de qualquer jeito mesmo. Recusei. Não queria fazer carreira trabalhando para os Ramones. Por enquanto, eu já tinha responsabilidades suficientes ganhando US$ 60 por semana. A ideia de ter de aguentar ainda mais ordens aos berros de Johnny e atender às exigências regadas a droga de Dee Dee era assustadora. Preferia que continuássemos amigos.

Então ele ofereceu a oportunidade a Monte, que aceitou e teve sucesso ao coletar a grana. Monte era mais adequado para esse trabalho, tinha um temperamento melhor para lidar com todas as reclamações que estariam no caminho, conforme a banda ficava mais famosa e mais exigente.

Não que meu irmão estivesse reclamando — as coisas estavam melhores do que nunca com ele. Joey tinha total gratidão pelo que eu estava fazendo.

Quando voltamos para a estrada depois do show, Joey me cutucou com o cotovelo e apontou para a janela da van: "Olha aquilo", disse.

Os caras da Dead Boys estavam em seu carro, guiando a gente de volta à estrada. A mais ou menos 80 km/h, o vocalista Stiv Bators subiu no teto do veículo, de onde abaixou as calças e mostrou a bunda por todo o trecho até as cabines de pedágio.

Joey e eu caímos na gargalhada.

Eu e ele tínhamos um ótimo relacionamento agora. Era o tipo de amizade que eu sempre quis que tivéssemos.

CAPÍTULO 18
AS CRIANÇAS VÃO FICAR BEM?

Conforme o status e a autoconfiança de Joey cresciam, também crescia o seu apelo com as garotas. Ele agora tinha uma namorada que nem mesmo Johnny poderia chamar de retardada. Pam Brown foi a primeira namorada que meu irmão teve que não era do "manicômio" e que não tomava remédios. Era inteligente, bonita, esbelta, sexy e muito alta. Com mais de 1,80 m e volumosos cabelos pretos, ela tinha uma insólita semelhança com Joey, principalmente de costas.

Ela viu os Ramones tocarem no CBGB e decidiu que Joey tinha sido feito para ela. "Eu me apaixonei perdidamente por Joey", Pam disse, "fiz minhas malas e fui direto morar com ele no *loft* do Arturo. Acho que o Arturo não ficou muito contente no início, mas logo gostou bastante de mim. Eu recolhia as tigelas de cereal do Joey e tudo mais".

Pam e Joey eram tão parecidos um com o outro que seu relacionamento era quase incestuoso para mim.

Porém, por mais que eu gostasse dela, algo parecia não estar certo. Ela era um grande contraste para Joey em muitos aspectos. Parecia tão decidida e segura de si, ao passo que Joey ainda não havia se achado. Ele às vezes falava com um sotaque britânico forçado, evocando os seus ídolos em *Help!* e *A Hard Day's Night* — assim como fazíamos quando éramos garotos, fingindo ser astros do rock. Meu irmão estava feliz como uma criança, mas, de certa maneira, vivia em um mundo de fantasia. Ele ainda não havia se dado conta de que o seu sonho estava de fato se tornando realidade — que agora as pessoas estavam interessadas *nele* mesmo.

Nessa época, Dee Dee e Joey ainda eram marinheiros de um barco capitaneado por Johnny e Tommy, com o ambiente social, político e musical ditando o rumo. Tudo parecia se encaixar. Joey estava curtindo toda aquela atenção positiva, e eu vibrava com isso. O carinho de Pam parecia ser parte do fluxo natural. O fato de ela ter se mudado tão depressa foi um pouco estranho, mas tudo estava acontecendo rapidamente. E tudo estava bem — e divertido. Com exceção de algumas ocasiões no *loft* de Arturo, quando a nova namorada de Dee Dee, Connie, foi morar junto com ele e houve brigas violentas entre os dois.

"Joey e eu ficávamos na cama todas as noites, com os lençóis sobre as nossas cabeças, torcendo para que nada atingisse a gente", Pam recorda. "Connie e eu íamos no CBGB para tomar uma cerveja, e ela batia a carteira das punks. A Connie era bem louca. Estava se prostituindo. Eu também já fiz isso uma vez, quando não tinha nada de dinheiro."

"Eu achava que os Ramones iam dominar o mundo. Em vez disso, a gente ficava sentado, comendo sanduíche de tomate com *cream cheese*. De vez em quando, Joey conseguia arrancar dinheiro da mãe dele ou coisa assim. Uma noite, eu estava voltando a pé sozinha, bêbada, do Club 82 para a casa do Arturo às 4h da manhã. Aí um cara num Cadillac encostou o carro perto de mim e disse: *Te dou US$ 50 por um boquete*. Eu disse *Ok*. Estava suficientemente bêbada para fazer aquilo", Pam confessa. "O cara voltou a me procurar depois disso e mais algumas vezes nas semanas seguintes. Mas não contei pro Joey. Guardei aquilo pra mim."

Pam também guardava várias outras coisas para si.

"Lester Bangs, o jornalista de rock, era meu ídolo. Tive um caso com ele quando estava morando com o Joey", ela admite. "Lester ainda vivia em Detroit quando era editor da *Creem* e arranjou trabalho pra mim. Eu escrevi o primeiro artigo sobre os Ramones para a revista. Estava dormindo com o inimigo!"

Apesar desses acontecimentos, tudo parecia estar bem entre Pam e Joey — até que o artigo saiu na *Creem* em dezembro de 1976. O título era *Sendo babá dos Ramones: as crianças vão ficar bem?*

Quando Joey leu o texto, não ficou nada contente, sobretudo com o trecho *Andar pela rua com Joey Ramone é como ter uma girafa de estimação e levá-la até a banca para comprar a última edição de uma revista de música.*

É claro que Pam não tinha como saber que Joey era chamado de Geoffrey Girafa quando era mais novo. Mesmo assim, o artigo foi pessoal demais para Joey, revelando sua vida íntima e seus segredos.

Pam escreveu: *Ele é mais alto do que qualquer um e, ao mesmo tempo, pesa menos do que qualquer um. Tem sempre um sorriso no rosto e jamais mente, mas inventa ótimas histórias sobre gente sendo atropelada por ônibus, garotas se transformando em vegetais e baratas gigantes atravessando as paredes. Joey dorme com sua jaqueta de couro. Ele tem um zoológico de plástico com insetos. Uma vez fez Dee Dee e eu capturarmos uma gigantesca barata d'água para ele, que foi alimentada com pão até a sua morte alguns dias depois. Então continuou com ela mesmo assim.*

Joey achou que Pam o apresentou como um ser bizarro e que se aproveitou dele.

Ela escreveu ainda: *Joey não está por perto. Ele está em um sótão sujo em algum lugar, com um toca-discos caindo aos pedaços e centenas de LPs riscados espalhados em meio a uma bagunça em seus pés. Ele toca música atrás de música, como um DJ demente e recluso, escutando e pensando. Ele não tomou banho ou trocou de roupa durante dias. Tigelas de cereal pela metade e xícaras de café azedam no parapeito da janela. Joey não percebe nada.*

As coisas sobre as quais ela mencionava eram parte da sua doença. Pam tocou em uma ferida aberta.

Fiquei preocupado com a forma que algumas de suas peculiaridades poderiam ser retratadas. Mesmo já sendo um adulto, eu queria proteger meu irmão mais velho. E era diferente de tentar ajudá-lo a se defender de Jarod e dos garotos que mexiam com ele na escola. Aquilo agora era até mesmo uma parte do meu trabalho, como *roadie* e como irmão.

O artigo de Pam pegou Joey no contrapé. Ele não estava pronto para ter sua vida pessoal devassada daquela forma. Foi a primeira de uma porrada de vezes que isso aconteceria.

"Pelo jeito como Pam falava sobre Joey, tive a impressão de que o relacionamento deles não era do tipo romântico", recorda Scott Kempner, guitarrista dos Dictators. "Pam se importava com Joey, mas os problemas dele faziam com que fosse impossível para ela ter uma relação romântica de verdade. Nunca vi nenhum sinal deles interagindo como namorado e namorada."

Fui ao *loft* do Arturo um dia e tudo indicava que Pam havia ido embora. Quando perguntei ao meu irmão onde ela estava, ele simplesmente disse: "Foi embora".

Pam foi morar com Scott Kempner no Bronx.

Joey não parecia estar abalado, tampouco indiferente. Ele apenas nunca mais citou o nome dela de novo. Para meu irmão, pode ter sido uma questão de negação. Até certo ponto, acho que ele sabia que ela estava trepando com todo mundo. Mas foi o artigo da *Creem* que realmente o abalou. Ele nunca a perdoou por ter revelado tanta coisa sobre ele. De certo modo, acho que Joey também percebeu que Pam era mais do que ele poderia dar conta. Fiquei feliz por ela ter ido morar com Scott Kempner antes que o meu irmão se magoasse de verdade.

Porém, não havia tempo para se preocupar com a partida de Pam. As coisas estavam acontecendo rápido demais. Os Ramones tinham um show marcado para o fim de semana do 4 de julho em Londres, na Inglaterra, e logo iríamos partir.

"Linda Stein, a esposa de Seymour Stein e minha parceira na tarefa de gerenciar os Ramones, pensava muito no lado internacional", Danny Fields explica. "Ela era fascinada, e com razão, pelas possibilidades de lucro à disposição dos Ramones no mercado europeu. Desde o início, ela sentiu que tínhamos chance de encontrar um nicho mais fácil no Reino Unido. Tentamos entrar na Inglaterra, principalmente depois que ir além de Nova Jersey começou a ficar cada vez mais improvável."

"Nosso primeiro show na Inglaterra foi em 4 de julho de 1976, no fim de semana do bicentenário da Independência dos Estados Unidos, o que eu achei metaforicamente adequado", Danny disse, entre risos. "No aniversário de 200 anos da nossa liberdade, estávamos levando um presente à Grã-Bretanha que iria abalar as suas estruturas para sempre."

Como Monte Melnick ainda não tinha assumido as tarefas de gerente de turnê, isso ainda era minha responsabilidade. A banda havia optado por não levar Monte ou Arturo Vega nessa viagem para a Inglaterra. Eu preparei a documentação, anotando todo o equipamento que mandaríamos pela alfândega, e acertei o transporte da banda ao aeroporto. Levamos apenas quatro guitarras e mais alguns acessórios. Então não foi muito trabalhoso. Danny Fields me ajudou a arrastar tudo pela alfândega e a ficar de olho em Dee Dee para que não houvesse o risco de ele se perder no terminal e do avião decolar sem ele.

Desembarcamos em Londres de manhã cedo, no dia 3 de julho, e fomos direto ao hotel para descansar, mas ninguém conseguiu dormir. Joey, Tommy, Johnny, Dee Dee, Danny e eu nos encontramos no saguão e resolvemos dar uma volta pelas ruas de Londres. Seymour e Linda Stein tinham um apartamento lá e, de alguma forma, ficamos próximos de onde eles estavam.

Danny Fields achou que seria bacana fazer uma visita a eles. Entramos no prédio por uma porta destrancada e nos deparamos com o casal, ainda na cama e adormecidos.

Com certeza, foi embaraçoso conversar com Linda e Seymour deitados na cama, pelados. Fomos breves na visita. Ao caminhar pelas ruas, ficamos fascinados ao ver que ainda entregavam leite na porta e nos servimos com algumas garrafas.

Não saímos naquela noite, já que o show seria no dia seguinte. No saguão do hotel, nos encontramos com um dos caras do Flamin' Groovies, a banda que seria a atração principal nas duas noites seguintes. No bar do hotel, acabei falando com o empresário deles, Greg Shaw, que estava com sua linda e loira namorada, Sable Starr. Greg também tinha fundado um respeitado selo indie de garage-pop, Bomp, que mais tarde se tornaria lendário no seu gênero.

Assim como Sable Starr.

Nós gostávamos dos Flamin' Grooves. Não era vergonha nenhuma abrir para eles. A canção "Shake Some Action" — um som meio Beatles que tocava regularmente na jukebox do CBGB — era uma das músicas favoritas de todos da banda.

O primeiro show seria em um lugar chamado Roundhouse, uma rotunda ferroviária que já havia sido desativada. Todo mundo estava um pouco nervoso no carro a caminho da passagem de som, pois estávamos longe do nosso território pela primeira vez e não sabíamos o que esperar.

Quando Danny levou a banda ao camarim para se encontrar com os jornalistas, as coisas esquentaram após uma chegada um tanto surreal. Era como se ninguém quisesse admitir que já conhecia o grupo. Ao levar as guitarras para o camarim, ouvi a imprensa britânica tentando intimidar os "punks ianques", tentando tirá-los do sério, ainda que de um jeito bem-humorado. Então ficou evidente que eles gostaram do álbum dos Ramones, mas queriam respostas.

Esperei os Flamin' Groovies terminarem a passagem de som e fui até o palco para dar uma olhada e fazer os preparativos para o show.

Ao subir no palco, recebi as boas-vindas do DJ da casa, Andy Dunkley, *a jukebox humana*. Ele foi muito simpático e procurou me tranquilizar.

"Não se preocupe", ele disse, "vai ser um ótimo show, cara. Todo mundo está *louco* para ver os Ramones. Eles não são metidos a estrelinhas e impõem respeito lá na frente. Não deixe esses metidos safados te derrubarem. Isso é só o nosso jeito de ser".

Ainda assim foi um pouco assustador. Eu não tinha absolutamente ninguém para me ajudar no palco. Não tínhamos equipamento próprio ou técnico de som. Houve confusão quando Tommy assumiu a mesa de som e eu fui tocar a bateria. Os fotógrafos começaram a disparar suas câmeras, e Johnny passou a agir de um jeito meio estranho. Estávamos tocando "Beat on the Brat", e, por alguma insondável razão, Johnny começou a gritar comigo.

Ele então decidiu tocar "Judy Is a Punk", que ele sabia que era rápida demais para mim. Na metade da música, comecei a escorregar nas batidas rápidas do chimbal enquanto meu braço direito ia ficando mais pesado. Agora estava claro que eu não era o baterista, o que suponho ter sido a grande questão. Enquanto eu ia tropeçando e patinando na frente de toda a imprensa musical britânica e de um curioso grupo de espectadores, Johnny dava risada.

"Rá, rá, não consegue dar conta, hein, Mitchel?", ele disse, em um tom de voz suficientemente alto.

Johnny ainda se divertia com esse tipo de coisa.

"Bom, eu não sou baterista, John", eu disse, ao entregar as baquetas para ele. "Eu sou guitarrista. Vamos ver se você consegue fazer o que eu fiz. Quer trocar?"

O público riu ao ver o *roadie* dar o troco no rockstar. Pareciam gostar daquilo. Era o que estavam esperando: punk rock!

"Tommy, sobe aqui!", Johnny berrou para a cabine de som.

Depois da passagem de som, a banda voltou para o hotel, e eu fui até a casa de Seymour Stein pegar uma caixa de tacos de beisebol que a Sire tinha feito para dar de brinde em ações promocionais. Eram tacos em miniatura da marca Louisville Slugger, que traziam as inscrições *It's a hit, on Sire Records!* (com direito ao trocadilho com o *hit* da música e o do beisebol).

Quando voltamos ao Roundhouse para fazer o show, tinha uma enorme multidão do lado de fora. Lá dentro, o lugar estava lotado. Londres passava por uma das piores ondas de calor da história, e todos já estavam ensopados de suor. Vários caras tinham tirado a camisa — e as garotas também.

O show foi de uma emoção incrível. Havia um grande vozerio e uma enorme energia no ar. Era como se todos já tivessem escutado o primeiro disco dos Ramones, ou pelo menos já o conhecessem. Existia um senso de rivalidade com uma nova banda, chamada Sex Pistols, o equivalente britânico dos Ramones. Alguns garotos passavam a impressão de estarem agindo de maneira protetora em relação aos Pistols, que, na opinião deles, eram os criadores e instigadores desse novo *movimento*, não os americanos.

Houve também uma tiração de sarro amistosa, já que era 4 de julho de 1976, o aniversário de 200 anos da sangrenta batalha que os Estados Unidos iniciaram para se libertarem do domínio inglês. Era o Dia da Independência para nós, não para eles. Mal sabíamos que, unidos, estávamos começando uma nova revolução — uma revolução musical. Não tínhamos noção, na época, de que estávamos prestes a lançar todo um movimento cultural. Ninguém tinha.

"Nosso álbum foi importado na Inglaterra três meses antes de chegarmos lá em 4 de julho de 1976", Joey recorda. "A gente colocava talvez 500 pessoas no CBGB. Mas, no Roundhouse, fizemos um show para três mil, com todos os ingressos vendidos — e era para todo tipo de público. Aquilo foi meio que o auge de tudo. Eles chamavam de *verão do ódio*, em oposição ao *verão do amor*. Era bem estranho, com todos aqueles punks com cabelos de cores diferentes."

Em geral, os fãs não se pareciam em nada conosco. Sua afirmação de moda era bem mais proposital, chocante e rebelde que a de Nova York, e dava a impressão de ser tão importante quanto a música para eles. Usavam jaquetas esportivas rasgadas, calças em estilo sadomasoquista repletas de fivelas e cintas, além de muita roupa xadrez — coloridas e com um jeito bem britânico. Abusavam da maquiagem preta debaixo dos olhos e alfinetes de fralda espetados por tudo. A intenção era chocar.

A combinação de jaqueta de motociclista, camiseta e jeans era um clássico e reverenciado visual americano, que ainda mantinha uma conotação de dureza, sendo associado às gangues de motoqueiros. Mas, assim como os Hells Angels se vestiam daquele modo, Fonzie, do seriado *Happy Days,* também exibia o mesmo estilo. As roupas dos punks britânicos eram mais originais e ameaçadoras do que as dos punks americanos, mas também eram mais forçadas.

Todos eles tinham plena consciência do que estava acontecendo em Nova York e aparentavam ter uma atitude competitiva. Levavam esse negócio de punk muito mais a sério do que a gente, mas acho que nós estávamos nos divertindo mais. Ficamos com a sensação de que eles estavam forçando um pouco a barra, já que a cena naquele país tinha um espírito bem mais violento — mais político e radical. Fazia a cena de Nova York parecer quase inofensiva. Na verdade, mostravam muito mais apreço pelo que o "punk ianque" e os Ramones representavam do que pelos ianques propriamente ditos.

"Eu me recordo de ter sido muito bem tratado", Joey comenta, "como um rei, e me lembro de ter conhecido Paul Getty e todo esse pessoal. Todo mundo foi ver a gente. Nos Estados Unidos, não tinha nada. Na Inglaterra, era outra história".

Depois do show no Roundhouse, voltamos todos para o hotel e ficamos no saguão. Menos Dee Dee, que subiu para seu quarto. Duas pessoas foram vê-lo lá em cima, e, mais tarde naquela noite, ele deu no pé. Simplesmente desapareceu.

No momento em que estávamos entrando no carro para ir a um bar chamado Dingwalls, Dee Dee ainda não havia retornado. Aguardávamos num grande e velho táxi preto, quando Johnny começou a ficar louco. Estava muito puto. Johnny era como um instrutor de escola militar — todo mundo tinha de estar careta e sóbrio. Ele não aceitava o que seu colega de banda fazia: indo atrás de droga.

Felizmente, a responsabilidade de ficar de olho em Dee Dee não tinha sido atribuída a mim. Isso era trabalho de Danny Fields.

O entusiasmo que Dee Dee tinha por ficar chapado estava se tornando uma dura rotina. Houve várias ocasiões em que ele tinha "brancos" no meio da música, não acompanhando a canção e parando de tocar. Por sorte, eu conhecia as composições e as cifras o suficiente para antecipar as notas, correr até lá e apontar para a posição onde Dee Dee deveria colocar o dedo no braço do instrumento.

Então alguma coisa acontecia, e ele voltava ao normal. Eu conseguia ver quando isso iria ocorrer, pois a "cara de palco" de Dee Dee de uma hora para outra mudava para uma expressão de deslumbramento. E aí ele saía do ar. Era uma questão de concentração. Johnny e Tommy atribuíram às drogas e estavam ficando agitados. A última coisa que queriam era dar motivo para uma imprensa britânica altamente crítica fazer chacota.

Os Ramones não podiam mais depender de Dee Dee para estar onde deveriam estar. Johnny ficou furioso quando descobriu que ele tinha gastado US$ 700 com serviço de quarto e já falava em se livrar dele.

Eu gostava de Dee Dee. Ele comprava maconha e haxixe e dividia comigo. Mas Dee Dee também ficava chapado pra cacete. Justamente quando estávamos prontos para ir ao Dingwalls para tentar fazer uma passagem de som sem Dee Dee, ele veio correndo pela rua e pulou dentro do táxi. Johnny o ameaçou, dizendo que iria substituí-lo por Richard Hell. Ele tentou assustá-lo de verdade.

É claro que ele se mostrou arrependido e ficou repetindo: *Vou tomar jeito. Não se preocupem comigo. Vou ficar legal. Eu sei que fiz cagada. Vou estar lá certo!*

O Dingwalls era como um CBGB londrino. Quando chegamos lá, a cena na frente do local foi ainda mais extraordinária que no Roundhouse. Em um sórdido esplendor, a multidão voou em direção ao táxi.

Ainda fazia um calor escaldante lá fora. A horda seminua tinha uma aparência quase tribal. Estavam com pintura de guerra no rosto, cabelo espetado em cores fluorescentes e usavam farrapos cheios de alfinetes de fralda. Eles se enfeitavam com *piercings* em lugares estranhos e tinham anéis e correntes penduradas. A tribo cercou o táxi e ficou parada com os braços cruzados.

Era como aquela cena de *O Senhor das Moscas*. Achei que eles fossem começar a gritar: "MATEM O BICHO! TIREM O SANGUE! ACABEM COM ELE!".

Tivemos de caminhar por um longo beco até chegar à porta dos fundos. Lá, havia uns caras querendo bancar os durões. Faziam o melhor que podiam para nos intimidar e estavam tendo sucesso. Por causa dos seus sotaques, não conseguíamos entender que diabos eles falavam, com gírias que nunca tínhamos ouvido antes.

Ficamos um pouco assustados. Johnny, Dee Dee, Tommy, meu irmão e eu achamos que eles iriam dar porrada na gente.

"Eu tentava prever como iria me defender", Tommy recorda. "Peguei os pés do bumbo da bateria — aquelas coisas grandes de metal — e coloquei no bolso só pra garantir."

Os caras formaram um corredor polonês no beco. Era como a invasão britânica que ocorrera uma década antes, com a diferença de que agora uma banda americana era a invasora. O grupo quase trancou nossa passagem. Ficavam bem na nossa frente enquanto caminhávamos, nos desafiando a encará-los. Fiquei perto do meu irmão, caso algo acontecesse alguma coisa, e segurava pelo menos três guitarras nas minhas mãos e braços. Um cara se meteu na frente do Joey e perguntou se ele queria ficar com a boca cheia de cabelo.

Eu fui para frente e falei: "De que sabor?".

O inglês riu, balançou a cabeça, murmurou alguma coisa e saiu da frente.

Eu não fazia ideia do que ele estava falando, mas logo percebi que era exatamente o que deveríamos fazer: agir como se não tivéssemos medo deles. Então ou eles iriam nos respeitar ou nos deixar com a boca cheia de cabelo (dando cabeçadas nas nossas bocas).

Mais tarde, aprenderíamos que boa parte daquilo era pura bravata. Eles estavam agindo de forma *punk*. Comportavam-se como durões, pois achavam que, por sermos de Nova York, nós éramos caras muito durões.

Quando chegamos perto da porta, dois deles se aproximaram de nós cheios de pose.

Eram Mick Jones e Joe Strummer, que disseram: "A gente é do The Clash, cara. E vamos ser maiores que o Sex Pistols!".

Ótimo então. Vão em frente. Façam isso!

As bandas de Nova York não eram tão competitivas assim umas com as outras. Já no Reino Unido era uma verdadeira guerra. No fim das contas, na minha opinião, o Clash realmente foi em frente e se saiu como o grande vencedor.

"Antes de tocar no Dingwalls", Joey admite, "a gente ainda não tinha se ligado no que estava acontecendo com esses punks ingleses. Na passagem de som, todos esses garotos foram assistir e falar com a gente, dizendo que foi 'Blitzkrieg Bop' que deu a inspiração para eles irem à luta, que foi aquilo que fez eles formarem bandas".

Ao longo do show, os Ramones queriam que eu fosse periodicamente à mesa de som ao fundo para garantir que tudo soaria bem. Eu ia e voltava correndo — berrando para o técnico colocar as guitarras e os microfones em cima do chimbal e dos pratos — enquanto as pessoas na plateia ficavam dando ombradas em mim de brincadeira.

Então, de uma hora para outra, o público inteiro começou a cuspir na banda. Chamado de *gobbing*, o novo ritual era considerado um elogio, uma expressão de aprovação: estavam dando um banho de carinho no grupo. Nunca vimos nada igual. O catarro e a saliva eram disparados em direção ao palco como mísseis teleguiados. O muco ficava pendurado nos braços das guitarras até finalmente cair no chão, que já estava escorregadio com aquela substância. Saltava dos pratos quando Tommy tocava. E voava pelo pedestal do microfone de Joey. Quando o show terminou, estávamos todos encharcados, sinal de que o show havia sido um sucesso.

Tudo era diferente lá.

CAPÍTULO 19
HOJE O SEU AMOR...

EMBORA JOEY ESTIVESSE TOTALMENTE ANIMADO com a recepção dos Ramones em Londres no fim de semana do 4 de julho, Johnny Ramone continuava um pragmatista ferrenho.

"Quem liga para Londres?", Johnny declarou. "Londres não importa. Eu não vou morar lá. Só vou ir lá uma vez por ano. O mundo real é na América, entendeu? Não estou fazendo sucesso se não for na América."

Ao retornar da Inglaterra, desembarcamos do avião já na correria. Danny Fields tinha shows marcados para os Ramones praticamente todas as noites até o fim do ano e além. Depois de uma série de datas em Long Island, Nova Jersey e Connecticut, a banda se apresentou, nos dias 6 e 7 de agosto, no Max's Kansas City antes de começar uma miniturnê na Costa Oeste. Seria a primeira vez que os Ramones tocariam em Los Angeles.

Eles pegariam um avião até a cidade, enquanto Monte e eu iríamos dirigindo um caminhãozinho alugado. Tínhamos pouco mais de três dias para fazer uma viagem que normalmente demora cinco. A banda contratou mais um cara de Forest Hills, conhecido como Big Al, para uma ajuda extra na turnê.

Após a última apresentação no Max's, Monte, Big Al e eu carregamos o caminhão rapidamente, nos amontoamos na cabine e iniciamos a nossa incessante travessia, saindo do Leste de Nova York em direção ao outro lado da América.

No fim do segundo dia, já comparávamos a experiência a um treinamento de astronautas. O calor no meio do deserto do Texas estava ficando insuportável quando o velho e cansado caminhão pifou sem causar maiores surpresas.

Havíamos perdido um tempo precioso, e Monte teve de pegar um avião até Los Angeles para começar os preparativos. No dia seguinte, Big Al e eu carregamos tudo no novo caminhão e partimos. Em algum lugar nos confins do Arizona, o "novo" velho caminhão morreu. A banda também me fez pegar um voo para Los Angeles. Entrei no Roxy Theater justamente quando os Flamin' Groovies estavam terminando a sua passagem de som, bem na hora para preparar o equipamento que Monte tinha alugado para os Ramones.

A cena era de um caos insano. Havia bem mais que o número habitual de *roadies* e funcionários da casa perambulando para apenas uma passagem de som. Era como se essas pessoas não pudessem esperar para ver o que estavam ouvindo. Pelo vozerio no local, percebi que Los Angeles nunca mais seria a mesma depois que os Ramones pisassem no palco.

Depois do primeiro show, fomos todos ao apartamento de Ron e Scott Asheton, dos Stooges, na Sunset Boulevard. Eles estavam muito bêbados e loucos — jogando garrafas pela janela, que caíam na Sunset, e forçando a gente a fazer o mesmo. Acreditavam que geraria atenção da mídia se os Ramones fossem presos ao iniciarem sua turnê. E talvez até gerasse, mas Johnny não queria correr o risco. Saímos daquele apartamento completamente lotado quando a polícia chegou.

Estávamos hospedados num hotel chique perto da Sunset Strip, chamado Sunset Marquis. Na época, era o hotel preferido dos rockstars. Danny Fields achava que era importante para os Ramones estarem no meio deles. Mas, diferentemente da maioria das bandas que ficavam por lá, os Ramones ainda dividiam os seus quartos com os *roadies*.

Ariel Bender, do Mott the Hopple, estava ao lado da piscina na tarde seguinte, molhando todo mundo com cerveja. Joey e eu estávamos tomando um sol quando, de repente, Johnny e Tommy tiveram outra discussão. Era uma total luta pelo poder a essas alturas, com Johnny declarando abertamente: *Esta é a minha banda, e eu sou o astro da banda, não você! O que você vai fazer quanto a isso?*

"Eu não estava querendo ter o controle do grupo", Tommy disse, relembrando o bate-boca na piscina. "Eu só queria reconhecimento pelas minhas contribuições. Acho que o Dee Dee e o Johnny estavam preocupados, achando que se eu tivesse *só um pouquinho* de poder, eu teria poder demais. Naquele tempo, a hierarquia da banda era Johnny, eu, Dee Dee e Joey — nessa ordem. Dee Dee aproveitava qualquer oportunidade que surgisse para fazer a cabeça do Johnny contra mim, com sucesso. Eu estava sendo manipulado pelos três."

"No ambiente do estúdio, eu tinha controle total", Tommy explica. "Quando a gente gravava, nós editávamos as faixas, fazíamos os vocais, e o resto da banda saía. Eu ficava sozinho. Era só o técnico de som, um assistente e eu. Era ótimo. Meu momento mais feliz era no estúdio. Já na hora que eu tinha de cair na estrada com eles e levar a vida de um Ramone 24 horas por dia, eu pagava um preço alto. Estava tão estressado e tão infeliz e nem percebia."

Foi o primeiro indicativo grave de uma fragilidade no relacionamento que os integrantes da banda tinham um com o outro. Tommy sugeriu mudar de assunto, e as coisas voltaram ao normal — normal até onde os Ramones conseguiam ser.

Depois do último show na Roxy, fomos todos a uma festa na casa de Sable Starr, no alto de Hollywood Hills. Sable namorou Iggy Pop e Johnny Thunders e, assim como muitas das suas amigas na festa, já havia saído com uma ampla variedade de astros do rock. Isso foi o mais próximo que Joey e eu chegamos de estar associados a *groupies* de renome.

Sable tinha uma irmã chamada Coral, a criatura mais bela e sexy de quem eu já estive perto o bastante para tocar. Ela pediu que eu me deitasse para poder colocar um pano embebido com solvente Carbona no meu rosto. Eu evitava a todo custo cheirar cola, mas não pude resistir à oferta de Coral. Algumas fungadas daquele negócio contribuíram muito para minha autoconfiança... diminuir.

Joey e eu nos sentimos um pouco intimidados com toda a beleza, a riqueza e o poder que nos cercava.

"Está curtindo?", Joey me perguntou.

"Hm, sim. Mais ou menos. O que você quer fazer?", disse ao meu irmão.

"Não sei", Joey respondeu, um pouco sem jeito. "Jogar pinball? Não conheço ninguém aqui. Quer dizer, é legal, mas é meio estranho..."

Joey recusou a oferta de Coral. Acabamos juntos num canto, bebendo cerveja antes de fazer um tour pela casa de Sable. Joey e eu passávamos a maior parte do tempo juntos quando estávamos na estrada.

A noite seguinte nos deu mais uma oportunidade para fortalecer nossos laços. Fomos a um lugar chamado Rainbow, perto do Whisky a Go Go, na Sunset Boulevard. Quando estávamos prontos para sair de lá, entrei no carro e encostei na frente do local para apanhar Tommy, Joey, Arturo e duas garotas que conhecemos. Quando eu estava saindo, uma viatura de polícia veio atrás, com suas luzes e sirenes estridentes, e sinalizou para que eu encostasse.

Aparentemente, conforme os tiras me informariam mais tarde, não era permitido parar o carro na Sunset Boulevard, nem mesmo para pegar passageiros. Fizeram a gente sair do veículo e colocar as mãos contra a parede, enquanto conferiam os documentos de todo mundo — menos os meus, esquecidos no hotel. Eles liberaram Tommy e as garotas, mas algemaram Joey, Arturo e eu. Fomos empurrados para dentro da viatura, e nos levaram até a delegacia de polícia de Beverly Hills. Os tiras locais, com suas caras mal-humoradas, pularam de alegria quando mexeram nos bolsos da jaqueta do meu irmão e tiraram um punhado de comprimidos.

"É isso aí! Pegamos eles!", declararam com satisfação. "Isso não foi muito esperto, não é?"

"Rá, rá!", Joey informou, "isso aí é vitamina!".

"Seus idiotas!", dissemos tolamente. "Vocês não acharam *nada*!"

Partindo do princípio que eles teriam de nos liberar, continuamos debochando deles de dentro da nossa cela. Depois de muito debater o que fariam conosco, decidiram enquadrar Joey por embriaguez em público e o fizeram passar a noite lá. Como eu não tinha um documento de identificação comigo, estava ferrado. Supostamente iriam me liberar assim que Monte levasse a minha carteira de motorista. Arturo tinha documento, mas teve de ficar até que fosse verificado se havia algum mandado contra ele. Fomos colocados em uma grande cela junto com uma dúzia de bêbados, clientes de prostitutas, viciados e vítimas do ácido.

"É como estar de volta ao Bowery", Joey observou.

"Se eles abrissem um bar aqui, este lugar faria sucesso", respondi.

Depois que Arturo saiu, Joey e eu ficamos com um lunático que pregava sobre penitência e mundos em colisão. Pelo menos tivemos entretenimento.

Não há nada melhor do que passar uma noite no xilindró com o seu irmão para fortalecer sua união com ele. A polícia nos soltou depois do cereal matinal.

Quando voltamos a Nova York, Joey e eu recuperamos um pouco da confiança em nós mesmos. Ao sair no CB com Legs, conhecemos garotas que foram fáceis — quer dizer, que foram mais fáceis. Legs era perito em puxar papo com mulheres realmente belas, coisa que eu e meu irmão não nos sentíamos à vontade para fazer depois de anos de rejeição. O CBGB agora estava repleto de novos rostos e uma legião de curiosos.

Legs dizia algo como: "Quem são aquelas garotas ali? Dá só uma olhada nelas!".

"Oi. Eu sou Legs McNeil, da revista *Punk*."

"Revista *Funk*? O que é isso?"

"Não, *Funk* não, *Pu*... — deixa pra lá. Sabe quem é este aqui, não? Este é o Joey Ramone!".

"Ah, oi. Em que banda você toca?"

Pelo menos isso servia para começar.

"Joey e eu começamos a comer mulher regularmente na mesma época", Legs McNeil relembra. "O legal era que a gente tinha gostos diferentes para as mulheres, então nunca tivemos problemas."

Fora da cidade era um pouquinho diferente.

Uma sequência alucinada de shows na região entre Nova York, Nova Jersey e Connecticut terminou com os Talking Heads abrindo para os Ramones no My Father's Place e no Max's. Em um show em Connecticut, um mini tumulto ocorreu. A clientela do bar de motoqueiros ficou tão irritada com a resposta musical que os Ramones deram aos seus constantes pedidos para tocar "Free Bird", que arrebentaram as janelas da nossa van e ameaçaram matar todos nós, inclusive Big Al. Era um bom indicativo de que ainda tínhamos um longo caminho pela frente.

Em outubro, a banda tirou alguns dias de folga aqui e ali e gravou seu segundo álbum, *Leave Home*.

"O segundo disco foi a primeira vez que trabalhamos com Tony Bongiovi", Joey lembra. "Foi aí que conhecemos Ed Stasium, o engenheiro de som de *Leave Home* e *Rocket to Russia*."

Mais tarde, Tommy e Ed Stasium formariam uma equipe de produção.

"Nunca tinha ouvido falar nos Ramones", Ed Stadium confessa. "Tony Bongiovi me levou junto para trabalhar como engenheiro de som no disco. Lembre que eu escutava Pink Floyd, Supertramp, Eagles e Fleetwood Mac. Então quando eu entrei no Sun Dragon e ouvi os Ramones, foi de cair o queixo."

"Por um minuto", ele admitiu, "eu não entendi. Mas aí eu disse: *Puta merda, isso é fantástico!*".

"Naquela época, Tommy dava as cartas no estúdio", Ed explica. "A banda já tinha ensaiado tudo. As faixas básicas levaram só três dias. Fizemos alguns *overdubs*, e Johnny gravou a guitarra em dobro."

"A voz de Joey era excelente", Ed explica. "Ele conseguia fazer as dobras de voz num piscar de olhos. Ele soava sensacional!"

HAVIA VÁRIAS APRESENTAÇÕES AGENDADAS ESPORADICAMENTE entre as sessões de gravação. Em 16 de outubro, a banda fez seu primeiro show em Detroit. Depois da passagem de som, levei os Ramones até a sede da revista *Creem* para uma entrevista em uma casa velha, que rangia, afastada da cidade. Lá, conhecemos o editor da revista e alguns outros redatores. Quando entramos, eles estavam sentados em uma sala escura, e o lugar fedia a cerveja e lixo. Um dos caras que estavam lá sentados se apresentou.

"Eu sou Lester Bangs", disse aquele com a silhueta mais avantajada. Sua voz possuía um leve tom de arrogância, mas ele nos deu boas-vindas de maneira cordial. "Obrigado por terem vindo até aqui", acrescentou. "Querem uma cerveja?"

"Não, obrigado", Johnny disse. "Temos um show daqui a pouco, não podemos ficar por muito tempo."

Lester começou a fazer perguntas estranhas e diretas ao ponto e não as questões típicas como *Quais são suas influências?* e *Qual seu prato favorito?*

Era quase como se Lester estivesse testando a inteligência e a ética dos Ramones. *Vocês consideram as implicações sociais das suas letras antes ou* depois *de gravarem? Vocês acham que o primeiro disco foi um fracasso? Vocês dão importância para a quantidade de discos que vendem?*

Até mesmo Tommy Ramone ficou perplexo durante a entrevista, que se encerrou com Lester dizendo que gostou muito do primeiro disco dos Ramones e perguntando como se sentiam sendo rotulados de *burros* pela imprensa *mainstream*. Essa última questão motivou os outros redatores da *Creem* presentes na sala a perguntarem se as duras críticas ao primeiro álbum incomodavam os integrantes da banda.

É uma pergunta capciosa, porque se você responde *não*, está mentindo, e se responde *sim*, está sendo um cagão por deixar que críticas ruins o incomodem.

Tommy não sabia muito bem como responder.

"Uma última questão", Lester disse, quando estávamos prestes a ir embora. "O que vocês gostariam de ler na imprensa sobre seu próximo disco?"

Eu dei uma resposta:

"Segundo álbum dos Ramones ganha disco de ouro", falei, parafraseando uma manchete imaginária. Todo mundo riu, até Johnny.

"Isto é que é uma resposta sincera", Lester disse, ao sairmos.

DE VOLTA A NOVA YORK, TOPEI COM ARLENE em Forest Hills, que comentou ter terminado com Alan Wolf. Ela deu alguns sinais de interesse. Inicialmente, eu resisti.

Arlene tinha começado uma amizade com uma garota chamada Roxy, também conhecida como Cynthia Whitney, das Chicago Whitneys, que tinha um caso com Johnny. Embora ele ainda estivesse casado com Rosanna, ficou obcecado com Roxy, uma sensual, rebelde e alcoolizada pedra no sapato de uma família com pais da alta sociedade — e vice-versa.

"Eu me mudei do meu apartamento e larguei Rosanna sem um bom motivo, em agosto de 1976", Johnny relembra. "Acho que foi depois de voltar de Londres. Eu estava entediado. Rosanna era boa, eu não tinha do que reclamar, mas, naquela hora, fiquei atraído pela Roxy, talvez porque ela fosse mais esperta. Mas eu não entendia o alcoolismo dela."

Roxy começou a aparecer em shows fora da cidade. Johnny a levava para um cantinho atrás do palco, gritava com ela, dava uns tapas e aí começava a agarrá-la. Então eles iam embora. Roxy tinha seu próprio quarto nos hotéis, mas Johnny aparentemente nunca ficava neles.

Na primeira viagem que a banda fez para Washington, D.C., Roxy combinou com Arlene, que tinha um carro, de irem até lá para se encontrarem com a gente.

Roxy veio até mim depois do show no 9:30 Club meio bêbada.

"Arlene está lá no hotel", Roxy me informou, erguendo suas sobrancelhas. "Ela está esperando por você..."

Embora eu tenha ido visitar Arlene naquela noite, não fiz nada além de fumar maconha. Eu era confuso e um maricas. Não sei se, no fundo, eu queria que alguma coisa acontecesse. Arlene e eu estávamos nos vendo um bocado, mas como amigos. Ela era linda e estava dando todo tipo de sinal que uma mulher poderia dar — praticamente abrindo o zíper da minha calça. Eu estava com muito tesão, mas não queria me apaixonar — nem mesmo ter uma namorada.

Joey também começou um relacionamento com uma amiga de Arturo, chamada Robin Rothman. Uma espécie de resquício da era hippie, Robin sonhava em ser poeta, o completo oposto dos amigos tipicamente altivos de Arturo. Essa morena pequenina de aparência comum e cabelos desgrenhados cresceu no Brooklyn, mas fugiu de lá rumo à Greenwich Village que tanto amava.

Robin era uma pessoa com os pés no chão, para dizer o mínimo, e era tão pouco glamourosa que eu me sentia totalmente à vontade com ela. Vestida em jeans, botas de couro, camisa de veludo abotoada e colete, sem maquiagem, sem joias e com um penteado estilo Bob Dylan, Robin poderia ser confundida com um garotinho bonito de 14 anos — e foi provavelmente isso que fez Arturo gostar dela.

"Não fazia ideia de que Arturo era gay", Robin lembra. "Não tinha um cara na vida dele. Ele nunca me contou. Uma noite, a gente se pegou no CBGB. Eu cheirei pó, e ele também. Aí ele me convidou pra ir ao *loft* dele e transamos. Na manhã seguinte, um tal de Mark me acordou. Ele perguntou: *Quem é você?* Eu disse: *Sou Robin. E você?* Ele fez um gesto na direção do Arturo e falou: *Sou o namorado dele*".

"A gente tomou café da manhã juntos, Mark, Arturo e eu, e foi tudo tranquilo", Robin ri. "Aí Arturo pegou uma gripe. Fiz uma canja de galinha e levei para ele. Estava dando a sopa para o Arturo, e Joey entrou pela porta do *loft*. Lá estava ele — esse cara que eu estava de olho e por quem eu tinha uma certa curiosidade."

Joey teve afinidade com Robin em diversos aspectos. Eu e ela também viramos bons amigos. Sendo uma obstinada não-conformista, Robin estava bem mais para o estilo de hippie intelectual-ativista do que para o estilo Cheech e Chong, ainda que fumasse muita maconha.

Suas opiniões políticas eram audaciosas, e ela não tinha vergonha de expressá-las quando surgia a oportunidade, o que incomodava algumas pessoas, como Johnny Ramone. Mas Joey e eu a respeitávamos por isso. Robin era uma feminista ferrenha, mas jamais deixou de lado seu apreço pelo que os seres de ambos os sexos poderiam oferecer, ao contrário das feministas mais radicais, que buscam desesperadamente condenar qualquer ser vivo com testículos.

Seguidora de Bob Dylan, ela não era muito fã dos Ramones, mas estava tentando se adaptar para apreciar o humor de uma banda que cantava sobre dar porrada na namorada. Robin tentava se acostumar a um novo tipo de boêmio: o punk.

"As garotas no CBGB batiam em mim constantemente", Robin declarou, "por eu ser a namorada do Joey. Depois de me salvar de umas três ou quatro brigas no lado de fora do bar, Merv, o *barman*-leão de chácara do CB, finalmente me falou: *Robin, você tem de arrumar uma jaqueta de couro, porra! E parar de se vestir com esse monte de veludo!* Então eu arranjei uma jaqueta de couro e virei punk".

Joey também se adaptava a uma nova versão de si mesmo. E Robin habilmente fez a ponte entre punk e poeta.

No fim de outubro, a Sire Records presenteou a banda com uma van usada que tinha ficado pequena demais para um dos outros contratados da gravadora. Para nós, era um grande luxo. Havia bancos semelhantes a sofás nas laterais e na traseira, além de uma mesinha no meio. Acomodava suficientemente bem a banda e os *roadies*, de tal forma que não precisávamos mais sentar um no colo do outro. Ganhamos também um *trailer* para o equipamento.

Viajamos para Johnson City, Tennessee, onde abriríamos para o Blue Öyster Cult numa grande arena. Danny Fields disse que seria bom para ganharmos exposição. O BÖC era uma banda de Long Island que esteve dando voltas por aí durante a maior parte dos anos 1970 e agora tinha um emplacado um grande hit, "Don't Fear the Reaper".

Os Ramones tocaram para um público composto por fãs de metal do Sul dos Estados Unidos, tipicamente perplexos, que aguardavam ansiosamente por um show de rock tradicional com guitarristas habilidosos. O Blue Öyster Cult os retribuiu com pistolas de *laser* e alta produção em canções longas com solos extensos e coreografia convencional do hard rock. Era o que essa plateia queria.

O contraste entre o pronunciado minimalismo do show dos Ramones com o megashow do Blue Öyster Cult foi muito revelador. Podíamos praticamente ver o futuro mudando de mãos, o bastão sendo passado. Depois da apresentação, Joey e eu caminhamos em meio à plateia para olhar ao redor e observar. "Don't Fear the Reaper" era uma grande canção, mas sorrimos ao assistir a esse show de rock *old school* e circense. Os Ramones e toda a cena do Bowery faziam isso parecer surreal.

Tínhamos um ótimo pressentimento do que iria acontecer quando o segundo álbum dos Ramones fosse finalizado e mal podíamos esperar para ouvi-lo. Tony Bongiovi, Tommy e Ed Stasium terminariam a mixagem em Montreal.

"Uma coisa que pareceu estranha pra mim, quando estávamos fazendo aquele segundo disco, foi que Tommy Ramone estava sempre envolvido com a mixagem, com a produção, com tudo", afirmou Ed. "Johnny Ramone nunca quis se meter com isso. Johnny só aparecia no fim para ouvir o que a gente tinha feito."

Algumas semanas antes do Dia de Ação de Graças, eu estava com Arlene no CBGB, quando uma garota, que eu havia levado para a casa uma vez, começou a vir em nossa direção. Ela era legal, mas muito desequilibrada.

"Xi", eu disse a Arlene.

"O que foi?", ela perguntou.

"Está vendo aquela garota vindo atrás de mim?", avisei. "Fiquei com ela uma vez e agora ela não me deixa em paz. Ela não entendeu o recado."

Quando a garota estava prestes a tocar o meu ombro, Arlene e eu nos abraçamos espontaneamente e colamos os lábios um no outro num tórrido beijo — e foi isso.

Aquilo foi tudo que bastou. Algo acendeu naquele instante — ou apagou. Ou as duas coisas. Quando eu a beijei, todas as luzes do lugar se apagaram — menos a que brilhava sobre ela. Queira ou não, eu já não estava mais lá. Eu já era. Ainda posso ouvir "Shake Some Action", dos Flamin' Groovies, tocando ao fundo.

No fim de novembro, os Ramones tinham uma apresentação de quatro dias marcada para o Electric Ballroom em Atlanta, com Graham Parker and the Rumour. Foi a primeira vez que não estaríamos em casa para o feriado de Ação de Graças. Joey e eu conversamos sobre ir jantar em algum lugar. Perguntamos a Monte e Tommy o que eles iriam fazer.

Johnny decidiu que todos deveriam ter uma ceia de Ação de Graças juntos. Era uma tradição americana e seria falta de patriotismo se não o fizéssemos. Em uma rara demonstração emotiva, Johnny acrescentou que também seria bom para a moral do grupo, já que todos estavam trabalhando por um objetivo em comum. Isso criou um leve senso de família entre nós, velhos amigos, mais ou menos como o sentimento compartilhado por uma equipe esportiva ou uma tropa de soldados. Na verdade, durante o reinado de Johnny, nosso grupo não era muito diferente de uma unidade militar, ainda que fosse uma trupe em vez de uma tropa. De qualquer forma, éramos todos soldados em uma guerra contra o tédio e estávamos avançando bem no campo de batalha até sofrermos uma baixa na linha de frente.

Involuntariamente, Joey estava arriscando sua saúde. Houve várias vezes que sua voz ficou bastante rouca, em parte por cantar e viajar demais, mas sobretudo por causa das festas e dos maços de Winston que ele fumava. As pontas dos seus dedos da mão com os quais pegava o cigarro agora já estavam em um tom vivo de marrom. Joey tinha dores de garganta muito frequentes. Quando ficou claro para ele que estava colocando sua carreira e seu sonho em risco, largou o cigarro — simples assim. De uma hora para a outra. Foi um gesto incrível de força de vontade e disciplina, que partiu de alguém com um caso grave de transtorno obsessivo compulsivo.

Uma coisa que Joey não podia controlar, no entanto, era o seu sistema imunológico e o impacto neurológico que seu corpo vinha sofrendo desde o seu nascimento. Joey pisou em algo no *loft* de Arturo e desenvolveu mais uma grave infecção no pé, do mesmo tipo que ele havia tido em São Francisco nos anos 1960. Dessa vez, Joey foi parar no hospital e teve de tomar antibióticos intravenosos, permanecendo internado por várias semanas.

"Escrevi 'Sheena Is a Punk Rocker' na primeira vez que fiquei no hospital", Joey recorda, "quando disseram que eu tinha osteomielite. Escrevi lá mesmo, na minha cabeça".

Nossa mãe e nosso padrasto Phil Sapienza estavam acompanhando os médicos, seus diagnósticos e as contas do hospital. Eu o visitava todos os dias, geralmente com minha nova namorada Arlene. Nosso pai até chegou a ir visitá-lo uma ou duas vezes. Foi uma situação muito desconfortável, pois tentávamos evitar um ao outro. Por fim, Arlene me convenceu a falar com ele e fazer as pazes.

Bom, pelo menos nos falamos e deixamos as brigas de lado. Logo meu velho e eu estávamos novamente em bons termos.

O quarto do hospital virou uma festa diária, com Legs e Holmstrom levando cerveja e hambúrgueres.

Embora os Ramones estivessem temporariamente em um hiato, havia uma profusão de novos sons no CBGB e no Max's Kansas City. Assisti à estreia dos B-52's no CB e a uma banda chamada Devo fazer seu primeiro show no Max's Kansas City para um público de dez pessoas. Toda noite havia algo novo.

Devido ao meu baixo salário, tive de vender meu Plymouth Duster. Às vezes, voltar para casa de trem demorava umas duas horas, depois das 4h da manhã. Por sorte, todos os frequentadores do CB acabariam se conhecendo mais cedo ou mais tarde, e Justin Strauss, de Long Island, ocasionalmente me dava carona até o Queens no seu caminho para a casa.

Justin era o vocalista de uma banda pop chamada Milk and Cookies. Eu tinha notado sua namorada, Linda Danielle, várias vezes no CBGB e no Max's. Uma típica garota italiana do Queens, ela era mais esperta do que o seu sotaque dava a entender. Tinha apenas 17 anos, mas vinha frequentando os bares há anos. Linda não era *groupie*, mas com certeza não era tímida e gostava da atenção que recebia sendo amiga próxima da colunista de fofocas Janice, também conhecida como "Bico Calado", que escrevia para a revista *Rock Scene*.

Embora Justin tivesse pelo menos 19 anos, parecia ter 14 — era um garotinho bonito. As garotas o adoravam. Linda também era uma gracinha. Formavam um par adorável. Eram legais o bastante a ponto de sair da Long Island Expressway às 5h da manhã para me largarem na Queens Boulevard. Nos anos seguintes, nossos caminhos continuariam a se cruzar.

CAPÍTULO 20
AMANHÃ O MUNDO

JOEY SAIU DO HOSPITAL UMA SEMANA ANTES DO NATAL, mas os shows marcados para coincidir com o lançamento do segundo álbum dos Ramones tiveram de ser cancelados, uma vez que os médicos não sabiam precisar quanto tempo levaria para seu pé ficar curado. Nesse meio tempo, aguardamos ansiosamente as cópias do disco.

"Em janeiro de 1977", Legs McNeil recorda, "mais ou menos um mês antes do lançamento do segundo álbum dos Ramones, *Leave Home*, Danny Fields organizou uma festa fechada para John Holmstrom e eu, onde o disco seria tocado no seu *loft*, na Rua 20. Depois de ouvirmos duas vezes, Danny reapareceu e nos perguntou qual era a nossa canção favorita e qual deveria estar no *single*. Eu disparei 'Carbona Not Glue', de longe a melhor música do disco na minha opinião. Foi feita para esclarecer que, embora cheirar cola pudesse ser bom, o solvente Carbona dava um barato definitivamente melhor. Danny disse: *Estava com medo de que você fosse dizer isso. Carbona é marca registrada e talvez a gente tenha de tirar do disco*".

"Fiquei chocado", Legs lembra. "Era uma música tão boa, tão radiofônica — era como uma canção que os Beatles ou os Rolling Stones poderiam ter composto se estivessem começando em 1976, com grandes harmonias e uma letra que ficava na cabeça."

"Carbona Not Glue" era uma música *radiofônica*?

Embora o entusiasmo de Legs fosse totalmente sincero, sua lógica deixava a desejar.

Por mais que eu tenha gostado muito de *Leave Home,* não esperava que as rádios logo incluíssem nas suas programações uma canção sobre inalar produtos de limpeza tóxicos. Não com letras do tipo:

Wondering what I'm doing tonight
I've been in the closet and I feel all right
Ran out of Carbona, mom threw out the glue
Ran out of paint and roach spray too...
And I'm not sorry for the things I do
My brain is stuck from shooting glue
Oooh, Carbona not glue

Estou pensando no que vou fazer hoje à noite
Estava olhando no armário e me sinto bem
Estou sem Carbona, a mãe jogou fora a cola
Estou sem tinta e inseticida também
E não me arrependo das coisas que eu faço
Meu cérebro ficou preso da cola que eu cheiro
Ooh, use Carbona e não cola

Podem me chamar de bobo ou ingênuo, mas também não conseguia ver a música de amor-assassinato dos Ramones, "You're Gonna Kill That Girl", desbancando "You Light Up My Life" do topo das paradas de sucesso. Não era realista, simplesmente — não naqueles tempos.

Aqui está uma amostra do que tocava nas rádios quando *Leave Home*, dos Ramones, foi lançado: "Looks Like We Made It", de Barry Manilow; "You Light Up My Life", de Debby Boone; "How Deep Is Your Love", dos Bee Gees; "I'm Your Boogie Man", de KC and the Sunshine Band; "Dancing Queen", do Abba; "Nobody Does It Better", de Carly Simon; "Don't It Make My Brown Eyes Blue", de Crystal Gayle; e "I'm in You", de Peter Frampton.

Eram tempos tristes para o rock 'n' roll.

É claro, nos anos 1960, a faixa "Gimme Gimme Shock Treatment", de *Leave Home*, teria sido uma sucessora ideal no rádio para "They're Coming to Take me Away, Ha-haaa", de Napoleon XIV. Mas agora as coisas eram diferentes, e "Shock Treatment" não seria tocada nem como curiosidade.

Mas "Disco Duck", sim.

"A gente acreditava que tinha um monte de músicas nossas que poderiam virar hits", Joey esclarece. "Se você cresceu nos anos 1960, as canções simplesmente eram tocadas e viravam hits de cara. Então achamos que, já que a nossa música tinha algo único, todo mundo iria nos acompanhar. O que aconteceu, na verdade, foi que a gente era considerado tão estranho que ninguém queria encostar em nós. E aí não tocavam nossas músicas. Era foda!"

Os Estados Unidos estavam ficando mais rígidos depois do relaxamento da geração hippie. O grito rebelde de *Podemos mudar o mundo!* dos anos 1960 deu lugar à expressão yuppie *Troca uma nota de cem?* Se os Ramones queriam se tornar os novos Beatles e ser aceitos pela programação das rádios, precisariam voltar ao princípio e repensar sua estratégia — talvez até mudar de imagem, como os Beatles fizeram.

"Sempre houve punks no rock 'n' roll", Joey falou em uma entrevista. "Beatles antigo, Elvis antigo, Gene Vincent — toda essa gente era punk. Os Beatles usavam jaquetas pretas de couro quando tocavam em Hamburgo, na Alemanha. Elvis usava jaqueta de motoqueiro e andava de moto se você voltar até *Jailhouse Rock*. Sempre foi assim."

Mas o que Joey se esqueceu de falar era que todos eles mudaram de aparência e de imagem para se tornarem mais comerciais. Assim como grandes atletas, boxeadores ou generais do exército, eles sabiam o que precisavam fazer para vencer.

Johnny Ramone tinha o seu plano e um forte espírito competitivo, mas não sabia como ganhar esse jogo. Vender os Ramones como uma banda radiofônica era uma batalha que estavam perdendo. Porém, se continuassem firmes, poderiam ainda vencer a guerra.

"A maioria das pessoas não entendeu a piada", Joey explica. "Para elas, a gente era doentio e violento de verdade. Lembro que os jornalistas tinham medo de nos entrevistar, porque achavam que a gente ia meter porrada neles. Eles acreditavam que éramos muito malvados e violentos e que as suas vidas corriam perigo. Várias estações de rádio também apostavam nisso. Se ao menos dessem uma chance e colocassem as músicas para tocar. Não fazia sentido. *Punk rock* virou um palavrão. E, durante todo aquele tempo, estávamos só tentando fazer algo positivo pela música, fazer com que ela voltasse a ser interessante e divertida."

Os Ramones não tinham nenhuma intenção de mudar nada.

Uma das primeiras canções que a banda compôs se chamava "I Don't Wanna Be Learned, I Don't Wanna Be Tamed" — "Não Quero Ser Instruído, Não Quero Ser Domado" — e essas palavras também eram a letra da música na íntegra. A habilidade dos Ramones em serem simples era a chave. Não é tão fácil assim quando se tem a audácia de optar pelo mais primal e ter orgulho disso. Os Ramones estavam se tornando mais populares por fazerem menos do que o resto. Os principais ingredientes estavam lá. Eles acreditavam no que tinham, assim como o crescente grupo de fãs que amava a banda justamente pelo que ela era. Mais cedo ou mais tarde, o resto do mundo iria sacar — se não hoje, amanhã.

O Nassau Coliseum, em Long Island, era uma arena de 18 mil lugares, onde o time de hóquei do New York Islanders jogava. Durante anos, nós íamos até lá assistir a shows de bandas. E agora os Ramones seriam uma delas, abrindo novamente para o Blue Öyster Cult e para Patti Smith.

Os Ramones foram bem recebidos pelo público local. Alguns já foram conhecendo e gostando da banda, mas vários outros saíram de lá como fãs. Na hora, parecia acontecer devagar. Mas, olhando para trás, era óbvio que esses caras, que mal tocavam alguns anos antes, estavam fazendo um progresso de verdade.

Depois de abrir o show no Nassau Coliseum, fomos direto ao CBGB para duas apresentações. Em seguida, voltamos à Costa Oeste para continuar de onde havíamos parado, dessa vez em uma excursão mais extensa.

O ponto alto da turnê, e talvez da carreira de Joey Ramone, aconteceu no seu início, em Los Angeles, com cinco noites de ingressos esgotados no famoso Whisky a Go Go. Quando fui levar as guitarras para o camarim após o primeiro show, vi um homem de capa preta falando com Joey. Era o seu ídolo, o lendário Phil Spector. Ficou claro que havia uma admiração mútua entre os dois.

Phil voltou sua atenção inteiramente para Joey, que só podia estar no paraíso enquanto era coberto de elogios. Essa foi a coisa mais sensacional que já vi acontecer com meu irmão. Era algo *imenso*. Ao ver Phil e Joey se conhecerem, era possível sentir as ondas de preocupação irradiando do outro lado do camarim.

"Phil Spector estava obcecado por Joey Ramone", Tommy lembra. "Ele só falava em Joey."

"Por algum motivo, Phil Spector gostava de caras altos", Tommy relata. "Tinha uma foto de Wilt Chamberlain na sua parede. Ele tratou Joey como um rei. Eu não tratava Joey como um rei, eu o tratava como um colega de trabalho."

Phil queria que todos nós fôssemos à sua casa para treinar boxe com seus guarda-costas, principalmente os *roadies*, que, na cabeça de Phil, também eram os guarda-costas da banda. Foi definitivamente estranho — e assustador — e justamente o que eu esperava desse excêntrico fenômeno da música.

Quando Phil e seus guardas saíram, Joey estava radiante no camarim. Ele não conseguia tirar o sorriso de seu rosto.

"Sobre o que vocês falaram?", perguntei, com empolgação.

"Bom", ele começou, "tentei dizer para ele que eu era um grande fã seu, mas Phil só queria falar sobre como eu tinha uma grande voz e como eu era um em um milhão e esse tipo de coisa".

"Isso é sensacional, cara!", eu disse. "Caralho, ERA O PHIL SPECTOR!"

"Eu sei, eu sei, eu nem acredito", Joey falou. "Ele só dizia que queria muito trabalhar comigo e que estava só esperando um talento assim aparecer."

"Mas é estranho", ele continuou. "Ele não comentou muita coisa sobre trabalhar com a banda."

"Xi...", eu disse, e nós dois começamos a rir.

Para Jeff Hyman, a aprovação de Phil Spector era o remédio que nenhum médico no mundo poderia ter receitado.

Continuamos subindo a costa em direção às demais cidades grandes e a qualquer lugar que Danny Fields conseguisse marcar um show para os Ramones. Com os Sex Pistols em ascensão no Reino Unido e nos Estados Unidos, notícias dessa nova esquisitice chamada *punk rock* chegaram antes de os Ramones em alguns desses locais — para o bem ou para o mal.

"Na época, os Sex Pistols estavam tentando destruir o punk rock", Joey recorda. "Punk rock virou algo negativo e depreciativo. Por isso, muita gente nem tinha interesse em ver que o que estávamos fazendo era diferente."

Em áreas de lenhadores como Aberdeen, em Washington, e cidades de operários como San Bernadino, na Califórnia, esse mal-entendido foi bastante feio. Mas, na maioria dos casos, era um incentivo tremendo ver aqueles garotos curiosos, aguardando ansiosamente para que os Ramones abençoassem suas cidadezinhas com um pouco de diversão.

Em São Francisco, Dee Dee teve uma *overdose* com pó de anjo e mais uma variedade de pílulas, escapando por pouco de ter dano cerebral permanente.

"Alguém deu pó de anjo pro Dee Dee em São Francisco", Joey relembra. "Foi muito intenso. Dee Dee surtou completamente."

Justo quando achávamos que seria seguro dar continuidade à turnê, a namorada de Dee Dee, Connie, apareceu. Connie fez *todo mundo* surtar. Quando não estava drogada, estava em desespero, mas *sempre* representava perigo. Connie era famosa em Nova York por ter sido a garota que cortou fora o polegar do baixista dos New York Dolls. Talvez Johnny tivesse razão sobre não levar mulheres para a estrada.

Johnny me encarregou de manter Connie longe dos locais onde a banda tocaria, antes e depois das apresentações — e durante também. Eu trabalhava no palco ao longo do show e ficava alerta para a presença de Connie, que poderia estar correndo em direção à banda com uma faca de açougueiro.

Voltamos para Nova York no fim de março e trabalhamos sem parar durante um mês, fazendo shows em lugares como Countryside, Illinois; Ann Arbor, Michigan; e Salisbury, Massachussets. Em qualquer lugar que fôssemos, haveria solitários espalhados pelo local com camisetas rasgadas, calças jeans justas e *bottons* com os dizeres MORTE À DISCO MUSIC presos às suas jaquetas de motoqueiros. Pequenos contingentes de punk rockers compareciam aos shows e nos falavam que todos na cidade achavam que eles eram loucos por gostarem dos Ramones.

Também havia curiosos que queriam conferir o que era esse novo movimento. Em breve, iríamos descobrir que havia muito mais curiosidade e interesse na Europa também.

Estávamos prestes a embarcar para uma turnê de seis semanas em vários países, que incluía praticamente todas as cidades grandes a oeste de Berlim. A Sire Records havia assinado com os Talking Heads e lançado o seu *single* "Love Goes to a Building on Fire". Eles seriam a banda de abertura da turnê.

Ramones, Talking Heads, Danny Fields, Monte Melnick, Arturo, Mike — o gerente da turnê — e eu dividimos um ônibus grande para a viagem. Não era um ônibus de *turnê de banda de rock*, era mais um ônibus de turismo. Quando a baixista dos Heads, Tina Weymouth, tocou fitas de James Brown durante dois dias seguidos, Johnny começou a se contorcer. Ninguém mais deu bola. Sabíamos que era questão de tempo até Johnny estourar. Havia um claro choque de culturas entre os dois.

"O primeiro sinal de que Johnny Ramone era estranho pra mim foi naquela primeira turnê pela Europa", disse Chris Frantz, ex-baterista dos Talking Heads. "Fomos de avião à Suíça, e ele foi direto para a passagem de som. Depois que a gente seguiu para um pequeno café, a *promoter* da turnê pediu uma bela caprese pra gente — uma salada muito boa, com queijo mussarela, tomate e uma alface deliciosa, de alta qualidade. Johnny disse: *O que é isto aqui? Eles chamam isto de alface?!*"

"Johnny ficou irritado de verdade que a alface não era alface crespa", Chris Frantz ri. "Foi ali que eu vi que o cara era muito perturbado."

A Sire Records contratou uma empresa para o som e a iluminação das duas bandas. Chamada Brit Row, ela mandou uma equipe de duas pessoas em um caminhão com o equipamento. Ian Ward e Frank Gallagher eram veteranos calejados, com experiência em praticamente qualquer situação imaginável em um show ao vivo. E eram figuras muito engraçadas, com sotaques britânicos muito carregados. Eles tornaram minha vida mais tolerável, bem como a vida de praticamente todo mundo na turnê. No geral, as condições eram meramente passáveis: os hotéis eram um pouco melhores que albergues — sem telefone, sem TV, com banho comunitário e um lavabo no fim do corredor. Alguns locais onde tocamos na França eram tão arcaicos que a luz entrava em curto-circuito, o que causava problemas constantes de eletricidade e aterramento. Joey chegou a tomar uns choques. David Byrne também tomou uma descarga de um microfone em Lyon que o derrubou no chão por pelo menos dez minutos. Felizmente, ocorreu na passagem de som, ainda que daria uma bela cena se acontecesse durante o show.

Embora o ritmo fosse cansativo, as apresentações e a presença do público foram incríveis nos locais nos quais tocamos.

Na metade da turnê, a banda, Monte e eu pegamos um avião até a Escandinávia para fazer uma semana de shows na Suécia, na Dinamarca e na Finlândia. Em Copenhague, a energia da banda levantou o público a níveis insanos. A plateia foi tomada por um furor tão violento, que arrebentou o lugar em pedaços. Foi realmente assustador — e a primeira vez que achei que iria me machucar seriamente, enquanto tentava impedir que aqueles maníacos bêbados destruíssem o palco. Em Tampere, na Finlândia, pertinho da União Soviética, não era permitido que as pessoas saíssem de seus assentos, sendo possível apenas aplaudir entre as canções. Mas tinham permissão para bater palmas acompanhando a batida dos Ramones, assim como fizeram no show de um imitador de Elvis que abriu para a banda. Dá para imaginar como foi.

Ao retornar para Londres, percebemos que os punks ingleses tinham a sua própria cena andando a todo vapor. Tinham ainda mais alfinetes de fralda — da língua até as tetas —, mais moicanos, calças de sadomasoquismo, maquiagem e, principalmente, mais raiva. Tinham uma causa e um motivo de fúria: a pobreza. Era como se agora eles sentissem que haviam ultrapassado o que acontecia em Nova York e estavam muito além de qualquer coisa ocorrendo nos Estados Unidos.

Em vários aspectos, estavam certos. Os Sex Pistols emplacaram grandes sucessos nas rádios da Inglaterra, como "God Save the Queen" e "Anarchy in the UK", e a banda punk de Londres recebia uma grande cobertura na TV britânica, o que não aconteceria nos Estados Unidos nem em um milhão de anos. E, embora esperássemos que a moda tivesse passado, nuvens de catarro continuaram chovendo implacavelmente sobre o palco, lançadas do fundo de locais duas vezes maiores que o Dingwalls.

Curiosamente, a multidão não cuspiu nos Talking Heads nem realizou atos insólitos que nunca havíamos visto antes. Quando assistiram aos Heads, demonstraram atenção e respeito, mas permaneceram relativamente calmos. Quando os Ramones tocaram, todo o público começou a pular vigorosamente para cima e para baixo ao som da batida. Alguns pulavam alto no ar e sacudiam suas cabeças. Do palco, parecia mais ou menos como salmões nadando contra a correnteza. Essa incrível "dança" era chamada de *pogo*.

Os Talking Heads *ganharam* até bis apesar disso. Ninguém esperava que eles fossem se dar bem com um público dos Ramones, principalmente Johnny, que não via a hora de eles saírem do palco.

"Os Talking Heads gostavam de curtir as coisas, e os Ramones adoravam odiar tudo", Chris Frantz ponderou. "Ou *parecia* que adoravam detestar tudo.

Como quando fomos a Stonehenge, e Johnny ficou dentro da van. Ele falava, rosnando: EU NÃO QUERO PARAR AQUI. ISTO É SÓ UM MONTE DE PEDRAS VELHAS!"

"Johnny se irritou conosco uma vez por não mantermos os mesmos lugares dentro da van", Chris recorda. "Eu sentei ao lado de Joey, e outra vez do lado de Tommy, e depois de Dee Dee — e Johnny não gostava disso. Ele queria que todo mundo tivesse um lugar estabelecido e que ficasse ali."

Em uma noite que não houve show, fomos a Londres para ficar no hotel. Por algum motivo, Joey e eu dormimos no ônibus e fomos os últimos a descer. Na frente do hotel, observamos uma grande multidão, composta pelo mais bêbado bando de vagabundos que já tínhamos visto. Eram torcedores de futebol britânicos, que partiram para cima de Joey como se ele fosse uma bola. Bloquearam nosso caminho ao saguão e provocaram o meu irmão, tecendo comentários sobre seu cabelo, corpo e aparência frágil. Para ele, era como estar de volta a Forest Hills, só que muito mais assustador. Esses retardados estavam loucos por um motivo para começar uma pancadaria e quebrar uma garrafa na cabeça de alguém — especialmente de alguém como Joey. De algum modo, consegui conversar com eles e abrir o caminho.

Naquela noite, Joey e eu dividimos um quarto. Ficamos deitados lá, enquanto os torcedores bêbados continuavam no lado de fora, falando palavrões e gritando. Eles brigavam uns com os outros e depois cantavam e tocavam flautas. Então faziam tudo de novo durante toda a noite.

No dia seguinte, Roxy apareceu. Dava para ver que Johnny ficou feliz em vê-la — pela forma como ele imediatamente começou a dar uns tapas nela. Achei que aquilo pudesse aliviar um pouco da sua agressividade, que já estava ficando difícil de aturar.

"Mickey levava muito desaforo de Johnny na estrada", Chris Frantz relembra. "Johnny estava puto. Tina costumava dizer: *Nós mesmos carregamos o nosso equipamento. Não temos roadies para encher de berros!* Johnny odiava muito isso — e só fazia ele ficar ainda mais agressivo com os caras que trabalhavam para os Ramones, Frank Gallagher, Ian Ward e Mickey."

Em Birmingham, Johnny tentou me humilhar na frente de toda uma multidão. Uma noite antes, John queria que as guitarras fossem retiradas do caminhão para que ele e Dee Dee pudessem ensaiar uma nova música. Monte levaria as guitarras para o ônibus no dia seguinte. Eu sairia cedo de manhã e viajaria aos locais dos shows no caminhão com o equipamento, junto com Frank e Ian a fim de deixar tudo pronto para quando a banda chegasse.

Quando eles chegaram ao local do show, Johnny entrou e imediatamente começou a berrar comigo: "Mitchel! Por que as guitarras não estão afinadas?".

Eu disse: "Porque estão no seu ônibus".

Johnny gritou: "Você deveria deixar tudo pronto!".

Eu respondi: "John, como é que eu iria deixar tudo pronto se elas vieram com você no ônibus?".

Ele berrou: "Vá se foder, Mitchel!".

"Bom, vá se foder você também, John!", eu falei, sem recuar.

Era a primeira vez que alguém respondia para o Johnny.

Acho que ele não quis levar aquilo adiante porque sabia que eu planejava pedir demissão em breve. Ele tinha tentado me convencer a ficar, mas eu queria ir embora. Meu irmão, Dee Dee e Tommy também haviam me incentivado a voltar a tocar.

Noites depois, fui para o *backstage* após o show para guardar tudo no camarim, e Johnny estava no corredor com Roxy. Ele mantinha a garota contra a parede e fazia a mesma rotina que eu já havia visto antes.

"O que você estava fazendo? Estava olhando pra quem?", Johnny interrogou.

Assim que ela dava uma resposta, Johnny dava um tapa rapidamente em seu rosto.

"Eu vi você. Você estava sorrindo. Pra quem estava sorrindo?", Johnny insistiu.

"Ninguém!", Roxy choramingou, esperando um tapa a qualquer instante. "Você está louco. Para com isso!"

Paf!

"John", eu interrompi. "Um pessoal da imprensa vai vir aqui. Talvez você devesse se acalmar."

"Que se fodam!", ele disse, com fúria.

"Você quer que eles vejam isso?"

"Mitchel, vá cuidar da sua vida, porra", ele esbravejou.

Levei aquele conselho muito a sério. Não queria mais que a minha vida fosse aquilo.

"Provavelmente demorou pra cair a ficha de que a Roxy era alcoólatra", Johnny confessou, anos mais tarde. "Eu continuava achando que ela fazia aquilo por minha causa. Não sabia como lidar com ela, então dava uns tapas nela."

"Johnny transformava a vida de todo mundo que estava nos Ramones em um inferno", disse Chris Frantz.

O trabalho estava se tornando cada vez menos atraente para mim, tanto no lado espiritual como no financeiro. Quando Frank, Ian e eu estávamos comparando nossos salários um dia, eles simplesmente olharam para mim e disseram: *Mas por quê? Você é um trouxa!*

Estava ganhando US$ 60 por semana. Mais para o fim da turnê, me pagaram US$ 10 de aumento. Frank e Ian ganhavam três vezes mais do que isso! Eu sabia que estavam se aproveitando de mim, mas não me importei no início, pois era meu irmão e os nossos amigos. No entanto, as coisas e as pessoas estavam mudando.

"No início, eu dividia um quarto com o Johnny na estrada", Tommy lembra. "Eu não podia dividir com mais ninguém. Johnny ficava tranquilo desde que eu ficasse sozinho com ele, mas assim que outra pessoa aparecia, começava a colocar uma contra a outra."

"Tommy diz que ninguém tinha respeito por ele", Johnny disse. "Eu não me lembro de ter dado trabalho para o Tommy. Acho que o Joey e o Dee Dee é que deram trabalho pra ele."

"Dee Dee, Johnny e Joey tornaram as coisas bem difíceis para eu seguir na banda", Tommy confessa. "Depois de um certo tempo, eles me cansaram. Eu estava ficando louco, o que pra eles era engraçado. Eles estavam pisando em ovos. Olhando em retrospecto, acho que eu estava com depressão, mas não sabia na época."

"Johnny também achou que eu estava travado", Tommy segue. "Achou que eu estava tocando bateria muito devagar. Mais para o fim da turnê, tocamos em Newcastle, na Inglaterra, e ele se virou para trás e me olhou com uma cara muita feia. Eu estourei. Não aguentava mais aquilo. Aí comecei a tocar muito rápido. Ele estava sempre insinuando que o motivo de eu tocar mais devagar era porque não conseguia tocar mais rápido. Isso não era verdade. Comecei a tocar cada vez mais rápido. Depois do show, ele disse: *Que droga foi essa? O que você está fazendo?!* Eu falei: *Você queria que eu tocasse mais rápido. Estou tocando mais rápido.* Johnny berrou: *Você está querendo sabotar a banda! Você está tentando foder com a gente!*"

"Ele não bateu em mim", Tommy confirmou, "mas foi quase".

"CARA, ISSO É INCRÍVEL", MEU IRMÃO DISSE PARA MIM ao nos sentarmos em torno de uma mesa no camarim do Roundhouse, na última noite da primeira turnê europeia dos Ramones. Eles haviam recém terminado o aquecimento antes do show e subiriam ao palco em cerca de uma hora. Johnny pediu para Danny Fields abrir a porta e deixar entrar o mar de jornalistas, fotógrafos e simpatizantes que vinham para dar boas-vindas à banda ou desejar boa viagem.

Joey e eu olhamos ao redor dos músicos, jornalistas e artistas. Havia punks pobres que entravam de penetra e lindas garotas magras como palitos usando calça de couro de marca, que aparentemente eram gente da nobreza, de sangue azul. Os caras dos Pistols, do Clash e do Damned, assim como outras lendas do futuro, estavam surrupiando a cerveja do nosso *cooler*, que era exatamente o que nós faríamos se estivéssemos no camarim deles.

Saí para ver os Saints tocarem o seu hit "(I'm) Stranded" e falei para Monte deixar a banda pronta para entrar no palco em 30 minutos. Os Ramones tocaram o seu *setlist* inicial para uma plateia freneticamente apaixonada e cheia de espectadores saltitantes convertidos ao *gobbing*, retornando três vezes para o bis. Mas não houve imprensa *mainstream* nem cinegrafistas da BBC naquela última noite no Roundhouse. E também não houve legiões de fãs gritando pelos Ramones no aeroporto no dia seguinte.

"Achei que o punk rock ia ser grande e que os Ramones, os Sex Pistols e The Clash seriam como os Beatles e os Rolling Stones", disse Johnny. "Mas não era o que estava acontecendo."

"Hoje o seu amor, amanhã o mundo", cantavam os Ramones — mas o mundo é grande, e os seus fãs eram apenas uma pequena parte dele. O restante ainda pertencia a Billy Joel e ao Abba. De qualquer forma, os três shows com lotação máxima no Roundhouse, bem como toda a primeira turnê na Europa, foram um grande triunfo para os quatro desajustados de Forest Hills. No entanto, era difícil saber se todos os integrantes da banda apreciavam esse fato.

Quando desembarcamos do avião no dia seguinte e fomos à alfândega, o eternamente irritado Johnny Ramone decidiu fazer mais uma reclamação desnecessária.

Quando perguntei a Danny o que eu deveria preencher como profissão no formulário da imigração, ele disse: "Coloque qualquer coisa, não faz diferença".

Para dar boa sorte e servir como uma profecia do futuro, coloquei *músico*. Quando Johnny viu aquilo, ficou louco.

"Por que você está colocando isso aí?", ele gritou para mim. "Você não é músico! Não é um profissional!"

"Por que você está tão irritado, John?", respondi calmamente. "Eu já fui e vou ser de novo. Sou músico quando indico as notas que Dee Dee deve tocar no baixo, não é? Aí você quer que eu seja músico, certo? De qualquer maneira, por que isso te incomoda tanto assim? Grande coisa!"

Essa era a forma de John se divertir humilhando os outros. Qual era a novidade? Eu já havia informado à banda: trabalharia nos três shows que estavam marcados para o CBGB, e era isso. Estava treinando Matt Loyla, outro garoto de Forest Hills, para me substituir. Foi uma sensação estranha quando passei o bastão para ele.

Lembro-me de estar no palco do CBGB fechando o último *case* e respirando fundo. Ao longo dos últimos dois anos, algo espetacular e fenomenal estava ocorrendo no mundo da música, e eu tinha o melhor lugar da casa para assistir. Foi uma experiência única, mas seguir em frente era o correto a se fazer. Com certeza, não senti como se tivesse abandonando os Ramones. Havia feito tudo ao meu alcance para ajudá-los a chegar nesse ponto e tive certeza de que havia dado a minha contribuição.

Vi os shows dos Ramones passarem de três pessoas para três mil pessoas, de dez interrupções durante a apresentação para nenhuma. Eles tinham confiança quando subiam ao palco e tinham confiança de que eu não iria deixá-los na mão. Com 23 anos de idade, conhecia os caras por mais da metade da minha vida.

Saltei do palco do CBGB e fui procurar meu irmão, que queria dar uma festinha de despedida para mim. Antes de chegar até o bar, esbarrei no meu velho amigo John Cummings. Até o velho Johnny deve ter sentido uma pontinha de emoção: ele ficou bem mais tempo do que costumava ficar depois dos shows.

"Contratei Mickey como *roadie*", Johnny Ramone explica, "porque ao longo da minha carreira quis estar rodeado pela maior quantidade possível de amigos. Sempre achei melhor trabalhar com amigos".

Depois que o público foi embora, Johnny sentou-se em uma das mesas na frente do palco do CB. Ele ficou esperando até que eu terminasse de guardar tudo. Sentei-me do outro lado da mesa na sua frente.

"Bom, então quer dizer que você vai sair mesmo, hein?", Johnny perguntou. "Tem certeza de que quer fazer isso?"

Ele fez soar como se eu estivesse traindo a banda.

Quase me senti mal.

"Sim, John, não quero ser *roadie* para o resto da minha vida, entende?", eu dei uma resposta sincera, sem nenhuma malícia direcionada a ele — ou ao trabalho. "De qualquer jeito, eu não posso. Estou com dois meses de aluguel atrasado e..."

"Bom", Johnny me interrompeu, "e se a gente aumentar o seu salário?".

"Vocês já aumentaram, de US$ 60 para US$ 70," respondi, corriqueiramente.

"E se a gente aumentasse para US$ 250 por semana?", Johnny perguntou. "E vamos subir as suas diárias. E você pode trazer Arlene junto se quiser."

"Nossa, é uma grande mudança. Achei que vocês não tinham como pagar mais", disse, antes de descobrir que iriam contratar dois caras para me substituir: Matt

Loyla e outro garoto de Forest Hills, maior e mais forte, chamado Matt Nadler. Com o apelido de Little Matt e Big Matt para fácil identificação, cada um receberia US$ 250 por semana.

"Não, obrigado, John", eu disse tranquilamente. "Agradeço pela oferta e por você querer que eu fique, mas eu quero muito voltar a tocar."

"Bom, Mitchel, é bem difícil se dar bem, sabe?", Johnny me aconselhou. "Não é fácil conseguir um contrato com uma gravadora. Talvez você se dê melhor trabalhando com a gente por mais um tempo..."

"Nah", eu respondi. "Já tomei minha decisão. Eu sei o que eu vou enfrentar, mas vou pelo menos tentar — vou me arrepender para o resto da vida se não tentar."

"Tá bom", ele disse, irritado, "se é isso que você quer fazer, então te vejo por aí".

Vi meu ex-chefe se levantar e sair. Então gritei *tchau* e fui para a companhia de meu irmão, Robin, Legs e John Homlstrom no bar.

Joey não poderia ter sido mais solidário à minha decisão. Ele me incentivou de coração a formar minha própria banda ou entrar para uma que já estivesse formada. Ouvi falar por meio de Chris Stein, guitarrista do Blondie, que o grupo buscava um substituto para o seu baixista, Gary Valentine. No Plaza Sound Studios, onde o Blondie gravava seu segundo álbum, falei com Chris e Debbie Harry. Ele disse que deveríamos fazer uma *jam* juntos e ver no que daria. Eu gostava do Blondie, e eles estavam indo muito bem. Mas como já estavam juntos há um bom tempo, parecia mais uma situação de músico de apoio.

Nesse meio tempo, surgiram outras opções.

CAPÍTULO 21
QUERO SER SEDADO

EM UMA NOITE DE JULHO, ROBIN E JOEY entraram no CBGB junto com Lester Bangs, que havia se mudado para Nova York. Nessa época, ele já havia se tornado o garoto-propaganda de uma nova espécie de crítico de rock subversivo. Joey e eu éramos grandes admiradores dos seus textos, e, embora tivéssemos nos encontrado naquela noite em Michigan, dessa vez Joey me apresentou adequadamente a ele.

Lester poderia ser definido como uma pessoa extremamente altiva, que não via problema nenhum em usar linguagem erudita nos seus artigos que descreviam simples conjuntos de pop como o Abba ou bandas rudimentares como os Ramones. Ainda que muitos o vissem como arrogante, prepotente e excessivamente detalhista, eu achava muita graça em seus textos. No mínimo, o seu estilo era único e original e me fazia pensar. Suas diatribes levantavam ideias que tinham conteúdo — ou tentavam nos convencer de que tinham.

Embora seus artigos frequentemente falassem mais sobre ele do que sobre os grupos, ele geralmente era divertido. Lester queria formar uma banda e ser o vocalista, o que foi o motivo principal pelo qual Joey me apresentou a ele naquela noite.

Lester era quase famoso, mas nem tanto, e por mais que ele gostasse de ridicularizar astros do rock, aparentemente desejava se tornar um deles — nos seus próprios termos, é claro. Ou seja, desarrumado, sem fazer a barba e acima do peso, com um bigodão de Wilford Brimley, um amplo traseiro com o rego à mostra e a elegância de um elefante em uma loja de porcelana. Lester estava todo animado — efeito do xarope para tosse Romilar — e pronto para começar!

Eu pensei comigo mesmo: *Hm, talvez tenhamos alguma coisa aqui.*

Assim como eu, Lester tinha um gosto musical diversificado. A longa conversa que tivemos naquela noite revelou que ambos tínhamos o mesmo álbum em nossos toca-discos em casa: *John Lewis Presents Jazz Abstractions.*

Como Lester e eu nos demos muito bem naquela reunião, decidimos fazer uma tentativa. Ele se surpreendeu quando comecei a tocar um solo de sax do Sonny Stitt na guitarra, e desenvolvemos um respeito mútuo pelas habilidades de cada um.

Formamos uma banda, que Lester batizou de Birdland em homenagem ao clube de jazz ao sul de Manhattan. Ele tinha uma voz de grande fôlego, mas não tinha muita experiência, já que havia feito apenas dois shows no CBGB com uma banda temporária que incluía Robert Quine, guitarrista dos Voidoids, e Jay Dee Daugherty, baterista de Patti Smith. As críticas sobre esses dois shows foram variadas entre os frequentadores do CB.

Lester já havia gravado um *single*, "Let It Blurt", que descrevia com precisão o seu estilo vocal. Achei que, se ele pudesse canalizar aquela força, poderia mesmo ser um excelente cantor. Ele era uma figura bastante animada e certamente tinha muito a dizer. De fato, se eu pudesse definir meu amigo Lester em uma frase, seria: *Lester Bangs era um homem que tinha muito a dizer.*

Na época em que Lester começou a sair comigo e com Joey, os Ramones não socializavam mais um com o outro. Johnny raramente saía de casa quando a banda não estava tocando. Dee Dee passava mais tempo com Johnny Thunders ou com qualquer pessoa que tivesse heroína e pílulas. Tommy estava mais do que contente em estar no estúdio, ocupado com a gravação do terceiro álbum dos Ramones, *Rocket to Russia*. O álbum teria uma canção de Dee Dee que colocaria o Queens no mapa musical, chamada "Rockaway Beach", e uma de Joey, "Sheena Is a Punk Rocker", que resumiu com precisão a alma da cena, colocando o punk rock no mapa. Era sobre uma garota desiludida com o *status quo*:

But she just couldn't stay	*Mas ela não podia ficar*
She had to break away	*Ela tinha que dar o fora*
Sheena is a punk rocker now	*Agora Sheena é uma punk rocker*

Nesse tempo, Joey foi morar com Robin Rothman, que tinha uma quitinete na Rua Morton, no West Village. Ele estava feliz, vivendo em sua própria casa — na verdade, na casa de Robin, mas estava feliz principalmente por ter privacidade e estar longe daquela vida de dormitório comunitário no *loft* de Arturo.

De qualquer forma, Robin estava cuidando dele, e Joey ainda precisava de muitos cuidados. Tinha ido para o hospital devido à infecção no pé. Robin tentou mantê-lo limpo e saudável, mas nem ela, nem Arlene, nem eu poderíamos prever a catástrofe que estava para acontecer.

Em 19 de novembro de 1977, os Ramones eram a atração principal de um grande show, com abertura do Talking Heads e Eddie and the Hot Rods. Arlene e eu pegamos Robin e fomos para o majestoso Capitol Theatre em Passaic, Nova Jersey.

Joey estava com um pouco de dor de garganta, como de costume. Ele tinha pegado a desagradável mania de gritar ao invés de cantar, e o calendário da banda tinha ficado mais apertado, assim como suas cordas vocais. No camarim, Johnny estava sentado em sua "área" (todos eles tinham "áreas" agora). Ele interrogava Danny Fields sobre o público e as vendas de ingresso e pegava no meu pé por ter faltado um show aqui e ali.

"Os fãs leais nunca perdem um show", Johnny disse, dando sermão.

Dee Dee murmurava algo sobre estar enlouquecendo. Little Matt ligou os amplificadores, e Tommy movimentou sua bateria de ensaio, preparando-se para o tradicional aquecimento da banda antes do show, no qual tocariam todo o *setlist* antes de subir ao palco. Depois executavam tudo novamente em máxima velocidade.

Joey iniciara o seu novo ritual, que consistia em tomar cerca de seis xícaras de café preto para arejar a cabeça e fazer nebulização pra limpar a garganta e abrir os pulmões.

"Joey usava fenilefrina", Matt Nadler, o Big Matt, explica, "e um bule, que era usado como um nebulizador improvisado para limpar seus brônquios e vias respiratórias antes de ir para o palco".

Fazia alguns meses que eu não ia a um show dos Ramones e não tinha visto o que Joey estava usando para fazer nebulização. Nada me ocorreu quando Big Matt ligou um fogão elétrico portátil para ferver a água em uma chaleira com apito. A tampa do bico havia sido removida, de tal forma que o bico ficava destapado. Matt colocava papel alumínio ao redor da abertura e então fazia buracos nele para que o vapor pudesse sair.

Perguntei a eles se conheciam os nebulizadores que eram vendidos em lojas. Disseram que aquela técnica funcionava melhor — que os outros vaporizadores eram feitos para tratamentos de beleza na pele. Quando a água ferveu furiosamente e o vapor começou a sair, Matt colocou uma borrachinha em volta do papel alumínio, cobrindo o bico para que não saltasse longe e evitando que a água escaldante atingisse o rosto e a garganta de Joey.

Meu irmão tirou os óculos, cobriu a cabeça com uma toalha e se aproximou da chaleira enquanto o vapor subia. Ele deixava o vapor entrar todo pela boca, levantando a cabeça de vez em quando para limpar a umidade do rosto. Arlene, Robin e eu nos sentamos em volta da mesa com Joey, bebendo a cerveja da banda e falando sobre onde iríamos depois do show. Joey emergiu do vapor para respirar ar fresco e disse que provavelmente daria tempo de passar no Max's para conferir as últimas bandas da noite.

Depois que Danny Fields entrou para informar que os Talking Heads já estavam na metade do show, Joey se curvou para pegar as últimas doses de vapor. Enquanto eu falava pra eles quais as bandas que iriam tocar no Max's naquela noite, escutamos de repente um estouro, seguido por um chiado. A borrachinha ao redor do bico havia arrebentado. O papel alumínio voou no ar, e Joey deixou escapar um grito quando a água escaldante disparou da chaleira em direção ao seu rosto e pescoço.

Um pandemônio se instaurou, enquanto Joey colocava as mãos no rosto, gritando "AAH! MERDA! MERDA!".

Agarrei suas mãos e as afastei do seu rosto.

"Deixa eu ver! Deixa eu ver!", eu gritei, e em poucos segundos seu rosto e seus lábios começaram a inchar e a criar bolhas.

Joey estava vermelho do alto do nariz até o peito. Felizmente seus olhos ficaram ilesos.

"Isso está muito feio, cara", eu disse, entrando em pânico. "Você tem de ir para o hospital agora mesmo!"

"Espere aí", Johnny berrou. "Talvez ele fique bem, temos que fazer esse show!"

"Nem pensar, porra", eu falei. "Olha só como ele está! A pele está toda descascando!"

Danny Fields decidiu levá-lo para a emergência mais próxima. Faltava cerca de uma hora para os Ramones subirem ao palco. Nós esperamos no teatro. Desolado, Big Matt se desculpava repetidamente.

Após mais ou menos uma hora, recebemos a notícia de que Joey estava a caminho e que poderia fazer o show. Dez minutos depois, eles retornaram ao teatro. Joey estava com creme cobrindo todo o seu rosto, mas derretendo ao calor da sua pele.

"Tem certeza de que quer fazer isso?", eu perguntei a ele.

"Sim, sim, acho que sim", Joey disse, enrolando as palavras pelo inchaço na boca e na língua.

"Porra, você é um guerreiro, cara!", falei enquanto caminhávamos até o palco.

Quando as luzes quentes do palco foram acesas, o que tinha sobrado de creme no seu rosto caiu fora.

Não sei de onde meu irmão tirou forças, mas de alguma forma Joey Ramone fez uma de suas melhores apresentações de todos os tempos naquela noite. Quando saiu do palco, ele caminhou encurvado até o camarim.

"E aí, quer ir no Max's?", eu falei brincando.

Joey chegou a dar uma risada e disse: *Pode me levar em casa?* Sua voz estava totalmente rouca. Nós então o colocamos no carro de Arlene e voltamos para a cidade. Ninguém disse nada sobre ele ter ou não de voltar ao hospital só para ter certeza de que tudo estava bem. Ele decidiu esperar até a manhã para ver como iria se sentir.

Durante a noite a situação piorou. Pela manhã, Robin ligou para mim, dizendo que o rosto de Joey estava inchando. Arlene e eu fomos de carro até a casa de Robin para apanhá-lo e levá-lo até a unidade de queimados do Centro Médico da Universidade de Cornell. Ele foi atendido imediatamente.

"Foi no dia seguinte que Mickey ligou pra mim e disse: *Não é pra ficar louca, mãe, mas o Joey se queimou, e eu levei ele para o hospital. Disseram que são queimaduras de terceiro grau,* Charlotte Lesher recorda.

"Acho que ele não conseguia falar naquela hora, porque toda a sua garganta estava escaldada", ela acrescenta. "Não conseguia acreditar que ele foi para o palco e cantou na noite anterior. Ele simplesmente achou que tinha de estar lá."

O rosto de Joey se parecia com o personagem de Don Knott que tinha cara de peixe no filme *O Incrível Sr. Limpet.* Seus lábios estavam tão inchados que ele parecia um ornitorrinco.

"Eu nem fazia ideia de que ele estava com ferimentos graves", Tommy Ramone confessa. "Eu sabia que tinham levado Joey pra emergência naquela noite, mas achei que era só pra ter certeza de que estava tudo bem com ele. Naquela época, os Ramones não passavam mais tempo juntos. Depois do show, cada um ia pra um lado. O que eu disse pode soar insensível, mas a verdade é que eu não fazia ideia de que Joey estava ferido. Só fiquei sabendo na manhã seguinte."

No hospital, Joey começou a compor "I Wanna Be Sedated", ditando as palavras para Robin. Quando ganhou alta, voltou para a casa dela, mas as coisas estavam diferentes entre os dois.

"Não me levem a mal", Robin Rothman ri, "mas eu odiei morar com Joey Ramone. Deus do céu, era um inferno! Eu amava Joey, não tinha dúvida, mas viver com ele? Não tinha a menor graça. Ele era uma bagunça só! Começou a ficar um pouquinho trabalhoso demais pra mim. Viver sem ele? Bom, pelo menos a gente podia ser amigos. Foi muito legal enquanto durou, mas era hora de mandar Joey de volta pra casa do Arturo!".

Os Ramones estavam no caminho para se tornarem mais do que apenas heróis locais. Apesar da falta de músicas da banda no rádio, todo o mundo ocidental começava a notar o punk rock e os Ramones. E com a exceção de Johnny Rotten, dos Sex Pistols, ninguém era mais reconhecível no gênero do que Joey. Ele se tornava o rosto e a voz de toda uma nova cultura. Havia mais garotas dando em cima de Joey, mais do que ele sabia dar conta. Uma delas, chamada Cindy, que deu mole para ele, aparentemente tinha terminado um relacionamento com Danny Laine, do Wings, a banda de Paul McCartney.

Uma noite no *loft* de Arturo, ela começou a agir de uma forma particularmente arisca. Estávamos prontos para ir ao CB quando Cindy parou e abriu sua bolsa, revelando uma colorida variedade de pílulas.

"Quero mais uma dessas", ela disse, enrolando a língua e deixando cair todas as pílulas no chão. Cindy começou a se agachar para pegá-las e então se estatelou de uma vez no piso, onde ficou rolando e dando risada. Joey revirou os olhos.

Na terceira vez que Cindy tentou se levantar — sem sucesso —, ela permaneceu no chão. Ligamos para o 911 e, em poucos minutos, Cindy, Joey e eu estávamos em uma ambulância a caminho do hospital.

"Ela vai ficar bem?", Joey perguntou.

"Ela vai sobreviver", foi a resposta do paramédico. "Vai pra Bellevue."

Joey e eu ficamos sentados na úmida sala de espera do hospital, enquanto assistíamos a baratas d'água, ratos e camundongos brincarem alegremente num canto da sala. Finalmente Cindy apareceu e nos deixaram vê-la.

Uma semana depois, Cindy aceitou o convite de alguém para visitar Los Angeles. Joey ficou decepcionado e um pouco confuso com a sua partida repentina. Acho que meu irmão gostava bastante de Cindy, embora soubesse que ela era encrenca.

"Ela provavelmente me fez um favor", ele me falou depois que ela foi embora.

Embora esse fosse um rompimento relativamente indolor, um relacionamento bem mais crucial na vida de Joey também estava a perigo.

CAPÍTULO 22
DIM-DOM!

"Nós TÍNHAMOS TERMINADO DE GRAVAR *ROCKET TO RUSSIA*, um *ótimo* disco", Tommy explica. "Eu ficava bastante envolvido com o processo de gravação, com a composição das músicas e com a criação dos álbuns, mas não com a parte logística, de fazer uma turnê com um monte de gente muito excêntrica, estourada e louca, indo de um bar cagado pro outro. Era bem deprimente. Eu não ganhava praticamente nada. Por um tempo foi tranquilo, porque nós achávamos que íamos ser grandes — que iríamos estourar. Até então já tinha se passado um certo tempo e ainda não tínhamos nada de grana. E era o nosso terceiro álbum."

Rocket to Russia não vendeu muito bem e Tommy estava muito insatisfeito.

"Eu ficava pensando: *O que é o melhor para os Ramones?*", Tommy explica, discutindo a decisão que mudaria para sempre a banda. "Tinha toda essa tensão entre Johnny e eu. Eu tentava liberar a pressão pra banda seguir em frente."

"Falei primeiro pro Dee Dee e pro Joey que eu estava saindo da banda", Tommy recorda. "Eles disseram: *Ah, não! Não vá! Não vá! Blablablá*. Disse que tínhamos que fazer alguma coisa porque eu já estava perdendo a cabeça."

Quando Tommy disse a Johnny que estava de saída, ele ficou perplexo. Não esperava por essa.

Tommy se ofereceu para continuar trabalhando com a banda no estúdio e na composição das músicas. Sugeriu trazer um novo baterista. Não havia como continuar na estrada com os Ramones. Quando finalmente viram que ele falava sério, saíram à procura de um substituto.

"Eu estava no bar do CBGB quando *Rocket to Russia* foi lançado", o baterista Marc Bell lembra. "Não conhecia os Ramones pessoalmente, mas obviamente já tinha ouvido falar deles. Eu era o baterista da banda do Richard Hell — Richard Hell and the Voidoids — e o disco *Blank Generation* também tinha saído pelo selo de Seymour Stein. Então a gente era colega na Sire Records."

Numa noite no CB, Dee Dee foi até Marc e perguntou: "Já pensou em entrar para os Ramones?".

Marc disse que adoraria entrar para a banda. Mais ou menos um mês depois, ele ficou sabendo, através de Danny Fields e Monte Melnick, que o grupo estava fazendo testes. Mas primeiro Johnny Ramone queria falar com ele.

"Johnny disse: *Quer fazer parte da banda? Então falei: Claro que sim!*", Marc relata.

Marc ignorou os "certos e errados" que deveriam ser seguidos para ser um Ramone, já que Dee Dee não era exatamente o melhor exemplo quando o assunto era seguir regras. Em vez disso, falou: "Ok, Johnny, tudo bem, beleza, claro".

No teste, havia de 15 a 20 caras presentes. Tommy Ramone estava lá para orientar a escolha do seu substituto. Marc tocou "I Don't Care" e "Sheena" — e sabia que seria escolhido. O mais novo integrante veio a ser Marky Ramone.

"Depois que eu saí", Tommy explica, "Joey imediatamente começou a pressionar por poder — e teve muito sucesso depois de um tempo. Acho que Johnny deveria ter visto isso antes. Ele deveria ter feito o possível pra me manter na banda, porque a partir do momento que eu fosse embora, ele não teria mais ninguém pra colocar um contra o outro".

"No começo", Tommy recorda, "Joey gostava muito de Johnny, e acho que Johnny também gostava de Joey — até onde Johnny consegue gostar de alguém. Mas Joey e Dee Dee não eram bem tratados. Dee Dee era tratado como um pirralho, que é como ele se comportava. E Joey era tão quieto que meio que acabava desparecendo".

"Joey era *mais* do que quieto", disse Arturo Vega. "Quando Joey finalmente passou a falar em público, começou aos poucos. Mas, no fim, ele se tornou o líder da banda. Joey ou era muito engraçado ou muito sem graça, mas era sempre muito eficiente."

"É claro que Joey nunca foi o líder da banda de fato", Arturo afirmou. "Mas o vocalista é sempre visto, ideológica e espiritualmente, como o líder da banda. Johnny continuou a dar ordens."

Arturo Vega podia receber ordens de Johnny, mas todos os outros estavam cada vez mais interessados em Joey. O pessoal da gravadora, da mídia e o público em geral começava a ouvir o que ele tinha a dizer. E quando o assunto recaía em muitas das importantes decisões criativas da banda, Joey começou a se impor cada vez mais. Após a saída de Tommy, a cadeia de comando da banda estava indefinida — e talvez estivesse até mesmo em jogo. Joey logo percebeu que se criasse coragem e se de fato quisesse, ficaria provavelmente em relação de igualdade com o autoritário Johnny. Mas para isso teria que se garantir.

Fiquei surpreso ao ver que Joey não se abalou tanto com a saída de Tommy. Mas aparentemente algo havia se passado entre os dois sem eu saber.

Alguns anos antes, eles tiveram uma discussão, e Tommy disse que a banda deveria ter deixado Joey no porão da galeria de arte da sua mãe. Joey nunca o perdoou por isso.

"Tommy não aguentou", Joey me falou na época da saída de Tommy. "Ele surtou! Não era forte o bastante!", meu irmão disse, sorrindo.

Vindas dele, aquelas palavras soavam curiosas.

"Depois que Tommy saiu da banda, a gente foi direto trabalhar no próximo álbum, *Road to Ruin*, com Marky", Ed Stasium recorda. "Ensaiamos por um longo tempo com ele, ficamos só pegando o ritmo. Aí fomos pro estúdio, gravamos e mixamos o disco no Mediasound. Gastamos muito dinheiro e o verão inteiro em *Road to Ruin*."

Ao mesmo tempo em que os Ramones estavam em Nova York gravando, o futuro cineasta Allan Arkush estava em Hollywood trabalhando para Roger Corman, gênio dos filmes B que estava por trás de clássicos de baixo orçamento dos anos 1950, como *She Gods of Shark Reef*, *Attack of the Crab Monsters*, *Rock All Night* e *Carnival Rock*.

Sem os Ramones saberem, Allan estava em Los Angeles bolando uma ideia que os colocaria em uma categoria à parte — como as estrelas em seu próprio filme.

"Comecei a trabalhar com Roger Corman, editando *trailers* e comerciais de TV. Percebi que o único jeito de eu conseguir fazer de verdade alguma coisa em Hollywood seria apresentar uma ideia de filme pro Roger. Eu queria fazer um sobre explodir uma escola. Depois que terminei de trabalhar em um filme chamado *Deathsport*, que deixou Roger bastante satisfeito, ele disse: *E aquele filme de escola que você queria fazer?*".

Allan ainda queria fazer, e com música. Roger sugeriu algo com uma batida de disco music. Allan disse a ele que não tinha como explodir uma escola com esse tipo de música.

Quando Roger perguntou o porquê, Allan subiu no sofá e fez sua imitação de Pete Townshend arrebentando com sua guitarra e explicou a diferença entre rock e disco. Isso fez Roger se lembrar de algo.

"Em uma reunião na Warner Bros.", Alan recorda, "um cara chamado Carl mencionou bandas como Van Halen e Devo, que eu descartei. Aí Carl disse: *Você conhece as bandas da Sire Records? Porque a gente recém comprou a Sire Records*. Eu respondi: *Sim, eu gosto da Sire!* Carl sugeriu: *Que tal os Ramones? É uma ideia louca...* Blam! Ele simplesmente atirou a ideia na mesa. Eu falei: *Ramones! Eu adoro Rocket to Russia!*

Para mim, os Ramones representavam um certo estilo de vida, filosofia e jeito de ser. Eu disse: *Isso pode ser muito engraçado se a gente tiver um personagem que seja muito fã dos Ramones!*".

Então aconteceu de Danny Fields e Linda Stein estarem na cidade naquela tarde. Assim, Roger e Allan foram até o Bel Air Hotel para se encontrar com eles e discutir a ideia de fazer o filme. Quando Allan pintou o cenário dos Ramones aparecendo na escola e a explodindo no fim, Linda e Danny disseram: *Como podemos fazer isso?*

Assim que Roger viu a edição da revista *Punk* com *Festa na Praia dos Monstros Mutantes*, uma paródia do filme B *The Horror of Party Beach*, na qual Joey estrelava como ator principal, ele soube que essa era a banda que queria. Como Allan nunca havia visto os Ramones ao vivo, ele pegou um avião de volta a Nova York para vê-los tocarem no Hurrah's, um bar roqueiro no Upper West Side. Ele ficou fora de controle depois do show, literalmente.

"Na noite seguinte, fui ao apartamento de Seymour Stein na Central Park West para jantar. Ele tinha pedido comida pra levar de um ótimo restaurante italiano", Allan relatou. "Dee Dee falou: *Achei que a gente ia comer comida italiana. Cadê a pizza?* Johnny não queria comer caranguejo de casca-mole. Aí tiveram que pedir uma pizza pra banda. Joey não disse uma só palavra. Ele só entrava e saía dos quartos da casa. Johnny parecia bastante concentrado. Dee Dee estava completamente chapado. Marky era novo ainda, então não falou muito. Mas quanto mais falávamos um com o outro, mais encontrávamos coisas em comum. A gente se deu muito bem naquela noite."

Depois daquela comida toda, a turma foi para o CBGB e, em seguida, para a casa de Arturo, onde estava Lester Bangs. Quando o Talking Heads chegou, Lester começou a gritar com Tina Weymouth, chamando-a de vendida. Allan ficou empolgado de poder observar a cena de Manhattan que ouvia falar. O que causou ainda mais empolgação foi o fato de os Ramones aceitarem fazer o filme.

Joey estava muito entusiasmado, embora todos estivessem um pouco apreensivos com a forma como essa comédia de baixo orçamento poderia afetar a imagem da banda. Poderia aumentar seu cartaz, mas também poderia transformá-los em motivo de chacota.

"Antes de a gente começar a trabalhar em *Rock 'n' Roll High School*", Allan Arkush lembrou, "os Sex Pistols tinham vindo aos Estados Unidos. Em meio a isso tudo, os Ramones abriram alguns shows para o Black Sabbath e foram expulsos do palco na base da vaia. Então os Pistols acabaram depois da turnê, e nós começamos a fazer o filme. Dee Dee mal conseguia ler as suas falas. Johnny conseguia ler, mas não era engraçado. Joey não falou nada".

"Muita gente leu as falas para a personagem de Riff Randell, incluindo Daryl Hannah, e para um outro papel, Jamie Lee Curtis. Então PJ Soles leu pra nós. Gostamos demais dela em *Halloween*. Ela queria ganhar mais do que o valor do sindicato, mas disse que iria levar seu próprio figurino pra filmagem. Assim ganhou o papel."

Na época, Soles estava casada com o ator Dennis Quaid e nunca tinha ouvido falar nos Ramones. Ela era fã de Eagles e Jackson Browne.

"Allan me deu uma fita VHS dos Ramones, eu coloquei no videocassete e disse: *Meu Deus!*", Soles recorda. "Era provavelmente a primeira vez que eu ouvia música punk. Fiquei impressionada. Eu pensei: *Não sei como é que eu vou fazer para ser a fã número um deles!*".

Quando ela conheceu a banda no *set*, adorou o fato de que, como pessoas, eram "violentamente tímidos e quietos. Eles estavam sempre de cabeça baixa e dando aquela impressão de quem acha que está atrapalhando". Estavam sempre de pé pelo local, recostados contra as paredes. Soles tinha de convidá-los para entrar no *trailer*. "Eu lembro de ter dito: *Ei, venham aqui, vocês são as estrelas do filme, podem entrar no trailer!* Aí eles entravam e sentavam no chão."

"Quando filmamos a cena do quarto para a música 'I Want You Around', Joey estava cuspindo enquanto cantava pra mim", PJ Soles recorda. "Eu fiquei deitada lá de boca aberta com aquele monte de cuspe entrando. Tive de agir como se estivesse amando. Mas Joey e eu tínhamos uma relação muito bonita, porque eu o respeitava, e ele também me respeitava."

"No dia em que gravamos a última tomada do filme", Joey ri, "fazia -1º C, muito frio para Los Angeles. Durante todo o dia, os caras da parte técnica fizeram testes pra cena final, quando os alunos e os Ramones explodiam a Vince Lombardi High School. Colocaram muita dinamite, e a escola explodiu mesmo. Foi sensacional! Naquela noite, todo mundo ficou com a pele queimada".

Felizmente conseguiram filmar a explosão, já que não haveria como gravar de novo. Eu adoraria estar lá — poderia pegar um bronzeado —, mas não tinha dinheiro para ir a Los Angeles assistir à filmagem.

No outono de 1978, quando estavam filmando *Rock 'n' Roll High School*, os Ramones ficaram hospedados num motel chamado Tropicana, no Santa Monica Boulevard. Ficava a apenas algumas quadras do Sunset Marquis Hotel, mas era algumas centenas de dólares mais barato. O Tropicana era indiscutivelmente o motel mais legal de Los Angeles. Era onde a maior parte das bandas de Nova York ficava quando ia até lá.

Coincidentemente, Justin Strauss, vocalista da Milk and Cookies, que costumava me largar na Queens Boulevard voltando do CBGB, também estava hospedado no Tropicana com sua namorada, Linda Danielle. Por algum motivo, Justin teve de ir a Nova York temporariamente e pediu para Linda ficar em Los Angeles até que ele retornasse.

Foi assim que o romance entre Linda Danielle e Joey Ramone começou. Teve início como uma amizade casual. Quando a gerente do Tropicana convidou um pessoal para a ceia do Dia de Ação de Graças na sua casa, Joey e Linda decidiram ir juntos. O relacionamento entre os dois começou a esquentar. Mas houve uma interrupção quando a banda ficou mais ocupada.

Quando Joey voltou a Nova York alguns meses depois, Linda e ele continuaram de onde haviam parado. Para Joey, era o início de um novo e emocionante capítulo na sua vida. Justin aparentemente estava fora do caminho, e Linda, dentro.

"Um dia entrei no *loft* de Arturo e encontrei ele, Joey e Linda, todos alegres e rindo — agindo como se tivessem feito arte", Legs McNeil recorda. "Eu conhecia Linda do tempo que ela estava com Justin, o vocalista da Milk and Cookies, e nem suspeitava que ela fosse fã dos Ramones. Agora ela tinha começado a andar com o Joey. Foi estranho."

"Eu esperava dar uma volta com Joey, sair pra beber e pegar umas garotas", Legs explicou, "mas o Joey nem queria sair. Fiquei chocado".

Eu conhecia Linda principalmente daquelas caronas para casa vindo do CBGB às 4h da manhã, com ela e Justin. Ela falava essencialmente sobre quem estava no CBGB e sobre as celebridades que havia encontrado no Max's, quem seria famoso e quem não seria, blablablá — uma fofocalhada besta. Eu achava aquilo insípido e detestável, mas relativamente inofensivo.

Linda era o total oposto das garotas de jeans rasgado e tênis que iam aos shows dos Ramones — não apenas em relação à moda, mas também à atitude. Ela me lembrava mais as princesinhas judias de Forest Hills, que gostavam de roupas caras e de rapazes com grana. Mas como Linda frequentava o CBGB e o Max's desde o início, eu a considerava mais legal que as garotas do meu bairro que ainda iam a discotecas e achavam o Studio 54 o máximo. A garota média de Forest Hills jamais sairia no sujo e fedorento Bowery com punks e vagabundos.

"Lembro quando Joey levou Linda para o apartamento no número 115 da Rua 9 Leste", Charlotte Lesher recorda seu primeiro encontro com a sua, então, futura nora. "Não tive uma boa impressão dela. Quer dizer, eu já tinha conhecido muitas garotas com quem Joey saía ou que eram suas amigas, mas nunca tinha visto alguém tão vistosa assim. Ela não tinha muita cara de intelectual."

Quaisquer que fossem as falhas de Linda, Joey não as enxergava. E ele não deu muita bola para o que a nossa mãe ou os outros pensavam sobre ela. Aparentemente Linda tinha mesmo mexido com ele.

Na canção "Danny Says", Joey compôs alguns versos sobre o tempo que passaram juntos no Tropicana:

Hangin' out in 100B	*Passando o tempo juntos no 100B*
Watchin' Get smart *on TV*	*Assistindo* Agente 86 *na tevê*
Thinkin' about you and me, and you and me	*Pensando em você e eu, e você e eu*

Em pouco tempo, Linda estava morando no *loft* de Arturo com Joey. Apesar de ela parecer materialista e gananciosa, dei-lhe o benefício da dúvida e as boas-vindas ao clã, desejando silenciosamente que ela tivesse boa sorte vivendo com meu irmão. Eu tinha carinho, empatia e afeição por praticamente qualquer garota que se aventurasse a morar — mesmo que fosse apenas por um mês — com o cara que dividiu um quarto comigo durante 20 anos.

Havia somente duas possibilidades de sobreviver morando com meu irmão: ou você o amava ou o matava — do contrário, você enlouquecia. Torci para que dessa vez as coisas dessem certo para ele. Considerando que Linda Danielle não tinha cara de ser uma grande dona de casa, eu esperava por uma intervenção divina.

Aparentemente havia mais alguém na banda que esperava por uma intervenção, embora não tão divina.

"A primeira vez que vi Linda com Joey", Johnny lembra, "eu disse a ela para ir lá pra trás na van. Disse que o banco de Joey ficava lá atrás. Aí perguntei: *Você fuma? Bebe? Usa drogas?*".

Joey e Linda viviam felizes juntos, e seu relacionamento parecia sólido. Ele até mesmo tinha começado a levá-la junto na estrada. Quando ele estava na cidade, Arlene e eu saíamos com eles, quase que exclusivamente. No geral, estava tudo muito bem com meu irmão. Joey estava feliz de verdade.

As coisas definitivamente poderiam estar melhores para mim. Para pagar as contas, eu dirigia um táxi e esperava que tudo desse certo com a Birdland. Lembro-me de estar na garagem um dia, esperando pelo meu turno, e parar para ler um exemplar do *Village Voice* que tinha pego a caminho do trabalho. Lá estava meu irmão na capa. Queria mostrar para poder me exibir para os outros taxistas, mas percebi que eles provavelmente nunca tinham ouvido falar nos Ramones, ou achariam que eu estava de brincadeira.

Não era como se o público estivesse comparecendo a rodo para ver a Birdland, mas Lester e eu havíamos feito ótimas canções, que nos deixaram realmente orgulhosos. O som era eclético e interessante, de um modo musical e lírico, mas não era para todo mundo.

Lester e eu estávamos tendo algumas dificuldades. Apesar de ele estar constantemente chapado com uma variedade de drogas — misturando anfetamina com xarope de tosse, com álcool, com exorbitantes quantidades de analgésicos e sabe-se lá o que mais —, de alguma forma, conseguimos manter a nossa amizade e ter uma banda. Entre a voz crua de Lester e seu estilo de vida escroto, era praticamente impossível impedir que os integrantes da banda pedissem para sair. Tive que buscar novos membros frequentemente, conforme os caras iam ficando desiludidos com as sandices de Lester.

Joey e Lester ainda eram bons amigos, e, embora Lester não sofresse de transtorno obsessivo-compulsivo, até onde sabíamos, era um páreo duro para meu irmão quando o assunto era desleixo. Eles até compuseram uma música juntos, intitulada "I'm a Slob" ("Sou um Relaxado").

Depois de passar por três bateristas, a banda achou um novo integrante, chamado Matt Quick, que morava lá no West Side, na Rua Spring com a Greenwich. Matty era um velho amigo de Robin Rothman. Ganhava a vida vendendo erva e me ajudou a voltar para o ramo. Também nos deixava ensaiar em seu apartamento.

"A Birdland tocou no My Father's Place com os Ramones uma vez", Matty Quick recorda. "Mas onde quer que a gente fosse — talvez por causa de Mickey — o pessoal ia pra ver os Ramones. Eles gritavam pro Lester: *Sai dessa porra desse palco, seu gordo desgraçado!*".

"Lester respondia pra eles com: *Digam cinco palavras que rimam com roxo*", Matt diz, entre risos. "E então eles gritavam de volta mais alto ainda: *Você é uma bosta!*".

Meu amigo Dave U. Hall, de Forest Hills, que tocava baixo, saiu para se dedicar ao seu mestrado. Por meio de um vizinho de Matty, conseguimos Dave Merrill, filho do cantor de ópera mundialmente famoso Robert Merrill. Achei que seria bom ter outros nomes conhecidos na banda para ajudar a reduzir a abordagem do *irmão mais novo de Joey Ramone* que a imprensa local já começava a repetir. Danny Fields tinha até mesmo nos colocado em um show dos Ramones no Palladium, que acertei com ele para manter Lester feliz. Não que a banda não tivesse nada a oferecer, mas o que fazíamos era diferente. Era basicamente um punk de garagem, mas que incorporava e combinava elementos de vários tipos de música — jazz, folk, blues, country e até um pouco de música clássica — e que era difícil de colocar em uma categoria. O estilo vocal de Lester e suas letras também eram algo do qual era necessário aprender a gostar.

Joey seguidamente ia até a casa de Matty durante os ensaios para dar conselhos, incentivo e passar o tempo. Um dia, Joey levou um elixir da Kiehl's Pharmacy, uma loja sofisticada de remédios homeopáticos e produtos cosméticos na Rua 13 com a Terceira Avenida. Era um líquido marrom que continha uma mistura de diversos tipos de vitamina B e outras vitaminas e minerais, chamado Hemotônico. Era supostamente indicado para fortalecer o sistema imunológico. Joey levou para Lester provar.

"Lester, sendo Lester que era, tomou a porra da garrafa inteirinha", Matty Quick recorda. "Aí foi dormir e ficou se cagando todo com Hemotônico líquido."

Vários outros conflitos surgiram por causa de Lester.

Os Ramones já estavam grandes demais para o CBGB naquele tempo, mas haviam retornado para tocar em um show beneficente com o objetivo de comprar coletes à prova de balas para a polícia de Nova York. A Birdland poderia ter participado, já que Legs McNeil havia organizado o evento. Que diabo, alguns dos meus melhores clientes na venda de maconha eram tiras da 112ª Delegacia em Forest Hills. Várias bandas novas iriam tocar, mas Lester recusou categoricamente, assim como Joey no início.

"Joey não ficou muito entusiasmado com o show", Legs recorda. "Mas Johnny Ramone adorou. Coloquei a Shrapnel, banda que eu tinha recém começado a empresariar, para abrir para os Ramones, e todo o dinheiro foi doado para comprar coletes para os policiais."

O show beneficente foi a última vez que os Ramones tocariam no CBGB. "Alguns dias mais tarde", Robin Rothman relembra saudosamente, "ouvi uma notícia sobre um policial que foi salvo por um colete à prova de balas e pensei comigo mesma: *Nossa, os Ramones podem mesmo ter salvado vidas*".

Depois do evento, a discórdia continuou entre Lester e nossa banda. Seguidamente ele queria fazer o circo pegar fogo e gostava de irritar, questionar ou criticar qualquer um que, na sua opinião, não iria virar o mundo de ponta-cabeça nem estabelecer um tipo de anarquia política que ele adorava defender, mas onde jamais teria condições de sobreviver.

Acredito que as intenções de Lester realmente fossem boas, no entanto, ele também gostava de ser pago pela América das grandes corporações, assim como o cara de terno sentado a seu lado no metrô. Ele falava muito, mas não fazia exatamente o que pregava.

Lester fez grandes discursos na imprensa, dizendo que a música punk inglesa — *oi*, como ele chamava — era o "verdadeiro" punk rock, porque as bandas demonstravam insurgência política e eram muito engajadas quanto a isso. Por pouco não disse que as bandas punks americanas eram medrosas e que estavam mais próximas dos inocentes conjuntos de música pop. Essencialmente, Lester dava crédito aos britânicos por terem iniciado esse tal de "verdadeiro punk rock". Isso provocou um grande debate entre Lester e Joey, e Joey e Legs, Legs e Lester, e assim por diante.

A conversa era um caso típico de *quem veio primeiro: o ovo ou a galinha?*

Se não tivesse começado nos Estados Unidos com os Ramones, ou na Inglaterra com os Sex Pistols, teria começado aqui com os New York Dolls, ou com Iggy e Stooges, ou Lou Reed. Ou será que não foi o Who, na Inglaterra, que começou tudo, na verdade? Ou, como Joey havia dito anteriormente, "os Beatles foram os primeiros punks".

Ou será que foi Elvis, conforme Johnny Ramone pensava?

Musicalmente, com a exceção de Eddie Cochran, dos Beach Boys e de outras bandas americanas que faziam surf music, as influências dos Ramones eram predominantemente britânicas. Na primeira vez que eu os escutei ensaiando na Art Garden, a banda ainda tocava bastante devagar. Tinha um som muito parecido com "Paranoid", do Black Sabbath, as mesmas palhetadas na guitarra e sincronia com o baixo. A principal diferença era a forma como Tommy tocava o chimbal da bateria. Também ouvi o mesmo *riff* de guitarra que Johnny usou em "I Don't Wanna Go Down to the Basement" na canção "Hang On to Yourself", de David Bowie, com a exceção de que Bowie o tocou com violão.

A atitude e o senso de humor, no entanto, vieram de Forest Hills, distrito de Queens, Nova York, Estados Unidos — os Ramones.

Punk rock? Quem é que sabe onde realmente começou, e quem se importa?

Joey se importava. Era bastante defensivo em relação ao legado dos Ramones e não aceitava muito bem quando qualquer pessoa tentasse dar crédito para os Sex Pistols, The Clash ou qualquer outra banda inglesa.

"Quando os Sex Pistols vieram para os Estados Unidos, eu tive de contar para os Ramones que teria de colocá-los na capa da *Punk*", Legs ri. "Vou te contar, não foi legal. Joey tinha um jeito de ficar parado lá, encurvado, mexendo no cabelo e te olhando com um olhar penetrante por baixo daqueles óculos com lentes rosadas. Dava medo. Joey achou que era uma traição. Ele nunca entendeu que era o meu trabalho."

Embora Lester e meu irmão brigassem para decidir quem veio antes, eu tinha outros problemas com Lester. Nós tínhamos pedido para que ele maneirasse na bebida e começasse a se exercitar um pouco — não tanto por motivos cosméticos, mas sim para sua saúde e para uma melhor performance no palco. Lester disse que estávamos preocupados mesmo era em se parecer com astros do rock. Quando eu falei para ele que queria gravar uma fita e ir atrás de um contrato com uma gravadora, ele disse que não se importava com o que um cuzão corporativo pensava sobre a sua banda.

Eu disse que queria usar o nome Mickey Leigh. Lester tentou me dissuadir, dizendo que meu nome verdadeiro estava ótimo e novamente me acusou de estar me comportando como astro do rock. Ele era bajulado, festejado e celebrado em todo lugar, com gente puxando seu saco sem parar. Ganhava a vida escrevendo artigos em grandes revistas, tendo o seu nome impresso em enormes letras em negrito. Eu dirigia um táxi por três noites durante a semana e fazia entregas para uma loja de bebidas no Queens, e ele me acusava de me comportar como astro do rock. Ok, então.

Para início de conversa, ele já tinha mudado seu nome, de Leslie para Lester. Mas acho que não havia problema, porque seu instrumento de trabalho era uma máquina de escrever, e não apenas uma guitarra. Lester podia ser bastante hipócrita às vezes. Felizmente ele quis gravar nossas músicas.

Dave Merrill trabalhava como engenheiro de som no Electric Lady Studios e deu um jeito de nos colocar lá dentro numa noite em que o estúdio estava fechado para reformas. Em 1º de abril de 1979, Dia dos Bobos, gravamos nove músicas como era feito antigamente — ao vivo, direto na fita e sem *takes* extras. Coloquei na cabeça de Lester que às vezes um sussurro soa mais alto do que um grito, dando a ele opções além da sua técnica eternamente raivosa de berrar tudo.

Ele compreendeu e concordou comigo, o que lhe possibilitou se sentir melhor ao demonstrar uma gama mais variada de emoções em seu vocal. Ele se tornou mais competente, e dava para perceber que estava curtindo bem mais o seu canto. Parecia que o cara que apenas escrevia sobre momentos como esse finalmente experimentava como era aquilo, e foi uma boa sensação para todos nós. O disco acabou ficando muito bom, algo do qual sempre nos orgulharíamos de termos feito.

Por mais que eu admirasse seu talento para a escrita e valorizasse a nossa amizade, era cada vez mais difícil fazer parte de uma banda com ele. Um dia, ele foi ao ensaio completamente alterado, e nosso empresário, o vizinho de Matty, Rick Schneider, sugeriu que Lester apenas escrevesse as músicas e deixasse outra pessoa cantar. Ele não gostou nem um pouco da ideia.

"Mickey compôs e cantou algumas músicas", Matty Quick relembra, "e Lester ficou louco. Ele disse: *Não vai ter nenhuma música sem as minhas letras nessa banda*".

"Lester ficou muito bravo", Matty segue. "Começou a cantar na cara do Mickey e o encurralou num canto. Lester era muito perturbado em uma série de coisas. Não conseguiria ficar agressivo dessa forma sem uma ajuda, porque era um cara muito tranquilo quando estava sóbrio. Mas eu achei que Mickey ia dar uma porrada nele."

Matty e Dave me deram um ultimato depois daquele ensaio. Ou Lester ia embora ou eles iriam. Fiz o melhor que pude. Decidi continuar com eles. Lester e eu seguiríamos caminhos diferentes.

Demorou um pouco para Lester superar a situação, mas mesmo assim continuamos amigos, o que era ótimo, pois graças ao resultado de sua amizade comigo e com Joey ele viraria parte da família. Ele frequentava a casa da minha mãe e de Phil em datas festivas como feriados e aniversários e também os visitava em sua casa de veraneio em Massachussets. Como Phil agora era terapeuta licenciado, Lester também o consultava como cliente.

Dave, Matty e eu decidimos seguir adiante, comigo no vocal, mas precisávamos de um novo nome. Joey, que havia recém voltado de uma turnê dos Ramones no Oeste do país, foi até a casa de Matty com uma cauda de cascavel que tinha comprado para mim em uma fazenda de cobras do Texas.

"Que tal The Rattlers?", ele sugeriu, sentado no sofá de Matty e sacudindo a coisa. O nome pegou.

Agora todos estavam contentes. Na verdade, eu estava entusiasmado. Lester tinha formado outra banda, e agora eu estava livre para compor as letras e também as músicas, além de cantar as minhas próprias canções. Joey também achou que era uma situação muito melhor para todos nós e não só ajudou a dar nome para a banda, como também se ofereceu para fazer uma participação especial no nosso primeiro disco. Achei que era justo, já que eu tinha cantado no primeiro que ele fez. É claro que colocaríamos o seu nome no álbum. Não éramos estúpidos. Ou éramos?

Ed Stasium, que a essa altura já havia se tornado um amigo próximo, produziu o disco para nós. Gravamos duas músicas compostas por mim. Uma B side — ou "In" side, como nós chamamos —, intitulada "Living Alone". Era uma sequência de "I'm in Love With My Walls", da Birdland, e uma cutucada irônica em Lester. A "Out" side, "On the Beach", era sobre uma história de ficção científica inspirada no filme B dos anos 1960 *The Horror of Party Beach*: um monstro marinho criado pelo famoso vazamento radioativo da usina nuclear de Three Mile Island nadava até a praia, em Coney Island, e fugia com a garota de alguém.

Joey adorou a música e fez o vocal de apoio no refrão. Era a primeira coisa que qualquer um deles fazia fora dos Ramones desde a formação da banda. Joey nos contou que Johnny era totalmente contrário à ideia de sua participação no *single*, mas meu irmão não deu bola. Isso foi bastante importante para mim e deixou nosso relacionamento como irmãos mais forte do que nunca. Lançamos o disco pelo nosso próprio selo, Ratso Records, batizado em homenagem ao nosso amigo artista James "Ratso" Rizzi, que nos emprestou dinheiro para a prensagem.

O disco teve uma recepção muito boa. Ganhou execução nas rádios e ótimas críticas, inclusive uma menção na lista dos "recomendados" na revista *Billboard*, o que era uma grande conquista para um disco independente. Como era de se esperar, praticamente todos os críticos começavam a resenha com *O irmão mais novo de Joey Ramone...* e aí falavam sobre a banda — não a minha, a dele. Só então eles citavam os Rattlers.

Era previsível e teria acontecido se Joey tivesse cantado no disco ou não. O fato de eu ser seu irmão não era segredo algum e já havia sido citado em resenhas sobre a Birdland. Mas quando alguns resolveram atribuir todos os vocais a Joey, que tinha apenas feito a parte da harmonia comigo no refrão, foi um tanto esquisito. Eu com certeza não esperava que isso fosse acontecer. Mas também achei engraçado de certa forma. Na época, aceitei como um elogio.

COMO ERA UM CARA QUE JAMAIS CONSEGUIA ADMITIR que estava errado, nosso pai ainda tinha algumas ressalvas sobre se o seu filho — seus filhos, na verdade — haviam feito escolhas corretas quanto aos seus objetivos na vida. Para mim, ele tinha duas sugestões. Uma delas era trabalhar no seu terminal de caminhões e aprender o ofício. Ele também falou que estava disposto a comprar uma licença de táxi se eu largasse a música e virasse taxista em tempo integral.

Foi um gesto legal e sincero e o mais generoso exemplo de apoio que ele demonstrou para qualquer um de nós. Mas era a prova de que ele ainda não havia entendido. Eu não queria ter uma carreira de tempo integral em nada que não fosse tocar e gravar música. Disse a ele que se realmente queria me ajudar, poderia contribuir com uma guitarra e um amplificador novo. Nada feito.

O namoro de Joey e Linda seguia firme, mas como eram dois morando no *loft* de Arturo, tiveram os seus problemas. Arturo fazia muitas ligações de longa distância, o que resultava em uma conta extremamente alta. O acordo era de que todas as contas seriam repartidas, mas Linda não achava justo que Joey tivesse de pagar pelas ligações de Arturo. Em seguida, houve uma grande discussão entre Linda e Arturo, que culminou com a mudança do casal.

De uma forma incômoda, meu irmão cogitou a hipótese de pedir para nosso pai hospedar Linda e ele temporariamente em seu apartamento na Rua 15. Agora que a banda de Joey havia atingido considerável popularidade, papai começava a mudar de ideia. Ele ainda tinha grandes restrições, já que a renda de Joey não era nenhum motivo para se gabar. Mas era difícil ignorar as referências na imprensa, os grandes públicos e a atenção que seu filho recebia. O sucesso contínuo de Joey deveria ser o suficiente para convencer o nosso velho de que era possível se dar bem com aquilo. Mas, para ele, o dinheiro sempre era o principal. E aqui estava seu filho de 29 anos, Joey Ramone, perguntando se não haveria problema em ficar um tempo em sua casa — com a namorada. Não havia dúvida de que nosso pai tinha um certo orgulho de Joey, mas a música ainda não havia dado *naches* suficientes, como ele costumava dizer, para satisfazê-lo.

Shep naches é uma expressão iídiche que significa *trazer alegria*. Antigamente significava deixar os seus pais orgulhosos. Nos dias de hoje significa ter dinheiro suficiente para que eles possam se exibir aos amigos sobre você. Para dar o benefício da dúvida ao velho, isso era algo normalmente reservado às crias que ou viravam médicos, advogados ou rabinos — ou se casavam com um deles. Não servia para vocalista em uma banda de punk rock.

No fim, papai deixou Joey e Linda tomarem conta do seu apartamento na Rua 15 em Chelsea, enquanto ele ficava na casa de veraneio da sua namorada Nancy em East Hampton. Isso parece ter levado o relacionamento do casal a outro nível. Linda deu um jantar e conhecemos sua mãe e seu irmão. As coisas estavam ficando mais sérias.

Infelizmente, outra coisa que estava ficando mais séria era o TOC de Joey. Quando *o velho*, que era como nós dois agora chamávamos nosso pai, voltou para seu apartamento e foi recebido com detritos e desordem, sugeriu veementemente que Joey e Linda tomassem um rumo — pela porta da rua! Joey e Linda saíram em busca do seu próprio apartamento.

Nossa mãe descobriu que havia uma quitinete à disposição no 115 da Rua 9 Leste, um prédio agradável e limpo, com serviço de portaria 24h, onde ela e Phil moravam. Era só um apartamento pequeno em formato de L, com uma cozinha bem pequena e nenhuma vista, mas também era algo monumental. Jeff Hyman, a quem os psiquiatras disseram que jamais funcionaria em sociedade por conta própria, agora tinha seu próprio apartamento.

CAPÍTULO 23
ALCOÓLICOS SINÔNIMOS

"Sempre que estávamos em Los Angeles encontrávamos Phil Spector", Joey Ramone lembra. "Ele vinha com a gente e dizia: *Vocês querem fazer um bom disco ou um grande disco?* Aí a gente dizia: *Pois é.* E ele: *Bom, vou fazer com que vocês sejam GRANDES!*".

"Aí resolvemos arriscar", Joey ri, "o que foi bem louco".

Seymour Stein estava atrás de um disco de sucesso dos Ramones, mas a banda vinha sendo totalmente ignorada pelas rádios americanas. A ideia era de que se alguém podia emplacar um sucesso dos Ramones, esse alguém era Phil Spector.

"Naquele momento em nossas carreiras", Johnny Ramone admitiu, "acho que trabalhar com Phil Spector foi só uma manobra desesperada. Achamos que ele poderia fazer com que a gente tocasse no rádio".

Seymour Stein informou a Ed Stasium que Phil Spector trabalharia com a banda e queriam que Ed estivesse junto nessa empreitada. Ele foi colocado como *diretor musical* nos créditos de *End of the Century*.

Quando Ed chegou em Los Angeles, recebeu uma ligação da secretária de Phil, Donna, que disse que Phil queria se encontrar com ele no Gold Star Studio naquela noite, às 9h.

"Fiquei nervoso por estar na sala de controle com Phil Spector!", Ed confessou. "Do nada, Phil disse: *Este é o melhor país do mundo!* Ele tentou tirar o refrão de 'God Bless America' em um violão que estava sendo passado de mão em mão. Aí ele se inclinou para frente na sua cadeira e caiu de cara no chão. Esse foi meu primeiro encontro com Phil Spector."

Aparentemente, Phil estava um tanto alegre.

"Quando fomos falar com Phil sobre a produção do nosso disco, ele começou uma briga como jogada de marketing", Johnny explica. "Ficamos reféns na sua casa por seis horas mais ou menos. Eu falei: *Ok, vamos embora*. E Phil puxou uma arma e disse: *Querem ir embora?* Eu respondi: *Não, tudo bem. Vamos ficar um pouco mais*".

Durante horas, os Ramones ficaram sentados na sala de estar da casa de Phil Spector com uma arma apontada em sua direção, enquanto o ouviam tocar "Baby, I Love You" várias vezes seguidas.

"Ele bebia de um grande cálice dourado, cravejado de joias", Dee Dee relatou. "Parecia o Drácula bebendo sangue. Eu falei: *Phil, deixa eu provar um pouco disso aí*. E ele finalmente falou: *Ok, Dee Dee*. Era vinho Manischewitz."

ENQUANTO MEU IRMÃO ATINGIA O AUGE DA SUA CRIATIVIDADE, havia dúvidas quanto ao seu sonho de gravar com Phil Spector.

"Phil fazia a gente tocar uma música mil vezes antes de gravar sequer um *take*", Joey recorda, "e aí ele ficava bêbado. O filho do dono do Gold Star Studios trazia esses copinhos de Manischewitz, e, depois de um tempo, ele ficava podre de bêbado. Ficava batendo o pé no chão, falando palavrão e gritando: *Porra, merda, foda! Porra, merda, foda! Que se foda essa merda!* E assim terminava a sessão".

"No terceiro dia no estúdio", Ed Stasium relembra, "gravamos a canção 'Rock' n' Roll High School', que começava com Johnny atacando as cordas da guitarra em um *power chord* grande e barulhento, que ressoava por vários segundos até as notas desaparecerem no *feedback*".

Conforme a lenda, foi quando Phil ficou obcecado pelo primeiro acorde da canção, fazendo Johnny tocá-lo várias e várias vezes. O que ele tentava ouvir, ninguém sabia ao certo — e talvez *ele* também não soubesse.

Depois de horas e horas repetindo o acorde, Johnny não aguentava mais. Ele disse para Ed: "Vou pra casa. Diga ao Seymour que eu não consigo trabalhar com esse cara".

"Quando eu disse a Seymour que Johnny não queria trabalhar com Phil Spector", Ed conta, "ele respondeu que nós tínhamos que salvar o disco".

Depois de Ed colocar Phil na linha e dizer a ele que Johnny simplesmente não tinha como trabalhar dessa maneira, uma reunião foi marcada com a banda no quarto de Joey, no Tropicana Motel. Johnny disse a Phil que ele estava ficando louco tendo de repetir a mesma música várias vezes seguidas. Phil se desculpou e disse que pararia com isso.

"Falamos para o Phil que se ele não parasse de beber", Joey disse, "não poderíamos trabalhar com ele".

Johnny aceitou continuar, e a banda retornou ao estúdio no dia seguinte. Justamente quando ele lidava com todas as excentricidades de Phil, seu pai faleceu no meio da gravação. Johnny pegou um avião para Nova York para ir ao enterro, e a situação foi crucial sob diversas formas, não apenas para Johnny, mas também para o meu irmão e os Ramones.

"Quando eu voltei de Los Angeles", disse Johnny, "a namorada de Joey, Linda, foi ao aeroporto acompanhada por ele e Monte para me buscar. Eu sabia que Joey não ia se dar ao trabalho de ir até o aeroporto pra me buscar — isso era coisa da Linda".

Um dia, enquanto a banda ainda estava na gravação, PJ Soles foi visitar Johnny em seu quarto, no Tropicana, e Linda o enfrentou, perguntando: *O que PJ Soles está fazendo no seu quarto? O que está acontecendo?*

"De repente, eu me dei conta de que queria ficar com a Linda. Quando ela me peitou, ganhou minha atenção. Estávamos na van com todo mundo, e eu falei pra ela: *Vá pro seu lugar, que é lá atrás!* Linda começou a dizer algo pra mim, e Joey mandou ela ficar quieta. Achei que Joey a tratava mal. Ela era especial e ele parecia não perceber."

Allan Arkush foi uma das primeiras pessoas a identificar a bomba prestes a explodir entre Linda, Joey e Johnny.

"Os três vieram pra jantar", Allan relembra, "o que já era estranho por si só, porque eu nunca via Johnny e Joey fazendo coisas juntos socialmente. Johnny e Linda estavam se passando um pouquinho na intimidade. Mas acho que Joey não percebia".

Era mais provável que meu irmão estivesse preocupado com o trabalho a ser feito, aguardando ansiosamente o lançamento do seu álbum com a produção de Phil Spector.

"Antes de cada sessão começar", Ed Stasium recorda, "Phil falava sobre o quão grande seria esse disco dos Ramones. Ele achou que venderia milhões e que seria o maior álbum da sua carreira. E Phil *amava* Joey. Ele enxergava Ronnie Spector nele".

Os Ramones gravaram *End of the Century* na metade de 1979, e o álbum não saiu antes de março de 1980 — o que é um longo tempo. Normalmente quando a banda terminava de gravar um disco, ele era lançado dois meses depois.

Joey ficou bastante animado e achou que finalmente emplacaria um álbum de sucesso — ou pelo menos um *single* de sucesso.

"No fim, não gostei nem um pouco do som", Ed admite. "As performances estavam lá, mas o som ficou suave. Não era o som dos Ramones."

Para alguém como eu, que estava lá desde o tempos em que os fãs da banda não chegavam nem à casa dos dois dígitos, o álbum foi um enigma. Para quem se apaixonou por uma banda dotada de uma crueza que ia até o osso e com letras afiadíssimas, o disco era uma faca de dois gumes. Uma lâmina cortava obstáculos, abrindo um novo e interessante caminho, a outra simplesmente cortava o barato.

A *cover* de "Baby, I Love You" tinha um arranjo de cordas sentimentaloide que parecia ter saído de "Come and Get Your Love", de Redbone. Quase senti vergonha. Ao mesmo tempo, a união da genialidade de Phil Spector com o talento de Joey resultou na obra-prima "Danny Says", que segue sendo uma das canções mais fascinantemente belas que já ouvi — e com uma produção perfeita.

Foi uma guinada arriscada na carreira da banda, mas que não fez com que eu deixasse de ser um fã. No entanto, os afastou um pouco de sua imagem.

"*End of the Century* era só uma versão aguada dos Ramones", se queixou Johnny Ramone. "Não era Ramones de verdade. Eu nem toquei em 'Baby, I Love You'. Ia fazer o quê? Tocar com uma orquestra? Não tinha sentido."

"O álbum tentava meter um hit a cada música", Johnny seguiu, "em vez de tentar um hit em cada duas ou três músicas do disco e fazer o resto o mais porrada possível. Eles não iam tocar as dez músicas mesmo".

No fim, foi o maior disco que os Ramones fizeram, chegando ao número 40 na parada da *Billboard*. "Baby, I Love You" até chegou ao décimo lugar na Inglaterra.

Enquanto aguardavam o lançamento de *End of the Century*, os Ramones voltaram à normalidade — a caminho da estrada. Foi quando a banda retornou a Nova York que ouvi pela primeira vez coisas sobre Linda e Johnny, ainda que não pelo meu irmão. Os *roadies* dos Ramones, Big Matt e Little Matt, o técnico de som da banda, John Markovich, e, é claro, Monte Melnick, já haviam visto ou ouvido algo naquele ponto. Mas nada do que me contaram chegou a acender um sinal de alerta.

Os Rattlers tocavam com os Ramones em julho de 1979 no Diplomat Hotel, em Manhattan, quando Monte fez um comentário enigmático para mim.

"Tem alguma coisa acontecendo", Monte murmurou no show. "Tem algo estranho entre Johnny e Linda."

"Como assim?", perguntei.

"Você não ouviu nada?", Monte falou.

"Ouvir o quê?"

"Deixa pra lá", Monte disse, mudando de assunto.

Imaginei que ele estivesse falando sobre alguma bobagem, como Johnny mandando Linda não falar dentro da van, ou algo assim. Também deixei o assunto de lado.

A banda continuou a trabalhar em um ritmo furioso. Precisavam fazer isso para sobreviver. Ainda não havia renda nenhuma da venda de discos. Assim, tocavam em qualquer bar, em qualquer cidade que pagasse. Com níveis constantes de frustração chegando ao limite máximo, a eficiência do gerenciamento da banda se tornou uma preocupação para os três integrantes originais, Joey, Johnny e Dee Dee.

Mesmo depois de fazer um longa-metragem e um álbum com Phil Spector, o rumo de suas carreiras ainda era decepcionante, e a banda parecia estar indo para os lados em vez de ir para frente. A apatia e a raiva tomavam conta em cada disco que fracassava por não conseguir emplacar um grande sucesso. No entanto, a atitude da banda de não aceitar derrota era elogiável.

Naquele momento, precisavam pôr a culpa em alguém e chegaram à conclusão de que as falhas dos empresários Danny Fields e Linda Stein eram o problema. Pode haver um fundo de verdade nisso. Outra possibilidade era a de que eles haviam atado as próprias mãos desde o início, com repertório e estilo ameaçadores. Ou talvez fosse apenas má sorte. De qualquer forma, as coisas não estavam saindo do jeito que a banda desejava.

Joey e Dee Dee estavam de acordo que eles estariam mais bem servidos com outra pessoa para orientá-los em sua missão. Johnny continuou leal a Danny, mas foi voto vencido e teve de acatar. Foi uma pena, pois Danny tinha sido o cara que teve a visão e a perseverança de conseguir o primeiro contrato para a banda, contrariando todas as expectativas. Ele os tirou do Bowery e os colocou no mapa. Mas, aparentemente, Danny Fields e Linda Stein haviam sido incapazes de fazer o necessário para levar os Ramones à sua terra prometida e transformá-los em uma banda conhecida em todo lugar.

Embora a necessidade seja a mãe da invenção, o desespero é a madrasta perversa da necessidade, e os Ramones estavam desesperados. Na sua incessante busca por sucesso, a banda mandou embora Danny e Linda e foi atrás de um salvador. A busca ficou entre dois empresários em potencial: Gary Kurfirst e Steven Massarsky.

Gary Kurfirst era de Forest Hills. Sua família, inclusive, morava no mesmo prédio de Dee Dee. Seu irmão mais novo, Alan, tinha sido meu colega de escola. Gary era uma pessoa que já conhecíamos bem, principalmente Johnny, que estava mais perto da idade e da turma de Gary na escola. Ele já era famoso em nossa vizinhança desde o fim da década de 1960.

Assim como Simon e Garfunkel e Leslie West, Gary era um garoto de Forest Hills que fez sucesso. Tornou-se um *promoter* de rock que, mesmo com 20 anos de idade, já apresentava grandes shows no Singer Bowl, no pavilhão do Flushing Meadow Park e em qualquer casa de espetáculos de grande porte na região entre Nova York, Nova Jersey e Connecticut. Eram shows para os quais sempre comprávamos ingresso ou entrávamos escondidos. Gary havia se tornado uma figura poderosa na indústria musical. Tinha sua própria empresa de gerenciamento de artistas, Overland Productions, cuja lista de clientes incluía várias bandas de destaque, como Talking Heads, Pretenders e Blondie. Ele também tinha um selo próprio, Radioactive.

Um amigo da família, Joe Fontana, recomendara Steve Massarsky. Joe e Steve eram amigos e parceiros de negócios. Steve havia tido sucesso empresariando os Allman Brothers e Cyndi Lauper. E também era advogado, além de empresário. Joe falava muito bem de Steve, apresentando-o como um cara respeitado e extremamente inteligente, que tratava todos os seus clientes da mesma forma, dedicando a eles todo o respeito.

Uma reunião foi marcada para que Johnny, Joey e Dee Dee conhecessem Steve. Joey e Dee Dee saíram de lá com uma boa impressão dele e pareciam apoiar a sua contratação, enquanto Johnny estava muito mais disposto a escolher Gary.

Foi um sério impasse.

Depois de muita persuasão da parte de Johnny, Joey e Dee Dee, a banda decidiu escolher Gary Kurfirst. Um novo começo com um novo empresário deu mostras de ter revitalizado o fluxo criativo da banda, assim como outra mudança: uma coisinha chamada reconhecimento. Desde *Rocket to Russia*, Joey e Dee Dee estavam compondo a maioria das canções e deram início a uma campanha para abandonar a ideia de atribuir comunitariamente os créditos aos Ramones, independente de quem realmente escrevesse as músicas.

Curiosamente, Johnny — o inimigo autodeclarado de tudo que era socialista e que tinha asco dos "comunas" — havia instituído essa regra. Na realidade, a técnica de distribuir o dinheiro e a notoriedade igualmente, embora houvesse produtividade desigual entre os membros, era totalmente contrária à filosofia supostamente capitalista que Johnny sempre defendia.

Joey e Dee Dee estavam de acordo em manter a estrutura financeira da mesma forma, mas exigiam ter os seus nomes citados individualmente nos créditos, identificando-os pelo trabalho que tinham feito. Como era a pessoa que menos contribuía para a composição, Johnny foi totalmente contra. Era claro que aquilo tiraria poder, importância e atenção de si. Johnny com certeza não deixaria que isso acontecesse, se Gary Kufirst não o tivesse convencido de que, mais cedo ou mais tarde, ele mesmo iria sofrer caso esse acordo afetasse a produtividade de Joey e Dee Dee. Acabou sendo uma boa escolha, pois ambos produziram bem mais sabendo que agora seriam recompensados com o merecido reconhecimento por serem compositores altamente produtivos.

Com "Beat on the Brat", "Sheena Is a Punk Rocker", "Rock 'n' Roll Radio", "Rock 'n' Roll High School", "I Just Want to Have Something to Do" e "I Wanna Be Sedated", Joey já havia composto não apenas clássicos dos Ramones, mas o que mais tarde viria a ser reconhecido como clássicos em todo o rock & roll. Finalmente seriam reconhecidos como clássicos da música americana e, o que era ainda mais notável, da cultura americana.

Por motivos que podem ou não ter sido relacionados à saída de Tommy ou ao novo acordo em relação aos créditos, meu irmão começou a explorar um território repleto de ideias para novas canções. Durante o ano seguinte, ele começou a compor *furiosamente*. Às vezes, precisava de auxílio para encontrar uma forma de fazer a transição de um determinado acorde ou conseguir o efeito que ouvia em sua cabeça, mas que tinha dificuldade de passar para a guitarra. Às vezes, por mera conveniência, era mais fácil ter alguém tocando a guitarra enquanto ele cantava a música e decidia qual arranjo seria utilizado.

Normalmente nessas ocasiões ele me chamava para ajudá-lo. Eu então tocava, acompanhando sua voz.

Joey começava, parava e dizia: "Não, tente isso aqui!".

Ou então: "É, ficou melhor daquele outro jeito".

Ou: "Pode tocar outro acorde?".

Então gravávamos em uma fita cassete, com um gravadorzinho portátil, para que ele pudesse ouvir a música e possivelmente tocar para a banda ou para o produtor.

Já havíamos feito isso em uma série de canções, incluindo "I'm Affected", "I Can't Make It on Time", "We Want the Airwaves", "This Business Is Killing Me", "I Can't Get You Out of My Mind". Até mesmo Ira Nagel, nosso velho amigo e antigo baixista dos Ramones, deu algumas contribuições.

Ira e eu estávamos no apartamento de Joey um dia, quando o ajudamos a compor uma canção chamada "Chop Suey". Eu comecei fazendo uma batida em minhas coxas, Ira fez uma linha de baixo, e então coloquei o *riff* da guitarra e os acordes do refrão. Joey cantou os versos, e tudo estava pronto em mais ou menos uma hora. Os Ramones fizeram apenas uma demo dessa canção, que seria mais tarde gravada pelo B-52's e lançada em um de seus álbuns.

Até o momento, não havia ocorrido nenhum problema ou conflito entre mim e Joey. Eu sabia quando havia colaborado para a composição ou simplesmente ajudado Joey a interpretar e gravar o que ele havia escrito. Mas certamente houve ocasiões onde a palavra *colaboração* seria mais adequada. Ira, Joey e eu definitivamente havíamos trabalhado juntos na gravação de "Chop Suey". Para nós, foi simples e divertido ter composto aquilo juntos.

Algumas noites antes, Joey pediu para eu ir ao seu apartamento ajudar em uma canção com a qual ele estava tendo dificuldades. Na verdade, foi durante um período quando, com exceção dos versos e de uma vaga ideia de melodia, ele não sabia o que fazer com aquilo. Se chamava "It's Not My Place (in the 9 to 5 World)" e tinha uma ótima premissa e ótimos versos. Eu sabia que transpor aqueles versos em música seria uma tarefa difícil, mas depois de passar dois anos transformando as letras prolixas e sem métrica de Lester em músicas de verdade eu tinha ficado bom nisso.

Os versos de "9 to 5 World" não formavam uma música de métrica equilibrada, típica do estilo dos Ramones. Pelo menos, não na forma que eu ouvi. Na minha mente, ouvi um *riff* que ficava entre "Good Lovin", do Young Rascals, e alguma coisa com um som mais latino, como "America", dos Sharks, em *Amor, Sublime Amor*. Ironicamente, o *riff* era mais parecido com o de uma música que havia sido nossa inspiração original: "La Bamba". A semente que Ritchie Valens plantara 30 anos antes ainda germinava.

Fiz a música e, em seguida, a melodia para que os versos encaixassem no *riff*, mas era uma canção bastante atípica para Joey. Repassei-a com ele, que pegou o jeito. Ele já tinha uma ponte para a música, que foi copiada de "Whiskey Man", do Who. Mas a ponte era um *breakdown* no meio da canção, o que tornava ainda mais difícil achar uma boa transição para seu início e fim. Felizmente, consegui fazer com relativa rapidez. Compusemos a canção em poucas horas e a registramos no gravadorzinho portátil. Foi uma grande colaboração, a primeira música que escrevemos juntos.

Especulamos que essa canção poderia não dar certo com Johnny. Também seria um *riff* bastante atípico para ele, isso se ele conseguisse tocar. Com certeza não eram apenas *downstrokes*. E lá no fundo da minha mente — bem no fundo —, eu esperava que pedissem para eu tocar na faixa, se resolvessem gravá-la.

Eles já tinham usado outros guitarristas em seus discos, como Walter Lure e Ed Stasium, para citar alguns nomes. Tocar guitarra em um álbum dos Ramones não era o desejo mais ardente da minha vida e provavelmente não teria proporcionado um enorme salto na minha carreira, mas seria legal, principalmente considerando que eu tive a ideia para o trecho da guitarra.

A banda chegou a incluir a canção em seu álbum *Pleasant Dreams*, mas nunca a tocava ao vivo.

Mais uma vez fiquei desapontado e me senti desrespeitado quando o álbum foi lançado e eu não ganhei crédito nem fui citado, o que aparentemente foi decisão de meu irmão. Simplesmente dizia: *Música de Joey Ramone*.

Eu não disse nada. Acatei a decisão, imaginando que um dia ele iria me retribuir de alguma forma, e resolvi não colocar lenha na fogueira. Joey estava apoiando e ajudando a minha banda, tentando nos tornar conhecidos, assim como fizera com várias outras bandas das quais ele gostava. Mas tive a impressão de que, no meu caso, havia uma espécie de acordo tácito de troca de favores, que existia apenas na cabeça de Joey. Continuei a ajudá-lo a trabalhar em algumas canções, registrando--as em seu gravadorzinho: "My My Kind of Girl", "Real Cool Time" e várias outras.

Eu estava sempre na sua casa de qualquer jeito. Sentia-me um pouco mal, pois era uma quitinete pequena, e Joey e eu simplesmente tomamos conta do lugar. Linda não tinha para onde ir, mas tolerava. Naquele momento, ela já estava mais ou menos acostumada com as manias de Joey.

Como meu irmão conquistou mais confiança em outras esferas da sua vida, seu contínuo desejo pela aprovação do nosso pai se tornou mais notável — pelo menos para mim e para a nossa mãe. Naquele instante, o papai já havia sido totalmente convertido. Tornou-se ele próprio um punk rocker. Meu pai, sem querer ofender, adotou um penteado horroroso, deixou crescer as costeletas e agora usava camisetas dos Ramones na beira da praia, nos Hamptons. Tinha até começado a tentar escrever canções.

Eu levei numa boa e tentei ver graça na situação, mas de fato fiquei envergonhado quando o nosso velho comprou uma placa personalizada para seu Cadillac, com os dizeres *Papai do rock*. Era engraçado de certa forma, mas as coisas estavam ficando estranhas, provavelmente porque meu irmão levava aquilo a *sério*, se deleitando com a repentina demonstração de interesse e adulação do nosso velho. Quando Joey me disse que queria compor música para algumas das letras do nosso pai, torci muito para que ele estivesse brincando.

Nosso pai havia escrito versos para três ou quatro músicas. Uma se chamava "No Hope, Can't Cope". Outra era "Cold Turkey for a Hot Poppa". Hot Poppa — *papai quente* — era mais um dos apelidos que ele tinha adotado. Essa era a letra que Joey queria usar para compor a música e, infelizmente, pediu a minha ajuda. Então ele teve a ideia de fazer um compacto de sete polegadas, com o velho assumindo o personagem Hot Poppa na capa — sentado em uma grande poltrona, vestindo um robe de seda, fumando seu cachimbo e rodeado de lindas "brotos".

Fomos ao Daily Planet Studios — Joey, Linda, Hot Poppa, nosso amigo pianista Hilly Balmuth e eu — e gravamos a música. Acabei tocando baixo *e* guitarra. *E* co-produzindo a faixa em conjunto com Joey.

Aparentemente, Phil Spector não estava interessado em nosso Hot Poppa.

De repente, o sustentáculo de poder da nossa vida antiga começou a ficar bastante nervoso. Pude notar o estremecimento em sua voz ao tentar gravar os primeiros *takes*. Agora ele descobria o quão difícil era estar dentro de um estúdio, na frente do microfone e debaixo do microscópio — com a fita rodando e revelando cada falha e cada vacilo. Foi difícil para Joey e eu controlarmos nossas emoções. Talvez isso fosse parte do plano de meu irmão.

Depois de sua quinta tentativa, fomos todos à sala de controle ouvir a gravação. O pai não cantou como no chuveiro. Começamos a nos sentir mal pelo cara quando a fita revelou deficiências na habilidade de Hot Poppa. Mesmo com Joey e eu dando treinamento, ele estava prestes a jogar a toalha depois de várias horas de frustração.

Foi o entusiasmo de Joey que impediu que a sessão naufragasse. Meu irmão estava decidido a fazer aquilo virar realidade. Finalmente reunimos uma montagem de gravações de Hot Poppa que poderiam ser montadas em um vocal decente para a faixa, se é que algo assim poderia existir. O pai, é claro, ficou encantado e levou a fita finalizada para a casa da sua namorada Nancy, nos Hamptons. O filho dela, Jonathan, fez cópias, e eles a colocavam para tocar constantemente no carro — *em qualquer lugar*.

Foi legal o fato de Joey querer fazer um pequeno projeto de família, mas ainda assim foi um dos desperdícios de tempo em estúdio e dinheiro mais bestas que já vi. Pensar que pessoas ouviriam de verdade aquela coisa era algo que fazia eu me contorcer com a vergonha que sentia por todos nós — mas principalmente pelo meu pai. Não queria que os outros rissem dele (ou será que eu estava com medo de que ele conseguisse um contrato com uma gravadora antes de mim?).

Felizmente, por enquanto, meu irmão havia deixado de lado a ideia de lançar aquele troço no mercado. Por sorte, ele colocou a fita dentro de uma caixa e longe dos olhares. Mas algumas coisas estavam destinadas a reaparecerem, como as perturbadoras revelações sobre o misterioso relacionamento de Linda e Johnny.

Eu havia me esquecido, desde que Monte mencionara isso um ano antes. Assim como a possibilidade de Joey lançar o disco do Hot Poppa, aquilo era algo no qual eu não queria acreditar. Não havia percebido nada fora do comum. Haveria mais do que se poderia imaginar no relacionamento de Linda e Johnny? E agora Joey falava até mesmo em se casar com Linda!

Quando meu irmão me contou que iria comprar um anel de noivado para Linda Danielle, senti uma sincera felicidade por ele. Achei que ainda levaria um tempo até eles se casarem, mas parecia ser uma atitude positiva. A compra do anel de noivado, porém, fez da situação uma cena de seriado de comédia. Linda queria um modelo com um diamante no formato de coração. Disse que nunca havia comprado anéis antes e não fazia ideia quanto custava. Era um pedido aparentemente inocente — ingênuo, mas inocente.

O joalheiro explicou que um anel no formato de um diamante custaria US$ 3 mil, o que era uma enorme fatia das economias de Joey. Em 1980, Joey Ramone tinha guardado ao todo pouco mais de US$ 5 mil. O anel seria um investimento pesado.

Noites depois, Arlene e eu, mais Joey e Linda, fomos jantar na casa da mamãe e de Phil, e o assunto veio à tona. Parecia que a mãe achava uma loucura gastar mais da metade das economias de Joey nesse anel. Nossa mãe, Joey e Linda debateram o assunto. Phil e eu nos afastamos da mesa para tentar assistir a um jogo de basquete.

Joey, que aparentemente havia dito a Linda que não teria problema com o preço, mudou de ideia de forma repentina, ficando ao lado da mamãe.

Linda disse: "Ei, eu nem sabia quanto custava!".

No intervalo do jogo Phil e eu voltamos à mesa para a sobremesa.

Embora a nossa mãe soubesse que Joey estava apaixonado por Linda, ficava preocupada que ela fosse magoá-lo. Ela já havia expressado seus temores na primeira vez que a encontrou.

"Joey me perguntou algumas vezes por que eu não gostava dela, o que era bem óbvio. Não achei que ela fosse certa pra ele, mas só se pode dizer isso pro seu menino algumas vezes antes que ele fique ressentido. Eu tinha um bom motivo pra não confiar nela, porque assim que ela teve a oportunidade, traiu ele com Johnny."

"No nosso primeiro beijo", Johnny explica, "nós estávamos num táxi, indo para o escritório do nosso contador, Ira Herzog, no verão de 1980. Só Linda e eu sabíamos".

No outono de 1980, eu já tinha ouvido de Little Matt, do técnico de som John Markovich e de outros que havia algo estranho entre Johnny e Linda. Little Matt contou que Johnny e Linda tinham sido vistos juntos em um Holiday Inn onde a banda estava hospedada. Joey tinha ido dormir, e os dois estavam em uma jacuzzi — de mãos dadas. Eu não podia imaginar isso, nem queria.

Até mesmo nosso pai tinha visto Johnny e Linda agindo de forma suspeita em um show fora da cidade. Eles todos saíram para jantar, e, no restaurante, o pai percebeu Linda dando mais atenção para Johnny do que para Joey, fazendo coisas como arrumar guardanapos para ele e outros negócios. Ninguém disse nada para Joey — nem uma palavra. Então Arlene me contou algo que ela tinha visto.

"Toda vez que Mickey e eu estávamos no apartamento de Joey", Arlene Leigh relembra, "Linda falava pra mim: *Vamos dar uma volta*. Aí quando saíamos, o Johnny aparecia feito mágica no meio da rua. Com o passar do tempo, Linda perguntava para o Joey se ele queria sorvete ou algo assim para que pudesse sair e ver Johnny. E ela me levava junto. Acho que eu era um disfarce conveniente".

Como era de se esperar, Johnny tem uma versão bem diferente.

"Arlene dizia para Linda: *Vamos chamar o Johnny para descer*", Johnny Ramone alega. "Arlene queria me encontrar. Era o jeito da Linda de sair de casa quando Arlene ia ao apartamento de Joey. Então eu descia e dava uma volta com elas. A Arlene dava em cima de mim. Ela dava leves indiretas: *Por que você não fica com uma mulher de verdade? O que é que você vê naquela menininha magricela?* Eu sempre achei engraçado."

Arlene de fato disse isso, mas o que Johnny não entendeu era que a *mulher de verdade* com quem ele deveria *ficar*, segundo as insinuações de Arlene, era sua antiga amiga Roxy, com quem Johnny dividia um apartamento na Rua 10, logo na esquina vindo do apartamento de Joey. Arlene sequer tinha o telefone de Johnny. Ninguém tinha, com a exceção de Linda.

"Não tinha como eu marcar todos aqueles encontros", Arlene afirma. "Eu percebi que tinha algo entre Linda e Johnny — química. As mulheres são muito sensíveis a esse tipo de coisa."

Todo mundo sabia o que estava acontecendo e não tinha nada a ver com Arlene. Mas esse é o lado da história de Johnny, que eu apresento conforme prometi.

"Um dia", Arlene recorda, "eu fiquei louca, porque vi Johnny colocar a mão na coxa de Linda debaixo da mesa em uma *delicatessen*".

"Arlene flagrou minha mão boba", Johnny Ramone admite, "debaixo da mesa em uma *delicatessen* na Rua 8, no verão de 1980. Arlene foi minha namorada no colégio. Quando ela me deixou, eu jurei que ia passar o resto da minha vida dando o troco nela".

"Parecia que ele estava se vangloriando", Arlene recorda. "Como se quisesse ser descoberto. Se ele não queria que soubessem que alguma coisa estava rolando entre os dois, porque fez aquilo na *minha* frente, logo quando a Linda morava junto com o meu futuro cunhado?"

Arlene admite que nunca cobrou satisfação de Linda em relação ao seu caso com Johnny. Estava em uma situação bastante difícil e não queria ser a primeira a contar para Joey. Ninguém queria.

No entanto ela contou para mim que alguma coisa estava acontecendo entre Linda e Johnny.

Se Joey ouvia os outros falarem, não estava escutando. Na primavera de 1981, eu já tinha ouvido o bastante.

CAPÍTULO 24
QUEIMANDO O MENSAGEIRO

NESSE MOMENTO, EU ESTAVA TOTALMENTE CONVENCIDO de que Linda estava tendo um caso com Johnny. Achava que meu irmão precisava saber disso e que ninguém queria ser o mensageiro que Joey iria sacrificar. Eu também não, mas não via outra escolha. Não podia continuar permitindo que meu irmão fizesse papel de idiota — principalmente levando em consideração que Johnny de fato estava se exibindo. Isso fazia com que eu também me sentisse como um idiota.

Um dia, quando soube que Linda não estaria em casa, tomei coragem de ir ao apartamento de Joey para contar o que tinha ouvido, fosse como fosse — mesmo que isso custasse a minha cabeça. Parei na *delicatessen* para levar uma sacola de cervejas, caso fosse necessário. Quando cheguei ao apartamento do meu irmão, ele estava sentado à mesa, tocando o seu violão, meu velho Yamaha. Ele até fez café para nós dois e parecia estar em um excelente humor — o que tornava ainda mais difícil. Sentei-me na sua cama e respirei fundo.

"Joey, preciso te contar um negócio. Você tem notado alguma coisa estranha na Linda?"

"Tipo o quê?", Joey devolveu, em um tom que indicava que seria feio.

"Não quero ter que te contar isso", comecei devagar, "mas seguidamente eu venho escutando de outras pessoas que tem algo acontecendo entre Linda e John".

"É, e daí?", Joey disse, em crescente agitação. "Eles conversam um com o outro, eu sei disso. O que você quer dizer?"

Eu não conseguia entender se ele já tinha conhecimento sobre o que acontecia entre John e Linda e não queria lidar com a situação, se estava em estado de negação ou se não dava bola. Novamente respirei fundo.

"Estou querendo dizer que eles estão trepando e já faz mais ou menos um ano", disparei rapidamente.

"ISSO É MENTIRA, CARA!"

"Joey, escuta. Todo mundo tem falado pra mim as coisas que viram. Até o pai e a Arlene."

Entrei nos detalhes sórdidos das coisas que ouvi.

"EU NÃO ACREDITO! VOCÊ QUER CAUSAR ENCRENCA, PORRA! O QUE TE INTERESSA QUE EU TENHO NAMORADA? O QUE FOI, TÁ COM CIÚME?"

"Mas por que eu ia me importar que você tem namorada?", respondi. "Estou te contando isso porque você é meu irmão, todos os outros estão com medo de te dizer, e eles dois estão te tirando pra otário, cara! Estou tentando ajudar!"

"Pois não acredito em porra nenhuma do que você falou, ok?", Joey esbrajevou.

"Ok, cara", respondi. "Não diga que não tentei avisar."

Do jeito que entendi, eu provavelmente só havia confirmado algumas coisas que Joey já suspeitava, mas com as quais não queria lidar.

"PARE DE FALAR COM JOHN", JOEY DISSE A LINDA logo depois de eu conversar com ele.

"Está bem, vou parar", ela respondeu.

"Bom, não é bem você que está me preocupando", Joey disse. "É o John."

"Bom", Linda respondeu, "então peça pra ele parar de falar comigo".

"Eu pedi", ele disse. "Mas ele não me deu ouvidos. Disse que você é a melhor amiga que ele tem."

Joey tinha parado um pouco com a bebida enquanto estava com Linda, mas agora ele olhava para uma garrafa de vinho sobre a mesa.

"E daí, o que eu posso fazer?", Linda disse.

Então Joey simplesmente desistiu, largando Linda de mão. Não houve gritos, palavrões ou socos. Talvez ele estivesse com medo de agredi-la, agora que aparentemente ela era propriedade de Johnny.

"Olha, quer saber?", Joey disse, bebendo o vinho à vontade, direto do gargalo. "Acho que eu quero fazer as coisas por minha conta agora. Acho que agora posso fazer."

"Não comece a beber de novo ou você nunca vai conseguir fazer nada por conta própria", Linda falou ao sair do apartamento, carregando uma grande fatia do coração do meu irmão na sua bolsa. Fechou a porta e deixou para trás um cara com uma ferida aberta.

Como é do conhecimento de todos, Joey custou para se curar.

"Pode ser que tenha tido um quê de rancor", Johnny Ramone recorda. "Eu não sei. Assim que eu a desejei, fui até conseguir o que queria. Eu não aceito derrota. Era só uma questão de tempo."

Sinceramente, não acho que Linda tivesse chance. Como Johnny disse, quando queria alguma coisa, ia até o fim. Johnny achava mesmo que estava *lutando* pelo amor de Linda e que ele a *conquistou*. Mas contra quem ele estava competindo? Joey? Johnny sabia que o meu irmão não iria nem poderia levantar um dedo ou mesmo enfrentá-lo verbalmente. Foi cruel: Johnny simplesmente pegou Linda para si, feito homem das cavernas.

Como já havia sido seu amigo, gostaria de poder dizer que Johnny Ramone fez alguma coisa para aliviar o sofrimento de Joey. Mas não houve qualquer gesto, de qualquer tipo. Um grande e barulhento nada foi o que Johnny deu a Joey. Todos nós ouvimos. E aquele estrondoso silêncio continuaria a ecoar.

Como se Joey Ramone já não tivesse demônios suficientes em sua cabeça, ele agora precisava lidar com mais um. Nascido da humilhação causada pelo desastre com Johnny e Linda, esse novo fantasma iria provocá-lo com xingamentos como *Você é um merda!* e *VOCÊ NUNCA VAI FAZER NADA QUE PRESTE!* Uma voz acompanhava a outra, como velhos inquilinos que Joey hospedava em seu cérebro por muitos anos. As indesejáveis vozes nunca saíram de sua cabeça, ainda que ele estivesse se virando bem vivendo com elas. Agora ele ouvia de dentro para fora e de fora para dentro.

"Foi um tempo bem difícil", Joey disse. "Johnny e eu não tínhamos praticamente nenhuma forma de comunicação. Era algo que, muito provável, acabaria com muitas bandas. Tinha uma falha nas engrenagens. As coisas andavam, mas não da maneira como deveriam. Algo tinha de mudar. Talvez a gente fosse um pouco militarista demais. Talvez os egos estivessem um pouco fora de controle."

"Naquela época, eu não ia com a cara de Joey", Johnny Ramone confessa. "E ele não ia com a minha cara. Eu apenas não falava com ele e não dava a mínima pra isso."

O menosprezo com que Johnny tratava Joey — juntamente com a incapacidade ou a relutância, do meu irmão para enfrentá-lo — deve ter causado mágoas. Foi especialmente nocivo para alguém como Joey, com uma quantidade mais do que suficiente de distúrbios emocionais. Nunca vi o seu TOC — os tapinhas, as batidas com o pé, as mexidas no interruptor da luz e no seu cabelo — piorar tanto. Joey chegou até mesmo a me pedir para levá-lo de volta ao aeroporto, quando ele retornou da Inglaterra, para que ele pudesse corrigir o erro de não ter pisado na calçada da forma adequada.

"Johnny passou dos limites comigo em relação a Linda", Joey afirma. "Ele destruiu o relacionamento e a banda ali mesmo."

"Eu sabia que Joey não ia querer tocar no assunto", Legs disse, "mas já que era uma situação tão extrema, achei que mais adiante ele ia se abrir pra mim. Mas ele nunca se abriu. Eu sabia que ele tinha que desabafar em algum lugar, porque aquilo estava corroendo Joey por dentro".

Joey não estava mais trocando de roupa. Não arrumava nunca o seu apartamento — não que ele fizesse isso antes. Mas era uma cena de catástrofe, principalmente para alguém como ele, que estava sempre a cinco centímetros de pisar em alguma coisa e acabar no hospital com outra infecção no pé. Ele mal sobrevivia. Falar sobre o assunto provavelmente o teria ajudado. O máximo que ele me dizia era *Que se fodam!*, ou *Pro diabo com os dois,* ou o mortalmente sarcástico *É, espero que estejam bem felizes!* Mas, na maior parte do tempo, só murmurava *Não quero falar sobre o John, certo?*

Não o forcei.

Felizmente havia uma outra pessoa com quem Joey falou — Ellen Callahan, uma garota com quem ele saiu pela primeira vez quando o segundo disco dos Ramones foi lançado, em 1977. Ellen foi muito bem-vinda, principalmente considerando as circunstâncias do momento. Parecia que poderia fazer bem para Joey. Era inteligente, mas também louca e divertida de certa forma. E estava na faculdade, cursando enfermagem. Ellen veio como se tivesse sido feita por encomenda.

"Joey soava bastante incoerente quando me ligou", Ellen relembra. "Acho que ele estava bêbado. Falamos a noite inteira. Ele me contou o quanto ele estava indignado com a Linda e como queria matar Johnny."

"Nunca conheci Linda", Ellen admite, "embora eu soubesse quem ela era. A ideia que eu tinha dela era a mesma que os outros tinham de mim: uma dessas pessoas vulgares que não são de Manhattan e que usam muito meião listrado. Quando Joey me disse que Linda trocou ele por Johnny, eu pensei: *Linda é uma groupie de merda, como achei que ela fosse. Ela viu que Joey não ia ser o marido rock & roll ideal e que provavelmente Johnny se encaixava melhor nesse perfil.* O que ela fez com ele foi muito baixo. Eu não disse pro Joey: *Você não precisa matar o Johnny.* Apenas achei que esse tipo de delírio acontecia em qualquer banda. Joey falou que ia sair dos Ramones e que a banda não era nada sem ele — mas ele vivia dizendo isso".

"A maneira como Linda o deixou piorou bastante o seu TOC", Ellen continua. "Joey não conseguia administrar nem suportar a situação. Acho que aquilo trouxe de volta episódios do passado, antigas decepções, como ser ignorado por uma garota que escolhia outra pessoa. Johnny representava o típico homem machista da classe operária."

Depois disso, Joey e Johnny não conseguiam mais concordar em nada.

"Quando tudo veio abaixo, o que eu senti foi um *Foda-se!*", Joey recorda. "Ter escrito a maior parte das músicas me deu um desgosto. Nos primeiros anos, se falava que os Ramones escreviam tudo. Não eram os Ramones, era eu e Dee Dee. Eu nem dava muita bola na época. Mas certas coisas estão fora dos limites. Tem coisas que as pessoas não podem fazer umas com as outras, principalmente em uma banda. Se você quer que a banda cresça, não pode passar esse limite."

UM MOMENTO NO *TIMING* CORRETO FEZ COM QUE JOEY E JOHNNY fossem dispensados de estarem próximos um do outro. No fim do inverno de 1981, os Ramones deram um tempo nos shows para gravar o seu sexto álbum. A gravadora escolheu o produtor britânico Graham Gouldman, que havia tocado nos Mindbenders, uma banda da década de 1960 e, mais tarde, no 10cc. Os Mindbenders eram mais conhecidos pelo seu hit "The Game of Love". O 10cc era um grupo pop mais sofisticado dos anos 1970, cujo maior sucesso era "I'm Not in Love". A união dos Ramones com Graham Gouldman formava um par incomum, mas pelo menos Gouldman havia escrito ótimas canções, como "I'm a Man" e "Heart Full of Soul" para os Yardbirds, "Bus Stop" e "Look Through Any Window" para os Hollies, e "No Milk Today" e "Listen People" para os Herman's Hermits.

"Nós só queríamos produzir *Pleasant Dreams* nós mesmos", Joey Ramone explicou. "Com Tommy Ramone e Ed Stasium. Mas a Warner Bros. fez contato com Graham — e ele achou que seria um desafio produzir um disco da banda."

"Gouldman era um cara do pop suave", Johnny Ramone acrescenta. "Quando ele me disse: *Seu amplificador está fazendo muito ruído. Pode baixar o volume?*, eu vi que ele não era o cara certo para os Ramones. Mas nós não tínhamos escolha."

"Fui para a Inglaterra com Graham e gravei uma parte dos vocais", Joey explicou. "Fomos até lá mixar *Pleasant Dreams*, porque Graham tinha dois estúdios, um em Manchester e o outro em Londres, onde eu fiz o vocal e os *overdubs.*"

Joey ligou para mim de um castelo "mal-assombrado" na Inglaterra, onde ficava um dos estúdios de Gouldman. Ele parecia otimista, mas solitário. Ironicamente, havia gravado uma canção intitulada "The KKK Took My Baby Away", que tinha escrito bem antes de eu contar a ele o que andava acontecendo. Estava no seu apartamento quando ele fazia a música, e Linda também. A coincidência da conexão entre

Johnny e a KKK criou um fantasma que faz amigos e fãs especularem até hoje. Na época, no entanto, isso deve ter sido uma situação estranha para ele, considerando que agora suas palavras ganhavam um sentido inteiramente novo, como seguidamente ocorre com letras de músicas.

Quando Joey retornou da Inglaterra, ainda estava se remoendo por causa de Linda, mas pelo menos agora tinha começado a ligar para outras garotas. Ele telefonou para Ellen e a convidou para um show dos Ramones em Long Island. Ela parecia feliz em vê-lo novamente, mas estava indo para a Escola de Medicina da Universidade de Stonybrook e tinha um relacionamento sério com um cara chamado David.

"Joey me falou que eu estava desistindo e que eu nunca seria feliz," disse Ellen. "Naquela época, Joey estava tão arrasado que não tinha capacidade nenhuma de se sentir contente pelos outros. Quando ficou sabendo do meu noivado, de uma hora para outra passou a correr atrás de mim, pois agora eu estava indisponível."

"As pessoas olhavam para o Joey toda hora", Ellen segue. "Num calor de mais de 30° C, ele andava de jaqueta de couro preta com jeans rasgados nos joelhos, todo desengonçado, caminhando dois passos pra frente e um pra trás. Havia uns 70 motivos diferentes para olhar o Joey. Eu nunca sabia se era por ele ser famoso ou pela sua aparência estranha."

Mas Ellen também percebeu que a fama, de certa forma, legitimava o modo como as pessoas olhavam para meu irmão: "Parte do charme da sua vida era que ele conseguia transformar o negativo em positivo. Por causa disso, as garotas o achavam atraente".

"Durante o verão de 1981", Ellen recorda, "fomos assistir a um filme de Woody Allen no Queens. Éramos eu, Joey, Arlene, Mickey, minha prima Stacey e o namorado dela. Depois a gente foi para o apartamento da Arlene e do Mickey. Arlene me falou para não me casar com David e tentar alguma coisa com Joey. Eu disse para ela: *Não posso tentar alguma coisa com alguém assim!* Durante todo o fim de semana, Joey ficou obcecado com uma coisa que ele usou em algum lugar, a sua *cordinha*, como ele chamava. Se ele não tivesse aquilo, nós não podíamos caminhar na rua, não podíamos sair — aquilo ia além de todos os limites da sanidade. Joey falava: *Apenas ache a cordinha. Encontre pra mim.* E eu dizia: *Você deve estar achando que eu sou sua esposa*".

"Joey agia de uma forma bastante apaixonada comigo", Ellen conta, "mas também passava o tempo todo irritado. Queria que eu tirasse meu anel de diamante e ficava reclamando: *Essa porra dessa mulher desgraçada. Porra de Linda. Porra de anel de diamante desgraçado.* Então, na última noite, ele me levou para o topo do prédio, e a gente acabou transando no telhado".

Uma semana depois da sua última escapada com Joey, Ellen teve um chá de panela. Ela contou ao meu irmão que eles levavam um relacionamento mortífero e, na sua definição, mutualmente destrutivo. Joey disse que era o único relacionamento que ele tinha.

"Joey e Mickey pareciam irmãos bem próximos", Ellen recorda, "mas quando Joey resmungava alguma coisa, Mickey ia lá e fazia. Mickey acalmava Joey, sendo o seu capacho, não no mal sentido — mas como uma pessoa pode ser o capacho de outra no bom sentido?".

Eu tinha me acostumado a tratar o meu irmão de uma certa maneira: quando estávamos na estrada, era meu trabalho ser seu *roadie*-escravo-protetor-enfermeiro. Acho que ele também se acostumou e provavelmente dava isso como certo. Até aquele momento, depois de seis anos tendo *roadies*, ele se sentia muito à vontade com esse tipo de tratamento e com a possibilidade de sair dando ordens para os outros aos berros, assim como ele tinha feito com nossa mãe. Bom, como a maioria faz com suas mães — *quando somos crianças*.

Naquele tempo, estávamos todos tratando Joey como criança. Todo mundo se sentia mal por ele. Ele estava de cabeça erguida e manteve seu senso de humor, mas quem o conhecia bem sabia que ele estava sofrendo.

"Ele só falava na *porra do Johnny* que a levou embora", disse Ellen, "e agora ele queria *a porra do Johnny* morto. Ele vivia repetindo. Acho que foi por causa do seu TOC".

Independentemente do que fosse, TOC ou outra coisa, a lei da selva diz que o macho da espécie deveria encher o outro cara de porrada em uma situação dessas. Joey teve muito para resolver na sua cabeça e no seu coração, com o amor sendo substituído pela raiva, e a confiança sendo retribuída com traição. Ter de tomar uma atitude era algo que, sem dúvida, causava aflição nele. Joey sabia que estava mal na foto e que era o perdedor. Ele ainda sofria *bullying* de uma forma passiva — dessa vez pelo seu próprio colega de banda.

Se ainda estivéssemos no colégio, talvez eu pudesse ajudá-lo. Mas ninguém podia fazer nada por ele agora. Muitas pessoas ao redor dos Ramones ficavam subitamente quietas quando Joey aparecia. Estavam rindo dele? Algumas provavelmente sim. Isso estava de acordo com a filosofia de Johnny e dos Ramones: nada de empatia, nada de pedidos de desculpas e nada de demonstrar sensibilidade ou consideração. Para Johnny, qualquer forma de empatia era coisa de hippie ou de fracote.

Pode ser difícil manter a imagem do punk, principalmente se você começa a levar a sério e acreditar nela, como Sid Vicious ou até mesmo Dee Dee. Não é natural ser *tão* insensível assim o tempo *inteiro*. Todos os Ramones, Joey inclusive, tinham de manter uma persona sem emoções e não sair muito desse personagem.

"Nada de sorrisos", Danny Fields lembrava aos integrantes da banda nos primeiros anos. "Pode ser que haja um fotógrafo aqui pronto pra tirar uma foto."

Mas ser infeliz era algo que acontecia ao natural para Johnny.

"Eu sei que sou infeliz", ele me contou certa vez. "Provavelmente vou ser infeliz até morrer!"

Às vezes, nós todos nos sentimos assim, e são esses os dias em que precisamos de ajuda para seguir em frente. De uma forma perversa, isso era parte do charme dos Ramones.

Assim como era saber que você é um pouquinho louco e então rir da situação.

Uma vez atravessávamos uma rua com várias pessoas, e Joey deu um passo atrás, pisando no meio-fio. Quando alguém perguntou o porquê daquilo, ele disse: "Minha cabeça está tão longe dos meus pés que eu preciso ter certeza de que estou tomando a decisão correta". Outra vez ele brincou: "Ah, achei que o meu tênis tinha ficado preso em alguma coisa".

Mas certas coisas, no que dizem respeito a ser louco, não têm graça. Quando atravessávamos a rua, ele girava no pé que estava no meio-fio para o que estava no asfalto e, quando parecia adequado, disparava em direção ao outro lado da rua enquanto ainda havia tempo. Várias vezes os motoristas tinham de pisar fundo no freio para não atingirem Joey. Era inevitável pensar que um dia ele seria atropelado. E várias vezes ele até chegou a ser tocado pelos carros que freavam em cima dele. Mas felizmente eles conseguiam ver o meu irmão se aproximando. E como poderiam não vê-lo? Meu maior medo era de que um dia um motorista *não* o visse se aproximar. Ou se afastar.

CAPÍTULO 25
O AMANHÃ NUNCA CHEGA

Quando *Pleasant dreams* foi lançado, em agosto de 1981, a decepção continuou. Era mais um disco que não emplacava um hit e que não vendia bem. A Sire Records tinha feito uma fusão com a Warner Bros. Records, mas sequer tiveram interesse em lançar um *single* do álbum nos Estados Unidos.

"A gravadora nos falou que o disco seria uma bomba se não fizéssemos com Graham Gouldman", Joey explicou, "aí trabalhamos com Graham — e o álbum foi uma bomba igual!".

O resultado da colaboração trouxe críticas variadas, tanto da banda como dos fãs.

"Eu não compus nada em *Pleasant Dreams*", Johnny afirmou. "Os Ramones estavam perdendo o respeito que ganharam ao longo dos anos."

"Não achei a produção do álbum muito boa", Joey segue. "Faltava agressividade. As músicas do *Pleasant Dreams* soavam fantásticas ao vivo, tipo 'The KKK Took My Baby Away'. Mas no disco não tinham a agressividade que deveriam ter. Perdemos muitos dos nossos fãs naquele momento. Eles não sabiam pra onde a gente estava indo."

As coisas ficariam piores depois que os Ramones foram gravar uma entrevista para o *Tomorrow Show* com Tom Synder nos estúdios da NBC, no Rockefeller Plaza.

"Esperamos todos esses anos pra ir ao *Tomorrow Show* e conhecer Tom Synder", Joey relata, "e descobrimos que ele estava de férias. O Tom nem apareceu!".

A loira bonitinha que o substituía revelou imprudentemente aos espectadores que nunca tinha ouvido falar nos Ramones e então foi bombardeada com uma chuva de respostas ácidas e de má vontade a cada pergunta que fazia. Quando o programa foi ao ar, os Ramones não pareciam ser os caras despreocupados e divertidos que todos imaginavam.

No entanto, depois do *Tonight Show* com Johnny Carson, a maioria dos televisores da América rural estaria executando o hino nacional aos berros, de qualquer forma.

O FIASCO NO *TOMORROW SHOW* FOI APENAS UM de vários constrangimentos públicos que os Ramones sofreriam ao longo da década seguinte. Marky estava pronto para dar sua contribuição.

"Por volta de outubro de 1981", Marky Ramone admite, "eu estava bebendo mais. Joey também estava bebendo mais, e Dee Dee usava cocaína, remédio pra cabeça e fumava muita maconha".

"Eu sempre tinha a impressão de estar no meio de uma briga", Marky segue. "Quando eu falava com Joey, Johnny ficava brabo. Quando falava com Johnny, Joey ficava brabo. E tinha também Dee Dee, com sua personalidade esquizofrênica. Dee Dee saltava da van durante as turnês, querendo brigar com todo mundo. Johnny dizia pra ele voltar para dentro, ameaçando dar porrada caso ele não fizesse isso. Como Dee Dee tinha medo de Johnny, fazia o que ele mandava. Uma vez, Dee Dee deu um soco em Joey dentro de um restaurante, porque Joey falou alguma coisa sobre a sua mulher. Joey estava de óculos, então achei errado."

Conheci Marc Bell casualmente ao tocar com ele no Max's, quando ele estava na Wayne County & The Backstreet Boys e eu me apresentava com Lester Bangs. Mais tarde, eu o vi com Richard Hell & The Voidoids. Achei que ele era um excelente baterista e sempre admirei o seu estilo. Porém, uma vez o guitarrista dos Voidoids, Bob Quine, expressou para mim sua frustração com as oscilações de ritmo de Marc, atribuindo isso à bebida. Não notei muito disso nos Ramones, porque tudo era tocado basicamente em uma só velocidade: máxima.

Marky combinava perfeitamente com a imagem de garoto de rua nova-iorquino que a banda tinha. Falava com um sotaque do Brooklyn extremamente carregado e sua impassível "atuação" em *Rock 'n' Roll High School* foi clássica — na minha opinião, a melhor das tentativas teatrais dos Ramones naquele filme. Quando o assunto era ser cômico, Marky colocava qualquer um deles no chinelo. Era camarada e estava sempre fazendo palhaçada.

Na primeira vez que fui ver Marky nos Ramones, sua principal preocupação era como ia ficar em seu novo jeans. Entrei no camarim quando ele se contorcia nervosamente, de costas para o espelho, se esticando para olhar sua bunda. A primeira coisa que ele disse para mim foi: *Como é que essa calça fica em mim? Ficou legal aí atrás?*

Eu dei risada. Então ele se virou, e eu percebi que o jeans trazia algum tipo de insígnia costurada nos bolsos de trás. Eu me engasguei. Era jeans de marca! Isso não era nada kosher. O que o Marky estava pensando? Será que *mais* problemas estavam por vir?

"Estávamos no Swingo Hotel em Ohio", Marky confessa, "e tínhamos que estar em Virginia Beach no dia seguinte. Naquela noite, eu bebi 18 doses duplas de rum com graduação alcoólica de 75%. Eu não conseguia caminhar. Fui engatinhando até o quarto. Bebi literalmente até cair".

"No dia seguinte estava completamente fodido, mas tinha o dia livre. Falei pra banda: *Encontro vocês em Virginia Beach*", Marky ri. "A *groupie* com quem eu estava — uma morena alta de olhos verdes — disse que ia me conseguir uma carona pra Virginia Beach no outro dia. Eu tinha tudo planejado. Depois de uma ótima noite com essa garota, bebendo a madrugada inteira, chegou a hora do café da manhã. Eu ainda estava de ressaca e comprando cerveja. Quando estava saindo do restaurante lotado, quem foi que eu vi entrar senão Roger Maris, o famoso jogador de beisebol dos Yankees? Quando eu era menino, meu pai comprou uma luva do Roger Maris para mim. Eu falei pra ele: *Sabe, Roger, eu tinha a sua luva quando era menino...* A gente ficou conversando sobre os Yankees, bebendo cada vez mais, até que já estava na hora de ir para o show. É óbvio que a carona pra Virginia Beach não veio. A *groupie* não sabia dirigir, então estávamos fodidos. Eu estava ferrado demais pra pegar um ônibus e, além do mais, não tinha mais tempo. Aí a gente foi para o aeroporto tentar alugar um avião particular. Eu estava podre de bêbado, e o cara que alugava os aviões olhou para mim e disse: *Acho melhor não...* Ele achou que eu ia pilotar o avião! Tentei ligar para o Monte no lugar onde iríamos tocar, mas ninguém atendeu o telefone. Eu pelo menos tentei, mas ninguém pôde fazer nada. Perdi o show."

No dia seguinte, Marky pegou uma carona para o próximo bar onde a banda tinha um show marcado. Ninguém falou com ele.

Então Monte disse: "Você estragou tudo, cara!".

Johnny informou Marky de que ele teria de pagar por toda a noite. Acontece que fãs dos Ramones tinham destruído uma parte do local ao saber que a banda não poderia se apresentar. Quebraram também para-brisas de carros. Para cobrir os danos, Marky teve de desembolsar US$ 6 mil e pagar salários, diárias, gasolina e os gastos de publicidade da casa. Pagou tudo e admitiu que estava errado.

"Na época, eu era o único amigo de Marc", Joey lembra. "Tentei mantê-lo na banda. Foi num período em que existia uma grande rivalidade nos Ramones. Era Johnny e Dee Dee contra Marc e eu. O pessoal estava sempre tomando um lado. Eram eles contra nós."

"Sempre achei que Marc era um grande baterista", Joey continua. "Eu me lembro dele tocando durante as passagens de som. Eu ficava muito impressionado."

Embora os Ramones estivessem tendo problemas com uma parte dos seus colaboradores, eu tive a sorte de ter a melhor ajuda possível, e de graça. Ed Stasium e Tommy Ramone iriam produzir uma leva de novas músicas para os Rattlers.

Tommy havia recentemente produzido um hit, "Kiss Me on the Bus", para uma nova banda, chamada The Replacements, e gostou do que os Rattlers vinham fazendo, um *power-pop-punk* nos seus estágios iniciais. Tommy e Ed viram potencial.

Impulsionados pelas críticas aos nossos shows e pelas fitas produzidas por Tommy e Ed, assinamos um contrato com uma produtora chamada Frontier Booking International (FBI), que tinha a direção de Ian Copeland, irmão do baterista do The Police, Stewart Copeland. A FBI foi a produtora pioneira para a próxima leva de bandas que estavam surgindo, como os B-52's, Joan Jett, REM, Go-Gos, Buzzcocks, English Beat e 999.

Stewart tinha uma gravadora junto com seu irmão Miles Copeland, a IRS, que lançou discos do Wall of Voodoo, Oingo Boingo (com um jovem Danny Elfman), Go-Gos, Bangles e Buzzcocks. Miles Copeland nos deu um contrato para um *single*, que sairia no seu selo Faulty Products, e embora aquilo não fosse o contrato de gravadora "de verdade" que estávamos esperando, com certeza ficamos contentes.

Os Rattlers já tinham aberto para os Plasmatics várias vezes e, graças a Joey, conseguiram abrir para os Ramones duas ou três vezes — mas somente em shows fora da cidade. Meu irmão nos disse que Johnny jamais permitiria que tocássemos com eles em Manhattan. A partir do dia em que parei de trabalhar para os Ramones, tive a impressão de que Johnny faria tudo que estivesse ao seu alcance para não me ajudar a chegar em lugar algum. Não sabia dizer se era rancor ou se era para provar que ele estava certo quando disse que era muito difícil se dar bem nesse ramo. Talvez isso se devesse apenas ao fato de Johnny ser competitivo ou de estar simplesmente receoso, com a possibilidade de eu realmente chegar a algum lugar representando o seu maior medo. Nunca se sabe quando algo pode dar certo. Tudo é possível no mundo da música, e certas bandas já haviam superado os Ramones muitas vezes.

Para ser sincero, eu nunca pensei: *Quero ser maior e mais famoso que meu irmão!* Tinha as mesmas aspirações que ele: ser como as bandas que crescemos admirando, como Beatles e The Who. Eles eram os meus indicadores de sucesso, não os Ramones. Eu admirava a banda do meu irmão e me sentia feliz por eles, mas sinceramente não tinha interesse em ser como eles — ou ser um deles.

Não conseguia imaginar como seria estar em uma banda na qual eu não poderia sequer palhetar as cordas da guitarra para cima. Ou não poder compor ou tocar qualquer coisa que não se encaixasse numa certa fórmula ou estilo. Os Ramones têm uma música em seu disco *Road to Ruin*, uma composição de Dee Dee intitulada "Questioningly", que Ed e Tommy produziram como se fosse uma música country — mas que, na minha opinião, acabou sendo uma das mais belas músicas que a banda já fez. Johnny odiou e disse *Nunca mais!* Eu não seria feliz fazendo parte dos Ramones.

Tinha minhas próprias influências e inspirações. Tinha minha própria vida e meus próprios sonhos. Queria gravar discos e tocar em bandas. Era só o que eu pensava, e não *Tenho que gravar um hit! Tenho que gravar uma que faça mais sucesso que os Ramones!*

Às vezes, acabávamos no mesmo show que os Ramones simplesmente porque o produtor queria colocar os Rattlers, e Johnny não tinha sido capaz de nos tirar — embora provavelmente tivesse tentado.

Na primavera, quando o disco foi lançado, os Rattlers começaram a abrir para várias grandes bandas, incluindo The Clash, B-52's, Joan Jett, Stranglers, Buzzcocks e 999. O futuro parecia promissor.

Justamente quando as coisas estavam melhorando, aconteceu algo que me fez cair para trás, para não dizer pior.

Em 1º de maio de 1982, recebi um telefonema do meu irmão.

"Tenho uma má notícia", Joey falou, com a voz trêmula.

"Ih", eu disse. "O que aconteceu?"

"É o Lester", Joey falou. "Ele morreu."

Não consegui falar nada durante um minuto.

Estava saindo de casa para fazer um show em Massachusetts quando Joey me ligou. Ironicamente iríamos tocar a canção da Birdland, "I'm in Love With My Walls", pela primeira vez naquela noite. Foi a primeira música que eu e Lester fizemos juntos, e, dias antes, ele havia dado o sinal de positivo para os Rattlers a tocarem. Estava pensando muito nele nos últimos tempos. Fiquei chocado. Quando você passa anos tocando com mais alguém em uma banda, é como se essas pessoas virassem de fato parte da sua família. "Aconteceu ontem", Joey disse, quebrando o silêncio.

"E como aconteceu?", perguntei.

"Ninguém diz nada", ele respondeu.

Aparentemente, Lester estava limpo fazia um tempo e, quando decidiu relaxar, exagerou na dose, o que acabou sendo fatal — algo não muito raro em uma situação dessas.

Mais tarde, se determinou que a ingestão do analgésico Darvon em conjunto com vários outros medicamentos ingeridos durante o tratamento de uma gripe exigiu demais de seu corpo, fazendo com que o seu coração não aguentasse. Os danos sofridos pelo seu organismo tinham finalmente cobrado o preço quando ele menos esperava.

"Senti muito a falta de Lester no Natal", Joey Ramone disse. "Não que eu passasse todos os Natais com ele, mas fiquei pensando em uma vez que ele me incomodou durante uma semana inteira, pedindo pra eu ir ver sua árvore de Natal. Finalmente fui ver. A árvore estava toda amarrada, como se estivesse na rua, e era decorada com caixas de Romilar. Era típico do Lester. Ele gostava de coisas espontâneas."

Enquanto as cortinas dessa amizade se fechavam, uma porta se abria para uma nova. Angela Galetto foi uma feliz novidade, e, assim que Joey começou a sair com ela, tive uma forte impressão de que esse relacionamento duraria por um bom tempo. Angela era magrinha, mas esbelta, com longos cabelos pretos e uma atitude tranquila.

"Minha irmã Camille morava com Monte Melnick quando eu encontrei Joey Ramone pela primeira vez", Angela Galetto explica. "Eu morava na Rua 81 com a Columbus, com um advogado que trabalhava pro Dino De Laurentiis. Morei com ele por uns meses e aí descobri que ele era alcoólatra quando começou a me bater. Uma noite liguei para o Monte e pra minha irmã e disse: *Não aguento mais isso, vocês têm de vir aqui me buscar*".

"Eles chegaram dentro de meia hora", Angela ri. "Peguei todas as minhas coisas e me mudei pra casa deles em Corona, no Queens. Quando terminamos a mudança, Monte perguntou se eu não queria ver os Ramones no My Father's Place, em Long Island. Foi a noite em que eu oficialmente conheci Joey."

"No My Father's Place", Angela segue, "fomos ao *backstage* depois, e é claro que as garotas que esperavam pra entrar no camarim me olharam atravessado. O que eu gostei no Joey foi que ele imediatamente falou uma coisa pra me fazer rir. Naquela hora, depois do que eu tinha passado naquele dia, alguma coisa surgiu entre nós dois que duraria por muitos anos".

Antes de entrar na van com a banda, Monte passou as regras para ela: em primeiro lugar, nada de falar com Johnny. Ela não poderia se sentar no banco de Johnny, somente ao lado de Joey. E tinha que ir ao banheiro antes de embarcar, porque não haveria paradas.

Enquanto Linda dava muita importância para gente famosa, Angela não dava a mínima para o fato de Joey ser um astro do rock. Ela queria um namorado. Os amigos e amigas de Joey não precisavam ser famosos para que Angela quisesse passar tempo com eles. Era uma pessoa mais tranquila, menos movida por status e bem mais simples. Isso deixou Johnny mais tranquilo também. Havia ainda outras diferenças entre Angela e Linda que me faziam crer que dessa vez tudo seria melhor para Joey. Ao contrário de Linda, Angela gostava de fazer outras coisas além de comprar roupas caras. Gostava de ir às compras, mas também se mostrava contente indo ao cinema, fazendo pequenas viagens ou apenas passando um tempo com o pessoal, jogando conversa fora.

Embora o namoro de Joey e Angela mal tivesse começado, meu relacionamento com Arlene seguia firme já fazia cinco anos. Apesar de ser bastante fácil reunir motivos provando que o casamento não era uma boa ideia para alguém com o meu estilo de vida e profissão, a hora tinha chegado. Eu a amava de verdade.

Marcamos a data para 12 de setembro de 1982. Convidei Joey para ser meu padrinho, e ele aceitou com alegria. Infelizmente, três dias antes do nosso casamento, Joey foi parar no hospital com outra infecção no pé — um caso grave dessa vez. Deram antibióticos intravenosos para meu irmão, que arriscava perder um dedo do pé — ou coisa pior — se saísse do hospital. Ele tentou conversar com os funcionários do hospital para ver se havia uma maneira de sair de lá por algumas horas, permanecendo com a administração intravenosa, mas não deixaram. De qualquer forma Joey não estava bem — não conseguia sequer ficar de pé. Meu irmão ficou sinceramente aborrecido por não poder estar comigo naquele dia.

É claro que eu também fiquei, mas estava bem mais preocupado com sua saúde.

Quando voltamos do *time-share* dos pais da Arlene em Porto Rico, duas semanas depois, Joey já havia ganhado alta no hospital, mas ainda não estava totalmente de pé. Com Joey acamado, Angela passou a visitá-lo com mais frequência. Obviamente, a nossa mãe ainda cuidava dele, mas ela se dava muito melhor com Angela do que com Linda.

"Joey ainda estava mal por causa de Linda quando nos conhecemos", Angela recorda. "Estava arrasado pela Linda ter trocado ele por Johnny Ramone. Quando nos encontramos no My Father's Place, ele me disse que o mais difícil foi não saber sobre Johnny e Linda antes — e que foi terrível quando ficou sabendo pelo Mickey. Na verdade, achei que Linda e Johnny formavam um par perfeito. Noites depois do show no My Father's Place, Joey me convidou pra eu me encontrar com ele no CBGB, onde o Blondie estava tocando. Foi nosso primeiro *encontro*. A gente estava sentado em uma das mesas e, quando fui ver, ele estava escorregando para debaixo da mesa... desmaiado! Eu corri até o Arturo e gritei: *O que eu faço? Joey está caindo de bêbado!* Arturo me deu uma ampola pequeninha e disse: *Dá um pouco disso aqui pra ele.* Foi a primeira vez que Joey e eu experimentamos cocaína."

CAPÍTULO 26
VOU QUERER UM LANCHE FELIZ — PARA VIAGEM!

Joey não era o único na banda que estava exagerando na dose. Dee Dee e ele conseguiam manter seus vícios a uma distância segura de suas carreiras, mas Marky não estava tendo o mesmo sucesso.

Suas bebedeiras ficaram tão intensas que, um dia, após fazer uma rápida parada na loja de bebidas para um lanchinho líquido, Marky apagou no volante dirigindo seu Cadillac Coupe de Ville, ano 1968, cor prata. Com o pé no acelerador, foi parar direto na vidraça de uma loja de móveis.

"Eu acordei", Marky recorda, "com policiais dos dois lados do carro — com as armas apontadas pra mim! Eles me levaram em cana logo ali e tiraram as minhas impressões digitais. Aí um cara entrou na delegacia, berrando: *Você passou com o carro por cima do pé da minha filha!* Passei a noite na cadeia. Não tinha carteira de motorista, documentos do carro, seguro do carro, nada! Mais tarde, meu advogado me contou que o cara que falou que eu passei por cima do pé da filha dele mentiu pra ganhar dinheiro do seguro. Mas tinha crianças que estavam saindo da escola, esperando no ponto de ônibus. Porra, eu poderia ter matado todo mundo!".

No dia seguinte, Marky decidiu parar de beber. Mas depois de apenas três ou quatro dias sóbrio, ele estava na cozinha da casa dos pais olhando para o quintal quando, conforme sua descrição: "Vi uma coisa se formando, uma porra de um dinossauro! Era delirium tremens! Eu me virei, esfreguei os olhos e aí olhei de novo — mas o dinossauro continuava lá. Saí correndo de casa, voltei pro meu apartamento e me escondi debaixo das cobertas. Mais tarde, fui para uma clínica de reabilitação em Freeport, Long Island, com uma tremedeira do cacete. Tiraram a minha roupa, pegaram os cadarços do meu tênis, e aí comecei a ver coisas de novo!".

"Eu tentava fazer negócio com as enfermeiras velhas", Marky segue, "imploran-do para elas: *Me arranja uma bebida?* Fiquei lá três semanas e meia. Parei de tremer e ter alucinações. Fiquei bem durante uma semana. Aí voltei a beber".

Naquela época, os Ramones deveriam gravar o seu álbum *Subterranean Jungle*, com a produção de Richie Cordell. Marky apareceu para ensaiar em um estúdio de Long Island com uma garrafa de vodca. Ele andava rápido, tentando relaxar, e já tinha tomado uma dose de vodca antes de chegar lá.

Dee Dee tirou a garrafa do lixo, onde Marky tinha escondido, e o dedurou para todos: "*Olha só o que eu achei!*".

"Dee Dee — a porra do Senhor Inocente — usando quaaludes, cocaína, ma-conha e aqueles remédios pra cabeça. Eu nunca faria isso com ele", Marky afirma. "Era como se ele dissesse: *Vamos fazer o Marky de bode expiatório*. Mas eu só que-ria beber."

Quando Marky apareceu para tirar a foto de capa de *Subterranean Jungle* na esta-ção de metrô da Rua 57, Monte era o único que falava com ele.

A ideia era fotografar os Ramones em um vagão do metrô. O fotógrafo George DuBose sugeriu ir à Rua 57 com a Sexta Avenida, onde o metrô da Linha B chegaria na estação vazia e pararia por 20 minutos. Johnny pediu para George fazer Marky olhar pela janela na foto, pois estavam mandando o baterista embora da banda, ain-da que ele não soubesse.

"Gostei daquela foto, mas sabia que tinha alguma coisa por trás", disse Marky.

"Todos os nossos bateristas surtavam, um a cada quatro ou cinco anos", Dee Dee disse entre risos.

"Estava deitado na cama, assistindo *Kojak*", Marky lembra, "quando Joey me li-gou e disse: *Marky, lamento ter de dizer isso, mas... ãh... você não pode mais continuar na banda*. Eu mereci. Joey foi legal, mas os outros... esquece. Ninguém mais me li-gou depois disso. Se fosse hoje, Joey ia dizer: *Quem sabe a gente não para por um mês e você tenta ficar sóbrio?* Mas eu não queria contar para o Joey ou pra banda sobre o tempo que passei na reabilitação, porque ia estar admitindo minha culpa".

Os Ramones não ficaram tão desorientados assim com a necessidade de subs-tituir novamente seu baterista. Nesse instante, já haviam chegado à conclusão de que a linha de frente, composta por Johnny, Joey e Dee Dee, era o núcleo da banda. Só precisavam de alguém com um estilo que se adequasse ao som deles e uma per-sonalidade que combinasse com a dos três — por mais estranho que isso pudesse parecer. Tiveram muita sorte quando fizeram um teste com Richie Reinhardt, pois ele era tudo o que o grupo precisava e muito mais.

"Eu andava com uma banda chamada The Shirts. Saía com a vocalista, Annie Golden", explica Richie. "Eles tocavam no CBGB toda hora e tinham um casarão de três andares no Brooklyn. Um dia, em 1982, eu estava lá com o *roadie* dos Ramones, Little Matt, e ele disse: *Tenho de passar no estúdio, os Ramones estão fazendo testes para baterista.* Então com a ajuda de Little Matt, recebi uma mensagem de Monte Melnick logo em seguida, dizendo: *Os Ramones gostariam de fazer um teste com você.* Quando eu ainda estava no colégio e vi os Ramones tocarem em Nova Jersey, não gostei. Ninguém ouvia aquele tipo de música. Eu não tinha nenhum disco dos Ramones. Antes de ir para o teste, tive de comprar todos os discos e aprender a tocar as músicas. As primeiras semanas foram estranhas, porque nunca me disseram que eu estava na banda. Eu só ficava indo aos ensaios e aprendendo as canções."

"Testamos o Richie e gostamos dele", Joey relembra. "Ele era bom pra caralho — e ficava cada vez melhor. A gente resolveu ficar com ele."

Richie tocou em seu primeiro show com os Ramones em 13 de fevereiro, em Utica, Nova York. Joey me ligou da estrada e me passou as informações essenciais a respeito de Richie. Meu irmão não podia estar mais feliz. Fazia anos que eu não ouvia tamanho entusiasmo sobre a banda vindo da sua parte. E tive a impressão de que havia algo mais entre Joey e Richie — como o início de uma grande amizade.

"Richie é muito talentoso e muito diversificado", disse Joey. "Ele fortaleceu a banda 100%, porque faz *backing vocal*, o vocal principal e canta também com a parte de Dee Dee. Antigamente, era sempre eu cantando na maioria das vezes."

A primeira vez que eu vi os Ramones com Richie foi cerca de um mês depois de ele entrar para a banda, em um lugar chamado L'Amour, no Brooklyn. Para mim, foi como se o fogo deles voltasse com tudo, com Richie fornecendo a maior parte do combustível. Embora não fossem como os Ramones desleixados e cativantes que eu achava tão interessantes lá em 1974, essa versão ainda era divertida e havia ganhado um novo fôlego. A banda, de fato, começava a evoluir.

"Com Richie cantando o *backing vocal* comigo", disse Joey, "a banda ganhou uma nova dimensão. Ficamos mais fortes. Eu incentivei Richie a compor músicas. Achei que isso faria com que ele se sentisse mais como parte do grupo, pois a gente nunca deixava que outros escrevessem as nossas músicas".

Enquanto Richie encontrava o seu lugar na banda, as repercussões do caso entre Johnny e Linda seguiam causando tumulto interno. Ainda que Joey pudesse ter superado Linda, definitivamente não havia perdoado Johnny. Mas ele não dava a mínima para os sentimentos de Joey. Como ambos se recusavam a falar um com o outro, precisavam de um intermediário para facilitar as suas trocas de informações.

Esse novo método de comunicação funcionava como uma cena de comédia. Johnny falava para Dee Dee ou Monte: *Pergunte para o Joey se ele quer fazer aquela turnê na Europa.* Dee Dee ou Monte se voltavam para Joey e perguntavam: *Johnny quer saber se você quer fazer a turnê na Europa.* Joey normalmente responderia de uma forma genuinamente passivo-agressiva: *Diga a ele que eu ainda estou pensando. Faça a pergunta mais tarde.* E isso fazia Dee Dee perguntar: *Ok. Mas quem deve perguntar mais tarde? Eu? Ou o John?*

O mais engraçado é que esses dois homens adultos frequentemente tinham essas "conversas" a apenas centímetros de distância um do outro, nos camarins ou nos bancos da van. Assim, a resposta de Joey era repetida a Johnny, que bufava no banco ao lado de Monte. Embora fosse engraçado assistir, boa parte dos efeitos da crise não foram tão divertidos assim, tendo causado um grande impacto nos outros integrantes da banda e também nas suas mulheres e namoradas.

Vera Davies, mulher de Dee Dee na época, recorda um episódio no corredor de um hotel em Londres. "Linda me falou: *John não quer mais que eu fale com você.* Eu voltei para o meu quarto e comecei a chorar. Dee Dee me viu chorando e perguntou o que tinha acontecido. Eu disse a ele: *Linda não pode mais falar comigo por causa de Johnny*".

"Dee Dee não aceitou isso muito bem", Vera ri, "porque ele sabia que éramos amigas. Aí Dee Dee parou de falar com Johnny e isso durou meses. Então Linda me ligou do nada pra dizer que sentia muito".

"Mas ela deveria ter pedido perdão mesmo era para o Joey", Vera acrescentou. "Ela só falou: *Johnny é assim mesmo* — como se isso fosse desculpa pros dois."

Dee Dee estava contente em ver as duas mulheres se falando novamente, pois nunca teve antipatia por Linda. "Quando Joey estava com a Linda", Dee Dee recorda, "ele não bebia muito, porque se sentia feliz por completo".

"Depois da porcaria que aconteceu entre John e Linda", continuou Dee Dee, "Joey começou a beber — sinal máximo de fraqueza em um homem. John e Linda estavam esfregando na sua cara — e Joey não fez nada. Johnny estava se divertindo como nunca, porque gostava de fazer *bullying* nos outros".

As conversas que Joey e Johnny tinham através de terceiros eram tão bizarras, e o comportamento de ambos tão perturbador, que Dee Dee começava a parecer *normal.*

Bem, quase isso.

Por ter sido diagnosticado com transtorno bipolar, Dee Dee estava tomando lítio e vários outros medicamentos. Tomava um punhado de comprimidos todos os dias.

"Estava tomando Stelazine, Clorpromazina, Buspar e lítio", admitiu Dee Dee. "Disseram que eu era maníaco-depressivo."

Não tenho a pretensão de me considerar normal de forma alguma e, com certeza, não sou médico — mas até eu podia ver que Dee Dee era maluco. Soube no dia em que ele veio a Thorneycroft, quando eu ainda era adolescente, vestido com o que pareciam ser as roupas de sua avó, se exibindo com uma pretensa pose feminina e lançando provocações a nós *maricas* por não termos a coragem de ser *fabulosos* e diferentes como ele.

Dee Dee começou a fazer tratamento psiquiátrico em 1979, consultando um psiquiatra. "Quando eu estava em casa", ele disse, "eu consultava um médico da Odyssey House. Depois foi um cara do Gracie Square e, mais tarde, um cara de Holliswood. Gastei uma fortuna em médicos".

"Quando estava tomando os medicamentos, Dee Dee era pelo menos administrável", disse Vera. "Pode ser que algumas pessoas tenham me considerado controladora demais — mas se não houvesse alguém tomando as decisões e mantendo a ordem, seria um caos total. Dee Dee não conseguia nem passar um cheque."

"Eu não cuidava muito bem do meu dinheiro", admitiu Dee Dee. "Durante um bom tempo todo mundo ficava com medo de me dar dinheiro, porque eu gastava em drogas. Toda semana eu gastava milhares de dólares em joias e armas."

A banda parecia incapaz de se sentar e compor músicas em grupo. "Os Ramones sempre arrumavam um jeito de não gravar uma das músicas de Dee Dee", afirmou Vera. "Isso era muito frustrante pra ele. Ele não se sentia muito à vontade ao lado do Joey, às vezes por causa de ciúmes mesquinhos que rolavam dentro banda."

Dee Dee e Joey não fizeram colaborações depois de 1976. "Depois disso, Joey escreveu todas aquelas canções de amor, chorando sobre o seu coração partido, o que eu achei embaraçoso", disse Dee Dee. "Eu achei que um astro do rock nunca poderia ficar de coração partido. Ele tinha de ser um garanhão, não ficar choramingando por causa de uma mulher."

"Não importava o que Dee Dee escrevia, a banda dizia que não era suficientemente Ramones", Vera recorda. "Mas ele sempre gostou de escrever músicas com Mickey."

Nos 16 anos em que convivi com Dee Dee, ele sempre esteve mudando de ideia a todo instante. Sabia que eu respeitava o seu talento criativo e sua incrível habilidade para compor músicas, algumas das quais eram de longe as minhas favoritas. Dee Dee também respeitava minhas capacidades como compositor e minha competência musical. Gostava do fato de eu saber tocar guitarra, baixo, teclado e gaita, de programar as batidas da bateria e também de aprender a mexer nas novas geringonças eletrônicas que iam surgindo. Ele achou que seria uma grande ideia escrevermos músicas em conjunto. Como eu tinha um pequeno gravador de quatro pistas e todos os outros apetrechos necessários, Vera e ele iriam até minha casa em Forest Hills.

E já que Matty Quick havia me dado a oportunidade de voltar para o ramo da erva — o que basicamente financiava a minha carreira musical —, eu sempre tinha o suficiente para Dee Dee à minha disposição. Mas seguidamente não era o bastante para satisfazer seu incessante apetite pelo bagulho. Às vezes, tínhamos de parar no meio da gravação e comprar um pouco de alguém para quem eu tinha recém vendido.

No fim das contas, eu me sentia melhor ao vê-lo fumando maconha em vez de injetando heroína, que era a sua alternativa. Era uma droga que eu nunca havia experimentado, nunca quis experimentar e não queria ver ninguém experimentando na minha casa. Dee Dee enrolava os maiores baseados que já vi na minha vida e me colocava no chinelo quando o assunto era fumar. Por mais que eu gostasse de compor com ele, houve vezes em que mal podia esperar ele ir embora para que eu pudesse desmaiar.

"Eu fumava mais de 30 g de maconha por dia", admitiu Dee Dee. "Nunca fui tão viciado com alguma coisa na minha vida. Eu ficava tão entediado. Não tinha mais nada pra fazer."

"Mickey e Arlene não estavam muito longe da nossa casa em Whitestone, no Queens", disse Vera, "e às vezes eu largava o Dee Dee na porta da casa deles. Dee Dee era madrugador, já estava de pé às 8h30min ou 9h da manhã. Aí ele tinha de esperar seis horas até o Mickey acordar".

Arlene e eu morávamos em um pequeno apartamento de um dormitório no primeiro andar do nosso prédio. Nossa porta ficava bem ao lado do elevador. Eu conseguia imaginar a expressão nos rostos dos meus vizinhos esperando no corredor enquanto Dee Dee entrava cantando-berrando a plenos pulmões com aquela voz de Popeye fumando crack que ele havia inventado e que, mais tarde, seria utilizada em canções como "Wart Hog" e "Endless Vacation".

Dee Dee sabia que eu havia ajudado meu irmão a compor algumas canções que a banda gravara e ficou chateado com o fato de eu não ter recebido crédito. Ele me prometeu que isso não aconteceria nas músicas que escrevêssemos juntos, algo pelo qual fiquei muito grato.

Estava acostumado aos Ramones me passando a perna por não me darem crédito nas composições em que participei. Joey dava a desculpa de que Johnny jamais tocaria uma música com o meu nome, o que poderia ser verdade.

Durante o tempo em que Dee Dee e Vera estavam morando em Whitestone, no Queens, nós nos reaproximamos e até viramos bons amigos. Vera e Dee Dee convidavam Arlene e eu para jantarmos em sua casa ou apenas para passarmos o tempo juntos assistindo TV ou ouvindo música. Dee Dee era incrivelmente desinibido e gostava de tocar discos e dançar. Tivemos bons momentos juntos, fazendo coisas relativamente inocentes, como fumar maconha e comer sorvete.

Do outro lado do rio, Johnny fazia o que queria.

Embora Linda tivesse uma residência em Chelsea onde Johnny a visitava, ele ainda morava no apartamento que dividia com Cynthia "Roxy" Whitney na Rua 10, bem próximo ao prédio de Joey. Parecia se sentir invulnerável e em total controle da situação.

"Roxy vivia sendo agredida por Johnny", Angela explica. "Mas acho que ela gostava. Lembro-me de ir até lá quando Johnny a deixou toda amarrada. Roxy conseguiu alcançar o telefone e ligar para mim. Ela disse: *Pode vir aqui e me desamarrar?*".

Nunca me convenci de que Roxy gostava mesmo de ser agredida. Eu sabia que eu não conseguia ficar parado assistindo àquilo acontecer quando trabalhava para a banda. Mesmo que ela gostasse, há pessoas que reagem instintivamente ao ver um homem batendo em uma mulher. Era uma brincadeira arriscada. Sabia que se Johnny continuasse, mais cedo ou mais tarde, aquilo chegaria a um ponto crítico.

Em uma manhã de agosto, o telefone tocou muito mais cedo do que o habitual. "Alô?", eu disse, sonolento.

"E aí, Wing", Joey disse, usando o apelido que havia me dado recentemente quando estávamos passando em frente a uma lavanderia chinesa de nome Wing Lee. "Ficou sabendo do John?", ele perguntou.

"Não", eu disse. "O que tem ele?"

"Meteram porrada nele!", Joey falou, se esforçando para não deixar uma gargalhada escapar.

"O quê!?", eu falei, saindo debaixo dos lençóis e me sentando na cama.

"Pois é", Joey disse, chegando cada vez mais perto de uma risada de verdade. "John se meteu em uma briga com um garoto, que chutou a cabeça dele — e eu acho que o garoto estava usando coturno! Rá, rá!"

"Nooossa!", falei alto, "está brincando?".

"Não", Joey riu com ainda mais força. "Dá uma olhada na capa do *New York Post*! Ele *encabeçou* as manchetes do dia! Rá, rá, rá!"

"Não acredito!", disse, enquanto um leve sorriso se desenhava em meu rosto. "Acho que ia acontecer mais cedo ou mais tarde, não é?"

Joey continuava rindo.

Quando voltei da lojinha da esquina com o jornal, liguei para Joey e lemos a notícia juntos.

ROQUEIRO LUTA PELA VIDA: Superstar é pisoteado na Rua 10 por causa da mulher que ama!

O superstar do punk rock Johnny Ramone teve de lutar pela vida hoje após ser selvagemente espancado por outro músico punk. A polícia afirma que Ramone ficou ferido em uma briga de socos provocada por uma crise de ciúmes que envolveu a namorada do rockstar, Cynthia Whitney, de 27 anos.

Segundo os policiais, o agressor de Ramone chutou-lhe várias vezes na cabeça, enquanto ele permanecia deitado no chão.

Inicialmente, Ramone recusou tratamento médico após a surra, que ocorreu ontem pela manhã, no lado de fora do apartamento de luxo da sua namorada, em Greenwich Village. Porém, mais tarde, passou por uma cirurgia de emergência no cérebro, realizada no Hospital St. Vincent.

"Cara, eles devem ter raspado a cabeça dele", eu disse.

"Pois é", Joey concordou, "vai ter de usar um chapéu por um tempo. Nunca vi John de chapéu. Acho que ele odeia chapéu".

"Nossa, esse cara fez mesmo um estrago nele", comentei ao descer os olhos pelo artigo. "Acho que o Johnny mexeu com o cara errado dessa vez. Mas aqui diz que ele vai sobreviver."

"É, ouvi dizer que ele vai ficar no hospital só por uma semana ou duas", Joey me informou. "Será que ele vai ficar com dano cerebral?"

"Bom, sabe como é, ele já tem isso aí mesmo!", nós dois rimos.

A história que ouvi de Seth Macklin, o garoto que surrou Johnny e que acabou indo para a cadeia pelos seus atos, foi que Johnny estava batendo em Roxy e então ameaçou bater nele também, o que deu início à briga. Não gosto de ver ninguém se machucar, mas era difícil sentir empatia por um cara que nunca tinha demonstrado isso por ninguém.

"Será que ele vai ser um cara mais legal agora?", perguntei.

"Talvez se ele receber um transplante de cérebro", Joey brincou.

Enquanto Johnny se recuperava, continuei a compor músicas com Dee Dee. Mas a maior parte do meu tempo livre era gasto com Joey e Angela na cidade. Joey, Angela, Arlene e eu saíamos juntos praticamente todos os dias quando estávamos em Nova York. Éramos como uma versão anos 1980 dos *Hooneymooners*, com Joey e eu interpretando Ralph e Ed, enquanto Angela e Arlene interpretavam Alice e Trixie. Mas, ao contrário dos casais patetas da TV, fechávamos muitas boates ao nascer do sol.

Acompanhando o nosso elenco estavam Monte e Camille; Richie Ramone; Legs e Holmstrom; Richie Stotts e sua namorada Jane; e o novo amigo de Joey, Kevin Patrick, com sua mulher Corrine. Kevin trabalhava no Departamento de Artistas e Repertórios de uma grande gravadora, mas eu o perdoei por isso. Para um executivo de gravadora, era um cara bem legal.

Como eram os anos 1980, a cocaína havia tornado obsoleta todas as outras formas de lazer. Cerveja e pó caminhavam de mãos dadas, e quanto mais se tinha uma, mais se queria a outra.

Então descobrimos outra válvula de escape, uma que era até mesmo legal: um novo jogo chamado Trivial Pursuit. Ficamos tão ligados nele como ficamos na bebida e nas drogas. Parecia até mesmo que um completava o outro. Quanto mais pó cheirávamos, mais intensamente jogávamos. Adorávamos aquilo.

A cocaína abastecia nosso obsessivo desejo por competição. E embora as questões do Trivial Pursuit não fossem nem um pouco instigantes ou estimulantes, o jogo normalmente acabava em um frenesi embriagado, porém amigável. Joey era tão competitivo quanto os outros, se não mais. Adorava vencer. E quando não ganhava exigia revanche.

"Só mais um jogo", ele insistia. "Ah, vamos lá!"

Algumas vezes, jogávamos até o amanhecer — isso quando nossos suprimentos duravam todo esse tempo. Em outras, medíamos pateticamente por quanto tempo iríamos jogar de acordo com a quantidade de pó que tínhamos à disposição. O apartamento de Joey virou a Meca do Pursuit. Normalmente formávamos dois times com a dúzia de amigos que se reuniam todas as noites de segunda-feira para se divertirem em contendas regadas a álcool e a pó.

Além das presenças confirmadas citadas anteriormente, no banco de reservas tínhamos Frank Gallagher — que havia sido contratado pelos Talking Heads depois da nossa turnê europeia de 1977 —; Matty Quick; e os novos reforços dos Rattlers: o tecladista Bill Bailey e David U. Hall, que recém havia substituído David Merrill no baixo. Havia também visitas ocasionais de vários músicos, escritores e artistas, tais como os irmãos Billy e Andy Hilfiger; Mike Mesaros, dos Smithereens; o guitarrista Jimmy Ripperton; Randy Dash; Bobby London — o cartunista da Dirty Duck —, Billy Altman; e, é claro, Legs.

Houve vezes em que Joey recebeu convidados bastante especiais.

"Estava ajudando Billy Bragg a fazer um show no Ritz", recorda o técnico de som Frank Gallagher. "Era uma segunda-feira, a noite reservada para o Trivial Pursuit na casa de Joey Ramone. Então, depois da passagem de som, eu disse para o Billy: *Vem comigo!* Billy respondeu: *Aonde estamos indo?*".

"Não contei a ele para onde estávamos indo nem o que iríamos fazer", Frank ri. "Só falei: *Vem comigo!* O trouxa confiou em mim, e caminhamos do Ritz, na Rua 11, até o apartamento de Joey, na Rua 9. Quando a gente chegou lá, Billy ficou em estado de choque, porque Joey era um dos seus ídolos. Trivial Pursuit era um novo fenômeno nos Estados Unidos naquele tempo, e Billy era muito inglês. Não entendeu direito."

"Aí as garotas dos Ramones, que estavam em volta da mesa, começaram a discutir sobre as respostas nas cartas do Trivial Pursuit. Elas diziam coisas como *A lua não é um planeta, é uma estrela!* Tinha um certo nível de inteligência e de uso da gramática", Frank ironiza, "que até hoje não vi igual. Billy estava impressionado. Ficou embasbacado com o fato de estar jogando Trivial Pursuit com Joey Ramone!".

"Sempre que eu ia visitar o Joey", Allan Arkush acrescenta, "todos jogávamos Trivial Pursuit, e era hilário — porque ninguém sabia as respostas! Lembro-me de uma pergunta de Ciências para o Dee Dee: *O que pesa dez trilhões de toneladas?* E Dee Dee disparou: *A tua mãe!*".

CAPÍTULO 27
A CULPA É DO RUM

PARA NÓS, A VIDA PARECIA UMA GRANDE FESTA. Com exceção dos Ramones, que estavam no meio de uma turbulência e de um impasse em suas carreiras, todos estavam numa boa. Os Rattlers saíram em turnê com os Buzzcocks e 999, e Joey também estava trabalhando, como de costume. Ele vivia feliz com Angela e, embora nossas festas fossem bastante intensas, continuava saudável e se mantendo longe do hospital.

A vida era boa.

Eu seguia compondo um bocado com Dee Dee quando os Ramones não estavam viajando. Fizemos uma música chamada "Go Home Ann", que ambos consideramos uma tremenda canção e boa demais para os Ramones descartarem. Gravamos uma demo em minha casa, e Dee Dee levou a fita para mostrar a Gary Kurfist. Não elevei minhas expectativas, mesmo depois de Dee Dee revelar que Gary pensava em gravar a música.

Em abril, Arlene e eu planejávamos ir para o *time-share* de seus pais em Porto Rico, já que não estava sendo usado por eles. Como Joey também tinha algumas semanas livres, decidiu nos acompanhar junto com Angela. Era a terceira vez seguida que Arlene e eu visitávamos esse lugar. Alugamos um carro e levamos Joey e Angela para a floresta tropical, passeando por várias praias e pela antiga San Juan. Os jovens nativos da ilha olhavam para Joey da mesma forma que as pessoas nos Estados Unidos o olhavam na década de 1960: apontando e rindo. Não fiquei surpreso, pois também fizeram isso comigo, principalmente na beira da praia. Éramos como fantasmas, brilhando como lâmpadas fluorescentes na areia.

À noite, fomos a um bar de rock & roll no bairro de Condado, que foi provavelmente o único lugar onde reconheceram Joey. No resto do tempo, ficávamos pelo hotel, jogando sinuca ou pingue-pongue e bebendo.

Nicholas Molina trabalhava no bar do hotel e merecidamente ganhou a reputação de fazer as melhores piñas coladas em toda a ilha. Arlene e eu nos tornamos conhecidos de Nicky ao longo daqueles três anos, além de alguns casais que lá tiravam férias na mesma época, como Bob e Shirley Boyd, de Jamaica, no Queens, e .Pat e Jimmy Burns, do Bronx. Naquele tempo, não tinham ideia sobre quem eram os Ramones, mas ficaram contentes por terem conhecido Angela e meu irmão e por terem mais pessoas com quem beber.

Jimmy era o tipo do cara que não aceitava *não* como resposta. Se pagássemos um drinque para ele, Jimmy tinha de retribuir o favor pagando dois ou três. Depois que Joey pagou um ou dois drinques para Jimmy, quando fomos ver, estávamos inventando uma variação da piña colada, chamada 302. Uma piña colada normal é preparada com uma dose de rum com 40% de álcool. Sugerimos a Nicky que incrementasse o drinque com uma dose de Bacardi 151, com 75% de álcool. Aí pedimos para ele preparar uma com duas doses de 151, por isso o 302. Após tomar várias dessas, estávamos agindo como os nativos da ilha, apontando um para o outro e dando risada. Depois disso, saímos para pegar um ar e comer alguma coisa.

Enquanto caminhávamos pela rua, Joey começou a agir de uma forma muito estranha. Não sei se foi o álcool que o fez falar daquele modo ou se aqueles assuntos vinham martelando sua mente. De uma hora para a outra ele me disse: "Pois então, ouvi falar que você está compondo músicas com o Dee Dee?".

Eu respondi: "É, e daí?".

Então Joey disse: "Bom, se você conseguir se dar bem, *eu não sei o que eu iria fazer*".

Angela e eu olhamos um para o outro, pensando: *De onde ele tirou essa porra?*

Eu não dei uma resposta. Sua reação era algo de que eu já suspeitava fazia anos. Imaginei que aquele assunto acabaria surgindo em algum momento, mas resolvi não dar importância para o que não estava acontecendo — ainda.

Considerando as circunstâncias da situação e o estado mental do meu irmão — para não citar o fato de termos crescido juntos —, seu comentário não era de todo inusitado ou inesperado. Sabia que ele me amava e que sinceramente desejava o meu bem. Sabia que ele queria que eu fizesse muito sucesso e que gostaria de ficar ao lado do palco, sentindo orgulho por mim. Mas, ao mesmo tempo, ele sentia medo disso.

Como responder? *Ok então, Joey. Vou afundar as minhas chances para que você não tenha de se preocupar com qualquer mudança no nosso relacionamento como irmãos, ou na minha vida.*

Aquilo me deu um nó no estômago. Não queria que as coisas fossem dessa maneira. Não acreditava que meu irmão queria isso tampouco. Mas não tinha certeza se ele conseguia frear esse sentimento. Decidimos não deixar que aquilo arruinasse a viagem. Acordamos no dia seguinte prontos para esquecer e seguir com a diversão. Mas nem eu nem Angela ou Arlene conseguimos deixar de lado.

"Noites depois, estávamos de volta ao bar, e, mais uma vez, Joey estava bebendo aos montes", Angela recorda. "De novo, ele estava tomando aquelas piñas coladas fortes que os caras pagavam pra ele. Joey normalmente bebia cerveja. Arlene já havia subido, e, quando o bar fechou, Joey e Mickey pediram para o *barman* fazer mais algumas piñas coladas, que levamos para o nosso quarto. Foi nossa última noite lá. Não lembro exatamente como a briga começou, mas deu pra perceber que Joey estava com ciúme de Mickey. Depois do que aconteceu entre ele, Johnny e Linda, estava sempre vigiando tudo ao seu redor. Estava sempre com medo de que alguma coisa pudesse estar acontecendo nas suas costas. No fundo da sua mente, pode ser que tenha pensado que eu iria trocar ele pelo irmão. Joey sempre foi paranoico e muito ciumento."

"Quando aquele negócio sobre o Dee Dee veio de novo à tona, fiquei do lado do Mickey", disse Angela. "Joey estava mesmo colocando Mickey pra baixo. Acho que a ideia de Mickey fazendo sucesso o incomodava, pois dessa forma ele voltaria a estar na mesma posição de quando eles eram mais jovens. Enquanto cresciam, Mickey era normal, e Joey não era. Não sei se a mãe deles favorecia Mickey, mas Joey não era uma criança saudável, então é natural que ele fosse sentir inveja por não ser normal como o irmão."

"Acho que Joey estava sempre lutando para ser o irmão melhor", Angela elabora. "É rivalidade de irmão. Joey começou a gritar comigo. Estava ficando bastante alterado. Eu estava sentada na ponta da cama, e tinha uma cômoda com uma televisão em cima a poucos metros de distância. Joey teve um ataque de raiva, pegou a TV por trás e a empurrou contra mim com toda a força."

Não conseguia acreditar no que o meu irmão estava fazendo. Será que ele estava tentando ser como Johnny agora? Coloquei uma mão embaixo da TV antes que acertasse Angela. Mas, mesmo assim, ela caiu sobre seu colo e atingiu seus joelhos, ainda que sem muita força. Felizmente, Angela não se machucou muito.

"PORRA, O QUE VOCÊ ESTÁ FAZENDO?!", gritei para meu irmão. "O que tem de errado contigo? Ficou louco, porra?"

"É, RÁ, RÁ! FIQUEI LOUCO, É ISSO AÍ!", ele gritou de volta, com uma risada raivosa, demente e embriagada. Ele estava completamente bêbado dessa vez. Dava para ver que a sua cabeça estava quase girando.

"Você está bem, Ange?", perguntei a ela.

"*Você está bem, Ange?*", meu irmão me imitou.

"Sim, estou bem", ela disse.

"Óóó, que bonitinho", Joey debochou. "Vocês dois se preocupam tanto um com o outro. Por que não vão para outro quarto dar uma trepada? Garanto que vocês iriam adorar", ele falou, arrastando a língua. Nesse momento, ele já estava batendo contra as paredes.

"Pra mim chega, cara", eu disse. "Você tem a coragem de dizer uma coisa dessas pra mim. Vá se foder!".

Joey apenas riu e então tropeçou, caindo sobre a cama quando eu saía do quarto. Não conseguia acreditar nas coisas que vi e ouvi. Voltei para o meu quarto e fiquei sentado na sacada, fumando um baseado e olhando para o luar que brilhava sobre o oceano. Pensei no que havia acontecido noites atrás e no que meu irmão havia dito. Não sabia ao certo o que eu deveria dizer ou fazer, além de me sentir bastante sobressaltado. Sabia que se eu o enfrentasse de verdade, como daquela vez em Birchwood Towers, poderia ser o fim para nós dois. Agora ele era Joey Ramone. Eu sabia disso, e ele também. Eu podia ver um padrão se desenvolver em mim mesmo e no nosso relacionamento enquanto irmãos. Era como se agora disputássemos um jogo silenciosamente. Na observação de Ellen Callahan, eu jogava com a peça do capacho.

É possível que ela tivesse uma certa razão, mas eu não concordo — não inteiramente. Sim, eu me sentia um pouco intimidado pelo poder que meu irmão exercia como consequência da sua fama, mas era difícil para mim enxergar o limite entre sua intimidação e a simpatia que eu sentia por ele.

Sacudi a cabeça e fui dormir.

Angela me ligou na manhã seguinte e contou que Joey quase havia se afogado no próprio vômito naquela noite. Disse que ele queria muito falar comigo antes de ir embora e que iria passar o telefone para ele.

Respondi que não estava com muita vontade de falar com ele naquele momento, mas continuei na linha.

Pela primeira vez desde que éramos garotos, meu irmão pediu desculpas para mim com um sincero *Lamento muito*. Garantiu que não quis dizer nenhuma daquelas coisas — que sabia o quanto ele estava errado e que confiava em mim mais do que em qualquer pessoa.

"Eu não sei, cara", Joey falou. "Eu estava bêbado pra caralho."

O que eu poderia dizer depois disso?

Um pedido de desculpas é um pedido de desculpas. Aceitei.

"É melhor tentar relaxar", eu disse. "Não sei por que você tem ficado tão violento de uma hora para outra. Ligue pra gente quando chegar em casa, ok? E não beba demais no avião nem comece a brigar com a aeromoça!"

"O temperamento de Joey ficava completamente fora de controle", explicou Angela. "É claro, eu costumava revidar, o que fazia com que a situação ficasse pior. Joey não era bom de briga, mas eu tinha só 1,60 m, e ele tinha 1,95 m!"

ENQUANTO ISSO, OS RAMONES CONTINUAVAM NA LUTA.

"Eu tentei manter a banda unida com *Too Tough to Die*", Dee Dee afirmou, "para trazer de volta aquele som. Antes do último álbum, eu não estava me dando bem com Johnny. Aí resolvi ficar amigo dele novamente. Disse pra ele: *Quer escrever uma música comigo?* A gente se sentou junto, escreveu umas canções e as deixamos com a cara dos Ramones".

Segundo Johnny: "Eu me dei conta de que os Ramones estavam perdendo o respeito. Então comecei a lutar pelas coisas e a fazer exigências, dizendo: *Só vou continuar se a gente fizer isso, se a gente fizer aquilo...*".

"No último álbum, eu tinha composto 'Psycho Therapy' com Dee Dee", Johnny segue, "e escrevi cinco músicas com ele em *Too Tough to Die*. Eu senti como se estivéssemos de volta ao caminho certo naquele disco. Pelo menos Dee Dee e eu nos falávamos agora".

Depois que os álbuns anteriores fracassaram em atingir qualquer coisa próxima do sucesso, a banda desejava voltar a trabalhar com quem havia produzido o seu melhor até o momento, Tommy "Ramone" Erdelyi e Ed Stasium. Até mesmo o presidente da Sire Records, Seymour Stein, não teve como questionar essa lógica e permitiu que a banda fizesse tal escolha.

"Foi Dee Dee quem me ligou", Tommy Ramone diz entre risos. "Eu fiquei um pouco surpreso, mas contente ao mesmo tempo. Na verdade, os Ramones queriam que eu produzisse *Pleasant Dreams* e *Subterranean Jungle*, mas a gravadora trazia esses produtores de peso como Richie Cordell e Graham Gouldman. Assim que eu comecei a trabalhar em *Too Tough to Die*, me senti como se nunca tivesse saído da banda. Apesar de seis anos terem se passado, pareciam algumas poucas semanas para mim. Eu estava de volta, gravando mais um disco com os caras. Foi ótimo."

A banda teve de começar os ensaios sem Joey, que estava novamente no hospital durante um mês com problemas no pé. Dee Dee fez o vocal, junto com Richie Ramone, que Tommy ainda não conhecia.

"Foi interessante ver os Ramones depois de seis anos", Tommy continuou, "porque parecia que eles formavam unidades diferentes — quatro unidades separadas. Até onde eu sabia, não conseguiam mais lidar um com o outro e não passavam mais tempo juntos. Não havia mais aquele sentimento de banda. Era como uma empresa que fabricava discos. Eles eram muito profissionais, o que não é necessariamente ruim. Apenas não é a forma como as pessoas imaginavam que os Ramones trabalhassem".

Os jogos mentais que Johnny, Joey e Dee Dee disputavam um com o outro não eram divertidos e não havia nenhum vencedor de fato. O único aspecto positivo foi que a tensão acabou levando os seus sentimentos a um ponto de ebulição, principalmente no caso do emocional Dee Dee, o que aparentemente estimulou sua criatividade.

Em *Too Tough to Die*, Dee Dee compôs "Wart Hog" e "Endless Vacation" com Johnny. Essas canções não apenas permitiram a ele extravasar a tensão que por anos vinha aumentando dentro de si mesmo, como também evitou que os Ramones ficassem estagnados, já que uma nova forma de punk rock, chamada *hardcore*, estava surgindo. Logo após o punk rock, viria algo chamado speed metal, popularizado principalmente pelos nossos amigos, os Plasmatics, no fim da década de 1970. O speed metal era uma forma mais acelerada e frenética do heavy metal que teve origem em bandas como Led Zeppelin e Black Sabbath. O hardcore era uma combinação do punk rock com o speed metal. A garotada nos shows de hardcore também havia adaptado o *pogo* da cena punk e acrescentado mais alguns retoques, criando algo chamado *slam dancing*, que consistia em se chocar intencionalmente um com o outro enquanto pulavam no ar. Em seguida, foram ainda mais longe: alguns garotos formavam um pequeno círculo enquanto se jogavam um contra o outro, e esse círculo aumentava de tamanho conforme mais gente ia entrando, criando o que hoje ainda é conhecido como *mosh pit*.

Era mais selvagem do que qualquer coisa que tínhamos visto. Uma vez, Joey e eu estávamos no Ritz assistindo ao show do Suicidal Tendencies do mezanino. Os fãs da banda, vestidos em um escandaloso traje que remetia aos punks britânicos da década de 1970 — *Mohawks*, alfinetes de fralda, *piercings* etc. — se arremessavam e se contorciam por todo o lado em um ataque de violenta movimentação, relaxando e intensificando conforme a música ia ditando o ritmo. De onde estávamos, parecia uma cena do *Inferno* de Dante.

Dee Dee e eu escrevemos uma canção louca e acelerada chamada "My Personal Revolution", que gravamos em minha casa. Era uma música na qual o "canto" de

Dee Dee fez os meus vizinhos reclamarem para o síndico. As novas canções de Dee Dee e Johnny, "Wart Hog" e "Endless Vacation", tomaram "My Personal Revolution" como um ponto de partida. Fiéis ao estilo dos Ramones, eram minimalistas, hilárias e inteiramente únicas.

Mais velozes e mais insanas do que qualquer coisa que os Ramones haviam feito até então, essas canções certamente ajudaram a banda a manter sua reputação de propagadores do rock n' roll rápido e barulhento. Infelizmente, embora fossem o protótipo, os Ramones se depararam com a necessidade de ter de provar o seu valor para o jovem público do hardcore, que era quem mandava. A desvantagem do ponto de vista financeiro era que esse novo estilo trazia uma conotação de perigo e de necessidade de reforçar a segurança nos shows, o que tornou mais difícil ganhar dinheiro nos bares.

"O hardcore tornou as coisas mais difíceis para os Ramones", Monte Melnick explica. "Os donos das casas nem sempre entendiam que diabos estava acontecendo. Eles pensavam que era um tumulto! Você já viu o que é estar no meio de um mosh pit? É como um redemoinho. Os caras eram sugados pra dentro e nunca mais voltavam!".

O lado positivo foi que "Wart Hog" e "Endless Vacation" propiciaram uma mudança de curso extremamente necessária da fórmula óbvia dos Ramones. Também fez surgir um ataque duplo no qual Richie Ramone ia trocando vocais com Dee Dee, que havia encontrado o palco perfeito para o seu louco estilo vocal. A forma de cantar em "chamada e resposta" implementada por Richie e Dee Dee acrescentava um tremendo impacto nos seus shows ao vivo.

"Os Ramones precisavam de uma sacudida", concordou Richie. "Antes de eu chegar, a banda não estava indo muito bem. Comigo foi outra coisa, totalmente diferente. Joey sabia o que eu podia fazer. Eu conseguia produzir músicas e era um cantor decente. Ele ficou feliz com isso."

Para Joey, o aspecto negativo dessa batalha onde ninguém desejava ceder foi o fato de que, dos integrantes originais da banda, ele era o que tinha menos munição.

"No início", Richie admite, "quando Joey estava tendo um episódio de TOC, Johnny sempre dava uma risadinha e falava pra mim: *Pergunta para o Joey o que é isso que ele está fazendo*. Eu jamais perguntaria qualquer coisa para o Joey sobre seu TOC. Eu sabia ligar os pontos. Johnny era bem cruel às vezes".

Joey se sentia frustrado e intimidado conforme o equilíbrio do poder na banda balançava mais uma vez para o lado de Johnny Ramone. O estilo de composição de Joey parecia ter sido mandado para o fundo do ônibus. Estava confuso sobre qual o seu lugar na banda, e novamente murmurava — mais alto dessa vez — sobre o seu desejo de fazer um disco solo. Embora Joey tivesse recentemente passado por um de seus mais criativos e produtivos períodos, parecia estar com dificuldades para engatar a segunda marcha agora.

Passando por um certo bloqueio criativo em suas composições, Joey aceitou todo auxílio que podia obter de seus amigos. Eu ainda estava lá, pronto para ajudá--lo caso ele necessitasse, assim como Richie Stotts, Andy Shernoff e vários outros, incluindo nosso velho amigo da Shrapnel, Daniel Rabinowitz, que mais tarde mudaria de nome para Daniel Rey.

"Daniel era muito talentoso como compositor", Legs McNeil recorda, "ele e o vocalista Dave Wyndorf escreveram as melhores músicas da Shrapnel. Depois que a banda acabou, Daniel começou a compor com Joey Ramone".

Os caras da Shrapnel eram grandes fãs dos Ramones e já haviam aberto shows para a banda dezenas de vezes. Daniel idolatrava Joey.

"Os Ramones eram meus heróis", Daniel admitiu. "Joey era um cara festeiro, e nós todos saíamos juntos para beber. Foi aí que passamos ao ponto em que não éramos mais apenas fãs, mas amigos do Joey."

Pouco tempo depois, Joey convidou Daniel para ajudá-lo em uma canção na qual ele estava trabalhando para as sessões de gravação de *Too Tough to Die*.

"Daniel Rey veio para gravar uns trechos de guitarra na canção 'Daytime Dilemma'", recorda Tommy. "Acho que Joey não estava lá. Ele só vinha para gravar os vocais. Na verdade, nenhum deles ficava por lá, a não ser que estivesse gravando sua própria parte."

Os meados dos anos 1980 se tornavam um borrão, com os dias se mesclando uns aos outros, separados apenas por algumas horas necessárias para o repouso. Era um teste de resistência física. Estávamos constantemente curtindo todas. A noite normalmente começava com todo mundo se reunindo no Paul's Lounge, localizado na mesma quadra onde Joey morava. Depois de uma primeira hora de praxe, enquanto esperávamos Joey descer, iniciávamos uma rotina para decidir quem iria subir ao seu apartamento para arrancá-lo de lá. *Ok, quem é que vai lá pegar o Joey hoje?*

Havia sido determinado que ninguém era melhor do que eu para convencer meu irmão a ouvir a voz da razão em vez das vozes na sua cabeça, pelo menos temporariamente. Depois de 31 anos de prática, eu já havia pego o jeito.

A primeira coisa que eu fazia era acalmá-lo. Então dizia a ele: "Seja lá o que você precisar fazer aí dentro (significando, principalmente, o banheiro), pode fazer quando voltar, então é melhor sair agora e fazer isso depois. E não importa o que as vozes na sua cabeça estejam falando, elas não estão realmente aí dentro, e você sabe disso. Sei que você espera ouvir essas vozes, porque já ouviu antes. Mas desse jeito você permite que elas apareçam e comecem a falar. Então pare com isso, só por um minuto. Anime-se com as outras vozes lá fora, as vozes que você quer mesmo ouvir, pois essas aí dentro irão pra puta que pariu. Mantenha o foco por um minuto e me escute: nós vamos dar uma saída agora mesmo e vamos nos divertir!".

E ele saía.

Quando Joey finalmente descia, Arlene, Corrine e Monte normalmente já tinham ido embora há tempos. Os que permaneciam, incluindo o novato Richie Ramone, decidiam para onde ir depois. Embora a química interna da banda continuasse diminuindo, a amizade entre Joey e Richie ficava mais forte. Agora eram os únicos na banda que compartilhavam um sentimento de camaradagem.

"Eu saía com Joey todos os dias", Richie Ramone recorda. "Eu me dei bem com ele logo de cara. Levou muito tempo até alguém me contar a história do Johnny com a Linda. Joey nunca me disse nada."

Além do respeito mútuo, a ligação entre os dois pode ser atribuída também ao entusiasmo que ambos tinham por tomar todas, sempre que as suas agendas permitiam.

"Joey e eu pegávamos todas as cervejas do show", disse Richie, entre risos, "e íamos ao quarto do hotel para beber a noite inteira — às vezes com Dee Dee junto. A gente nunca via o Johnny. Ele escolhia um andar diferente no hotel e desaparecia".

"Mas antes de chegarmos ao hotel", Richie relata, rindo ainda mais alto, "Johnny sempre parava num 7-Eleven. Imagine só: os fãs seguindo a nossa van, enquanto a gente procurava o 7-Eleven mais próximo. Eles achavam que nós éramos uns caras porradas do punk rock, que provavelmente estávamos atrás de um engradado de cerveja. Aí o Johnny saía da loja com um pacotinho de biscoitos e uma caixinha de leite".

Joey e Richie estavam ficando tão próximos que deveria ser irritante e ameaçador para Johnny, o controlador — não que alguém se importaria se aquilo irritasse Johnny.

O nosso contingente básico, composto por Joey, Angela, Arlene, eu, Richie, Monte, Camille, Kevin Patrick e Corrine, estava se divertindo um bocado. Monte tinha a van dos Ramones à disposição, e nós embarcávamos carregados de cerveja, erva e pó para viagens. Nós íamos ao Action Park, um parque aquático em Nova Jersey, onde Camille, a irmã de Angela, deliciava os funcionários com biquínis minúsculos que seguidamente revelavam seus enormes peitões quando ela descia pelos escorregadores. As criancinhas se cutucavam umas as outras, rindo de Joey vestido em trajes de banho. Quando ele saía da água dando risadinhas, sabíamos que ele havia se vingado, depositando cerveja reciclada na piscina.

"Joey curtia muito nadar", Richie Ramone ri. "Quando ficava molhado, o seu cabelo ficava escorrido — e a cabeça dele era muito pequena. E ainda ficava de óculos!"

"Joey era um cara bem normal. Ele adorava fazer essas coisas, como, por exemplo, ir a churrascos na casa do meu irmão. Eu levava o Joey para tudo quanto era lugar. Eu levei pra jogar boliche no Brooklyn, pra casa dos meus pais em Nova Jersey. Ele gostava de fazer atividades de gente comum longe da banda."

Além das visitas ocasionais ao CBGB, íamos com frequência a novas casas, como Danceteria, Irving Plaza, Peppermint Lounge, Cat Club e nossa habitual última parada na noite, o Scrap Bar, na Rua McDougal. O proprietário, Steve Trimboli, era um generoso anfitrião, especialmente para Joey. O Scrap Bar era o exemplo máximo de um bar de rock & roll da década de 1980. Tinha até mesmo um segurança na porta dos sanitários, pois a situação frequentemente saía do controle. O vigia batia na porta para expulsar as duas, três ou até mesmo quatro pessoas que esgotavam seu tempo de permanência no banheiro, irritando a longa fila de depravados que aguardavam para se aliviarem — o que faziam de todas as formas imagináveis.

O leão de chácara Val, uma espécie de gêmeo malvado do Jimi Hendrix que era ainda mais alto que Joey, dificilmente nos mandava embora, a não ser que chegássemos em um horário inadmissível, que os fizessem correr riscos com a polícia. Às vezes, caminhávamos até a porta iluminados pelo sinistro raiar da alvorada de um dia no começo do verão.

Se esse fosse o caso, acabávamos em um bar *after-hours*, como o Save The Robots da Avenida A, onde o tempo não existia.

Nosso principal point era o Ritz: um velho teatro-salão de baile que havia sido transformado em uma boate de rock. Era suficientemente grande para trazer artistas de prestígio internacional, ao mesmo tempo em que mantinha um bom relacionamento com a vizinhança do East Village e apoiava artistas locais. Tinha a direção de um cara chamado Neil Cohen, que virou um grande amigo de Joey, assim como o chefe de segurança do local, Jerry Adams, que praticamente se tornou o seu guarda-costas pessoal.

A mentalidade de Jerry tinha muito pouco a ver com a de um típico leão de chácara. Ele era esperto e engraçado — fazia parte da família. Dedicava-se a cuidar da segurança de Joey, assim como do resto da turma.

Praticamente todo mundo usava cocaína, com exceção de John Holmstrom e Legs, que não queriam neutralizar o efeito de todo aquele álcool que tinham trabalhado com tanto empenho para consumir a noite inteira. As pessoas davam pequenos papelotes de pó para Joey para ganhar o seu apreço ou para poder contar aos amigos.

Alguns dos nossos amigos caíram no esquecimento e reapareceram anos depois, após a poeira baixar. Outros simplesmente não foram mais vistos.

Olhando para trás, sinto que tive sorte por ter sobrevivido àqueles dias. Estávamos nos divertindo demais para perceber o dano que causávamos a nós mesmos. Mas os efeitos residuais se tornavam aparentes. Era como se estivessem ampliando o que havia de intenso na personalidade de Joey. As doses excessivas junto com os eventos do seu passado recente e com os latentes obstáculos biológicos que ele recebeu no nascimento causaram um evidente desequilíbrio.

"Acho que as drogas pioraram o TOC de Joey", relembra Angela. "Ele entrava no banheiro e ficava lá durante horas. Era quando nós brigávamos. Poderia ser por qualquer motivo. Joey ficava todo tenso, e os sintomas do seu TOC apareciam. Se eu fizesse alguma coisa que provocasse a sua doença, ele ficava louco. Eu não tinha como saber o que causou."

Ele parecia ter menos controle sobre certos problemas mais antigos, mas demonstrava mais comando em outras situações.

Meu irmão havia feito grandes avanços para superar a sua reduzida autoimagem que tanto o reprimiu. Agora estava perto de ser como qualquer outra pessoa. Na verdade, ele estava mais assertivo que a média. Ultimamente se mostrava mais confiante ao falar, brincar, rir ou agir como um babaca. Conforme um Joey Ramone socialmente aperfeiçoado ia surgindo, ele passou a perceber que, embora não tivesse controle sobre o que os Ramones afirmavam e defendiam, poderia ser responsável pelo que o próprio Joey Ramone afirmava e defendia. Joey voltou a pensar por si mesmo — além do mundo claustrofóbico e de tendências conservadoras dos Ramones — e voltou ao que acreditava antes de entrar para a banda.

Ele se permitiu um distanciamento ocasional, deixando para trás o punk que vestia couro e cantava sobre nazis e comunas, enquanto se aproximava mais das suas raízes, de um judeu progressista de Nova York que, durante a juventude, se preocupava com o mundo e gostava de se envolver em causas sociais.

Mas foi uma pessoa com um *pequeno* nome e um grande coração que deu a Joey uma oportunidade para abrir o seu mais uma vez. Little Steven Van Zandt, o lendário produtor e guitarrista de Bruce Springsteen, ligou para Joey e perguntou se ele gostaria de doar seu tempo, nome e talento a um projeto de motivação política envolvendo um lugar na África do Sul chamado Sun City.

Sun City era uma cidade com resorts de turismo na África do Sul, mais ou menos como Las Vegas, com grandes shows e cassinos. Embora vários artistas estivessem boicotando essa cidade pela sua segregação racial, os cassinos atraíam cantores como Frank Sinatra, Rod Stewart e Linda Ronstadt com cachês de US$ 2 milhões para duas semanas de apresentações.

"Toda vez que alguém se apresentava lá, era meio que a favor do governo do país", Little Steven explica. "Eu voltei da África do Sul e escrevi a canção 'Sun City', com o refrão: *I ain't gonna play Sun City* (*Eu não vou tocar em Sun City*). A ideia era que as celebridades cantassem a música para chamar atenção àquela situação e para acabar com o Apartheid."

Ele queria um representante de cada gênero musical, como Miles Davis para o jazz e, é claro, Joey Ramone para o punk.

"Fiquei surpreso de ver o entusiasmo de Joey sobre o projeto", Little Steven admitiu. "Mas aparentemente ele sempre esteve por dentro do que estava acontecendo, em silêncio."

Quando Steven tentou colocar a música no rádio, descobriu que as emissoras dos brancos achavam a música negra demais, e as dos negros achavam a canção rock demais. No fim, a música não tocou no rádio.

"Mas eu ainda tinha o clipe de 'Sun City', com todos os astros do rock reunidos", Little Steven explicou. "Aí fui na MTV e falei: *Olha, tem toda essa polêmica sobre vocês não mostrarem negros na MTV. Esta é a chance não só de colocar o negro no ar, como também de serem ousados — que é como vocês deveriam ser!*"

Depois que Steven convenceu a MTV a colocar o clipe no ar, o disco arrecadou cerca de US$ 1 milhão para o movimento contra o Apartheid.

"A gente fechou Sun City", Little Steven se diverte. "Eu jurei que ia derrubar o governo. Um boicote dos artistas reforçaria o boicote nos esportes. Finalmente teríamos um boicote econômico. Nesse momento, haveria a queda do governo — e foi isso o que aconteceu."

Little Steven com certeza não percebeu, mas participar no projeto *Sun City* trouxe benefícios mútuos. Foi também uma libertação para Joey — e algo inteiramente contrário à visão que Johnny Ramone tinha da banda, como um conjunto de conservadores patetas.

Infelizmente, ainda que "Sun City" tenha sido um sucesso de crítica que exibiu os talentos de Joey longe dos Ramones, ele ainda passava por um bloqueio criativo.

Quando Dee Dee me ligou para avisar que os Ramones queriam gravar a canção "Go Home Ann", que eu havia escrito em conjunto com ele, sugeriu que eu fosse ao estúdio para ajudar a finalizá-la. Ed Stasium faria a produção da faixa, e Lemmy, do Motörhead, faria a mixagem.

Estar de volta ao estúdio com os Ramones foi estranho. Eu toquei teclado, e Johnny até pediu para eu tocar uma parte no baixo. Fiquei surpreso por ele me deixar tocar qualquer coisa que fosse. Dee Dee até chegou a ter uma discussão acalorada com o empresário da sua banda para garantir que eu recebesse crédito pelo meu trabalho, o que me deixou extremamente grato, pois sabia que ele estava indo contra a maioria. A música foi um serviço de última hora, pois eles precisavam de faixas para o lado B de um *single*. Coincidentemente "Dangers of Love", de Joey e Daniel Rey, também entrou como lado B.

O lado A do *single* era uma colaboração entre Dee Dee, o músico e produtor Jean Beauvoir e Joey. Era uma canção brilhantemente satírica inspirada pela visita que Ronald Reagan fez a um cemitério da SS por motivos políticos, intitulada "Bonzo Goes to Bitburg" — isso antes do cabo eleitoral de Reagan, Johnny Ramone, insistir para que a canção fosse renomeada "My Brain Is Hanging Upside Down (Bonzo Goes to Bitburg)".

Por não se tratar de uma canção típica dos Ramones no que diz respeito à música — provavelmente pela influência de Jean Beauvoir — e à letra, pelo seu conteúdo sócio-político, todos acreditavam que Joey teve o ímpeto para a composição da faixa, embora na verdade Dee Dee tenha sido o responsável.

O lançamento de "Bonzo" no Reino Unido pela Beggar's Banquet ganhou o New York Music Award na categoria *melhor single independente* de 1985. O outro Bonzo, Ronald Reagan, foi eleito para um segundo mandato.

CAPÍTULO 28
OUVI DIZER QUE É SEU ANIVERSÁRIO

PARECIA QUE MEU IRMÃO AINDA RECONSTRUÍA O SEU MUNDO depois da catástrofe que foi perder Linda para Johnny. Conforme a reconstrução continuava, ele começou a criar novos mecanismos de defesa. Além disso, sua paranoia esquizoide veio à tona após a traição.

Joey passou a fazer acusações que nem sempre estavam fundamentadas na realidade.

"Uma noite, Joey e eu estávamos bebendo. Bom, na verdade bebíamos todas as noites", Legs recorda. "Joey se virou pra mim e falou com uma voz persuasiva: *Por que não me conta o que você fez?* Eu ri, pensando que ele estava brincando: *Fiz o quê?* Joey perguntou, sem sorrir: *O que você fez com a Cindy?* Eu perguntei *Quem?*, sem ligar o nome à pessoa. *Você sabe, a Cindy*, Joey sussurrou. *Aquela garota com quem você saiu por duas semanas em 1977?*, perguntei, confuso. *É, qual é, cara?*, Joey me repreendeu, *Você sabe o que fez com ela. Por que não admite?*, ele completou. *Admitir o quê?*, eu perguntei. *Que você comeu a Cindy!*, Joey disse."

"Insisti que nada aconteceu", Legs segue, "já que nada tinha acontecido. Quando comecei a ficar bravo e magoado com a acusação, Joey parou — por aquela noite. Estive no mesmo lugar que a Cindy provavelmente umas três vezes, no máximo, em toda minha vida. E depois que ele me perguntou o que aconteceu entre mim e ela mais algumas vezes, quando estava muito bêbado, comecei a me dar conta de que aquilo não era pensamento racional. Joey começava a ver o mundo em termos absolutos: branco ou preto, bom ou mau, pró-Ramones e anti-Ramones, pró-Joey e pró-Johnny".

Embora Joey Ramone ainda fosse um grande cara, que era engraçado e uma ótima companhia para sair junto, havia claras mudanças acontecendo com meu irmão, Jeff Hyman. A mais óbvia era uma maior demonstração de insegurança. E ele também parecia se esforçar demais para se transformar inteiramente em Joey Ramone, rockstar.

Da forma como eu entendia, nos primeiros anos era necessário que ele fizesse isso até certo ponto para manter a cabeça erguida e seguir emocionalmente firme. Mas agora o personagem Joey Ramone estava se tornando um pouco insensível demais. Talvez fosse a sua forma de se defender da depreciação de Johnny.

Era como se agora o meu irmão percebesse que Joey Ramone poderia ter muito poder. E, de tempos em tempos, ele parecia gostar desse seu novo status um pouco demais. Houve várias ocasiões em que o seu desejo era uma ordem para todos. Joey se acostumou a esperar tratamento de astro não apenas dos seus fãs, mas de mim e do resto da sua família.

Comecei a ficar preocupado. O cara com quem eu havia crescido estava dando as caras cada vez menos. Era como se Joey quisesse esquecer um pouco daquela pessoa totalmente gentil e generosa e tirar vantagem de um mundo que se aproveitou dele por tantos anos.

Um fã leal, deslumbrado e dedicado ficaria totalmente do seu lado. Mas eu estava ligado ao meu irmão, Jeff Hyman, e não iria tão longe assim para agradar Joey Ramone, o rockstar.

Minha família não parecia se preocupar em traçar os limites. Minha mãe começou a referir a si mesma como Mamãe Ramone em uma entrevista na *Rolling Stone*. Parecia relativamente inofensivo e talvez fosse até bonitinho para algumas pessoas, mas fiquei com uma sensação estranha. O mais confuso para mim era que, quando Joey tinha 22 anos de idade, nossa mãe o forçou a se virar sozinho. Mas agora que o filho estava tendo sucesso, sua subserviência ia muito além dos parâmetros considerados aceitáveis para uma mãe — e Joey não a desencorajava. Nossa mãe agora preferia orientar e administrar as finanças dele e satisfazer a maior quantidade possível de suas necessidades em vez de passar essa responsabilidade para as namoradas-noivas que moravam com ele, como Angela ou, antes disso, Linda.

"Charlotte estava sempre lá", confessou Angela. "Era parte do problema: era eu, Charlotte e Joey. E é claro que Charlotte controlava tudo. Se o Joey fosse comprar algo para mim, ele tinha de contar a ela primeiro. Ela achava que Joey não conseguia cuidar muito bem do seu dinheiro, o que não deixava de ser verdade. Joey não conseguia nem cuidar do dinheiro no seu bolso por causa do TOC. Ele guardava tanta porcaria lá que as notas simplesmente caíam. Eu caminhava atrás dele, recolhendo notas de dinheiro, de US$ 10, US$ 20. As pessoas o seguiam pra pegar dinheiro. Eu entendia o ponto de vista da Charlotte. Mas com alguém com meio neurônio na sua vida, ele não precisava mais dela para fazer essas coisas. Ela tinha dúvidas se deveria confiar em mim, e isso também deixava Joey desconfiado, como se ele não quisesse magoar os sentimentos da sua mãe. Isso deixou as coisas um pouco tensas entre nós."

Minha mãe estava essencialmente sendo... mãe. Por instinto, as mães querem se sentir "queridas". Mas Joey era carente demais, e sempre foi. Isso criou uma dinâmica muito estranha entre os dois — estranha e, ao mesmo tempo, bela. Obviamente ele sabia que isso não era normal.

Embora Joey apreciasse aquilo, também sentia ressentimento. O tratamento especial que recebia da nossa mãe o reconfortava imensamente, mas também o lembrava das suas inadequações. Creio que esse conflito interno era uma grande fonte de frustração, pois, de tempos em tempos, Joey se lançava contra ela. Porém, na cabeça da minha mãe, ela não tinha escolha.

"Cheguei num ponto em que iria terminar com ele", Angela continuou. "Disse a ele que se não confiava em mim o suficiente e se não podíamos cuidar da nossa própria vida, eu iria embora."

"Então ele me deixou cuidar dos nossos assuntos. Joey deixou as finanças sob minha responsabilidade. Eu passava todos os cheques pra pagar as contas. Charlotte não tinha mais controle sobre tudo, e não sei se ela gostou disso. Enfim éramos um casal de verdade vivendo juntos."

No outono de 1985, Joey me ligou e perguntou se eu poderia ir até a sua casa para ajudá-lo em uma nova música de Natal. Levei o meu gravadorzinho Fostex de quatro pistas e fizemos a primeira gravação de "Merry Christmas (I Don't Wanna Fight Tonight)", da forma que os Ramones fariam. Depois fizemos uma outra versão, mais lenta, sensual e romântica.

Joey adorou, então também gravamos essa versão. Ele cantou com um lindo e emocionante vocal, que era metade Nat King Cole e metade Elvis, mas puro Joey Ramone. Angela estava lá e curtiu muito, pois sabia que a música falava sobre ela. Todos sabíamos que era um pedido de desculpas de Joey em forma de canção por praticamente ter estrangulado Angela semanas antes.

"Joey e eu tivemos uma grande briga semanas antes de a música ser gravada", recorda Angela. "Fomos à casa da mãe de Joey no Dia de Ação de Graças, e eu estava cheia de marcas no pescoço e na cabeça. Acho que nem Mickey nem ninguém fazia ideia do quanto o seu temperamento tinha piorado. Charlotte olhou pra mim e disse: *Angela! O que é isso no seu pescoço? O que foi que aconteceu?* Eu disse: *Tivemos uma briguinha. Joey perdeu o controle.* Charlotte falou: *Mas você tem certeza que não provocou ele?"*

"Ela me fez pensar", Angela recorda. "Mas não sei mesmo se eu provoquei Joey. Ele costumava ficar excitado com as nossas brigas."

De qualquer forma, era algo estranho para a minha mãe dizer, considerando o modo como havia sido tratada pelo seu primeiro marido e o fato de sempre ter nos ensinado: *Não importa o que aconteça, jamais levante a mão para uma mulher.*

Mas agora era diferente. Aparentemente as regras estavam sendo mudadas. A vida e o relacionamento de Joey com sua família, seus fãs e alguns de seus amigos, vez ou outra, tomavam rumos que pareciam tirados de um episódio de *Além da Imaginação*, sobretudo no episódio em que Billy Mumy possuía um poder místico capaz de mandar pessoas *permanentemente* para uma plantação de milho quando não gostava da maneira como o tratavam. Todos na cidade, inclusive sua mãe e seu pai, morriam de medo da sua fúria e sempre reagiam como se o filho tivesse feito boas coisas, temendo serem mandados para a plantação de milho.

Nosso pai, defensor do "amor exigente", que espatifou no chão os óculos de lentes rosadas de Jeff Hyman e raspou sua longa cabeleira, agora fazia qualquer coisa para não irritar Joey Ramone.

Se isso me deixou ressentido, amargurado e perplexo? Vou ser sincero: às vezes era muito irritante.

Em 15 de julho de 1986, o pai levou Joey, Angela, Arlene, eu e sua namorada de longa data, Nancy, para sair e celebrar meu aniversário de 32 anos. Ele fez uma reserva em um restaurante de frutos do mar na Rua Hudson, no West Village. O pai e Nancy estariam vindo do condomínio dela, em East Hampton. Assim, avisei que eu e Arlene nos encontraríamos com eles no restaurante. Ele então me disse que, para eles, seria fora de mão pegar Jeff no caminho e que seria melhor se eu o apanhasse.

A questão é que era tão fora de mão para ele como era para mim. A verdade silenciosa era que ninguém queria ter de buscar o Joey em vez de se encontrar com ele em algum lugar. Meu pai afirmou milhares de vezes que não conseguia entender o TOC de Joey. Mas, acima de tudo, ele não conseguia ficar sentado, esperando Joey sair.

Então Arlene e eu fomos buscar Joey e Ange e tivemos de esperá-lo sentados por aproximadamente uma hora. Quando chegamos ao restaurante, meu pai e Nancy estavam parados no meio-fio, e o meu velho estava soltando fumaça pelas ventas.

"MAS ONDE É QUE VOCÊS ESTAVAM, CACETE?", ele gritou para mim. "QUE DROGA! ELES CANCELARAM NOSSA RESERVA!"

O velhinho estava bufando, então ficamos todos quietos e o deixamos descarregar a raiva. Aparentemente eu deveria ter chegado na casa de Joey uma hora antes para que pudesse esperá-lo descer e ainda chegar a tempo. Como era meu aniversário, acabei me distraindo e cheguei ao apartamento de Joey apenas 45 minutos antes do tempo necessário. Mas, mesmo assim, chegamos 20 minutos atrasados para o jantar. Considerando que agora minha família pisava em ovos quando o assunto era Joey, o velho lançou sua raiva sobre mim.

"Agora temos de esperar!", meu pai vociferou. "Mas que diabos!"

"Bom, pelo menos está agradável aqui fora", Arlene falou, tentando quebrar ou pelo menos diminuir a enorme tensão.

"NÃO ME INTERESSA! EU ESTOU COM FOME!", ele disparou contra Arlene.

Comecei a me sentir como um filho adotivo maltratado quando fui falar com a *hostess* para perguntar quanto tempo mais iria demorar. Havia uma fila de pessoas aguardando para fazer o mesmo. Depois de cinco minutos, Joey e o velho entraram.

"Estávamos esperando você lá fora", ele começou. "Por que você não falou pra gente qual é a situação?"

"É que tem uma fila aqui. Você não está vendo?", respondi, um pouco cansado do seu tratamento.

Quando cheguei até a *hostess*, ela disse: "Vai demorar aproximadamente 15 minutos — talvez menos".

"Você quer voltar lá pra fora?", perguntei.

"Não! Está quente lá!", ele disse.

Joey e eu nos entreolhamos e demos de ombros.

"Bom, posso te pagar um drinque?", eu ofereci, também precisando muito tomar um.

"Eu não quero um drinque!", papai respondeu agressivamente. "Eu quero comer! Eu te falei o horário da reserva — já era pra estarmos na mesa!"

Olhei novamente para Joey, esperando que ele aceitasse levar pelo menos um pouco da culpa. Em vez disso, ele apenas deixou escapar uma risada abafada. Era possível que ele estivesse se divertindo com aquela situação.

Ou talvez tenha sido apenas uma reação nervosa.

"Por que você não saiu mais cedo?", meu pai continuou. "Não precisaríamos estar parados aqui feito uns idiotas."

Já tinha aturado o bastante daquela porcaria: meu irmão tinha problemas, e todos nós sabíamos. Eu não permitiria que meu amor-próprio fosse ainda mais pisoteado do que já havia sido.

Do que nosso pai tinha medo — de que o Hot Poppa talvez não fosse convidado para o show e para o *backstage* da próxima vez? Esse homem grande e forte estava com medo de enfrentar seu filho rockstar.

"Quer saber?", eu enfim desabafei. "Isso é uma palhaçada, cara! Você sabe muito bem por que a gente se atrasou. Sabe muito bem de quem é a culpa. Quer colocar a culpa em alguém? Coloque a culpa em quem errou!".

Meu pai me lançou um olhar que dizia que eu tinha acabado de traí-lo. Eu o deixei exposto. Era o fim da linha. Eu tinha basicamente dado o recado de que não iria mais jogar o seu jogo nem deixar que ele me fizesse de bobo. Eu pronunciei o que era impronunciável.

Tudo o que eu disse era verdade, e ele sabia. Eu finalmente havia me defendido. Fui a largos passos para fora e deixei os dois parados lá.

Era óbvio que eu não estava feliz.

"O que aconteceu?", Nancy perguntou, sorrindo timidamente. "Noel está bravo, não está?"

"*Ele* está bravo?", respondi.

Por fim, conseguimos uma mesa, e eu me sentei para "comemorar" meu aniversário. Embora meu pai tenha assumido uma postura mais tranquila, ainda agia como se eu o tivesse ofendido. Ignorava Arlene e eu, dando um gelo em nós dois.

Pedimos uma rodada de drinques, e, quando alguém fez um brinde para me desejar feliz aniversário, meu velho sequer olhou em minha direção. Angela olhou para mim, balançando a cabeça.

Arlene estava prestes a chorar. Joey ou estava indiferente ou não sabia o que fazer ou estava saboreando o momento.

O velho se comportou como se eu não estivesse lá.

"Então", meu pai falou, virando as costas para Arlene e olhando para Joey com um grande sorriso, "como estão as coisas, Jeffy? Como foi a turnê?".

Senti a raiva crescer e mordi minha língua.

Filho da mãe!

Fiz um gesto para Arlene indicando o caminho da porta, peguei uma nota de US$ 100 e joguei na mesa. Olhei para o meu pai e disse impassivelmente: *Obrigado pelo ótimo jantar*.

O pai ficou de boca aberta — e eu saí pela porta.

Jurei a mim mesmo que não iria mais falar com ele a menos que recebesse um pedido de desculpas. É claro que cada pessoa tem uma ideia diferente do que se constitui um pedido de desculpas. Até onde sei nunca recebi um.

"Depois que Mickey e Arlene saíram", Angela disse, "eu comecei a esbravejar com o Noel: *Você sabe muito bem que não é culpa dele!*".

"Começou a ficar feio, porque quanto mais fama o Joey tinha", Arlene explica, "mais os papeis se invertiam na família. Joey virou o chefe — e os pais de Joey viraram os discípulos. Era algo estranho de ver, porque meu cunhado basicamente tinha ido de vendedor de flores de plástico nas ruas pra se tornar um grande astro do rock".

Na noite de Natal em 1986, vários de nós estávamos no apartamento da minha mãe, no Queens. Ela havia voltado para a antiga vizinhança. Seu terceiro casamento, com Phil, havia terminado de maneira pacífica. Depois de trocar os presentes, Joey repentinamente teve a ideia de sair à procura de um estúdio nas proximidades para gravar uma canção na qual ele vinha trabalhando, chamada "I'm in Love With the Elevator Operator".

No lado de fora, uma tempestade de neve se aproximava, mas estávamos todos alegres e prontos para sair. Richie Ramone, Dave U. Hall, o baixista dos Rattlers, e eu pegamos uma guitarra e um baixo e fomos para um estúdio em Long Island City. Quando o engenheiro de som decidiu que queria ir para a casa para passar o Natal, Joey insistiu para que achássemos outro estúdio, apesar de ser 2h da manhã e de a tempestade de neve ter se transformado em uma violenta nevasca. Encontramos outro em Flushing, no Queens, onde o engenheiro disse que nos deixaria terminar a música desde que dividíssemos o nosso pó com ele.

Naquela noite, Joey parecia particularmente obcecado. No fim das contas, gravar a canção foi uma divertida aventura. Cada um de nós deu pequenas contribuições. Embora o resultado tenha sido positivo, ficar preso pela neve em Flushing não valia a pena.

Estava ficando claro que Joey estava estagnado e em busca de novo repertório.

Um dia, fomos até um pequeno estúdio em Long Island para gravar outra canção que ele compôs, uma de suas românticas baladas roqueiras inspiradas pela música do início da década de 1960, intitulada "Rememberin." Eu toquei guitarra, e os Mystics, a lendária banda de doo-wop do Brooklyn na década de 1960, nos ajudaram.

Também gravamos uma canção com a qual Joey sempre sonhou, desde quando éramos crianças: "Duke of Earl", de Gene Chandler. O amor que meu irmão sentia por essa música e pelo som daquela época foi derramado em seu vocal naquela canção. Adoro a sua versão e a escuto frequentemente. Mas aquilo era o tipo de coisa que não apareceria tão brevemente num disco dos Ramones — se é que algum dia apareceria. Conforme Joey me dizia, estava *todo congestionado lá em cima*, e não estava se referindo às suas vias respiratórias.

Ele não era o único que estava vacilante. A banda inteira estava frustrada, confusa e transtornada.

Essa era uma situação na qual a liderança e a capacidade de organização do gerente-porta-voz-baterista original da banda, Tommy "Ramone" Erdelyi, teriam sido de grande auxílio. Naquele momento, os Ramones não sabiam o que fazer em suas carreiras.

Legs McNeil começou a escrever para a revista *Spin*. Joey ligava para perguntar: "E aí, Legs, quando é que a Spin vai fazer uma matéria sobre a gente?".

Ele respondia que estava tentando convencer a revista a escrever sobre a banda, mas que era repetidamente rejeitado pelo editor.

"Em 1986, os Ramones em um limbo profissional", Legs recorda. "Até lá, eles já tinham 12 anos de estrada. A banda era acusada de estar correndo atrás da geração mais jovem do hardcore e cada vez menos era motivo de notícias, conforme o tempo ia se arrastando. Eles já tinham lançado o movimento punk rock. Já tinham feito um filme e um grande álbum com o Phil Spector. Na metade dos anos 1980, não havia mais nada para escrever sobre eles na perspectiva de um editor de revista de rock."

Joey falava para Legs: "Faça mais pressão, eles colocaram os Talking Heads, Sting e Simply Red na capa — todo mundo, menos nós!".

"Joey estava certo", Legs admitiu. "A *Spin* se apresentava como a rainha das revistas de música alternativa e como uma opção à *Rolling Stone*. Os Ramones foram reconhecidamente a banda que mais contribuiu para o lançamento da música alternativa, e, ainda assim, ninguém na *Spin* dava atenção a eles. Era muito injusto, mas essa era a realidade da época. Graças a Deus, Bob Guccione Jr. gostava muito de comemorar aniversários, como a edição especial de dez anos do punk. Se não fosse por isso, os Ramones provavelmente teriam de esperar mais dez anos."

"John Holmstrom e eu costumávamos brincar sobre como os Ramones eram mal-agradecidos", Legs comenta. "Nós fizemos a direção de arte da capa do primeiro disco deles. Holmstrom colocou Joey na capa da terceira edição da *Punk* e fez a contracapa e os desenhos no encarte de *Rocket to Russia* e mais a capa de *Road to Ruin*. Eu escrevi um monte de artigos sobre a banda — e eles sempre arranjavam um motivo pra reclamar. John e eu adorávamos Joey, mas os quatro Ramones juntos eram como um poço gigante de ressentimento."

John Holmstrom e Legs McNeil decidiram contar a história da maior banda punk do mundo desde o começo e mostrar o quão difícil havia sido para os Ramones permanecerem unidos durante dez anos e como voltaram mais fortes com o lançamento de *Too Tough to Die*, reenergizando a geração do punk hardcore.

Depois que Legs e John entregaram o artigo, os editores da *Spin* o engavetaram por três ou quatro meses. Como o punk começou em 1976, poderiam publicá-lo quando quisessem ao longo de 1986 para fazer sua edição de *aniversário de dez anos do punk rock*.

Nesse meio tempo, a revista começou a fazer entrevistas com celebridades, como, por exemplo, *Ozzy Osbourne entrevista a Dra. Ruth Westheimer, terapeuta sexual*. A publicidade gerada foi tanta que Bob Guccione Jr. logo quis mais. Foi marcada então uma entrevista com Pia Zadora. Legs foi chamado para colocar Joey Ramone para fazer as perguntas. Uma manchete de capa com os dizeres gritantes *JOEY RAMONE ENTREVISTA PIA ZADORA* anunciaria a entrevista.

A fim de se preparar, Joey pediu para a *Spin* levar para ele os filmes e os CDs de Pia Zadora.

Legs estava ocupado e mandou outra jornalista, Annette Stark, entregar o material no apartamento de Joey. Angela havia se mudado para a quitinete ao lado. Quando Annette chegou, Linda Danielle, a ex-namorada de Joey, estava sentada lá.

"Aparentemente Linda e Johnny estavam brigados, pois Johnny ainda via a Roxy escondido", segundo a lembrança de Charlotte Lesher. "Acho que Joey tinha esperança de que iria voltar a ficar com ela. Senti como se Linda estivesse querendo causar briga entre Joey e Johnny."

Pessoalmente, acho improvável que Linda estivesse querendo causar briga entre os dois ou usando Joey para fazer ciúme em Johnny. Achava ainda mais improvável que Johnny soubesse das visitas de Linda. Do contrário, haveria uma explosão que *todos* teríamos escutado. É possível que Linda estivesse confusa e ainda sentisse algo pelo meu irmão. Mas somente Linda sabe ao certo.

Quando o artigo de Holmstrom e McNeil sobre os Ramones saiu, a entrevista de Joey com Pia Zadora foi estranhamente publicada na mesma edição.

"Fui ao Paul's Lounge exatamente um dia após o artigo ser publicado", John Holmstrom relembra, "e todos os Ramones estavam sentados em torno de uma mesa — Johnny, Dee Dee, Joey e as namoradas. Então eu falei: *E aí, caras. Como vão as coisas?* Quando sentei-me com eles, houve um silêncio mortal no ar. Alguém falou: *Olha, aquele artigo que você escreveu...* Dee Dee disse: *Eu deveria te dar porrada por você ter feito aquilo!".*

"Não achei que a gente tivesse falado nada de ruim sobre os Ramones, mas *eles* acharam", Holmstrom recorda. "Na época, Joey ficou completamente chocado, pois era a primeira vez que alguém dizia que os Ramones não eram exatamente uma família feliz."

"Joey ficou magoado com aquele artigo até o dia da sua morte", Holmstrom confirma. "Ele se sentiu traído, e isso acabou com a nossa amizade — um ponto baixo na minha vida. Praticamente só voltei a falar novamente com Joey alguns anos mais tarde."

Embora Joey tentasse manter o seu senso de humor e a sua personalidade, quanto mais cocaína consumia, mais ele bebia. As únicas duas canções que ele contribuiu para o disco seguinte dos Ramones, *Animal Boy*, se chamavam adequadamente "Mental Hell" e "Hair of the Dog".

No meu coração, o meu irmão era uma pessoa gentil de verdade. *Ninguém* conhecia aquele cara melhor do que eu. É possível que ninguém o amasse mais do que a sua mãe, mas ninguém o conhecia melhor do que eu. E posso afirmar sinceramente que ele era uma das pessoas mais doces, gentis, carinhosas e amáveis que este mundo já teve a sorte de receber — de coração.

Mas, nesse momento da sua vida, Joey definitivamente se tornava mais temperamental e mais disposto a ter ataques de raiva, que, na maioria das vezes, eram direcionados às pessoas com quem ele podia extravasar à vontade — Angela, para ser mais específico.

"Joey e eu chegamos a morar juntos por mais de quatro anos na quitinete de número 10-M", Angela recorda. "Então ele comprou a quitinete ao lado, a 10-N. Nós íamos abrir a parede pra ter mais espaço, mas isso nunca aconteceu. Quando Joey estava na estrada, decidi me mudar do 10-M para o 10-N. Àquela altura, eu não conseguia mais viver com ele."

"Joey estava muito bravo. Uma noite, ele veio e me implorou para abrir a porta. Eu sabia que ele estava bêbado. Então fiquei repetindo: *Não, não, vai embora. Amanhã de manhã a gente se vê.* Ele disse: *Por favor..."* "Joey sabia ser tão doce", Angela ressaltou, "e eu o amava de verdade. Ele era um amor, mas estava mais do que claro que ele tinha um problema com a bebida. Falei: *Não, não, não, vai embora!* Depois que ele enfim me convenceu a abrir a porta, pá! Deu um soco bem no meio do meu nariz. Quando eu finalmente consegui tirar ele do meu apartamento, olhei no espelho e falei: *Meu Deus do céu!* Parecia que meu nariz tinha dez centímetros de largura. O pior era que Joey não se lembrava".

"Provavelmente, ele *preferiu* não se lembrar", Angela disse, rindo. "Quando eu fui ao médico no dia seguinte, tirei um raio-X, e o médico afirmou que meu nariz estava quebrado em dois pontos. Disse que iria sarar sozinho se eu deixasse daquele jeito e que fazer uma cirurgia provavelmente só causaria mais dor e incômodo. Assim decidi não fazer nada. Meu nariz ficaria bem, mas naquele ponto não aguentava mais o Joey. Eu ainda o amava, mas ele era demais pra suportar."

Nessa época, Angela conheceu um cara, Mark Bosch, que tocava em uma banda chamada Hot Heads. Ele a convenceu a se mudar com ele. Os dois decidiram fazer a mudança em uma noite que Joey estava dormindo, mas ele os ouviu.

Depois que Joey e Mark se meteram em uma briga de socos no corredor, alguém chamou a polícia. Quando os policiais viram Joey, começaram a cantar *Rock, rock, rock, rock 'n' roll high school*. Levaram Angela para um canto e perguntaram a ela: "Você não quer mandar o *Joey Ramone* pra cadeia, quer?".

Os tiras mandaram Joey voltar para dentro do apartamento. O rockstar escapou.

"Joey ficou muito puto quando eu me mudei", Angela confessa. "Mas, depois de um tempo, ele pegou o meu telefone com a minha irmã e voltou a me ligar. Não falávamos sobre voltar a ficar juntos nem nada desse tipo, mas continuamos mantendo contato de tempos em tempos e de alguma forma continuamos sendo amigos."

CAPÍTULO 29
SOMOS OS MACACOS!

A ESSA ALTURA, JOEY ESTAVA BASTANTE DEPRIMIDO. "Estava de saco cheio dos Ramones", ele disse. "'Mental Hell' era sobre isso. Parte desse sofrimento era causada por eu ter terminado com a Angela. A outra parte era por eu não aguentar mais a banda."

Já que Joey estava passando por dificuldades, Richie Ramone se revelou um compositor de talento ao criar o que segue sendo ainda hoje uma das músicas mais populares da banda.

"Joey sempre me incentivou a compor músicas", Richie explica, "mas eu não precisava de muito incentivo. Escrevi 'Somebody Put Something in My Drink' para o disco seguinte, *Animal Boy*. Houve um tempo em que eu saía com a filha de Frankie Valli, do Four Seasons. A gente saía para ir às boates e, quando as pessoas começavam a dançar, íamos até a mesa delas para beber os seus drinques. Bebíamos tudo quanto era merda a noite toda, e, uma vez, tomei a bebida de alguém que tinha colocado alguma coisa no drinque. É sobre isso que a música fala".

O produtor Jean Beauvoir, que conhecíamos desde os anos 1970, quando ele ainda era o baixista dos Plasmatics, também era representado pelo empresário dos Ramones, Gary Kurfirst. Com base no sucesso da sua colaboração com a banda em "Bonzo Goes to Bitburg", foi decidido que Jean faria a produção de *Animal Boy*.

"Jean Beauvoir queria mixar os vocais na Suécia", Joey lembra. "Eu não estava muito a fim de ir para lá, porque estávamos no meio do inverno, mas acabou sendo bom, pois eu me afastei da banda. E eu me dava muito bem com Beauvoir. O único problema foi que a Suécia tem seis meses de escuridão. É escuro o dia inteiro e, mais tarde, fica mais escuro ainda! A gente nunca sabe que horas são no inverno!"

"Fiquei muito decepcionado quando ouvi os vocais de 'Somebody Put Something in My Drink'", Richie admitiu. "Joey estava forçando a voz e fazendo soar rouca. Eu não podia fazer nada. Eu mesmo devia ter comprado a porra da passagem e ter ido lá para dar orientação nos vocais."

Richie não era o único que estava se decepcionando com o álbum.

"Eu queria tirar a foto da capa de *Animal Boy* no zoológico do Bronx", lembra o fotógrafo George DuBose, "mas não deu certo. O plano B era contratar o chimpanzé Zippy, que mais tarde seria o cinegrafista-macaco do *Late Show With David Letterman*. Construí uma casinha de macaco de madeira e pendurei pneus em correntes. Colocamos Legs McNeil e um dos *roadies* dos Ramones, Mitch Keller, para ficarem no fundo com roupas de gorilas".

"Joey me perguntou se eu gostaria de posar como gorila na capa de *Animal Boy*", Legs McNeil recorda, com uma risada, "e ganhar crédito como gorila na contracapa do disco. Tive de ficar só de cueca de tão quente que era a fantasia de gorila, e George ainda ligou as luzes para a iluminação da foto! Eu deveria ficar na jaula, segurando as grades e encarando os Ramones. O único problema era Zippy, o chimpanzé da TV. Na hora, vi que ele não foi com a minha cara. Richie Ramone estava com Zippy no colo e toda vez que relaxava o aperto, o chimpanzé se virava para trás e dava um soco na minha cabeça! Não parece tão ruim assim, mas isso fazia com que minha cabeça de gorila saltasse dez centímetros — para depois cair de novo sobre a minha cabeça. Ela era feita de madeira sólida e me machucava todas as vezes. Os Ramones apenas riam, enquanto Zippy continuava se virando para trás e me acertando".

Dentro de alguns meses, enquanto os Ramones continuavam no limbo, o chimpanzé Zippy decolou para a fama em escala nacional, aparecendo regularmente no *Late Show With David Letterman* com uma câmera amarrada em sua cabeça.

"Os Ramones foram deixados de lado por um chimpanzé", disse Legs. "Tinha como ficar pior?".

Quando *Animal Boy* foi lançado, Legs notou que não recebera crédito por ter sido o gorila. Ele ligou para Joey, que riu ao dizer que Johnny não queria dar crédito para ninguém por ter sido o gorila, porque queria que achassem que os gorilas eram de verdade!

"Eu estava começando a me sentir mal pelo Joey", Legs admitiu. "Depois de ver a banda reunida para tirar aquela foto, tive a impressão de que fazer parte dos Ramones não era mais tão divertido assim."

Dez anos depois de "Blitzkrieg Bop", a banda continuava tocando em bares. O público ainda era animado, mas havia atingido seu limite em termos de números. Todo aquele negócio de punk já se parecia um pouco retrô — e a concorrência dos Ramones havia mudado drasticamente.

Em 1986, depois que o punk se misturou a new wave, que por sua vez se misturou a algo chamado new romantic, a única impressão do punk que tinha restado era um pouco de moda. Mas agora as jaquetas de couro não estavam mais sendo usadas pelo The Clash, Sex Pistols ou Runaways, e sim por grupos cujos nomes eram A-ha, Wang Chung, Scandal e até mesmo Hall & Oates.

Depois do sucesso da canção disco-rock do Blondie, "Heart of Glass", a música disco evoluiu para o "dance-rock". Em bares onde os Ramones e os Rattlers tocavam, o globo espelhado das discotecas descia após a apresentação das bandas, e "Karma Chamaleon", do Culture Club, era tocada enquanto as garotas faziam aquela dança de menina branca dos anos 1980.

Quando o disco dos Rattlers, *Rattled*, foi lançado no verão de 1986 pelo selo independente JEM, houve críticas bastante positivas sobre o álbum.

Como, por exemplo, esta do antigo local de trabalho de Lester Bangs, a revista *Creem*:

Deve haver algo de teoria genética, pois os Rattlers de Mickey Leigh habitam o mesmo mundo estranho de seu irmão Joey Ramone. São os mesmos vocais irônicos, a mesma visão de mundo irreverente no estilo revista MAD (I'm in love with my walls!?), ainda que esses caras raramente sintam a necessidade de tocar tão rápido a ponto de romper a barreira do som. Enfim, isso é ouro do início ao fim, com dez faixas de um power pop moderno e de estilo. Entre as pérolas, estão "On the Beach", que narra a história do nosso herói em busca da sua garota, raptada por um monstro marinho radioativo, "Bottom of the Barrel", uma enérgica homenagem ao Velvet Underground, e a faixa título, na qual Leigh enfrenta o eterno dilema entre ser um bom ou um mau menino. São discos como Rattled que tornam a estupidez do mundo "real" mais fácil de suportar. Gabba, gabba, hey!

Além disso, eu finalmente estava vendo o meu trabalho sendo avaliado por um dos mais respeitados críticos em uma das mais influentes colunas da indústria musical, a *Consumer Guide*, de Robert Christgau. Felizmente, valeu a pena esperar:

Liderados pelo irmão mais novo de Joey, Mickey [Leigh], esta é a excelente banda pop que os Ramones jamais convenceram alguém de que queriam ser. O know-how conceitual dos Ramones garantia à banda uma aura de importância, mesmo nas situações em que pareciam estar se vendendo. Os Rattlers são mais puros — mais aguçados formalmente e, tecnicamente, são claros e concisos. A Ku Klux Klan não levou as suas garotas embora, e sim um mutante radioativo, e fazem uma cover de "I'm in Love With My Walls" como se Lester Bangs tivesse feito a canção especialmente para os Rattlers tocarem, o que é verdade até certo ponto. Nota: A-

Embora as críticas fossem ótimas e inteiramente elogiosas, eram incessantes as comparações entre meu irmão e eu.

A primeira questão que me perguntavam em 95% das entrevistas era: *Ser irmão de Joey ajuda ou atrapalha?* O debate era interminável. Mudar de nome e se tornar incógnito não era uma opção prática a essa altura. No fim das contas, percebi que era uma batalha que eu não poderia vencer e parei de me incomodar. De qualquer forma, eu estava condenado, pois caso reclamasse, não significava boa coisa.

Assim, quando um jornalista me perguntava se haveria algum problema em falar sobre meu irmão, a minha resposta era sempre *Não*. Em seguida, eu informava ao jornalista, com um olhar impassível: *Sabe, Joey e eu combinamos que nunca iríamos revelar isso, mas o verdadeiro motivo que me fez tocar em bandas foi ajudar o meu irmão e os Ramones a ganharem mais divulgação.*

Enxergar o humor dessas situações sempre me ajudou a lidar melhor com elas.

FELIZMENTE, JOEY SE MOSTRAVA ENTUSIASMADO com o que estava acontecendo na minha carreira agora e buscou ativamente oferecer a maior quantidade de apoio possível.

A melhor rádio na região de Nova York, WLIR, realizava um concurso com a participação do público chamado Screamer of the Week, no qual os radialistas nomeavam diversas canções as quais os ouvintes votavam para escolher a vencedora. "I Won't Be Your Victim", dos Rattlers, foi indicada por três semanas consecutivas.

Toda semana, nós nos reuníamos no apartamento de alguém, normalmente no de Joey, e todos davam seus votos para escolher os Rattlers. Joey apertava direto o redial, provavelmente devido ao seu TOC. Ligou tantas vezes que, na terceira semana, reconheceram finalmente a sua voz.

"Joey, é você?", uma das telefonistas havia se dado conta.

"É, sou eu", ele disse, rindo. "Tem como você me colocar no ar?"

"Só um segundo, Joey."

Em instantes, o colocaram no ar, com o recado para todo mundo votar nos Rattlers.

Segundo Joey, não havia outro motivo para fazer aquilo além do fato de ele realmente ter adorado o disco e de gostar de ajudar outras bandas, mas acho que havia um pouquinho de amor fraterno à moda antiga nisso.

Joey também foi um incentivador do álbum da Birdland.

Quando Dave Merrill e eu enfim recuperamos a fita da Birdland que havíamos gravado com Lester Bangs em 1979, e que esteve perdida por oito anos, Joey cogitou abrir uma gravadora. Ele não tinha como fazer na época, mas pediu encarecida-mente para que gravássemos um disco com a fita que tínhamos em mãos, pois ele nos ajudaria a encontrar um selo para lançá-lo. Frank Gallagher e eu começamos a mixar aquelas faixas sem produção alguma, e, mais tarde, Ed Stasium se ofereceu para ajudar a salvar as sessões.

Todos achávamos que aquilo merecia ser lançado como álbum. Além disso, eram as últimas gravações inéditas de Lester Bangs, então nos sentimos com a obrigação de dar uma oportunidade para que seu trabalho fosse ouvido. Ed Sta-sium tentou, mas não encontrou um selo disposto a assumir o disco. Joey também não. Até mesmo os amigos jornalistas de Lester, Billy Altman e John Morthland, não puderam nos ajudar a encontrar uma gravadora que estivesse disposta a lan-çar o álbum.

Um dia, peguei um disco que Arlene e eu compramos em St. Thomas, nas Ilhas Virgens. O álbum, de um banda de soulca (soul-calypso) local chamada The Ima-ginations, trazia em sua contracapa anúncios de lojas da região, fazendas de cabras e serviços de táxi. Eu pensei: *Por que não fazer isso aqui?* Para arrecadar fundos para o álbum, resolvi vender anúncios para artistas, bandas, *designers* e empreendimen-tos da comunidade, que apareceriam na contracapa do disco. Ninguém havia feito isso em Nova York. Robin Rothman e eu escrevemos um plano comercial e fomos de porta em porta, lançando a ideia por toda a parte Sul de Manhattan. Juntamos dinheiro suficiente para prensar mil cópias do disco.

Fundei o meu próprio selo, o Add On Records ("add-on" também é o nome que se dá para uma canção que entra para o *playlist* de uma rádio, logo também foi uma piada de duplo sentido). Assim como acontecera com o álbum dos Rattlers, *Birdland With Lester Bangs* foi um incrível sucesso de crítica. A *Creem* publicou:

Pare as prensas, Bob. Este é o O MELHOR disco de rock & roll de 1986 — supera Springsteen e Thelonious Monster em qualquer hora do dia ou do século! Logo após este disco ser gravado, Bangs e Birdland resolveram seguir caminhos distintos, ao mesmo tempo em que o verborrágico Bangs segurou suas amadas fantasias de traição firmemente contra o peito (quando um não quer...), dando início à sua dura jornada até o Texas.

Lá, Lester gravou "Jook Savages on the Brazos" com os Delinquents, mas até mesmo aquele incrível disco soa um tanto confuso comparado à claridade nua e ao ardor em estado bruto desta nova-velha gravação da Birdland. Escute ambos os discos e perceba como o can-tar pausado de Lester soa muito mais assustador enquadrado pelos ritmos bem definidos da Birdland — em especial a guitarra encorpada e abrasiva de Mickey Leigh. Bangs vence todos os seus demônios neste álbum.

O disco também recebeu outra nota alta de Robert Christgau no *Village Voice*. O esforço valeu muito a pena. O mais engraçado foi que ganhamos mais divulgação pelos anúncios na contracapa do álbum do que pelo disco em si.

Na primavera de 1987, Joey me pediu para acompanhá-lo no violão em uma apresentação "gravada ao vivo" no programa de Vin Scelsa, na WNEW-FM. A ideia de Vin era que os artistas tocassem as suas canções em um formato acústico simplificado. Era algo raro para Joey tocar em uma grande estação de rádio de Nova York sem a sua banda, e me senti lisonjeado por ele ter me convidado para acompanhá-lo.

Eu conhecia uma das canções que iríamos tocar, "Death of Me", de quando a gravamos em uma fita cassete na sua casa. A segunda canção era nova e se chamava "Waitin' for That Railroad".

Dias antes de o programa ser gravado, Joey me falou que havia convidado Daniel Rey para ir conosco. Foi engraçado, porque Joey falou de uma forma que soou como se não quisesse causar ofensa a mim. Não fiquei nem um pouco ofendido. Sabia que Joey e Daniel estavam trabalhando juntos nas suas músicas e fiquei contente por ele ter encontrado outra pessoa além de mim para ajudá-lo em suas composições.

Eu era um grande fã da Shrapnel, a antiga banda de Daniel, e respeitava muito suas habilidades como guitarrista e compositor. Os Rattlers e a Shrapnel fizeram vários shows juntos ao longo dos anos, de Nova Jersey a Toronto, e havíamos nos tornado companheiros de guerra.

Mas quando chegamos para tocar as músicas, senti uma *vibe* esquisita em Daniel, uma estranha frieza em sua atitude. Tive a impressão de que ele sentiu como se eu fosse o seu concorrente e que, de certa forma, estava me intrometendo em seu caminho. Daniel foi cordial e profissional, mas de uma forma bastante superficial, como se estivesse tolerando minha presença para agradar a Joey. Ele também vinha fazendo colaborações com Dee Dee e tendo muito mais sucesso com ele do que com Joey. No entanto, compor canções com Dee Dee era fácil em comparação, pois ele era extremamente produtivo. Depois de passar por dificuldades com as suas bandas, Daniel tentava agora engrenar uma carreira de produtor.

Eu não tinha animosidades em relação a Daniel, até dei boa sorte a ele. Mas, quando apertei sua mão, me senti como se estivesse apertando a mão de um político em época de campanha. Em sua defesa, devo dizer que Daniel era um produtor musical decente e soube interpretar o papel de diplomata bem o bastante para ganhar a confiança dos Ramones.

"Joey e eu nos encontramos algumas vezes para compor canções", Richie Ramone recorda, "mas Joey sempre trazia Daniel Rey junto — e eu não me entendia com o Daniel. Eu gosto de compor com uma pessoa só. Com duas é irritante. É uma cabeça contra as outras duas. Acho que é por isso que nunca fiz nenhuma composição com Joey, porque Daniel sempre estava no meio".

"O que mais me incomodou foi que justo quando a gente finalmente começou a fazer os discos um pouco mais palatáveis para o rádio", Richie explica, "nada aconteceu, porque promoção custa dinheiro. Johnny Ramone e Gary Kurfirst não queriam gastar com isso, provavelmente porque acharam que não faria diferença. Mas eu pensei: *Por que não tornar o disco o mais bem sucedido possível?*".

"Parecia que Gary Kurfirst queria que os Ramones continuassem sendo uma banda *underground*", Richie ponderou. "Acho que a ideia por trás disso era que ele teria mais lucro."

Por outro lado, Joey queria fazer bastante sucesso. Ele desejava fazer uma grande turnê e abrir para outra grande banda no Madison Square Garden e ser importante. Johnny não queria isso.

"É difícil, porque as pessoas querem ver a banda principal, mas dá para conseguir uns mil fãs de uma vez só ao abrir para alguém de peso — e com isso, vender mais discos", Richie prossegue. "Mas o Johnny dizia: *Foda-se. Eles não vão comprar os discos mesmo. Pra que se preocupar?* O negócio de Johnny era simplesmente fazer o disco o mais rápido e mais barato possível e foi assim que Daniel Rey apareceu para produzir *Halfway to Sanity*."

"Johnny ouviu uma gravação de quatro pistas que eu fiz no meu porão para uma banda punk chamada The Dirge", Daniel explica. "Ele achou que tinha um som melhor que o último disco dos Ramones. Além disso, eu me dava bem com todos os quatro caras da banda, o que era extremamente incomum. E eles podiam me contratar por um preço baixo, porque era meu primeiro álbum. Que diabos, eu teria feito *de graça*."

Mas o grupo não estava contente com o trabalho que Daniel fez.

"A produção de *Halfway to Sanity* foi terrível", Richie afirmou. "Uma noite, às 4h da manhã, Joey ligou pra mim e disse: *Richie, o Daniel fodeu com tudo! A gente tem que consertar esse disco!*".

A amizade do meu irmão com Daniel não o impediu de se preocupar ou de ser crítico em relação à produção. Joey sabia que Daniel não tinha a mesma experiência dos demais produtores com quem a banda havia trabalhado anteriormente.

"Foi um disco difícil de fazer", Daniel admitiu, "porque foi o primeiro que eu produzi na minha vida. Meu objetivo era fazer o melhor disco com o que tínhamos à disposição naquele tempo. Não era fazer o melhor álbum dos Ramones de todos os tempos — porque isso eu simplesmente não tinha como fazer. Os problemas entre

Joey e Johnny estavam muito ruins naquela época. Eles não podiam ficar no mesmo lugar ao mesmo tempo. Eu ensaiava com a banda e, então, gravava para depois mostrar ao Joey e trabalhar com ele. Fizemos alguns ensaios estranhos com toda a banda, mas o Joey normalmente dava desculpas, como sua garganta não estar boa, por exemplo. Ele simplesmente não queria ter de lidar com os outros".

"Eu tinha de caminhar pisando em ovos", Daniel explica. "Não podia tirar sarro do Johnny na frente do Joey, porque Johnny era o guitarrista de Joey. Ainda que eles fossem inimigos, estavam na mesma banda, e isso poderia ser interpretado como um deboche aos Ramones."

"Ninguém dava ouvidos ao Daniel", Johnny Ramone conta. "Eles não o deixavam fazer o que ele queria, e certas pessoas reclamavam. Mas Daniel sempre contornou bem, mantendo a diplomacia na medida do possível."

No fim, os Ramones contrataram o produtor Joe Blaney — que tinha gravado o álbum *Combat Rock*, do The Clash — para mixar todas as faixas.

"Johnny apenas disse o que ele costumava dizer: *Ok, vamos logo. Vamos fazer isso aí. Ninguém vai comprar mesmo, então vamos terminar logo.* Mais ou menos naquela época, eu comecei a pensar em sair da banda", Richie recorda. "Tínhamos recém assinado com a Radioactive Records, o selo de Gary Kurfirst. Teria sido burrice continuar tocando pela grana. Eu não ganhava dinheiro com os discos ou as camisetas. Era só o meu salário. O que eu tinha lá? Era só um emprego. Não tinha chance nenhuma de fazer mais sucesso. Íamos ladeira abaixo a partir daquele ponto. E até onde eu sei, foi o que aconteceu."

"Na primeira turnê", Richie relata, "quando nós tínhamos um ônibus, Joey e eu sempre viajávamos nos fundos dele. A gente escutava música juntos e tocava *air guitar*. Quando a grana estava curta, não podíamos ficar gastando US$ 700 por semana num ônibus. Johnny falava: *Ah, a gente vai na porra da van, entendeu? Com um motorista, no inverno.* Íamos até Vermont, tocávamos no show e voltávamos para casa logo em seguida — em estradas cheias de gelo. Eu colocava a minha vida em risco todas as noites. Aquilo me deu um desgosto".

"Nunca soube ao certo por que Richie saiu da banda", Johnny Ramone declarou. "O que eu ouvi falar foi que, numa noite, Joey tinha saído e bebido demais e aí começou a falar para os outros *Johnny tem que mandar o Richie embora!* Richie descobriu e aí saiu da banda. Eu pensei em negociar com o Richie para chegar a um acordo."

"Nunca houve negociação", insiste Richie. "Era certo que eu estava saindo. Depois de uma apresentação em Islip, Long Island, em 12 de agosto de 1987, chamei um táxi. Logo depois do show, apenas troquei de roupa e saí. Deixei os Ramones bem antes de dois shows no Ritz. Recebi uma ligação anônima de uma pessoa, que disse: *Depois desses dois shows, eles vão te demitir de qualquer jeito mesmo.* Aí eu pensei: *Que se foda, não vou voltar atrás.* O plano de Johnny era me colocar para tocar esses dois shows e depois me demitir. No dia seguinte, em Nova York, começaram a bater na minha porta. Ira Lippy, um dos empresários, até falou: *Preferimos perder Johnny a ter de perder você!* Mas eu sabia que isso não ia acontecer. Nunca me arrependi de ter saído dos Ramones. Não tinha como melhorar por causa da mentalidade do Johnny. Era turnê, turnê e mais turnê e tocar por US$ 5 ou 6 mil a noite."

"Nós não iríamos mandar o Richie embora", Johnny Ramone insiste. "Depois que ele saiu, eu não queria ter de passar *mais uma vez* por todo o processo de escolha de um novo baterista. Mas, de alguma forma, tudo que acontece é para o bem. O pessoal saía da banda e, no fim, as coisas sempre se ajeitavam."

CAPÍTULO 30
A GARRAFA ESTÁ VAZIA, MAS A BARRIGA ESTÁ CHEIA

TRÊS ANOS E MEIO APÓS TER SIDO MANDADO EMBORA pelos Ramones, Marc Bell recebeu uma ligação de Monte Melnick, dizendo que Richie tinha deixado a banda na mão. Eles estavam sendo processados por causa de 10 a 15 apresentações que poderiam ser canceladas.

"Richie queria ferrar com eles porque só estava recebendo salário", disse Marky. "Ele não ganhava dinheiro com o *merchandise* da banda. Não ganhava nada!"

Monte informou a Marky que eles haviam tentado usar Clem Burke, do Blondie, por alguns shows, mas seu estilo não combinava com o dos Ramones.

"Então Johnny me ligou", Marky recorda. "Ele sabia que eu estava sóbrio fazia alguns anos. Fui convidado para voltar à banda. Quando retornei, estava rolando uma tensão do caralho no grupo. O clima era tão pesado que dava pra sentir no ar. As coisas tinham piorado ainda mais. Assim, eu fiquei na minha e fui às reuniões do AA. Joey ainda cheirava cocaína. Dava pra ver que a bebida afetava a sua personalidade. Seu humor estava piorando."

Marky tentou convencer Joey a ir às reuniões do AA com ele, mas Joey falava: "Não quero saber dessa porra de *nascer de novo*".

Marky não era o único que tinha problemas com o mau-humor de Joey.

"Joey e eu brigamos", Legs McNeil revela, "quando Richie saiu da banda, e Joey começou a falar merda sobre ele. Eu falei: *Não acho que o Richie seja um cara tão ruim assim*, o que era claramente a coisa errada a se dizer naquele momento. Joey ficou com raiva e me chamou de *traidor*. Até então, a nossa amizade tinha durado mais ou menos 12 anos, e eu comecei a me cansar da sua forma de raciocinar. Num dia, ele odiava uma pessoa, e, no outro, amava, baseado no que essa pessoa tinha feito para os Ramones. Era coisa de colegial. Ali eu comecei a me afastar da cena dos Ramones. Joey ficou magoado com o que eu escrevi sobre eles, se sentiu traído. Não importava se eu nunca quis magoar ele, não importava se era verdade ou não. Só importava se Joey acreditava — assim como ele acreditava que eu tinha dormido com a Cindy".

"Joey ficou bravo com Legs McNeil e John Holmstrom porque ele achava que esses caras eram parte da família", Daniel Rey afirmou. "Os Ramones eram como a máfia. Quando você está na máfia e faz algo que ofenda alguém da família, leva uma paulada!"

Um outro conflito ocorreu quando Legs foi assistir a um show do Blitzspeer, um grupo liderado pelo ex-baixista da Shrapnel, Phil Caivano.

"Fui ao camarim da banda pegar uma cerveja", Legs recorda. "Joey veio correndo, tirou o gravador da minha bolsa e começou a arrebentar com ele no chão. Nunca tinha visto Joey tão puto como naquele momento. Minha primeira reação foi me sentir bastante envergonhado pelo Joey, porque ele estava completamente fora de si. A segunda coisa que eu pensei foi: *Que droga, vou ter que comprar outro gravador!*"

No outono de 1987, Joey e eu fomos a um estúdio com Marky para gravar outra música que Joey e eu escrevemos, intitulada "We're Gettin' Out of Here". A música era legal, mas percebi por que os Ramones a recusaram: coloquei um *riff* de guitarra difícil nela.

Quando *Halfway to Sanity* completou sua apagada trajetória, a banda havia atingido o seu momento mais baixo.

Dee Dee continuava a ingerir doses diárias de psicofármacos, alguns dos quais tinham até receita médica, e Joey continuava a beber muito além da conta.

Johnny havia jogado a toalha na sua busca pelo título de *superstar*, conforme a sua atitude revelava. Ele agora encarava o que estava fazendo meramente como um *emprego* e batia muito bem o ponto.

Joey direcionou seu entusiasmo para outros projetos. Fazia apresentações como DJ convidado em boates do East Village, como Cat Club, Lizmar Lounge e Luna Lounge. Usando seu aniversário como pretexto, ele dava grandes festas no CBGB, no Ritz ou no Irving Plaza, onde apresentava bandas novas ou sem contrato da região. No *gran finale*, Joey formava uma banda com seus amigos para tocar músicas dos Ramones e outras canções favoritas.

Meu irmão parecia se divertir mais organizando esses shows do que fazendo qualquer outra coisa. E tinha grande prazer em ajudar as bandas a chegarem ao próximo patamar. Era esse o cara que colocou o meu grupo no estúdio e produziu um disco quando tinha 16 anos.

Dee Dee também buscou uma válvula de escape em seus projetos paralelos. Aparentemente, ele levava a sério o seu desejo de se tornar um rapper e não iria deixar

Johnny impedi-lo dessa vez. Ele começou a se vestir como o pessoal do Run-DMC e do Public Enemy e imitar o jargão dos rappers negros. Porém, Johnny protegia muito o nome de sua banda e foi categórico ao não permitir que Dee Dee usasse o nome Ramone para seu projeto paralelo. Assim nasceu Dee Dee King, o "punk rapper".

"Era meu trabalho como colaborador ajudar no que Dee Dee queria fazer", disse Daniel Rey. "Ele escrevia raps, e eu colocava música em cima. Aí Dee Dee arranjou alguém para financiar o disco, e, quando eu fui ver, estávamos no estúdio gravando aquela coisa de verdade — para o meu desespero. Um dia, no fim do projeto, eu parei e fiquei pensando: *Meu Deus do céu, essa coisa vai sair mesmo!* Por sorte, é um disco difícil de achar hoje em dia."

DEPOIS DE DEZ ANOS E VÁRIAS MUDANÇAS DE FORMAÇÃO nos Rattlers, enfim cheguei à conclusão de que era a hora de tentar outra abordagem. Tivemos altos e baixos, mas nunca conseguimos sair do sufoco financeiramente. Houve grande admiração por parte dos colegas e muitos elogios da crítica, mas, embora isso alimente a sua alma, não alimenta a barriga.

Continuei com o nosso baterista polivalente e extremamente pálido, Neil "Branquelo" Benezra. Branquelo e eu seguimos adiante com uma nova banda e um novo nome. A fim de acabar de uma vez por todas com as comparações a Joey, decidi buscar um vocalista.

Nesse meio tempo, escrevemos e gravamos canções para que pudéssemos tocar aos candidatos interessados. Perdemos tempo com todo tipo de cantor imaginável até encontrarmos um que achamos ser um diamante a ser lapidado.

Ele tinha uma grande e poderosa voz de médio alcance e parecia um misto de Bono com Robert Plant, com uma vasta e encaracolada cabeleira ruiva. Era bastante inteligente — formado em Harvard, inclusive — e tinha um bom senso de humor. Fiquei um pouco surpreso quando ele disse: "Bom, me chamo Joshua Lyon, de *leão*". Achei que ele pensaria em algo melhor do que isso. Mas, de qualquer forma, eu já tinha ouvido nomes mais bestas que aquele.

Em questão de semanas, Josh, Branquelo e eu já havíamos composto músicas suficientes para começar a tocar, mas ainda havia uma peça faltando. Fiz as vezes de baixista enquanto isso e produzi quatro das novas canções em uma fita de oito pistas por um custo de US$ 250. Ficou muito bom. Quando Joey ouviu, mostrou entusiasmo imediato. Fizemos um show com Dave U. Hall temporariamente como baixista.

Chris Moffett, guitarra base da Cycle Sluts from Hell, me apresentou a um cara alto, magro e ligeiramente musculoso chamado West Rocker. Ele usava óculos de aro preto e cabelo moicano. Tinha presença, talento, personalidade e atitude de vencedor. Era um cara bastante engraçado, e nos demos bem na mesma hora.

"Eu era um grande fã dos Ramones", recorda o baixista Westley "Rocker" Crawford. "Uma das primeiras músicas que aprendi a tocar foi 'I Wanna Be Sedated'. Quando finalmente conheci Joey, perguntei sobre meus óculos. Eu estava pensando em usar lentes. Joey disse: *Não, não, não, você fica com uma aparência legal. É sua personalidade. Os óculos combinam com você.* A partir daquele dia nunca mais me senti desconfortável usando óculos no palco."

A banda entrou em sintonia imediatamente. Tínhamos até mesmo uma piada interna. West, que é negro, brincava com o nosso baterista, gritando: "VÁ SE FODER, BRANQUELO!" para ele.

Chamamos a banda de The Tribe, nome que mais tarde mudaria para Crown the Good. Minha maior preocupação era Joshua, que tinha um grande ego mesmo para os padrões de vocalista, o que tende a ser problemático nas bandas — para usar um eufemismo.

Começamos a atrair bons públicos rapidamente. Joey achou que West era fantástico, que Branquelo era ótimo, que Josh também era ótimo, que todos nós éramos muito bons tocando juntos, e que aquilo havia sido a melhor coisa que eu já havia feito. Ele jurou que não iria descansar enquanto não arranjássemos um contrato com uma grande gravadora.

Infelizmente, Joey não teria outra alternativa a não ser descansar por algum tempo.

Ele havia se mudado para um apartamento de um dormitório no fim do corredor onde ficavam as suas duas quitinetes. Como não morava com ninguém naquele momento, o lugar era outra vez uma tremenda bagunça — mais parecido com um campo minado. Joey pisou em algo no seu apartamento e cortou o pé. Eu o busquei em sua casa e o levei junto com a minha mãe para um médico que ela encontrou em um hospital de Princeton, Nova Jersey. Conforme o esperado, meu irmão foi diagnosticado com mais uma infecção no pé. Foi um caso tão grave que o médico considerou a possibilidade de ter de amputar uma parte do seu pé.

Joey recebeu antibióticos intravenosos e estava fora de atividade por pelo menos três semanas. É claro que durante esse tempo os Ramones estavam aflitos, pois mais uma vez estavam perdendo dinheiro como consequência do cancelamento de shows.

Assim que conseguiu, Joey começou a fazer ligações para os caras dos Departamentos de Artistas e Repertórios das grandes gravadoras, falando sobre nossa banda. Em julho de 1989 depois de voltar da Califórnia, Joey nos arranjou uma apresentação no New Music Seminar em Nova York, onde novas bandas eram observadas atentamente pelas gravadoras. A data do show caiu no meu aniversário.

Dave Frey, que mais tarde atuaria com *promoters* de peso, como Bill Graham e Ron Delsener, estava trabalhando para o New Music Seminar quando recebeu um telefonema de Joey.

"Eu agendava as bandas para o New Music Seminar no fim dos anos 1980", Dave recorda. "Joey iria apresentar grupos de Nova York em algo que ele intitulava Joey Ramone's New Music Nights! num lugar chamado Bond Street. Mas o local foi interditado por uma série de violações e fechou mais ou menos dez dias antes de o New Music Seminar chegar à cidade."

"Eu o encontrei em um novo lugar chamado Rapp Art Center, uma antiga igreja na Rua 4, entre a Avenida A e a Avenida B", Dave relembra. "Era para ter apenas três ou quatro bandas, mas ele colocou gente demais. Aí me pediu para ir à sua casa conversar sobre o assunto, o que acabou sendo uma experiência por si só. Quando abrimos a porta, tinha dinheiro espalhado por todo o chão: trocados, notas amassadas e tudo mais. A cozinha estava cheia de pratos empilhados. Não era um lugar muito arrumado. O resto do apartamento era bastante precário, e as superfícies planas eram empilhadas de coisas, numa torre sem fim. Parecia um problema de física: quantos objetos podem ser empilhados o mais alto possível sobre uma superfície plana sem que caiam?"

Dave descobriu que Joey havia prometido a todo mundo, de Dee Dee Ramone aos Cycle Sluts e a Blitzpeer, que poderiam ficar com metade da bilheteria.

Dave ri. "Felizmente eu conhecia boa parte dessas pessoas e pude ligar e dizer: *Olha, vocês vão tocar das 8h15min às 8h45min e vão ganhar US$ 100*. Todos eles disseram: *Ah, é o Joey. Ok, sem problema.*"

"No último minuto", Dave recorda, "Joey me ligou e disse que tinha uma banda incrível chamada The Tribe e que havia muita gente interessada nela. Tínhamos de dar um jeito de colocá-la no show. Aí bolamos um modo e a encaixamos. Eu não fazia ideia de que era o grupo do irmão de Joey. Ele nunca me falou nada".

"Mickey se esforçava de tudo quanto era jeito para esconder que era irmão de Joey Ramone", West Crawford ri. "Quer dizer, eu falava pra mim mesmo: *Mas que droga, a gente podia usar isso em nosso favor! Apenas diga a eles quem é o seu irmão!* Mas ele era muito persistente e determinado."

"Joey curtia *demais* esses shows", West lembra, "e curtia muito fazer os outros se interessarem por novas bandas. Uma vez, eu estava ao lado do palco com ele, quando uma delas estava se aprontando para começar o show. Duas garotas mais novas foram até o Joey em estado de graça: *Oh, Joey Ramone! Não acredito! Sou sua maior fã! Pode me dar um autógrafo?!*".

"Joey foi tão cordial, educado e amável", West recorda. "O que mais me surpreendeu foi que as garotas continuaram falando enquanto a banda se preparava para iniciar a apresentação. Mas, no momento que começaram a tocar, Joey se virou para elas, colocou o dedo nos seus lábios e disse *Shhh*, apontando para o palco. Esses caras não eram ninguém. Era provavelmente o segundo ou terceiro show deles. E Joey não só prestava atenção nas bandas, como também escutava e assistia aos shows muito atentamente. As garotas também pararam e se viraram para o palco. Joey amava mesmo o rock 'n' roll!"

Devido à energia e à atenção que Joey deu aos shows no Rapp Art Center, a noite foi como uma grande celebração — principalmente com a festa surpresa que Joey fez para mim no porão. A melhor parte da noite, no entanto, foi logo após eu soprar as velas do bolo, quando Joey disse que Michael Kaplan da Epic Records tinha ido assistir à banda. Ficamos todos muito animados e agradecemos a Joey copiosamente por ter organizado tudo. Foi melhor ainda no dia seguinte, quando ele me disse que Kaplan havia gostado da banda e que estava bastante interessado.

Cerca de uma semana depois, estávamos fazendo outro show no CBGB, basicamente para Kaplan, embora Joey tivesse convidado o máximo de gravadoras que conseguiu. Eu estava no *backstage* do CB, prestes a subir ao palco, quando Joey e Monte entraram no camarim. Fiquei preocupado, porque Joey estava com uma cara estranha, como se houvesse algo muito ruim acontecendo. Monte também, apesar de ser a sua cara de sempre.

"O que foi?", perguntei.

"Dee Dee saiu da banda", Joey murmurou.

"O quê?!"

"Pois é", Joey continuou, "ele quer ser rapper ou uma merda dessas. E então você conhece algum baixista? Alguém um pouquinho mais novo que a gente?".

"Conheço", disse a ele. "West estava falando agora mesmo sobre um baixista que ele conhece em Long Island. Vou perguntar para ele."

"Valeu", ele disse.

Fazia um tempo que eu não falava com Dee Dee, muito provável porque nos últimos tempos eu não estava mais indo a tantos shows dos Ramones — e já tinha praticamente parado de vender maconha. Quando eu falava com Dee Dee, ele não deixava de extravasar sua frustração com a banda — em especial com o controle estilo Gestapo que Johnny exercia sobre tudo, desde a música até cortes de cabelo.

"Quando saí dos Ramones em julho de 1989", Dee Dee recorda, "fiz várias mudanças na minha vida. Larguei minha esposa, larguei minha namorada e larguei a banda. Foi difícil, mas eu tive de fazer, porque queria ser eu mesmo. Não sou fantoche. Não escrevo música de acordo com um determinado estilo. Eu escrevo conforme eu me sinto no momento. Escrevo pelo momento. Não tento recriar o passado. E isso estava se tornando o negócio dos Ramones — reciclar o passado —, o que foi difícil de aguentar".

"Johnny não crescia", Dee Dee continua. "Ele agia como Adolf Hitler. Seu apelido era *o Führer*. E eu estava de saco cheio do visual de mininho, com cabelo cogumelo e jaqueta de couro. Éramos só quatro homens de meia-idade tentando ser delinquentes juvenis. Você tem de se empenhar para ser um homem. Acho melhor ser adulto para ter a segurança de não ter de ficar preso a alguma coisa que pode ter funcionado em um dado momento. Estava de saco cheio de tocar em uma banda de *revival*, o que não teria problema se os Ramones não tivessem lançado novos álbuns."

"Quando eu estava nos Ramones", Dee Dee suspirou, "eu só queria que as músicas fossem cantadas com um toque de sabedoria — e isso era muito difícil, pois ninguém na banda estava amadurecendo, apenas eu, o que era bem estranho, porque não havia ninguém no grupo mais autodestrutivo do que eu. Durante os últimos 15 anos, nós tínhamos basicamente tocado os três primeiros discos. Não importa o quanto você goste daquelas músicas, se tocá-las todas as noites, vai ser uma droga. Não tinha um garoto que eu encontrasse na rua que não me dissesse que se os Ramones tivessem alguma dignidade teriam parado depois de *Too Tough to Die*. Foi ali que *eu* quis sair".

"Em 1989, quando Dee Dee decidiu que não queria mais fazer parte dos Ramones", Vera Colvin recorda, "eu achei que era mais uma fase que iria passar. Ele não queria mais ter de tomar remédios ou consultar médicos. Estava fazendo isso por mais ou menos dez anos — reuniões do AA, NA, CA, tudo! Ele ia todo o dia e toda a noite — e agora estava jogando tudo fora. Dee Dee me disse que queria mudar e que eu teria de mudar junto com ele. Mas o caminho que ele estava fazendo era totalmente inaceitável. Eu falei a ele: *Enquanto você não voltar a tomar seus remédios, não vai poder voltar pra mim. Você está colocando a sua vida em suas mãos*".

"Acho que se a Vera tivesse me ajudado, poderíamos estar juntos até hoje", Dee Dee especula. "Ela me mandou embora. Ela me mandava embora todo mês. Eu ficava uns dias no Gramercy Park Hotel e recebia uma ligação da Vera, dizendo: *Ok, pode voltar agora.*"

Havia coisas incomodando Dee Dee — Joey era uma delas.

"O alcoolismo de Joey estava ficando ruim demais", disse Dee Dee. "Eram dois pesos e duas medidas no grupo. Mesmo quando eu estava totalmente careta, eu era sempre vigiado e criticado e não recebia dinheiro. Joey podia fazer o que ele quisesse. Ele começou a fazer shows ruins e a desmaiar no avião. Uma vez, teve de ser carregado para dentro do avião na última turnê. Eu também tive de ser carregado para o avião algumas vezes, mas nós éramos mais novos naquela época! Joey tinha uns 39 anos agora. Não tem nenhuma dignidade nisso!"

Os comentários de Dee Dee sobre as bebedeiras de Joey e os motivos que o levaram a sair da banda começaram a circular. Então chegaram aos ouvidos de Joey, que passou a discursar sobre o consumo de drogas de Dee Dee para quem estivesse disposto a ouvir, incluindo o polêmico radialista Howard Stern. Um mês depois, o feitiço virou contra o feiticeiro quando Stern colocou no ar uma mensagem gravada de Joey completamente embriagado, cancelando sua participação apenas duas horas antes de o programa matinal ir ao ar. Bebendo desde o amanhecer, estava tão podre de bêbado que mal conseguia falar.

Meu telefone começou a tocar cedo naquele dia, com pessoas rindo histericamente da mensagem que Stern colocou no ar. *Foi* bastante divertido, a menos que você fosse Joey, um colega de banda ou um parente seu.

Eu me senti muito mal pelo meu irmão. Apesar de Howard Stern ser um grande fã e aparentemente um amigo de Joey, ele tocou a fita repetidas vezes, de maneira impiedosa, durante semanas. Mas é óbvio que esse era o seu trabalho. Joey ficou furioso, mas não pôde dizer nada para Howard Stern. Ele sabia muito bem quem engoliria os seus sapos e quem não engoliria.

Dee Dee particularmente não conseguiu mais aguentar o papo-furado condescendente de Joey. Na verdade já havia perdido a paciência com todos na banda.

"Quando fiquei sabendo que Dee Dee estava de saída, foi um choque", Johnny relembra. "Sempre achei que Dee Dee e eu ficaríamos até o fim. Todos ligaram para mim e disseram: *Venha para uma reunião!* Eu disse: *Se ele quer sair, deixem ele sair!* Fui à reunião, e o Dee Dee sequer deu as caras. Eu disse: *Muito bem, amanhã vamos fazer testes.* Vou deixar isso me derrubar? Eu vou arrumar um substituto mais novo.

Já tinha pensado que assim que as coisas se acalmassem, iria colocar o Dee Dee para continuar compondo músicas para os Ramones."

Enquanto Johnny estava ocupado tentando convencer Dee Dee a continuar compondo para a banda, Joey estava ocupado procurando um substituto. Ele ligou para West Rocker e lhe perguntou sobre o baixista que ele conhecia.

"Desliguei o telefone depois de falar com Joey", conta West, "e liguei para um garoto com quem eu cresci em Long Island, Chris Ward. Eu perguntei: *Você tem um baixo?*, e ele respondeu: *Tenho*. Eu então disse: *Olha, arranjei um teste nos Ramones pra você, caso tenha interesse*. Chris falou: *Sim, claro que eu tenho!*".

"Achamos que Chris Ward foi bem", Johnny Ramone recorda. "Eu sabia que assim que entrasse para a banda, ele iria tocar com uma palheta e fazer um corte cogumelo. Eu tinha a visão."

"Chris apareceu na minha casa", contou West. "Ele disse: *Parece que eu consegui! Agora é só escolher um nome. Vai ser Izzy, Dizzy ou CJ*".

"Eu disse *CJ. Os outros dois soam malucos*", West ri. "O resto é história."

CJ Ramone era agora o novo membro da banda.

No fim do verão, Joey tinha acabado de arranjar um contrato com uma gravadora para a nossa banda, enquanto West e eu tínhamos encontrado o próximo baixista dos Ramones.

Mas embora Dee Dee estivesse fora do grupo, sua presença ainda era sentida.

"Depois que Dee Dee saiu", Daniel Rey recorda, "ele precisava destilar seu veneno e escreveu um artigo desagradável sobre os Ramones na *Spin*, dizendo coisas ruins sobre os caras da banda. Joey ficou puto".

Com vários dos velhos amigos de Joey abandonando o barco, ele começou a se sentir sozinho. Joey jamais admitiria que estava sentindo falta de outras pessoas, mas era possível perceber. Assim, ele teve muita sorte de topar com Robin Rothman na rua e retomar contato com ela. Robin trabalhava com nosso antigo amigo James "Ratso" Rizzi, o artista que patrocinou o primeiro disco dos Rattlers. Jimmy estava indo muito bem na sua carreira.

"Eu caminhava pela Lafayette até a casa de Rizzi", Robin Rothman diz entre risos, "quando vi Joey de braços dados com sua nova amiga Susan Calamari. Não tinha mais visto ou falado com Joey por quase sete anos. Eu olhei para ele e disse: *Meu Deus! Oi, Joey!* Joey respondeu: *Escuta, eu me mudei para o fim do corredor e tenho de alugar minha quitinete*. Eu falei: *Nossa! Que bom!* Eu estava morando no Brooklyn e precisava dar o fora do meu apartamento naquele lugar. Joey me deu o telefone da sua mãe, e eu liguei. Disse que estava interessada no apartamento, e a primeira coisa que Charlotte me falou foi: *Tudo bem, mas se você se mudar pro apartamento, não vai poder interferir na vida dele!*.

"Nunca vou me esquecer disso, até a morte", Robin disse bem alto, "porque a partir do momento em que eu me mudei para aquela porra de apartamento, *Joey nunca mais me deixou em paz!*".

Joey marcou uma reunião para a minha banda com Michael Kaplan no escritório da Epic Records. Como ela estava na ativa havia apenas cerca de seis meses, Kaplan só tinha liberação para oferecer algo chamado de "contrato de desenvolvimento", um degrau mais alto que um "contrato de demo." Mas ainda não era um contrato *de verdade*.

Em um contrato de desenvolvimento, a banda ganha US$ 30 mil para tirar quatro meses de folga no trabalho, comprar equipamentos, ensaiar o show, compor uma montanha de hits e gravar outra fita demo. Então a gravadora teria um mês para decidir se fariam a opção de assinar um contrato de 12 anos com a previsão de oito discos.

Sugeri Steve Massarsky para nos representar, mas Josh tinha um outro cara em mente: Michael Guido, que possuía uma carteira de clientes bem mais interessante. Guido representava várias das bandas de *hair metal* que atingiram fama repentina, como Skid Row, e tinha engendrado uma grande disputa por um grupo chamado Warrior Soul.

Assim Guido venceu.

A primeira coisa que ele nos falou sobre o contrato de desenvolvimento foi: "Não façam isso!".

"Vocês estão dando o que falar agora", Guido disse. "Deixem eu negociar um contrato melhor para vocês. Confio muito que vou conseguir."

"Bom, e quanto ao meu irmão?", perguntei. "Nós prometemos 10% para ele."

"Certo, mas não do dinheiro desse contrato de desenvolvimento", Guido explicou. "Ele *só* vai ganhar 10% se a gravadora optar pelo contrato de 12 anos. Existe a possibilidade de que eles decidam não optar. Vocês precisam ter isso em mente. De três em cada quatro vezes, a gravadora faz o contrato. Mas é uma aposta."

"E se não assinarmos esse contrato", perguntei, "a banda não vai precisar dar nada para o Joey?".

"É isso aí. Se ele não está envolvido, com certeza vocês não precisariam pagar para ele nada de qualquer outro contrato que venham a fazer. Na verdade, até o momento, vocês não são obrigados a dar nada para ele legalmente. Ele não assinou um contrato com vocês. Não estou dizendo que isso é certo ou errado, apenas é o mundo dos negócios. Acontece toda hora."

"Mas Joey acha que vocês *deveriam* pegar esse contrato", Guido continuou. "O que eu estou dizendo é que eu acho que vocês conseguem coisa bem melhor. Mas será um prazer negociar esse contrato da Epic pra vocês, se é isso que vocês querem. A decisão é de vocês."

O mais inteligente seria seguir o conselho de Michael Guido e deixá-lo procurar um contrato que garantisse que faríamos pelo menos um disco — e que rendesse muito mais dinheiro. Alguns dos outros membros da banda estavam em cima do muro, mas dispostos a deixar Guido fazer uma tentativa. Eu pensei por um instante e lembrei o quão entusiasmado o meu irmão estava, o quão feliz ele se sentiu por ter chegado tão longe nisso e o quanto ele já tinha trabalhado por nós. Não havia como deixar que ele fosse sacaneado. Podem chamar de fidelidade, lealdade, ingenuidade, culpa, burrice pura ou um pouco de tudo isso junto. Por bem ou por mal, eu não faria isso com meu irmão.

Então pressionei para que todos aceitassem o contrato da Epic. Implorei para que considerassem a possibilidade de que Guido poderia não conseguir nada melhor e que a oferta da Epic poderia não estar mais disponível dentro de seis meses. O mais provável era que passassem a dar atenção para outras bandas. Consegui convencê-los a pegar o contrato que Joey havia arranjado para a nossa banda, e as negociações começaram.

Em seguida, mais complicações surgiram quando Joey nos informou que Andrea Starr, do escritório do seu agente, tinha ajudado a fazer várias ligações e enviar várias encomendas por nossa causa. Joey agora pressionava para que Andrea também ganhasse 10%.

Ele também queria dar uma taxa de 5% pela descoberta para sua amiga Joan Tarshis, que tinha o contato de Michael Kaplan na Epic. Tanto Kaplan como Guido acharam um total absurdo. Nós ainda não tínhamos um empresário, e Kaplan ressaltou que deveríamos ter. Essa pessoa também levaria no mínimo 15%. Kaplan nos disse que se a banda tivesse de dar 40% do seu adiantamento, isso iria comprometer drasticamente o orçamento de gravação e nossa capacidade de fazer turnês. Com isso, não haveria motivo algum para que a gravadora assinasse um contrato conosco.

Kaplan foi muito sensato e, felizmente, conseguiu dar o recado a Joey. Continuamos as negociações. Tentei deixar a situação o mais vantajosa possível para Joey, de tal forma que alguns dos caras da banda suspeitaram que eu estivesse levando alguma coisa por fora, o que era um absurdo. Eu simplesmente tentava mostrar gratidão pelo que meu irmão tinha feito e continuava a fazer. No fim, conseguimos chegar a um acordo que era aceitável para todas as partes, e a Epic começou a redigir o contrato.

Enquanto Guido e a Epic acertavam os detalhes do contrato que tornaria um dos meus sonhos em realidade, Joey realizou outra fantasia: conseguiu seu próprio programa de rádio na WZRC Z-Rock 1420, na frequência AM. Chamava-se *Joey Ramone's Radio Revenge* e incluía Handsome Dick Manitoba como seu coâncora-ajudante. Ele levou minha banda ao programa para tocar ao vivo em várias ocasiões, tentando influenciar a Epic a optar pelo contrato. O *Joey Ramone's Radio Revenge* era uma mistura de música em vinis e CDs e apresentações ao vivo, assim como comentários bem-humorados de Dick e Joey, e entrevistas com convidados como Lemmy, do Mötorhead, Johnny Rotten, Cycle Sluts from Hell e The Tribe.

Enquanto isso ia acontecendo, decidi reduzir drasticamente as festas e a bebida em uma séria tentativa de ser mais responsável e não desperdiçar essa oportunidade. Por outro lado, Joey se afundava cada vez mais no álcool.

Em uma noite, ele foi com o fotógrafo Bob Gruen a uma boate meio hippie no West Village, chamada Wetlands. Queria ver o show da Raging Slab, uma banda de uns amigos nossos. Joey decidiu tocar uma música com eles e acabou dando um grande show, incluindo uma saída de palco de grande dramaticidade. "Estava com o Joey na noite em que ele tomou seu último drinque", Bob Gruen relembra. "Estávamos no bar do Wetlands, e a minha namorada disse: *Vamos tomar uma tequila*. Como estávamos com Joey, o *barman* veio e nos deu doses de tequila tamanho mega. Joey pegou o copo e disse: *Sei que vou me arrepender disso*."

O público se emocionou quando Joey subiu ao palco para acompanhar a Raging Slab na hora do bis, mas se apavorou quando ele desceu do palco, tropeçou nos degraus e caiu no chão, torcendo seu tornozelo. Horas depois, ao sair de um táxi em frente a um inferninho *after-hours*, Joey disse a Bob: "Machuquei mesmo o meu tornozelo. Acho que está começando a ficar inchado".

Naquele momento eram 4h da manhã. Joey ligou para Monte, que saiu da cama para ir buscá-lo e levá-lo para casa. A turnê dos Ramones precisou ser adiada, pois Joey havia quebrado o tornozelo. "Quando vi o Joey de novo", Bob recorda, "ele estava se recuperando da fratura. Disse que tinha decidido parar de beber. Conforme os anos foram passando, nunca mais vi o Joey com uma bebida na mão".

Eu também não. E mais ninguém viu isso.

CAPÍTULO 31
UM POUCO DA VERDADE

EM MARÇO DE 1990, O CONTRATO DE DESENVOLVIMENTO entre Epic Records e The Tribe foi finalmente assinado, dando início ao período de quatro meses para compor, ensaiar e gravar. Em julho, entregamos as gravações finalizadas para Michael Kaplan, e a espera de um mês começou. Estávamos apreensivos conforme nosso destino ia sendo determinado.

Nesse meio tempo, West teve o azar de ser pego em uma batida policial.

O Kentucky Fried Chicken na esquina da Rua 14 com a Terceira Avenida não era apenas um ponto de encontro para galinhas mortas, era também um conhecido ponto de traficantes de cocaína. A polícia fazia uma de suas rondas aleatórias no Lower East Side, e West deu o azar de estar no Kentucky Fried Chicken comprando... algo para levar.

Praticamente todo mundo na indústria musical tinha passado por uma clínica de reabilitação a essas alturas, encerrando gradativamente o apogeu da cocaína nos anos 1980. Dessa forma, Kaplan nos assegurou que isso não iria pôr um fim em nosso contrato, já que a Epic era bastante compreensiva.

Algumas semanas depois, o pai de Arlene, Charlie, faleceu vítima de uma doença cardíaca contra a qual lutava fazia vários anos. Charlie era um grande cara, e não preciso dizer que Arlene ficou arrasada. Também fiquei bastante abalado. Seus pais haviam se mudado para a Flórida, e viajamos até lá para o funeral.

Quando voltei, liguei para nosso novo empresário, Mike Lembo, e contei a ele que havia acabado de voltar do enterro do meu sogro.

"Bom, Mickey, infelizmente aconteceu outra morte enquanto você esteve fora da cidade — seu contrato com a gravadora morreu", ele falou, citando os motivos de sempre. "A Epic não quis assinar. Não ouviram um hit na fita, e o pessoal do marketing não conseguiu entender muito bem em qual categoria vocês se encaixariam.

Eles acham que o vocalista de vocês, Josh, é um pouco genérico demais — não é muito original. Lamento."

Ele disse que estaria disposto a continuar tentando com outros selos e que deveríamos continuar a compor e a nos apresentar, mas basicamente estávamos de volta à estaca zero. Gravamos mais uma leva de canções ao vivo no CBGB, e Lembo começou a oferecer outra fita para as gravadoras.

Escrevi algumas músicas com West, e isso não caiu bem com Josh. A tensão continuava crescendo entre nós. Em uma noite depois de um ensaio, decidimos ir tomar uma bebida. Josh e West estavam no banco de trás do carro brincando um com o outro. Até que começaram a discutir e partiram para as vias de fato.

Então virei na Rua 42 e parei o carro ao lado da calçada.

Josh e West saltaram de dentro do carro e partiram para a porrada, rolando pela rua. Ninguém ali era durão ou briguento, então inicialmente o Branquelo e eu começamos a rir. Mas, em seguida, parecia que estavam levando a briga a sério.

Isso não era nada bom.

"Vamos lá, caras. Parem com isso!", gritamos.

De repente, uma intensa luz faiscou sobre nós, vinda dos céus. Quando Branquelo e eu olhamos para o alto, ouvimos um estrondo ensurdecedor. Era uma daquelas trovoadas que soam como se arranha-céus estivessem desabando como peças de dominó. A água começou a cair enquanto Josh e West continuavam rolando na calçada.

A situação começava a se deteriorar.

Eu havia composto uma canção às vésperas do bombardeio americano no Kuwait, cujo título, "With Our Blood", era um grito de guerra que os muçulmanos do Iraque cantavam para mostrar o quanto estavam dispostos a se doar pela sua causa — que aparentemente envolvia apenas a sua religião.

With our hands we pray, with our blood we pay (*Com nossas mãos rezamos, com nosso sangue pagamos*) era o refrão da música, já que agora os americanos estariam pagando com o próprio sangue, assim como os iraquianos e os kuwaitianos. Fiz o vocal da canção em vez de Josh simplesmente porque soou melhor. Até Joey havia concordado.

A amiga de Joey, Joan Tarshis, escreveu uma resenha sobre um dos nossos shows no *The Music Paper*, no qual ela afirmava que a canção era o ponto alto da apresentação. Josh acusou Joey e eu de termos coagido Joan. A situação piorava progressivamente em nossa banda.

Uma reunião no apartamento de Joey culminou com o grupo se separando de Josh. Joey apoiou nossa decisão, concordando que seria melhor para nós arranjar outro vocal. Quando estávamos fazendo testes com vocalistas, o equipamento começou a desaparecer misteriosamente da nossa sala de ensaio, e, pouco tempo depois, West também desapareceu.

É com essa rapidez que as bandas têm sua ascensão e queda na indústria da música, não que isso fosse novidade para mim, conforme Johnny tinha me avisado anos antes. Eu sabia quais eram as chances e que a proporção daqueles que atingem sucesso entre os que tentam é minúscula. Sabia desde o dia em que peguei uma guitarra pela primeira vez em 1965. Não me desanimei tanto assim, já havia visto várias bandas excelentes e várias pessoas de talento incrível que simplesmente não puderam superar os obstáculos, muitas das quais haviam desistido por não terem o dinheiro necessário para seguir em frente ou porque haviam perdido o interesse. Mas eu ainda tinha o principal ingrediente para correr atrás do meu sonho, que não era exatamente talento, e sim *motivação* — e quando você tem fôlego suficiente, continua correndo.

Fizemos um teste com um vocalista chamado Stephen Siegel, também conhecido como Steven Sane, que também tocava baixo e guitarra. Então decidimos ir adiante como um trio, com Steven cantando e tocando baixo.

Joey estava ocupado com a formação de uma banda chamada Resistance, que seria um projeto paralelo de caráter mais político para coincidir com as primárias das eleições presidenciais e com a campanha Rock the Vote da MTV para fazer os jovens irem às urnas. Ele estava trabalhando em uma regravação de "Gimme Some Truth", de John Lennon, para uma apresentação no comício do candidato democrata Jerry Brown, que seria em breve.

Noites depois, ele me ligou para falar sobre outra música na qual estava trabalhando.

"Pode me ajudar com essa música?", Joey disse, desesperadamente. "Tenho o primeiro verso, mas não consigo ir em frente. Você tem de me ajudar!".

Eu havia feito um pacto comigo mesmo de que não iria fazer novamente algo do qual eu me arrependeria mais tarde — ou que me fizesse ficar furioso com meu irmão. Era bastante claro nesse ponto que não importava qual fosse minha contribuição: eu não receberia crédito. Depois de um tempo, como meu irmão com certeza sabia, isso tira boa parte da graça de todo o processo. Eu tinha noção de que não seria fácil nem agradável, mas que eu tinha de tomar uma atitude em algum momento. Assim, decidi arriscar: abri minha boca e expressei meus sentimentos para o meu irmão pela primeira vez.

"Eu não sei, cara", falei, apreensivo. "Eu já te ajudei em um monte de composições. Você sabe, eu fiz toda a música em '9 to 5 World' e aquele *riff* e a parte final de 'Real Cool Time', 'Chop Suey', várias coisas — mas nunca ganhei crédito por nada. Por quê?"

"Bom, é só por causa do John mesmo", respondeu. "Se eu colocasse o seu nome em qualquer uma daquelas músicas, ele não as deixaria entrar no álbum."

"E por que seria diferente agora?", perguntei.

"Porque isso não é para os Ramones", ele disse. "É para o Resistance. Vai sair tudo certo. Eu prometo."

"Ok", eu falei. "O que você tem aí?"

"É uma música chamada 'Censorshit'", Joey disse. "É sobre a Tipper Gore e esse negócio da PRC, sobre eles quererem colocar classificações indicativas e essas merdas nos discos. A primeira linha é *Tipper, what's that sticker hanging on to my CD?* (*Tipper, o que é este adesivo colado no meu CD?*). E é só o que eu tenho."

Pensei por alguns segundos. "Que tal *Is it some kind of warning that's supposed to protect me? (É algum tipo de aviso que deveria me proteger?)*", sugeri.

"Ótimo!"

"Quer mais?", perguntei.

"Não, não, está bom", ele disse. "Vou continuar daqui. Você pode vir aqui e me ajudar a colocar na fita?"

"Ok, ok", eu disse. É claro que acabei acrescentando música também. Mas agora seria diferente, porque *não era para os Ramones*.

Falei para Joey da nova formação da banda com Steven Sane e que já tínhamos nosso primeiro show marcado. Ele veio nos ver em uma porcaria de bar na Rua Houston, sem palco e com um sistema de som podre, sem monitores.

Quando eu liguei dias depois para ver se podíamos continuar de onde havíamos parado com a minha banda, Joey soou um tanto estranho. Disse que tinha boas e más notícias.

A má notícia era que ele não achou Steven Sane impactante como vocalista. Ele tinha uma ótima voz e era um cara talentoso, mas meu irmão acreditava que essa formação não chegava nem perto daquela que tínhamos anteriormente. Joey chegou a dizer que eu tinha ferrado com tudo. Eu tinha algo ótimo, mas estraguei tudo, incluindo todo o trabalho que ele havia feito. Ele também ficou chateado de nunca ter recebido nenhum dinheiro do contrato com a Epic. Embora fosse estranho para a maioria das pessoas trazer um assunto desses à tona, fazia sentido, considerando o comportamento por vezes paranoico do meu irmão. Tive a clara impressão de que agora ele pensava que havia sido passado para trás no mal-sucedido contrato com a Epic. Nosso advogado nos disse que Joey só iria receber uma porcentagem se o contrato completo fosse assinado, o que renderia algo em torno de US$ 40 mil para ele. O dinheiro do desenvolvimento deveria ser usado estritamente para chegar ao contrato de verdade, o que acabou não acontecendo.

Argumentei com Joey que ele sabia bem o que havia acontecido com a Epic. E, no que diz respeito a perder nosso vocalista, ele tinha concordado conosco.

"É, bom, não deveria importar o que *eu* achava", Joey disse. "Você é que deveria tentar manter a banda unida."

Embora eu estivesse muito bravo, estava mais decepcionado com ele por não querer correr atrás.

"Bom, é a sua opinião", eu respondi.

A boa notícia era que uma música dos Ramones havia sido incluída em um comercial de TV. A banda iria ganhar US$ 100 mil. Era a primeira vez que isso acontecia com os Ramones, e Joey estava muito animado. Ele me disse que "Blitzkrieg Bop" estaria em uma propaganda da Bud Light, que iria ao ar na primavera de 1991.

Apesar de ainda serem os reis do punk, os Ramones não estavam mais no topo da cadeia alimentar da *música alternativa,* prestes a serem engolidos por um novo fenômeno chamado *grunge.* Uma forma de rock 'n' roll inspirada no punk, famosa no início dos anos 1990, o grunge havia sido incubado em Seattle, onde nasceu. Agora, em seus primeiros anos de vida, o novo estilo estava indo rumo ao coração dos Estados Unidos, esmagando tudo pelo caminho. Para mim, era como se Neil Young e os Ramones tivessem um filho chamado Nirvana. A imprensa e a mídia estavam adorando.

Ao longo dos anos 1980, os Ramones haviam sido desmoralizados, esnobados e difamados pela mídia de massa e pelos principais nomes do marketing. Eram ignorados por uns e pisoteados por outros. Finalmente, em 1991, um inteligente executivo do mercado publicitário captou o que nenhum programador de rádio havia percebido até então: que a música dos Ramones poderia vender cerveja para uma nação sedenta. Ao contrário do que alguns enxergavam como *ética punk* — algo que, para início de conversa, os Ramones nunca defenderam —, a banda não tinha nenhum problema ético ou político em licenciar a sua música para um comercial de cerveja. Apesar de sempre terem preservado sua liberdade criativa, os Ramones não eram exatamente grandes propagandistas dos ideais anticapitalistas, como, por exemplo, não receber o dinheiro patrocinado por grandes corporações — dependendo do patrocínio, é claro. Para mim, era mais como se os pobres estivessem pegando o dinheiro dos ricos — os discos da banda ainda vendiam, em média, 70 mil cópias por álbum. E quem tem mais dinheiro que a Budweiser?

Os Ramones continuaram virtualmente desconhecidos do público geral nos Estados Unidos até que a Anheuser-Busch Brewing Company decidiu veicular "Blitzkrieg Bop" na campanha publicitária da Bud Light para o verão de 1991.

"Hey, ho, vamos tomar uma Bud!"

No início, fiquei entusiasmado — pelo meu irmão e pelos Ramones. Mas também temi que aquilo acabaria dando merda, como normalmente acontecia com eles.

No geral, eu estava muito contente por Joey quando a Bud Light finalmente colocou a propaganda dos Ramones no mapa dos Estados Unidos. Vibrei quando vi o comercial pela primeira vez. Comecei a balançar a cabeça assistindo ao filme de 30 segundos com uma temática de corrida de carros. O diretor usou a música mais do que eu esperava.

Então, de repente, ouvi a parte da canção na qual eu havia participado.

Legal!, pensei. *Isso é ótimo!* E foi mesmo legal — nas primeiras 30 ou 40 vezes.

Os meses se passaram, e o comercial seguia firme na televisão. Escutava minha voz na TV quatro ou cinco vezes por dia e, depois de um tempo, eu comecei a pensar: *Hm, algo não está muito certo aqui.*

Já havia feito algumas pequenas incursões no ramo dos *jingles* após meu amigo e ex-*roadie* dos Ramones, "Big" Matt Nadler, me passar o contato de uma agência. Fiz algumas demos para eles e sabia que os cantores que faziam *backing vocal* eram muito bem pagos. É claro que essa situação era diferente, uma vez que a gravação original já havia sido feita e tratava-se de um contrato de licenciamento. Mas pensei que, já que eu nunca havia recebido nada pela gravação original, algo ainda poderia ser acertado.

Eu estava mais falido do que nunca e só tinha um pouquinho de dinheiro guardado do que eu ganhava vendendo maconha. Ainda assim, ouvia a minha voz em um comercial de TV pelo qual a banda havia recebido US$ 100 mil. Parecia a ocasião perfeita para os Ramones mostrarem um gesto de gratidão pelas contribuições que fiz ao longo dos anos. Mesmo um pagamento por hora, nos valores de sindicato — talvez US$ 500 —, seria uma grande coisa para mim naquela época. Era mais de um mês de aluguel, bem ali!

Meu irmão e, sem dúvida nenhuma, Johnny sabiam o quão mal eu estava financeiramente. Ao lembrar o modo que John falava sobre os outros que não conseguiram se dar bem na música — rotulando-os debochadamente de *perdedores* —, eu sabia que ele provavelmente estava se divertindo com minha falta de sucesso. Esse pensamento não era nada agradável. Não, eles não haviam feito a maior fortuna de suas vidas com o comercial, já que cada um levaria apenas US$ 12,5 mil depois que a partilha tivesse sido feita com distribuidores, entre outros.

Porém, sabiam que eu havia me endividado quando trabalhei para a banda por US$ 50 por semana, quando isso era só o que podiam me pagar. E considerando que eu fui a única pessoa que *perdeu* dinheiro trabalhando para os Ramones, não achei que estava forçando a barra por querer tomar apenas um gole dessa rodada de Budweiser — sobretudo por ter cantado na canção. Se eu não estivesse tão desesperadamente falido, vendendo maconha para pagar as contas, é muito provável que não teria me preocupado. Mas quanto mais eu ouvia, mais aquilo me irritava. E o fato de ninguém jamais falar nada também me irritava. Acho que não deveria estar surpreso, mas, como a propaganda continuou no ar durante meses, eu me incomodei ainda mais.

Em agosto, liguei para meu irmão pra pedir o telefone de alguém que ele conhecia e que trabalhava em uma gravadora.

Eu falava com Joey quando o comercial apareceu na TV, então disse: "Ei, Joey, olha o comercial...".

Joey respondeu: "Ah, é. Rá, rá!".

Aí falei: "Ah, e esta é a minha parte...".

"Pois é...", Joey disse, ligeiramente constrangido e segurando uma risada nervosa.

Soando o mais afável possível e sem demonstrar qualquer tipo de malícia, perguntei: "Você não acha que eu deveria receber alguma coisa por isso?".

Joey desconversou: "Bom, sabe como é...".

E foi isso.

Eu insisti: "Acho, hm, que você não quer falar sobre isso?".

Joey disse: "Naaahh...".

Depois dessa minha pequena "conversa" com Joey, pude perceber que ele não queria tocar no assunto. Tive um mau pressentimento no fundo do peito. Isso iria gerar uma grande encrenca ou terminaria em um final feliz, com a reparação daqueles vários anos de desprezo.

Joey nunca negou que eu havia cantado na canção e provavelmente esperava que eu fosse levantar esse assunto mais cedo ou mais tarde, mas não queria ter de lidar com isso de maneira alguma. Dava para ver que Joey sabia que algo não estava certo, e isso *realmente* me incomodava. Eu simplesmente não achei justo.

Decidi ligar para meu amigo, o advogado e ex-empresário de bandas Steve Massarsky, para ver o que poderia ser feito em relação à situação. Talvez não houvesse nada que pudesse ser feito e talvez não houvesse nada que devesse ser feito. No dia seguinte, antes de ligar para Steve, passei na casa da minha mãe para ensiná-la a mexer no videocassete. Ela e sua amiga June, praticamente uma segunda mãe para nós, estavam tomando café. Então me sentei à mesa e contei como iam as coisas.

Falei que estava pensando em ligar para Steve para ele me ajudar a resolver essa confusão em potencial com os Ramones.

"Eles não pagaram para você na época?", mamãe perguntou.

"Não por isso", expliquei. "Eles me pagavam para ser *roadie* em tempo integral — US$ 50 por semana."

"Só US$ 50 — *por semana*?", June perguntou. "Para trabalhar sete dias por semana, saindo em turnê? Não dá nem US$ 10 por dia!"

"Pois é, nas turnês eu ganhava uma grana extra", disse.

"Bom, acho que você *deveria* ligar para um advogado", June me aconselhou. "Talvez eles finalmente te respeitem por brigar pelos seus direitos."

Minha mãe então disse: "Mas eu não sei se você deveria fazer isso. O que você vai fazer? Pedir para o Steve falar com Jeff?".

"Não", eu disse. "Isso não é entre Jeff e eu. É entre os Ramones e eu, ou entre a gravadora e eu. Não sei entre quem, para falar a verdade. O mais provável é que Steve ligue para o Gary Kurfirst, o empresário deles. Talvez ele consiga resolver."

Minha mãe estava bastante apreensiva — o primeiro indicativo de que, *se* houvesse um conflito, ela não iria me apoiar.

Esperava que ela fosse compreensiva, como a sua amiga June. Não era seu costume aceitar ou ser complacente com gente sendo passada para trás, principalmente quando acontecia com um de seus filhos. Se fosse qualquer outra banda, tenho certeza de que ela teria dito: *Aqueles sovinas desgraçados!*

Mas agora ela parecia diferente por motivos que eu ainda não sabia explicar.

Steve Massarsky disse que precisava obter mais algumas informações, mas que havia uma boa possibilidade de eu receber uma quantia substancial pelo *backing vocal*, dependendo se o comercial ainda estivesse sendo veiculado no mercado nacional ou regional e com qual frequência. Segundo a sua estimativa, poderia render qualquer coisa entre US$ 500 e US$ 5 mil.

Nada mal. Seria mais do que bem-vindo.

Steve ligou novamente alguns dias depois e me relatou: "Kurfirst falou que a propaganda ficará no ar por mais três meses, mas que não pretendem te pagar nada. Avise-me se você quiser fazer alguma coisa".

Enquanto isso, a mãe perguntava o que estava acontecendo. Acho que ela sentiu que haveria problema. Não vi exagero algum no que havia sido feito até então: Steve ligou para fazer perguntas. Apenas isso. Não houve ameaças, não houve processos, nem mesmo vozes exaltadas — somente um telefonema de negócios. Estava apenas cuidando dos meus interesses, ventilando a possibilidade de eu ser remunerado por um trabalho que eu havia feito.

Mais ou menos uma semana depois, recebi uma ligação do meu irmão. Ele estava na estrada em Washington, DC. Percebi que algo não estava bem. Havia um certo tom de arrogância quando ele disse *Alô*.

"Então", ele começou, "ouvi dizer que o seu advogado ligou para o Gary?".

"Sim, e daí?", disse.

"Ouvi falar que você está querendo dinheiro", Joey disparou.

"Steve só ligou para o Gary pra perguntar sobre o comercial, Joey. Foi só isso."

"Bom, o que há para falar?", Joey fez uma pergunta retórica. "Quem faz vocal de apoio não recebe pagamento."

"Claro que recebe. O quanto, depende da situação", expliquei.

"Quem faz vocal de apoio e bate palma não recebe pagamento", ele disse.

De repente, Joey lembrou que eu também havia batido palmas, além de ter feito outras coisas naquele primeiro disco. Mas seu tom de voz foi de total menosprezo.

"Não é verdade", eu respondi. "Vai me dizer que você não tem centenas de discos na sua coleção com cantores de apoio nos créditos? E vai me dizer que eles não receberam nada? Bandas bem menores que os Ramones já me pagaram por gravações de estúdio. Qual é, cara?".

"Bom, você fez porque *quis*", Joey falou.

"Em primeiro lugar", eu disse a ele, "*você* não vai *me* dizer por que eu fiz. Eu sei por que eu fiz. Eu fiz por vários motivos. Fiz para ajudar a sua banda — e porque o meu nome iria aparecer no álbum. E, sim, porque era divertido e porque eu quis. Você também quis cantar no disco", o lembrei. "Não vi vocês recusarem a grana que ganharam porque quiseram fazer o disco. Você não está recusando a sua porcentagem, dizendo: *Ei, Budweiser, não precisa! Eu só queria cantar a música!* Sim, eu quis fazer, mas também esperava aparecer nos créditos e até ganhar alguma coisa caso vocês se dessem bem, que foi o que aconteceu. Qual é, Joey? Você sabe o quanto eu recebi por ter trabalhado pra vocês durante dois anos. Tive de fazer empréstimos de *centenas* de dólares pra sair do buraco depois de trabalhar para os Ramones. Você sabe que depois que eu parei de trabalhar para a sua banda, os Talking Heads me pagaram em uma noite o que vocês me pagavam em uma semana? Tenha um pouco de compaixão, porra!".

Então meu irmão disse algo que mudou para sempre o nosso relacionamento: "VOCÊ SÓ QUER DINHEIRO AGORA PORQUE VOCÊ É UM FRACASSO E UM PERDEDOR E NUNCA DEU CERTO!"

Foi como uma facada no meu peito.

Por um momento, fiquei em completo estado de choque. Então meus mecanismos de defesa começaram a funcionar.

"Olha, cara, talvez eu nunca tenha dado certo, mas poderia ter me saído pior também. E tenho orgulho do que fiz."

"É, ok, você é amargo", Joey falou raivosamente, "porque você nunca chegou onde queria!".

"Bom, vocês também não", rebati. "Se você quer jogar este jogo, então se alguém aqui é amargo, são vocês. Você que é cheio de mágoa, porque nunca lançou um disco de sucesso e está sempre reclamando sobre como essas bandas que vieram depois de vocês se deram tão bem. Você nunca tocou no Madison Square Garden. Você nunca foi convidado para o *Saturday Night Live* — e *eu* sou amargo? Pelo jeito, nada disso incomoda vocês, certo?"

"É?", Joey disse. "Bom, eu estou feliz por ter chegado onde cheguei."

"Bom pra você!", falei. "Eu também."

"Escuta, cara, se você tentar alguma coisa", Joey me ameaçou, "vou pra cima com os meus advogados, e nós vamos acabar com você! Vou ligar para o Seymour Stein e dizer pra ele e pra todo mundo na indústria para não trabalharem mais com você, porque você é ganancioso e encrenqueiro. Vou fazer sua caveira nesse ramo".

Então ele desligou o telefone.

Outra facada no meu peito — para não mencionar a onda de terror. Será que ele estava falando sério?

Não preciso dizer que não esperava essa reação do meu irmão. Não sabia se ele estava blefando. E não fazia ideia de até onde ele levaria isso.

Eu não chorei, mas fiquei definitivamente arrasado. Fiquei indignado. Quando alguém te diz: *Você é um perdedor e só quer dinheiro porque nunca deu certo!*, essas são palavras de *briga*. Se você fala isso para um estranho, tem uma boa chance de levar um soco na cara.

Estava sentindo várias emoções ao mesmo tempo.

Estava bravo.

Estava triste.

Mas eu estava mesmo era puto com Joey, mais do que qualquer coisa. Embora eu esperasse estar errado, parecia que aquilo que eu mais temia estava vindo à tona agora — um certo desejo de vingança ou reparação da parte do meu irmão. Sempre me preocupei que um dia ele iria querer me punir por coisas sobre as quais eu não tinha controle — como ser mais normal fisicamente e ter tido um melhor desempenho social e acadêmico na nossa juventude, sendo premiado mais vezes pela nossa mãe e por Hank e até mesmo pelo nosso pai quando éramos crianças. Agora ele estava disposto a fazer a grande separação entre mim e ele, e com qualquer um que estivesse do meu lado na disputa — fosse amigo ou parente.

Joey estava indignado e sabia que iria prevalecer agora como a figura mais forte. Mas, por questão de princípios, eu não poderia recuar. Nunca engoli a *lei do mais forte*. O mais fraco também tem os seus direitos e tem de defendê-los em algum momento.

Steve Massarsky ligou uns dias depois, apresentando algumas opções. Se, conforme havia sido prometido na época, eu ganhasse crédito por ter feito o *backing vocal*, mesmo se fosse em letrinhas miúdas na contracapa, eu poderia receber *royalties* pelo sindicato. O dinheiro viria da agência de publicidade e da Anheuser-Busch, e os Ramones não precisariam desembolsar um centavo sequer. Steve me informou que, se a Ramones Productions apenas confirmasse a minha participação na faixa por meio de uma declaração simples, já seria o suficiente. Eu disse que tinha certeza de que isso jamais aconteceria, mas que eu nunca saberia qual o motivo.

"Bom, nós poderíamos fazer uma perícia na voz", ele sugeriu, "mas precisaríamos da fita *master*".

Eles pegariam uma amostra da voz, isolariam a trilha e provariam de maneira legítima que era a minha voz, através de padrões de reconhecimento vocal.

Steve disse: "Nós podemos fazer isso, mas como eles estão sendo muito reticentes, poderia provocar um certo conflito. Também poderia causar problemas familiares para você".

"Bom, é tarde demais pra isso, Steve", então contei a ele o que havia acontecido e que não pretendia levar aquilo adiante. Não havia nada a ganhar naquele momento a não ser gastos com advogado que, muito provável, consumiriam tudo o que eu poderia vir a receber. Além disso, só iria piorar as coisas. Eu ainda estava preocupado com as ameaças do meu irmão.

Steve conhecia meu irmão e estava bastante surpreso com sua reação.

Existia mais alguém, no entanto, que parecia ter esperado isso de Joey.

"Achei que isso poderia acontecer", minha mãe admitiu, quando contei a ela o que Joey havia falado para mim. Ela acrescentou: "Eu falei que não era uma boa ideia chamar um advogado".

"Então você prefere que eu fique quieto e deixe que os outros se aproveitem de mim sem dar um pio?", perguntei.

"Bom, é como Joey diz, tem muita gente por aí que ficaria honrada apenas por ter participado do álbum. Não é verdade?"

Eu conseguia ver o rumo que essa conversa estava tomando.

A verdadeira questão era que, caso o meu irmão considerasse justo dar uma fração do que havia recebido como um ressarcimento para mim — e Johnny não —, ele poderia ter de entrar em uma discussão com Johnny. Mas se Joey realmente achasse que era o correto a fazer, talvez ele devesse mesmo ter uma discussão com Johnny, fosse por minha causa ou por qualquer outra pessoa. Não estou falando em duelar até a morte, mas sim em uma discussão objetiva.

Joey não era mais um garoto tímido e introvertido que apenas ia na onda dos outros. Era um legítimo rockstar, que poderia falar abertamente quando quisesse. Com certeza podia falar assim comigo, com minha mãe, com suas namoradas e talvez até com seu pai.

Eu sabia que poderia estar brincando com fogo, mas sinceramente nunca achei que a situação acabaria dessa forma.

Olhando para trás, o que fiz em relação à briga da Bud Light provavelmente não foi uma escolha muito inteligente, considerando a paranoia cada vez maior de Joey, sintoma da sua condição psiquiátrica. Mas será que isso é um bom motivo para não ter amor-próprio e não defender os seus direitos? Quantas vezes disse a mim mesmo: *Ah, deixa pra lá. Não deixa essas coisas pequenas te incomodarem.* Já havia feito isso muitas vezes, com várias pequenas coisas.

Acho que foi por esse motivo que minha mãe ficou aborrecida. Ela sabia que eu estava colocando meu irmão em uma situação na qual ele precisaria se impor diante de Johnny e, bem provável, sabia instintivamente que Joey não era capaz disso. Para ser sincero, esperava que Joey matasse essa no peito por mim — e por ele também. Afinal isso não era um problema entre Joey e eu, mas entre os Ramones e eu, ou — melhor — entre Johnny Ramone e eu.

Joey era meu irmão mais velho, e eu queria que ele me defendesse pelo menos uma só vez, da mesma forma como fui forçado a defendê-lo quando todos na vizinhança pegavam no seu pé. Ao invés disso, Joey chamou a mamãe. Um dia, enquanto eu a largava em frente à porta de casa, ela soltou: "Joey me ligou e disse que você falou *Cara, você me deve grana, porra!*".

Era dessa maneira que Joey se defendia: me difamando. Em vez de dizer para a mamãe que estava bravo por eu tê-lo colocado em uma situação desagradável, optou por me demonizar.

"Mãe", eu disse, "sinceramente, isso se parece com alguma coisa que eu diria?".

"Bom, isso é o que Joey contou", minha mãe falou com firmeza, como se fosse verdade — *já que o Joey contou.*

Se alguém sabia como o meu irmão reagia quando o enfrentavam por ter feito algo errado, esse alguém era a mulher que ele ameaçou com uma faca em Birchwood Towers. Essa era a primeira vez que minha mãe acreditava na sua versão da história ao invés da minha em muitos e muitos anos. Era a primeira vez em todos esses anos que uma situação como essa acontecia. Isso também me deixou pasmo.

"Quer saber o que mais?", perguntei. "Da próxima vez que ele precisar de mim para qualquer coisa, eu não vou dar as caras. É isso aí."

"Pois eu não sei o que você poderia fazer por ele", ela respondeu. "Eu já faço tudo por ele. Qualquer coisa que ele precisa, *eu* já faço."

"Tá certo. Ok, mãe. Tchau."

Pelo amor de Deus.

Agora era uma competição para ver quem tinha o direito de ser o principal curador do rockstar.

Por mais que eu considerasse justificada a minha decisão de inadvertidamente colocar Joey em uma situação desconfortável, eu já sabia fazia algum tempo que havia algo além de Johnny Ramone. Embora agíssemos como se nada tivesse acontecido, a verdade veio à tona naquela noite embriagada em Porto Rico, quando eu ainda estava compondo canções com Dee Dee, então Joey disse: *Bom, se você conseguir se dar bem, eu não sei o que eu iria fazer...*

Sei que eu o magoei de diversas formas quando éramos meninos — sem intenção, é claro.

Por outro lado, eu tive de impedir meu irmão no dia em que ele levantou uma faca contra o peito da minha mãe no corredor. Eu tive de viver em meio à sua imundície e, basicamente, compartilhar as suas compulsões quando ele acendia e apagava as luzes a noite inteira; abria e fechava a porta; e tirava e colocava seus óculos debaixo da água corrente no banheiro por horas a fio, como se fosse uma técnica de tortura vietcongue. E obviamente isso é apenas uma amostra.

Jamais achei que eu fosse fazer algo que Joey não seria capaz de entender após nosso amadurecimento. Mas era esse o problema: Joey nunca amadureceu — ele se *adaptou.*

Talvez eu também não tivesse amadurecido completamente, mas estava bem mais próximo. No entanto, se eu fosse realmente maduro, não precisaria sair por aí falando.

Por mais irritado que eu estivesse por não receber a mínima consideração pelo comercial da Bud, as consequências do episódio foram muito mais desagradáveis. A verdade é que eu estava com raiva — pois aquilo me magoou demais.

ALGUNS MESES DEPOIS, QUANDO FUI JANTAR NA CASA DA MINHA MÃE, ela comentou: "Sabe, os Ramones vão tocar no Palladium semana que vem. Joey me disse que convidou toda a família para ir ao show. Você vai?".

Minha mãe havia feito o melhor bolo de carne de todos os tempos — com massa de tomate, arroz e passas —, mas o meu apetite começou imediatamente a desaparecer.

"*Eu* não fui convidado", respondi.

"Ah, é mesmo?", ela falou. "Estranho, porque ele me falou especificamente que tinha convidado toda a família."

A história começava a se desenrolar. Eu entendi o recado.

Eu disse: "Você não vê o que ele está fazendo? A gente está de mal um com o outro, e ele está convidando toda a família para ir a esse show, mas não está convidando Arlene ou eu. Você não entende? É um joguinho de poder dele. E ele faz isso pra me punir".

"E você vai nesse negócio", acrescentei, "justamente quando ele está tentando pegar no meu pé?".

"Bom, não sei se isso é verdade", minha mãe argumentou.

"Mãe, o seu filho me ameaçou, dizendo que iria fazer a minha caveira no ramo da música — que vai fazer o que estiver ao seu alcance pra foder com a minha carreira. E você vai ao show dele pra quê? Para dar os parabéns a ele? Para dar um tapinha nas costas e dizer o quanto ele é maravilhoso?"

"Bom", ela rebateu, "o que você quer que eu faça? Quer que eu dê um tiro na cabeça dele? Corte fora as suas pernas?".

"*Dar um tiro na cabeça dele?*", respondi, incrédulo. "Mas o que você está falando? Eu só estou pedindo para você mostrar um mínimo de desaprovação por esse plano. Acho que teria um bom efeito. Talvez ele volte a ser mais humilde, volte a ter os pés no chão. Você entende que ele está usando todos vocês para provar o seu argumento, não?"

Não acho que ela tenha destestado estar naquela situação.

Claro que não gostou, mas também não falou: *Me deixa fora disso, ok?*

Normalmente nossa mãe tentava apaziguar a situação quando havia problemas na família. Ela sempre dizia: *Vocês chegaram a conversar um com o outro?*

"Você já foi a mais de 100 shows", eu disse a ela.

"Mas ele sempre me convida. Ele sempre quer que eu vá", ela argumentou.

"É um gesto muito gentil", eu rebati, "mas, considerando as circunstâncias, eu estou te pedindo para não ir a esse show em específico, só dessa vez, para, quem sabe, mostrar um certo apoio a mim nessa questão, pois quem está sendo excluído aqui sou eu".

"Eu não vou cortar relações com o meu filho", minha mãe falou. "É isso que você está me pedindo!"

"*Cortar relações?*", eu perguntei. "Você está mesmo com medo de que ele vá cortar relações com você? Com a sua própria mãe? Só porque você não foi a um show dos Ramones?"

"Para ele, significa muito que eu vá a este show", ela disse, na defensiva. "Ele até me falou isso."

"É, e por que você acha que significa tanto pra ele?"

Eu sei que poderia ir se ligasse para o meu irmão ou até mesmo para o Monte. Mas, por acaso, eu queria mesmo fazer isso? Era uma péssima situação para se estar. Eu não havia falado sobre isso com mais ninguém na minha família. De qualquer forma, eu perderia. Se não fosse, ficaria magoado, e se fosse, estaria procurando — ou pedindo — encrenca. O mais importante era que eu definitivamente não me sentia bem-vindo.

No dia após o show, minha mãe me ligou e começou a falar efusivamente: "Foi ótimo — eles me trataram como uma rainha! Monte veio para ver se estávamos todos bem e nos levou até os nossos lugares. Todo mundo fez estardalhaço com a gente — eu dei autógrafos. Foi um show maravilhoso. Todo mundo estava lá...".

O que eu iria dizer?

"Eu acho que ele sente uma coisinha", a mãe continuou, radiante, "porque ele falou para mim: *Mãe, que ótimo é ter toda a minha família aqui*. Ele parecia melancólico como um garotinho".

"Mãe!", exclamei, interrompendo o seu momento. "Para quem você está falando isso? Você está me dizendo o quanto ele estava feliz por ter toda a família lá, mas você se lembra? *Eu não estava lá!*"

"Ah, sim", ela disse, expressando o que havia de mais próximo de um sentimento de desprezo. "Eu esqueci com quem eu estava falando."

Ela quase não se parecia com ela própria. Eu sabia que ela era mais esperta, sensata e sensível do que isso.

Acho que ela estava confusa, um tanto perdida em meio àquela nuvem de euforia provocada pela fama. E ela apenas queria que eu saísse da sua nuvem.

No VERÃO SEGUINTE, A BANDA QUE EU TINHA com Branquelo e Steven Sane foi por água abaixo. Comecei um novo conjunto com Handsome Dick Manitoba, o ex-vocalista dos Dictators e da Manitoba's Wild Kingdom. Batizamos a banda de Plug Uglies. De todos os artistas que já vi, Manitoba era um dos meus favoritos. Tinha um talento incrível como vocalista, ainda que não fosse considerado um cantor musicalmente habilidoso. Trabalhar com Handsome Dick era como trabalhar com uma versão menos complicada e mais engraçada de Lester Bangs.

Tentávamos compor canções em conjunto na casa de Manitoba. Ele então pegou uma cópia de *Mondo Bizarro,* dos Ramones, que tinha acabado de ser lançado.

"Você já viu isso?"

Quando ele passou o disco para mim, vi "Censorshit" entre as faixas.

Eu não sabia que a canção iria aparecer naquele álbum. Joey havia me dito que era para a Resistance, e não para os Ramones.

Olhei para o disco e disse: "Filho da puta!". Dizia *por Joey Ramone.* Nada de Mickey Leigh e nada de Robin Rothman, que pelo meu conhecimento também tinha contribuído para a letra. O fato de ele também excluir Robin fez eu me sentir um pouco melhor ao saber que, pelo menos, não estava sozinho e tinha mais alguém para me solidarizar.

Não conseguia imaginar Robin levando isso numa boa. Ela havia ajudado com muito repertório para o projeto do Resistance enquanto morava de aluguel em seu apartamento, incluindo ironicamente uma releitura de "Gimme Some Truth", de John Lennon.

"Eu estava muito puta", Robin Rothman recorda. "Na verdade, eu estava *furiosa.* Assim como ele falou para o Mickey, Joey me disse que estávamos fazendo aquilo juntos. Foi isso que acabou comigo. Depois de a gente ter escrito os versos, eu publiquei como poema e coloquei o meu nome, o nome de Mickey, o nome de Joey — e o de Charlotte, porque ela deu a ideia para vários versos também."

"Eu ajudava o Joey em uma série de coisas para os seus vários projetos — letras de músicas e tal — e às vezes não gostava muito da forma como ele me tratava. Mas dessa vez *Joey me magoou de verdade*", Robin disse tristemente. "Eu fui tirar satisfação dele e disse: *Você não deu crédito nem para o seu próprio irmão?* Foi quando ele jogou um travesseiro na minha cabeça. Eu amava ele, mas não podia mais confiar nele. Agora eu sentia como se ele fosse um... ladrão. Então eu me mudei."

Não houve sequer um agradecimento para mim *ou* para Robin. Os únicos que receberam agradecimentos no álbum foram os gatos de Robin: Precious e Spatz.

Andrea Starr, da sua agência, também disse que ela havia escrito algumas palavras na música. Descobri mais tarde que Marky teve a ideia do título. Com isso, não sobrou muita coisa para Joey compor.

Além de ficar muito bravo, fiquei bastante decepcionado com Joey. Dessa vez, achei que ele havia passado totalmente dos limites.

Quando cheguei em casa, pensei em ligar para meu irmão. Eu não o tinha visto nem falado com ele desde o Natal na casa da mamãe, quando ela e June me convenceram a apertar sua mão e desejar-lhe um Feliz Natal. *Seja mais maduro que ele*, foi o que elas me disseram.

Talvez eu fosse mais maduro, mas agora estava enfurecido. Liguei para meu irmão e disse: "Eu *vi* o disco...".

"É?", Joey falou.

"Você não acha que me deve pelo menos uma ligação?"

"Não", Joey disse, com raiva.

"Você me disse que não teria nenhum problema com a canção, não foi?", perguntei.

"E daí?", ele me desafiou.

"Você não acha que me deve pelo menos uma explicação?"

"Não", ele sussurrou agressivamente.

Agora eu estava puto.

"Mas então — respirei fundo — como é que você se sente passando a perna no seu próprio irmão? E na sua amiga? E até na sua própria mã...".

Blam!

Conforme eu esperava, ele desligou na minha cara. Não nos falamos mais por um bom tempo depois disso.

Antes da briga sobre a propaganda da Bud Light, jamais — em toda nossa vida — havíamos ficado meses ou uma semana ou até mesmo alguns poucos dias sem nos falarmos.

Quando minha mãe ficou sabendo, ela me ligou e disse: "Mas é *claro* que ele não iria colocar o seu nome na música. Vocês não estavam se falando. Ele estava bravo com você".

"E isso é motivo para ele não colocar o meu nome na música? Porque estava bravo comigo por eu ter tido a audácia de dar um pio sobre o comercial da Bud? Você está me dizendo que por eu achar que, de certa forma, me ferraram uma vez — e ele ter ficado bravo com isso —, que esse foi o motivo pra me ferrar outra vez? Isso faz sentido pra você?"

Ela não tinha uma resposta, mas finalmente largou: "Bom, o que você esperava? *Você chamou um advogado!*".

Isso estava ficando cada vez mais confuso.

CAPÍTULO 32
PALHAÇOS PELO PROGRESSO

CENA 1 — FORÇANDO A BARRA

Imagino que eu poderia estar em pior situação — se estivesse doente ou morto. O pouco de dinheiro que eu consegui arrancar do contrato de desenvolvimento da The Tribe já havia terminado fazia tempo, as oportunidades de trabalho com *jingles* publicitários eram poucas e minha mulher estava reclamando da falta de uma renda fixa. A situação parecia sombria.

Dessa forma, como tantos outros músicos e artistas passando por dificuldades, mais uma vez lancei mão do que já tinha feito anteriormente para ganhar a vida, quando todas as outras portas se fechavam: vender maconha. Eu havia saído do ramo quando minha banda conseguiu gerar dinheiro suficiente para que conseguíssemos nos sustentar. Mas agora eu estava novamente sendo arrastado de volta.

Eu tinha composto músicas ao longo do ano e queria gravá-las para voltar com tudo, com uma nova banda. Não iria deixar os arroubos de poder de alguém me intimidarem. Ninguém deveria ser intimidado, não importa o que pensa o seu famoso irmão, irmã, pai ou mãe. Se você quer, tem todo o direito de correr atrás. Para mim, isso ia custar algum dinheiro — e eu não ia recorrer à minha família, que falou que eu estaria muito melhor na vida se babasse o ovo dos Ramones um pouquinho mais.

Não disseram com essas palavras, mas minha mãe realmente falou que se eu pedisse desculpas para Joey por ter conversado com um advogado, ele talvez voltasse a ser legal comigo e me ajudasse. *Nem fodendo.*

Movido pelo orgulho, resolvi arriscar por maior que fosse o perigo. Afinal estamos falando de apenas um pouquinho de erva. E eu não tinha nenhum problema moral com a venda de maconha. Na verdade, um dos meus clientes era um policial na 112ª Delegacia. Outro era um caminhoneiro de meia-idade da vizinhança, que repartia o que comprava de mim com o seu filho, que também era policial na 112ª Delegacia.

Assim, eu tinha consciência de que eles sabiam a meu respeito e estavam cagando e andando. Percebi que eu deveria ficar longe do radar de qualquer autoridade maior — ou ladrões de droga, muitos que fingiam ser policiais, com distintivos e tudo.

Meu procedimento normal era pegar 0,5 kg ou 1 kg — que era adiantado para mim — e vender em unidades de 30 ou 110 g ao longo de um mês. Eu não era um traficante de maconha dos menores, mas era relativamente pequeno e seguro. Não lidava com criminosos da pesada — a maioria eram amigos.

Em uma ocasião, peguei alguns poucos quilos de um contato chamado Sam e os levei até o meu velho amigo e ex-baterista dos Rattlers, Matty Quick. Ser o intermediário em um negócio assim não rende muita grana. Na verdade, eles acertavam o preço entre eles e me pagavam uma taxa de entrega. Eram US$ 100 fáceis, mas eu *tinha* colocado Matty e Sam em contato pelo menos no telefone.

No verão de 1992, houve uma "seca" — uma drástica redução na colheita da maconha. Durante aquela época não era incomum os meus contatos me ligarem para saber se eu tinha alguma coisa do produto.

Em setembro, Sam ligou para saber se eu tinha algo para ele. Ele foi até a minha casa e comprou em torno de 15 g de haxixe, uma quantia relativamente pequena. Enquanto Sam contava as notas de um total de US$ 120, o que ele fez várias vezes — em voz alta —, começou a falar sobre um carregamento de maconha tailandesa grande o bastante para encher o porta-malas de um carro, que o seu "camarada" iria trazer de São Francisco.

"Você acha que o Matty estaria interessado?", ele perguntou.

"Eu não sei", disse. "Talvez, considerando que o mercado está escasso. Mas não sei quanto a um carregamento desses."

"Qual é?", Sam falou ardilosamente. "Matty faz grandes quantidades, não?"

"Olha, você sabe o que ele faz, Sam. Ele faz o que *você* faz."

"Por que você não liga pra ele?", Sam sugeriu. "Pergunte se ele quer pegar todo o carregamento. Ou você prefere que eu ligue? Matty se lembra de mim, certo?"

"Não, se você quiser, eu ligo pra ele", eu disse. "Mas acho difícil que ele faça algo. Ele não gosta de fazer negócio com gente de fora do círculo dele, mas vou falar sobre você e ver o que ele acha."

Com essa única frase eu abri uma fonte de problemas que segue jorrando até hoje.

Nas semanas seguintes, Sam ligou várias vezes e apareceu um dia para conversar.

"Se o Matty não topar", Sam especulou, "você conhece mais alguém com quem a gente possa fazer esse negócio?".

Falei para Sam que realmente não tinha nenhum nome em potencial que estivesse disposto a movimentar essa quantidade, a não ser Matty Quick e, talvez, Donny Denuccio, um outro cara com quem eu já havia negociado. Sam me deu um número de bipe, e dentro de um ou dois dias recebi uma ligação de um cara chamado Mark. Tive uma sensação estranha sobre Mark e não gostava de me envolver com grandes quantidades e gente nova. Acho que eu estava me tornando apático, além de desesperado e descuidado, pensando: *Foda-se. Vou tentar fazer o máximo de dinheiro que conseguir.*

Quer dizer, era só *maconha*. Eu acreditava de verdade que estava prestando um serviço ao público, enquanto a legalização não saía. Ainda acredito nisso.

O amigo de Sam, Mark, ligou para combinar de trazer uma amostra para eu levar até Matty.

"Vamos dar 20 kg pra ele", Mark negociou. "Vamos dar *40* kg, mas ele tem de pagar em dinheiro. Quanto o Matty consegue comprar?"

Falei para Mark que o Matty *poderia* talvez comprar 2,5 kg ou, no máximo, 5 kg. Mark implorou para que eu convencesse Matty a comprar mais.

"E você?", ele perguntou. "Quanto você pretende comprar? Mas tem de me pagar adiantado."

"Eu?", perguntei. "Eu não tenho muita grana. Poderia comprar talvez 400 g. É só isso que eu quero de qualquer jeito."

Levei a amostra para Matty, mas ele decidiu que não queria fazer negócio com esses caras. Depois da conversa nada aconteceu, e eu retornei ao meu pequeno empreendimento maconheiro.

Mais tarde naquele outono, no dia 2 de novembro de 1992 para ser bem preciso, minha campainha começou a soar por volta das 11h da manhã. Como sempre, eu virei para o lado e voltei a dormir, partindo do princípio que alguém havia errado o apartamento.

Repentinamente alguém começou a bater na minha porta e, conforme as batidas aumentavam, percebi que eles não iriam embora. Saí da cama e fui até a porta, vestindo apenas uma cueca. Antes de chegar até lá, a porta foi arrombada e homens com armas e distintivos atacaram.

Eles me empurraram contra a parede do corredor, gritando: "Departamento de Narcóticos!" e "FBI!".

Enquanto me algemava, um deles falou: "Temos um mandado de prisão pela venda de narcóticos que fez para o seu amigo Sam!".

Puta merda! O Sam?

Eu comecei a rever o episódio em minha mente — aquele dia em que Sam foi à minha casa e contou o dinheiro em voz alta e me fez todas aquelas perguntas sobre pessoas diferentes.

Tudo fazia sentido agora. Sam estava com uma escuta!

Filho da puta!

"Ok, ok", eu falei, "vocês me pegaram, eu vendi um pouquinho de haxixe para o Sam. Fui pego, mas só me digam duas coisas: primeiro, posso colocar umas calças? E, segundo, que porra vocês estão fazendo na minha casa com dez caras? E de onde vocês tiraram esse negócio de *narcótico*? Era só haxixe!".

"Olha, meu camarada", um dos agentes respondeu ardilosamente, soando um bocado como Bulwinkle, da dupla Rocky & Bulwinkle, "de acordo com a Lei Federal, haxixe é narcótico. E dá uma pena bem pesada".

"Mas você não sabe da melhor!", o agente Bozowitz me informou alegremente. "Nós também te pegamos por Conspiração! Lembra o seu amigo Mark? Adivinha só: ele trabalha para o FBI!"

Disseram que sentiam cheiro de maconha no apartamento e foram vasculhar o armário, onde eu guardava uma balança de precisão e mais ou menos 300 g de erva.

"Olha só!", o agente Emmett Kelly tripudiou, posando orgulhosamente ao lado da balança e da caixa de sapatos com maconha. "Veja só o que temos aqui! E o resto?"

"Ãh, é só isso aí", eu disse. "Vocês acertaram em cheio hoje. Podem trazer os caminhões para carregar isso tudo..."

Eu estava nervoso, mas percebi que a acusação *tinha* de estar um pouco acima de um delito leve na pior das hipóteses.

Eu ainda vestia apenas um par de algemas e cuecas, enquanto faziam eu me sentar no sofá da sala.

"Queremos revistar a casa", um deles pediu.

"Vocês têm um mandado?", perguntei.

"Não, mas como eu disse antes, amigo", o agente Chuckles ironizou, "você foi enquadrado por Conspiração, rá, rá! Isso pode te meter na cadeia por *15 anos*. Vai ser muito melhor se você deixar a gente revistar a casa".

"Vá em frente", dei de ombros. "Você já achou tudo que tinha pra achar"

"Escuta", o agente Keystone disse em um tom bastante sério, "nós sabemos o que você faz. Sabemos que você vende *centenas* de quilos de maconha!".

"Ah, é mesmo?", respondi, perdendo a paciência, ainda que eu estivesse me cagando de medo. "E como é que vocês sabem isso? O Sam contou pra vocês? Tenho certeza de que você pegou o Sam com uma grande quantidade. Talvez ele estivesse cruzando as fronteiras estaduais, talvez estivesse vendendo cocaína também. Tenho certeza de que Sam está muito ferrado. E eu também tenho certeza de que ele falou pra você que ia te dar um traficante de peso para se livrar."

"Vocês não entenderam? O que o Sam contou pra vocês é mentira", argumentei, com franqueza. "Sam desceu a pirâmide em vez de subir, porque estava com medo. Ele disse pra vocês que eu era um cara grandão, mas eu não sou. Vocês não pesquisam antes de fazer esse tipo de coisa?"

"É aqui que eu moro", tentei usar a lógica com eles. "Custa US$ 350 por mês. Tenho um carro popular de dez anos que eu e minha mulher ganhamos como presente de casamento do meu sogro. Este apartamento não é fachada. Eu não tenho uma mansão em Long Island ou um iate em uma marina. Aquela caixa grande cheia de fios de telefones no armário? Eu vendo em feiras para tentar ganhar uma grana extra. Sério, *vocês não podem ser de verdade.*"

"Sim, com certeza. Você vende tudo quanto é tipo de coisa. Boa tentativa", o agente Skelton rebateu. "Nós *sabemos*, Mitch. *Sabemos tudo sobre você.*"

"Ótimo", eu disse. "Vocês sabem tudo a meu respeito. Pois então é isso aí mesmo, eu estava vendendo maconha, mas dá pra acreditar que é isso que vocês realmente fazem? Vocês mandam dez caras da Narcóticos e do FBI para a casa de um traficantezinho judeu? Sério, vocês estão vendo alguma arma aqui?"

"Certo, certo...", a agente Clarabelle sorriu. "Nós sabemos de tudo, ok? E você vai se dar mal!"

Então eles perceberam as tigelas com comida de gato.

"Ah, você tem gatos aqui, hein?", a agente Coco perguntou, desconfiada. "Por que eles não estão aqui?"

"Bom", confessei, "agora é horário de almoço, então eles devem ter saído pra vender crack para as criancinhas no pátio da escola".

Um deles apontou para um pôster dos Ramones na parede.

"Você conhece esses caras?", o agente Crusty perguntou.

"Achei que vocês sabiam de tudo", disparei.

Então um deles entrou na sala vindo do meu quarto com um punhado de dinheiro na mão. Eu tinha US$ 10 mil na gaveta. Devia aproximadamente metade para Donny Denuccio pela erva que ele me adiantou na semana anterior. O resto era tudo o que eu havia economizado nos últimos anos.

"Certo", eles disseram, "vamos dar um passeio".

Colocaram uma jaqueta por cima das algemas quando me tiraram do meu apartamento, porque não queriam que ninguém soubesse que eu havia sido preso. Levaram-me até Manhattan, entraram na sede do FBI-Narcóticos por uma porta secreta na Décima Avenida e me colocaram em uma cela. Eu sabia que eles queriam que eu começasse a surtar lá dentro, implorando para sair e falando tudo o que quisessem ouvir. Assim, fiz o meu melhor para meditar e permanecer o mais tranquilo possível. E consegui. Mas, por dentro, eu estava praticamente entrando em parafuso. Mais ou menos cinco horas depois me levaram para uma sala, onde teve início a prensa.

"É melhor você nos contar tudo", um deles disse agressivamente. "De quem você recebe e para quem você vende — queremos nomes, endereços, tudo!"

"Posso falar com um advogado?", perguntei. "Posso fazer uma ligação?"

"Sim, depois que a gente terminar", o agente Smiley disse. "Agora nos conte *tudo*."

"Acho que não", rebati.

Deixaram eu falar com Arlene, mas não lhe dei detalhes pelo telefone — apenas disse a ela que não poderia contar para ninguém que eu havia sido preso e que tentasse ficar o mais calma possível.

Então um rosto familiar entrou na sala.

"E aí, amigão! Lembra de mim?"

Ah, meu Deus. Era Mark, o "amigo" de Sam.

Mark até estendeu sua mão para mim, como se eu fosse apertá-la.

Eu apenas o encarei.

Ele estava alegre e todo animado, falando: "Parece que você vai ter de conversar com a gente, amigão! Vamos ser seus novos melhores amigos! Ou você poderá partir por um *longo, longo tempo!*".

Mark estava agindo de um modo tão palhaço que até os caras da Narcóticos o olhavam de um jeito estranho.

Então falou com ainda mais dramaticidade.

"Isto aqui é real, Mitch", Mark disse, esticando os braços antes de repousar as mãos nos quadris. "Isto aqui não é um filme, meu amigo. *Isto não é um programa de TV!*"

Ele se inclinou e fitou os meus olhos.

"Isto não é uma encenação", ele disse, sacudindo a cabeça para os lados enquanto se aproximava para o golpe final. "Eu não sou um ator."

Mark foi para trás, ainda me encarando.

"Pode até não ser", não me contive. "Mas com certeza é um canastrão."

Até os caras da Narcóticos riram dessa.

Depois desse breve momento de descontração, a situação ganhou contornos sombrios.

"Olha", um deles falou, com seriedade, "nós te enquadramos por ter feito conspiração para venda de mais de 40 kg de maconha".

"*O quê?*", eu engoli em seco.

Isso está ficando feio.

"É isso aí", Mark deu um sorriso sarcástico. "E está tudo gravado. Sabemos *tudo* o que você faz, sabemos *tudo* sobre você — então é melhor falar com a gente!".

"Ou você pode optar por não falar nada", o sério continuou, enquanto formavam um círculo ao redor da minha cadeira, "e a gente pode te tirar daqui e te mandar para uma cela especial em Rikers. E você não duraria nem dez minutos lá dentro, pode acreditar em mim".

Rikers Island é uma prisão enorme no Queens, localizada no meio de Flushing Bay. É onde os criminosos mais violentos da cidade são colocados.

"Como assim?", perguntei. "Você *sabe* que alguém vai fazer algo comigo?"

"Não falamos isso", Mark recuou, pois é inadequado ameaçar um suspeito. "É apenas o que acontece. Você sabe. Já ouviu falar sobre o que ocorre em Rikers Island — vão fazer picadinho de você. Então diga os nomes!"

"Chama-se sobrevivência, Mitch", sussurraram atrás de mim.

"Quer ver sua mulher de novo?", perguntou uma voz à direita.

"Ou a sua família?"

Então lançaram ameaças vindas de todos os lados na minha direção.

"É melhor falar com a gente, ou..."

"Não vai durar nem dez minutos..."

"Chamam isso de *sobrevivência*..."

"Ok! Ok!", eu desabafei.

Inventei vários nomes, Benny do Bronx, Jackie de Manhattan, Cisco de Newark...

"E quanto a um cara chamado Matty?", o sério perguntou. "Qual é, Mitch, você *conhece* um cara chamado Matty, não?"

"Hm...", eu hesitei. "Eu tocava em uma banda com um cara chamado Matty, mas foi só isso."

Isso não soou muito bem.

"*Uma ova, cara!*", um deles gritou, e começaram novamente a me atacar por todos os lados.

"Ele não entende, cara. Deixa que eu falo com ele..."

"Nós não acreditamos em você, Mitch!"

"Fala pra gente agora ou vamos te levar para Rikers!"

Dei um longo suspiro, deitei as costas na cadeira e disse: "Ok então. Levem-me para Rikers. Não vou falar mais nada. Vocês nem me deixaram falar com um advogado, então podem me levar para Rikers".

Rikers Island era só uma tática de intimidação. Se me levassem para lá, as acusações passariam da jurisdição federal para a estadual, que tinha leis antidrogas mais brandas. E o caso também não estaria mais no controle deles.

Eles fizeram um pequeno círculo no canto da sala por alguns minutos, enquanto me encaravam durante todo o tempo.

"Ok, quer saber?", disse o agente Crusty. "Vamos deixar você ir. Vá para casa, chame um advogado e decida o que você vai dizer pra gente, ok? Ou você faz isso ou vai pegar uns dez anos. E nós vamos acompanhar a sua vida, observando o que você faz. E vamos ficar de olho em todos os outros também."

"Mas enquanto estivermos te investigando", Chuckles continuou, "você não vai contar para *ninguém* que foi preso, entendeu? Se você contar, vamos considerar como obstrução à investigação, e você vai se dar muito mal. Na mesma hora. Não vai ver a luz do sol sabe-se lá até quando. Sacou? Agora cai fora daqui!".

Dei um enorme suspiro de alívio e comecei a me recompor, mas era como se meu corpo pesasse uma tonelada. Ainda me sentia em estado de choque. Não conseguia compreender como, com tanta merda horrível acontecendo nesta cidade, neste país — no *mundo* —, o FBI havia decidido utilizar seus recursos para dar um jeito em mim.

É assim que eles iriam transformar o mundo em um lugar melhor?

"Alguém tem uma ficha de metrô?", perguntei para os palhaços pelo progresso.

Quando eu saí de lá, uma outra ficha caiu. Esse pesadelo era real. Eu poderia ir para a cadeia *por anos*. Comecei a tremer na Rua 14, olhando constantemente para os lados para checar se alguém estava me seguindo. Eu só queria ver Arlene, fazer carinho no meu gato e nunca mais sair de casa novamente. Só queria entrar no metrô, ir para casa e ficar lá.

Achei que todos no metrô soubessem o que havia acontecido comigo. A menininha sentada na minha frente, me encarando... ela sabe que eu estou encrencado pra valer. O judeu fracote sentado ao lado dela está tomando todo o cuidado para não fazer contato visual comigo, assim como ensinaram a não fazer diante de caras perigosos.

A senhora porto-riquenha de cabelos grisalhos no final do vagão... ela *definitivamente* é do FBI ou da CIA — assim como aquele garoto que está junto dela. Aquele ali dentro do carrinho de bebê. O negro musculoso com tatuagens de presidiário está só lambendo os beiços, esperando para ficar sozinho comigo naquela cela.

Comecei a tremer de novo.

Não imagino que Arlene tenha entendido a gravidade da confusão em que eu me meti até ver o meu rosto — em seguida, ela entrou em pânico. Expliquei-lhe que me pegaram na venda com Sam e que também me enquadraram por Conspiração por uma quantidade absurda — e que estava gravado.

Falei para Arlene: "Quando Sam me perguntou *O Matty pegaria uma grande quantidade?*, e eu respondi *Não sei*, eles me pegaram por Conspiração ali mesmo, porque eu não neguei categoricamente. Eu disse *Não sei. Talvez*".

Para a Lei Federal, 15 g de haxixe estão praticamente na mesma classificação de drogas da heroína. Eles falavam em cerca de três anos de prisão só por aquela venda.

Eu desabei. Comecei a chorar e a bater a cabeça contra a parede, igual àqueles filmes de prisão, ou como Robert De Niro em *Touro Indomável*. Mas como Mark havia dito, aquilo era real.

De repente, o telefone tocou. Era o agente Chuckles: "Ei, amigão! Só queria dizer que estamos pensando em você, rá, rá. Bons sonhos. Nós vamos ver você de novo logo, logo!".

Meu estômago começou a embrulhar. Eu sabia o que eles queriam: meu bom amigo Matty Quick. Estavam atrás dele todo esse tempo, e eu era apenas um trampolim para chegar até ele. Eles queriam que eu fizesse com Matty o que Sam havia feito comigo: armar para ele para que pudessem pegá-lo.

Então tive uma ideia: e se eu aparentasse estar cooperando com eles, sem estar cooperando de fato? Será que seria o suficiente para me livrar dessa?

Imediatamente saí do apartamento e caminhei algumas quadras até a estação de metrô da Avenida 75, onde as únicas entradas são pelas extremidades da estação. Eu sabia que havia um telefone público bem no meio e, pela cabine, eu podia ver qualquer pessoa que estivesse me vigiando, de qualquer direção. Aguardei durante um longo minuto e então liguei para Matty Quick.

"Palito?", ele perguntou. "Aconteceu alguma coisa?"

Matty percebeu logo de cara que havia algo diferente apenas pelo tom da minha voz. "Escute", eu disse a ele, "se alguma vez eu te ligar pedindo alguma coisa, apenas diga não pra mim. Apenas diga que você nem sabe o que eu estou falando".

"Aconteceu alguma coisa com você?", Matty perguntou.

"Isso é tudo o que eu posso dizer", falei, vigiando cada canto da estação pela presença dos federais. "Se eu ligar pra você, *não* venda nada pra mim. Nem mesmo *fale* comigo."

"Palito, você não vai me machucar, não é?", Matty suplicou.

"Tenho de ir agora", disse. "Apenas tome cuidado."

Coloquei então o telefone no gancho e dei o fora daquele lugar.

"Sabe, Mickey assumiu um grande risco ao me ligar", Matty Quick confessa. "Eu não teria feito isso — avisar alguém. Eu sei o que ele fez, e ele se arriscou bastante — porque iam matá-lo se soubessem que ele tinha me avisado."

Quando voltei para casa, liguei para minha mãe e falei o que havia acontecido. Eu me senti péssimo, mas não tinha mais ninguém com quem eu pudesse contar. Ela não me xingou. Ela não estava nada contente, mas foi compreensiva. Estava preocupada com a possibilidade de eu ir para a cadeia.

Minha mãe ligou mais tarde naquela noite para dizer que tinha achado uma advogada chamada Isabelle, que já havia trabalhado no Departamento de Narcóticos e para a promotora do caso. Resolveu mudar de profissão para advogada de defesa, pois não gostava da forma como a Narcóticos operava. Liguei para Isabelle, marquei um horário e fui vê-la no dia seguinte.

"Um volume de 15 g de haxixe e 340 g de maconha?", Isabelle perguntou. "Que piada! Você tem noção de que isso foi a menor apreensão de maconha em nível federal nos últimos 25 anos?"

"Eles foram até você, correto?", ela perguntou. "Sam e esse tal de Mark. Tenho novidades sobre ele: não se chama Mark. *Você* é quem foi *markado*. Você era o alvo. Foi Sam quem o abordou sobre esse assunto. *Isso* é cilada, o que deve dar conta da acusação de Conspiração."

Eu me senti bem melhor após conversar com ela.

Isabelle estava confiante de que poderia convencer o promotor a retirar as acusações. Chamou isso de *acusação deferida*. Aconselhou-me a continuar sem falar nada para ninguém até que marcasse uma reunião com a promotora, Bette Wilson — para quem ela já havia trabalhado.

Na semana seguinte, ela me disse: "Parece que eles querem mesmo esse outro cara, o Matty, e pretendem te usar para chegar até ele. Estão bastante firmes quanto a isso. Podem estar querendo indiciar você. Desculpe, Mitch, mas acho que você precisa falar com eles".

Olhei para Isabelle e pensei: *Porra, ela é um deles? Talvez ela ainda esteja do lado deles. Talvez isso seja tudo uma armação. Talvez ela esteja me entregando para livrar outra pessoa.*

"Mas que diabos aconteceu, Isabelle? Você disse que iam retirar as acusações, e agora..."

"Eu sei, eu sei", ela respondeu. "Mas eles estão transformando isso em outra coisa. Estavam querendo que você se cagasse de medo com aquele negócio de passar dez anos na prisão. Mas sim, eu acho que você deveria dar pelo menos *alguma* informação a eles".

"Ou você pode escolher não dar", Isabelle falou, apresentando a segunda hipótese, "e eles resolvem indiciar você. Podemos ir a julgamento, mas será muito caro e não temos nenhuma garantia de que você irá ganhar".

"Bom, e se eu não ganhar?", perguntei. "Qual é a pior hipótese? Quanto tempo eu pegaria?"

"Bom, te pegaram na venda e na posse", Isabelle pensou alto, "o que deve dar entre seis meses e um ano. Mas se você for condenado também por Conspiração, pode dar até mesmo seis anos de cadeia, provavelmente mais".

"Ah, meu Deus", eu gemi, quase desabando no chão.

"Escute", Isabelle disse, tentando me acalmar, "vá para casa, fique calmo e vamos conversar de novo amanhã".

Eu estava apavorado. Poderia estar enganado, mas eu *não* confiava nela. Considerei a possibilidade de entregar Matty, mas a náusea imediatamente me consumiu e tive de ir correndo ao banheiro para vomitar. Não havia como, eu jamais poderia fazer isso e viver em paz comigo mesmo. Preferia arriscar a cadeia, uma possibilidade que também me causava náuseas, mas que pelo menos não faria com que me odiasse pelo resto da vida. Precisava arranjar um novo advogado. Então lembrei do meu pai dizendo que conhecia o assistente do procurador distrital do Queens e, por mais que eu não quisesse, liguei para ele.

"Quando o cara brinca com fogo, é isso que acontece", me alfinetou.

Contei o que havia acontecido com a advogada que a mãe tinha arranjado para mim.

"A sua mãe não arranjou um bom advogado pra você", Noel afirmou. "Parece que essa aí estava só te enrolando, falando o que você queria ouvir".

Aquilo virou uma competição para o meu pai — provar quem conhecia o melhor advogado e quem tinha os melhores contatos. A mamãe concordou que Paul

Pickelle, o ex-assistente do promotor, talvez fosse mais eficaz e que valia a pena tentar. Na manhã seguinte, liguei para Paul e o contratei.

Era a véspera do Ano-Novo de 1992 para 1993. Meu pai e eu voltamos a falar um com o outro, e ele parecia prestativo.

"Sabe", ele disse, "sempre tem um jeitinho de escapar dessas coisas. Às vezes com um dinheirinho...".

"Você está falando em propina ou coisa assim?", perguntei.

"Bom", ele disse, "*talvez* alguma coisa possa ser acertada. Mas antes quero que você ligue para o Jeff, desejando-lhe um Feliz Ano-Novo".

O pai deu a entender que se eu ligasse para o Jeff, seu amigo advogado e ele dariam um jeito de limpar minha barra.

Naquele momento eu teria feito praticamente qualquer coisa.

Arlene e eu tínhamos combinado com um pessoal de assistir à apresentação do nosso amigo Rob Falcone, que havia começado sua carreira de comediante e tinha o primeiro show de Ano-Novo marcado para aquela noite. E lá estávamos nós em um clube de comédia; eu pálido como um fantasma, tentando passar a impressão de estar rindo, quando, na verdade, estava tremendo. Foi bastante surreal, considerando o quão apavorado eu estava. Saí do local por volta das 10h da noite e fui até um telefone público na rua. Começava a nevar, e eu nem mesmo sabia se o meu irmão estaria em casa. Felizmente estava. Joey pareceu surpreso ao me ouvir, principalmente quando lhe desejei um Feliz Ano-Novo. Ele não fazia ideia do que eu estava passando.

"Ah, obrigado", ele disse. "Pra você também."

Foi uma boa sensação falar com meu irmão — agradável até demais. Queria tanto poder falar abertamente com ele, como eu costumava fazer, contando tudo e compartilhando segredos — mas senti como se não pudesse contar com ele. Estava com muito medo. Nossa conversa foi curta e grossa e acabou rapidamente. Eu havia completado minha missão, cumprindo minha parte no acordo que fiz com meu pai.

Achei que meu pai iria cuidar do assunto, mas ele disse que eu deveria perguntar para Paul Pickelle se havia outras formas de resolver o problema. Então fiz a questão de forma bastante sutil para Paul, que não demonstrou muito entusiasmo. Na verdade, ele respondeu me questionando se eu sabia que ele havia sido o chefe do Departamento Anticorrupção quando trabalhou com o promotor distrital do Queens.

"Ãh, não", eu respondi, constrangido. "Meu pai não me falou isso. Espero que eu não tenha te ofendido."

"Não se preocupe", Paul disse.

Ele afirmou que a situação não estava com uma boa cara. Pickelle havia escutado as fitas e, embora eu tivesse dito que queria no máximo 400 g — o que era bom para mim —, também tinha tentado facilitar uma negociação entre Matty e Mark. Paul explicou que um julgamento poderia ser arriscado. Então recomendou que fizéssemos conforme manda o figurino, não muito diferente do que Isabelle havia dito.

Eu estava mais uma vez por conta própria. E me cagando de medo.

Cena 2 — Um trapézio sem rede

Os federais ligavam constantemente, marcando encontros em restaurantes sujos do West Side, perto de onde trabalhavam. Liam listas de nomes e perguntavam se eu conhecia alguém. Eu dizia que não, e não estava mentindo. Eles também citavam as pessoas que mencionei a Sam na fita — felizmente, a maior parte eram apelidos, como Harry O, Nickles, Root Man e Donny D — e falavam que eu teria de ligar para esse e armar para aquele outro.

Disse a eles que o que estavam fazendo era inútil, pois eu não iria fazer aquilo.

"Ah, vai sim. Você vai ver só", ameaçavam.

"Ninguém vai querer fazer negócio comigo, de qualquer forma", falei para eles. "Todo mundo já está achando que tem algo estranho. Estou andando por aí, pálido feito um fantasma, e já falei para todos que parei de vender maconha."

"É, isso não foi muito esperto da sua parte, Mitch", me criticaram.

"Ah", reclamei. "Devo continuar vendendo só para vocês? Como se vocês não fossem me prender de novo, imagino?"

"Bom", responderam entre risos, "não foi bem que nós dissemos".

"É", eu retruquei. "Exatamente."

Em 1º de janeiro, levei o meu pai para almoçar fora, e ele lembrou o fiasco da briga da Bud Light. Ele queria que eu soubesse o que estava errado em relação a *todo* o episódio.

"Joey nunca pagou nada porque você não tinha um contrato", me informou.

"Pai, isso é palhaçada", eu disse. "Em primeiro lugar, eu nunca pedi para o *Joey* me pagar. E, em segundo lugar, se os Ramones quisessem me pagar alguma coisa pelo trabalho, eles poderiam ter pago. É simples!"

"Não, não, não", ele rebateu, "Joey esclareceu que é necessário ter um contrato assinado. *Sempre* tem de haver um contrato!".

"Escuta", falei para ele, "várias coisas nesse meio são feitas na boa fé, sem precisar redigir contrato. Depende das pessoas".

"Você está errado", ele insistiu. "Joey disse que, nesse meio, quando você faz um trabalho e espera ser remunerado, tem de ir primeiro ao seu advogado e fazer um contrato. Joey explicou que não poderiam pagar você nem se quisessem, porque não tinha contrato."

"Você está brincando, não é?", perguntei. "Pai, lembra aquilo que a gente gravou, a sua música 'Cold Turkey for a Hot Poppa'? Eu trabalhei um bocado na gravação, certo? Quer dizer então que, se de alguma forma aquilo virasse um disco e vocês faturassem muita grana em cima, você não ia me pagar nada só porque eu não tinha feito um contrato com você?"

"É isso aí", meu velho assentiu, balançando a cabeça.

"Não acredito", eu disse. "Você vai tão longe assim só para confirmar o que ele falou? O meu próprio pai está dizendo que a gente precisa ter um contrato assinado entre nós para esse tipo de coisa? Não dá pra acreditar nessa merda."

"Bom, o que eu posso dizer?", meu pai falou, dando de ombros. "São negócios. É o que Joey diz, e ele sabe. Ele tem tido sucesso nesse meio. Acredito nele. E eu pagaria você. Vá a um advogado e faça um contrato pelo seu trabalho em 'Cold Turkey', e é claro que nós vamos pagar você."

"Por favor", sacudi a cabeça. "Eu não ia querer nada por ter feito aquilo de qualquer forma."

"Viu só? Você é teimoso demais", me criticou. "É por isso que você está onde está. Não quer aprender."

Meu velho perguntou se eu precisava de dinheiro para a comida.

"Não sei. Fale com meu advogado", disparei. "Eu não tenho um contrato."

"Ok", ele disse, com raiva. "Terminamos aqui então. Não tenho de ouvir isso de você."

Então ele se levantou e saiu.

Mais uma vez ficamos anos sem nos falar. É óbvio que meu pai foi direto contar ao meu irmão que eu havia sido preso, ainda que meu caso pudesse ser severamente ameaçado se Joey resolvesse sair espalhando. Minha mãe disse que Joey estava mais era bravo por ninguém ter contado a ele. Talvez estivesse mais ofendido do que preocupado. Ou talvez estivesse realmente irritado por ter sido deixado de fora de uma crise familiar.

Semanas depois, os Palhaços pelo Progresso marcaram mais um encontro comigo em um pé-sujo na West Side Highway.

"Queremos que você ligue para o Matty", disseram. "Queremos que você se encontre com ele, iremos te preparar."

"Como assim... me preparar?", perguntei. "Estão falando em colocar uma escuta em mim? Vou ter que conversar com meu advogado."

"Ok, Mitch", disseram quando eu estava de saída. "Fale com seu advogado, mas já vamos avisando: isto não está nem perto do fim. Ainda temos grandes planos para você."

No dia seguinte, 26 de fevereiro de 1993, aconteceu algo que tornou toda aquela estupidez mais clara, pelo menos para mim. Houve um bem arquitetado atentado terrorista no World Trade Center. Bombas foram detonadas no subsolo e, embora a explosão não tenha conseguido derrubar as torres, seis pessoas morreram e pouco menos de mil ficaram feridas. Felizmente para o resto da cidade, o FBI e a Narcóticos tinham como prioridade me vigiar durante os seis meses que antecederam o atentado, garantindo assim que a maconha no meu armário não explodisse.

Em março, um novo encontro foi marcado.

"Escute. Achamos que você está protegendo Matty. Arranje alguma coisa com ele, e nós iremos te deixar fora disso. Senão vai ficar a cargo da promotora — e ela quer te ferrar. Você vai dar *tchauzinho* para todos e vai partir por um longo tempo."

"Sabe, eu não entendo vocês", eu disse. "Em setembro, Matty já não queria fazer negócio, certo? Ele sempre suspeitou de que tinha algo estranho no ar. Por que vocês acham que desta vez seria diferente?"

"Esta pode ser sua chance, Mitch", eles continuaram. "E quanto aos seus outros contatos? Na gravação, você menciona outras possibilidades."

"Mas são pessoas de quem eu recebi, não o contrário. Eu não saio por aí oferecendo 50 kg de maconha para os outros! Não vai parecer certo. *Ninguém vai fazer.* Vocês não entendem? Eu sou pequeno demais para fazer o que vocês querem que eu faça. Vocês estão querendo pescar um tubarão com um peixinho!"

Cena 3 — Sob a lona do circo

Em março, Paul Pickelle me ligou e disse que solicitaram mais uma coisa antes de decidirem se eu iria à julgamento. Queriam que eu telefonasse para Donny Denuccio, e a ligação seria gravada.

"Paul", expliquei, "todo mundo diz que a família desse cara tem *contatos*. E não só isso: seu irmão está na polícia. Ele é *tenente*, pelo amor de Deus. Seria uma sentença de morte. É melhor você me enforcar de uma vez".

"Entendo o que você quer dizer", Paul assentiu.

"Não vou usar escutas", continuei. "Não vou armar para ninguém, e é isso aí. Pelo que eu fiz, isso já é loucura, Paul. Você me contou que livrou um cara que foi pego com *40 armas de fogo* — e eles querem *me* prender? Diga a eles que pra mim chega."

Suei frio durante uma semana esperando o que a promotora havia decidido. Finalmente Paul Pickelle me informou que iriam retirar a acusação de Conspiração se eu me declarasse culpado de uma acusação menor, "posse com intenção de distribuir pequenas quantidades".

Aceitei o acordo.

Fui condenado por delito grave classe D, a categoria mais branda de um delito grave. Estava quase no fim. Ainda faltava a sentença. Fora do tribunal, vi alguns agentes que chegaram a me dizer que deram graças a Deus por aquilo ter terminado — eles sabiam desde o início que eu não era um cara mau, só um pequeno traficante de maconha. Estavam apenas fazendo seu trabalho, que era essencialmente fazer com que eu me cagasse de medo para colaborar com eles. Era uma questão de preenchimento de metas.

Eu disse que apreciava a sinceridade deles e, embora admirasse sua coragem de lidar com criminosos de alta periculosidade, não foi preciso ser muito macho para invadir a minha casa. Eles deram risada e concordaram.

Até que enfim podia contar para todos o que havia acontecido. Eu me encontrei com Matty e lhe expliquei tudo. Porém, ele não deu ouvidos da forma como deveria — continuou vendendo maconha.

Infelizmente, a minha sentença — que seria dada em maio — teve de ser adiada para setembro. Eu ainda estava apavorado, pois poderia receber uma pena de seis meses a um ano de prisão, talvez mais. Tive de passar por um processo chamado *investigação pré-sentença*, no qual é realizada uma audiência com o fiscal de liberdade condicional, onde você conta sua história de vida a ele, que recomenda uma sentença para o juiz. Consegui cartas de recomendação de Chris Frantz e Tina Weymouth, do Talking Heads, bem como de advogados, empresários e outras pessoas da indústria musical. Todos foram muito solidários. Apesar de os federais apostarem que eu pegaria apenas liberdade condicional, principalmente por ser réu primário, a mulher que fez minha investigação pré-sentença não concordou e queria muito que eu passasse um tempo na cadeia. Tive de esperar agoniado até setembro.

Queria fazer algo especial para a minha mãe no Dia das Mães. Ela havia sido tão legal comigo, e eu queria demonstrar minha gratidão. O que a deixaria mais feliz seria se todos nos reuníssemos, incluindo Joey. Então liguei para ele. A última vez que havíamos nos falado tinha sido na véspera de Ano-Novo.

"E aí", disse.

"E aí", ele respondeu. "Fiquei sabendo o que aconteceu", Joey mencionou, com uma certa arrogância.

"Pois é, eu sei", falei, acrescentando: "Acho que você não ia me ligar nunca, hein?".

"É, olha", Joey respondeu, "eu ia ligar, sabe?".

Engoli o meu orgulho e propus: "Que tal a gente se reunir e fazer alguma coisa para a mamãe no Dia das Mães?".

"É, pode ser. É uma boa", Joey concordou. "Então, o que está rolando entre você e a polícia?"

"Pois é, ainda não sei o que vai acontecer", disse. "Não recebi minha sentença. Os federais e a promotora não querem que eu cumpra pena na prisão, mas essa mulher do Departamento de Liberdade Condicional é uma sargentona e quer que eu cumpra pelo menos seis meses!"

Falei que ainda estava bastante assustado com a possibilidade de ir para a prisão.

"Bom", Joey riu, "se você for preso, tome cuidado com a sua bunda!".

Foi uma piada com o intuito de aliviar a tensão, mas eu com certeza não achei engraçado.

No entanto, *estávamos* novamente conversando um com o outro e levamos nossa mãe para jantar fora no Dia das Mães. Joey foi muito legal. Parecia estar genuinamente preocupado e até ficou indignado com a minha detenção. Sugeriu que fôssemos até a imprensa para expor as arcaicas leis de proibição à maconha e o que o governo havia feito com o dinheiro dos contribuintes. Ele estava pronto para aderir a essa causa.

Eu tinha medo de falar com a imprensa. Não queria arriscar demais a minha sorte. Joey me levou para jantar com um amigo nosso, o dono de uma boate que havia sido preso por fraude. Ele quis me ajudar a relaxar com o medo de ser preso. Nosso amigo falou para eu não me preocupar demais, que com certeza não havia nada a temer. Caso eu realmente me desse mal, pelo menos iria para uma prisão federal, como ele, uma penitenciária de segurança mínima — uma "Club Fed".

Nosso amigo falou ao meu irmão: "Só temos que garantir que ele fique tranquilo agora. Longe de encrenca".

Joey balançou a cabeça, concordando. Fiquei muito grato pelo que ele fez por mim.

Finalmente o dia do julgamento chegou. A promotora estava no tribunal. Os agentes do FBI e da Narcóticos também estavam lá, assim como a fiscal de condicional. Os agentes reiteraram que não queriam que eu fosse para a cadeia e que a mulher da condicional era um pé no saco. A promotora concordou com eles e praticamente admitiu que a acusação de Conspiração não se sustentava.

"Nós fomos até *você*, não foi?", Bette Wilson perguntou para mim.

Eles conferenciaram com a juíza, e, alguns minutos depois, fui sentenciado. Não houve pena de prisão, apenas dois anos de condicional. A justiça tinha sido feita.

E agora — do mesmo jeito como eu naquela manhã de 2 de novembro de 1992 — as crianças podiam dormir seguras em suas camas.

Mas tomem cuidado com os palhaços!

CAPÍTULO 33
FARRA ENTRE IRMÃOS

Após escapar da cadeia, trabalhei atendendo telefones, fazendo a limpeza quando as bandas saíam do Coyote Studios em Williamsburg, dirigindo táxi, fazendo esboços de desenho para a minha mãe — e qualquer coisa que eu pudesse mostrar para a fiscal da condicional a fim de provar que era um cidadão de bem, que pagava seus impostos e contribuía ativamente para a sociedade. Além disso, eu estava financeiramente arrasado.

Handsome Dick Manitoba e eu fizemos nosso primeiro show com os Plug Uglies no Harry Slash's Space, na Terceira Avenida com a Rua 13, e, mais tarde, tivemos uma discussão. Manitoba reclamou que eu me esforçava mais com minhas próprias músicas do que com as suas. A questão é que ele não tinha composto nenhuma. Então, no fundo, o Sr. Manitoba tinha razão. Era uma típica babaquice de banda de rock. Concluímos que não estava dando certo e que era melhor mantermos a nossa amizade. Assim, tiramos o plugue dos Uglies.

Com dinheiro emprestado da minha mãe e de alguns amigos, comecei a gravar novas canções no Coyote Studios, tocando todos os instrumentos sozinho, com exceção da bateria. Eu ainda tinha o baterista da Plug Uglies, Frank Siatta, e esperávamos formar outra banda. Semanas depois, numa estranha coincidência, Frank disse que os Ramones haviam ligado lhe oferecendo um trabalho de *roadie*. Ele se foi.

Então, do nada, Joey me telefonou contando que Seymour Stein tinha oferecido a ele a oportunidade de lançar o *seu* próprio selo, assim como fizera com Madonna. Queria que minha banda fizesse o primeiro disco. Expliquei que atualmente estava sem nenhuma, já que a sua equipe de *roadies* tinha pego o meu baterista. Joey não sabia nada sobre os Ramones terem contratado Frank, mas ficou chateado por isso.

Agradeci a Joey intensamente, desejei boa sorte com o seu selo e ressaltei para me informar se tivesse qualquer oportunidade de trabalho. Ele me pediu para deixá-lo a par do que estava acontecendo e disse que ficaria de olho em novos bateristas para mim. Dois meses depois, Joey me ligou para falar que o selo de gravadora não iria dar pé, mas que tinha outra ideia.

"A gente devia gravar um disco juntos", ele disse. "Você e eu, sabe, como um projeto paralelo."

"Parece divertido", eu falei, entusiasmado. "O que você quer que eu faça? Tocar guitarra ou algo assim?"

"Não, não", Joey respondeu com firmeza, "não estou falando num disco solo com a sua participação — estou falando num disco nosso de verdade, com Joey Ramone e Mickey Leigh. Vamos criar um nome e tudo mais, entendeu?". Embora eu estivesse apreensivo em relação a... bem, tudo a essa altura, me senti tranquilo com a forma como Joey detalhou o projeto. Eu precisava de algo positivo para me ater.

"Parece ótimo, Joey", eu disse. "Apenas quero agradecer à minha fiscal de condicional nos créditos, ok? Talvez ela relaxe um pouco com os exames de urina."

Joey riu e falou: "Quero que a gente se divirta nisso. Sem pressão, só um projeto divertido".

Fiquei bastante feliz quando desliguei o telefone. Joey parecia totalmente sincero. Seria um projeto nascido do respeito mútuo e feito por todas as razões corretas. Era algo sobre o qual falávamos fazia muitos anos e agora finalmente tínhamos a chance de fazer.

Joey sugeriu que gravássemos uma música que eu tinha feito com a The Tribe, "See My Way", gravada originalmente por uma banda chamada Blodwyn Pig. Nós nos revezamos nos vocais, como fazíamos quando éramos garotos. Trouxemos Branquelo e Steven Sane para participar da faixa e nos divertimos bastante gravando a canção. Joey acertou com Jello Biafra, fundador da banda punk Dead Kennedys, para lançar o disco pelo seu selo Alternative Tentacles, e escolheu as outras duas canções que completariam o nosso EP de três músicas.

Quando chegou a hora de batizar o projeto, Joey insistiu em nomeá-lo Sibling Rivalry — *rivalidade entre irmãos* —, o que eu pessoalmente não gostei muito. Achei que o nome ia de encontro ao propósito do projeto, que era nos aproximar um do outro, e não provocar tensão ou alguma espécie de batalha por supremacia. Mas parecia deixar Joey bastante feliz. Assim aceitei o nome.

Nós nos divertimos muito fazendo a capa com o nosso velho amigo George DuBose. Na foto, Joey e eu aparecíamos sentados na mesa da cozinha, com a nossa "mãe" — uma atriz profissional com uma aparência convincentemente assustadora — posando em pé, pronta para acertar o primeiro que saísse da linha com um pau de macarrão. Pensávamos em usar nossa mãe verdadeira, mas ela não pareceria nem de perto tão assustadora, mesmo que tentasse.

O disco deu o que falar no "círculo" de Joey.

"Quem colocou Sibling Rivalry em prática foi Charlotte", Daniel Rey alega, "pois quando Mickey foi preso, ele envergonhou Joey um bocado. Também fez com que a mãe deles lidasse com uma situação desagradável, e Joey não queria que ela ficasse chateada de forma alguma".

"Charlotte queria muito que os seus meninos se dessem bem", Daniel continuou, "e ela desejava que Joey fizesse algo para ajudar Mickey. Joey concordou e fez Sibling Rivalry só para agradar Charlotte".

Eu sabia que não era ideia da minha mãe.

"Não sei o que Daniel está falando", Charlotte rebateu, ao ser entrevistada sobre o assunto. "Nunca dei palpite sobre a música dos meninos, a não ser que eles me pedissem, e eles nunca pediram minha opinião sobre Sibling Rivalry. Achei ótimo que eles estavam trabalhando juntos, mas jamais sugeri a Joey que fizesse um disco *ou qualquer outra coisa* com Mickey."

"Também não acho que Joey tenha ficado constrangido por Mickey ter sido preso por causa de maconha", ela acrescenta. "Joey não era bem um defensor de leis rígidas contra as drogas, principalmente contra a maconha. Ele já tinha vendido erva antes de entrar para os Ramones e uma vez teve problemas com a lei quando era adolescente. No máximo, Joey deve ter achado uma palhaçada."

Houve um claro vazio quando Joey e eu paramos de falar um com o outro — que Daniel, aparentemente, estava ansioso para preencher. Quando entrevistado sobre a banda, ele dava apenas o papo de relações públicas sobre como o novo álbum estava ficando ótimo.

Quando Sibling Rivalry foi lançado, Joey e eu fizemos alguns shows em programas de TV a cabo e divulgações na imprensa. Embora estivéssemos novamente nos dando bem, eu sempre temia pelos problemas em potencial que poderiam surgir.

Logo após termos feito Sibling Rivalry, Joey me ligou para falar que o Red Hot Chili Peppers estava fazendo testes com guitarristas, e ele poderia me ajudar. Normalmente eu não aceitaria ser músico contratado em banda *nenhuma*, mas considerando as circunstâncias apreciei a oportunidade.

Joey me informou que Joan Tarshis, sua amiga que escreveu excelentes resenhas sobre a The Tribe, conhecia o empresário do Chili Peppers. Joey e Joan também tinham uma amizade próxima, embora instável.

Ele me disse para ligar para Joan perguntando sobre o teste com o Chili Peppers. Mas levei um baque quando liguei.

"Sei o que aconteceu entre Joey e você", Joan disse ferozmente. "Ele me contou que você é um encrenqueiro ganancioso. Disse ainda que eu nunca mais deveria falar ou escrever sobre as suas bandas. Os Chili Peppers são pessoas *maravilhosas* que estão limpas e sóbrias agora. Você é um criminoso condenado e um maconheiro. Eu nunca iria apresentar *você* a esses caras nem em um milhão de anos! Coloque-se no seu lugar, seu verme!"

"Hm... então... isso significa que eu *não* vou fazer o teste?", brinquei, antes de ela bater o telefone na minha cara.

Mais tarde, Joan explicou sua atitude: "Eu tinha recém largado a bebida. Ainda não era eu mesma. Agora que estou sóbria há 15 anos, vejo que fiz uma grande cagada. Não mandei o material do Mickey para o empresário deles por lealdade a Joey. *Agora* eu questiono a minha forma de pensar. Pode ser que eu tenha tentado parecer mais importante do que era".

Liguei para Joey e contei o que Joan tinha dito.

"Ah, cara!", ele disse. "Ela está pirada. Ela não entende!"

"Entende o quê?", perguntei.

"Ah, esquece", foi sua resposta. "Deixa pra lá."

"Certo", eu falei, tentando evitar ao máximo inflamar a situação. "Bom, obrigado por se lembrar de mim."

Percebi que Joan achou que estava fazendo apenas o que Joey queria. Estava sendo fiel ao amigo. Mas Joey não percebeu que, após soltar seus cachorros, não poderia mais trazê-los de volta.

Ela não levou em conta que várias das coisas que Joey havia dito foram causadas pela raiva — ou pelos seus violentos ataques de paranoia. É provavelmente o que Joey quis dizer com *Ela não entende*. No entanto, Joan é uma mulher muito inteligente, e acho que ela realmente entendia. Mas, naquele momento, não se importou. Provar a sua lealdade estava acima disso.

Resolvi deixar quieto. Já tinha passado por muita coisa para me incomodar por causa de Joan, ainda que eu me sentisse preocupado pela visão que outras pessoas poderiam ter a meu respeito.

Com certeza, fiquei mais paranoico e inibido, mas aquilo não era nada comparado a estar em uma sala cheia de agentes do FBI. A única coisa pior era ter uma doença potencialmente fatal. E foi exatamente o que aconteceu na primavera de 1994, quando minha mãe telefonou para mim e disse que tinha más notícias para dar — sobre Joey.

CAPÍTULO 34
A DURA LEI DE MURPHY

"JOEY FOI AO MÉDICO PARA FAZER UM *CHECKUP*", Charlotte lembra, "e logo voltou à estrada para uma turnê rápida com os Ramones. O médico ligou pra mim e disse: *Você tem de fazer ele voltar para casa!*".

Quando a mamãe perguntou o que havia de errado, o médico revelou que tinha sido encontrada muita proteína anormal no sangue de Joey. Meu irmão precisava voltar para fazer mais exames. Ela avisou ao médico que Joey estava quase pronto para retornar de qualquer forma. Haveria motivo para alterar toda a agenda de shows da banda?

"Achamos que é algo chamado mieloma, um tipo de câncer", o médico disse. "Não está de forma alguma em estágio avançado e, possivelmente, não irá requerer um tratamento neste momento. Mas precisamos fazer mais exames, o quanto antes."

Quando minha mãe ligou para mim e contou o que o médico tinha dito, não estava apavorada, pois nesse estágio a doença sequer precisava de tratamento. Era tratável — e ainda assintomática. Mas ouvir que meu irmão tinha câncer — independentemente de ser uma forma leve ou não — me assustou o suficiente para sentir meus olhos lacrimejarem e dar um soco na mesa.

"Joey voltou da turnê, mas não gostou nem um pouco daquele médico. Ele era muito arrogante e agia como um ditador. Comecei a procurar outros nomes", Charlotte lembrou. "A tia de Joey e Mickey era médica na NYU. Ela recomendou um de seus colegas, o Dr. Morton Coleman."

O irmão do nosso pai, tio Sy, casou-se com uma mulher doce, enérgica e muito inteligente chamada Sandra. A mãe de Sy teria ficado orgulhosa ao saber que ele se casou com alguém formado em Medicina, o sonho de uma mãe judia. Joey gostou logo de cara do Dr. Coleman. Era um profissional muito bom e de muito tato.

Após a realização de exames adicionais, foi confirmado que Joey tinha linfoma na medula óssea.

O Dr. Coleman afirmou para ele não se preocupar, pois o diagnóstico tinha sido feito no início. Embora não estivesse nem perto de um estágio potencialmente fatal, a doença necessitava de um cuidadoso acompanhamento. Meu irmão tinha de fazer exames quase de mês em mês.

Eu sabia o quão frágil era a saúde de Joey e temi que algo assim pudesse ter um efeito devastador. Por outro lado, ele já tinha enfrentado e superado tantos problemas de saúde ao longo dos anos que não faltavam motivos para crer que também venceria essa doença. Quando meu irmão voltou para a casa depois da turnê, liguei para dizer que havia recebido as notícias e tentei tranquilizá-lo em relação a qualquer medo que pudesse ter.

"Não se preocupe, Joey. Disseram que é algo que só precisa de acompanhamento. Você vai ficar bem!"

"É, eu sei", ele disse. "Mas é um saco. É como se sempre tivesse uma coisa, sabe?"

Meu irmão parecia estar enfrentando a doença da mesma forma que enfrentara todos os seus problemas de saúde até então: com a bravura de um boxeador. Dessa vez, no entanto, Joey estava no ringue com um adversário desconhecido, que embora não aparentasse ser uma ameaça, poderia lançar a qualquer instante um golpe capaz de derrubá-lo — permanentemente.

Antes de Joey ser diagnosticado com linfoma, ele já estava sofrendo de algo chamado espinha bífida, uma consequência da cirurgia que fez aos seis meses de idade para retirar o teratoma. O procedimento criou um espaço entre os ossos da coluna. Agora sua espinha não se ligava corretamente.

"Desde o nascimento, a dor foi uma grande parte da sua vida, e Joey aprendeu a viver com ela", Charlotte observa.

Joey normalmente mantinha seus problemas de saúde em casa, devido a complicações potenciais na banda.

"Ele não me contou que estava com linfoma", recorda sua ex-namorada, Angela Galetto. "Não em seguida. Na verdade, não me contou por alguns meses. Quando ele enfim me falou, nós choramos. Eu fiquei falando para ele: *Você vai ficar bem, não se preocupe. Estou com você pra tudo que precisar. Você vai ficar bem!* Mas Joey só dizia: *Eu posso morrer, eu posso morrer!* E eu repetia: *Não, você não vai morrer. Já existem várias formas de curar o câncer, sabia?*"

"Joey nunca foi saudável. Entre as infecções no pé, os problemas neurológicos e a espinha bífida, eu sempre soube que haveria a possibilidade de Joey virar um aleijado", confessa Angela. "A gente fazia piada sobre isso. Eu dizia: *Sabe o que mais? Vamos comprar uma cadeira de rodas, vamos colocar umas rampas pela casa e eu vou empurrar a cadeira pra você!* A gente lidava com isso e agora tinha outra coisa para lidar".

Após Joey fazer mais alguns exames confirmando que o linfoma não estava em um estágio no qual seria necessário tratamento, ficamos mais calmos — mas só um pouco mais calmos.

ALGUNS MESES DEPOIS, EM 15 DE JULHO DE 1994, minha mãe e Joey deram uma grande festa surpresa para mim no meu aniversário de 40 anos. Foi no meu restaurante favorito, o Sugar Reef, da Rua 6, que era de um amigo e colaborador de Joey, Al Maddy, e sua esposa Judy. Eles convidaram em torno de 40 pessoas, entre novos amigos, ex-parceiros de banda, compadres da indústria musical e velhos conhecidos da vizinhança. Fiquei bastante agradecido, e a participação de Joey foi muito significativa para mim.

Infelizmente, o núcleo de velhos amigos de Joey estava cada vez mais reduzido.

Ele ainda mantinha contato com Angela, mas não havia nenhuma grande reconciliação sendo arquitetada. Além disso, Joey estava se encontrando com uma nova garota, cuja submissão beirava a neurose, conforme ela despejava elogios constantes sobre seu "gigantesco namorado rockstar". Ela nos acompanhou em algumas das entrevistas que Joey e eu fizemos para o lançamento de Sibling Rivalry e foi enlouquecedor.

"Joey é o homem mais lindo do mundo", ela dizia, passando a mão na cabeça do meu irmão, "e o mais talentoso. Ele é o melhor compositor. O maior astro do rock...". Ela tinha um sotaque estrangeiro que, por algum motivo, tornava aquilo ainda mais irritante.

Ela continuava sem parar, até meu irmão finalmente dizer: "TÁ BOM! CALA A BOCA, PORRA! CHEGA!".

Foi na mesma época que ele conheceu outro fã que viraria um grande amigo. Esse pelo menos tinha muito respeito por si próprio para ficar de babação. Chris Snipes morava na Carolina do Sul e era vocalista de uma banda chamada The Independents.

"Antes de conhecer Joey, eu conheci Johnny Ramone em 1994", lembra Chris, amigo de Joey até o fim. "Era a primeira vez que eu ia a uma apresentação dos Ramones. Depois do show, saí com CJ Ramone e ficamos amigos. Mais ou menos seis meses depois, CJ conseguiu nos colocar em uma turnê dos Ramones, abrindo para eles em cinco shows. Joey veio até mim, começou a conversar, e eu lhe entreguei a demo dos Independents. Ele sempre assistia ao nosso show do lado do palco. A gente se deu muito bem."

Naquele tempo, eu ainda trabalhava de faxineiro no Coyote Studios, em Williamsburg. Os donos, Mike e Al, me disseram que estavam fazendo reformas no local e tinham tentado contatar meu irmão diversas vezes. Queriam que ele fosse pegar uma caixa com uma fita *master* que deixou lá, mas Joey nunca dava resposta. Avisaram que jogariam fora todas as caixas que não fossem recolhidas. Então a levei para minha casa.

Eu tinha um palpite sobre o que poderia estar na caixa, pois lembrava de Joey ligar antes das brigas dizendo que estava no Coyote Studios tentando regravar uma canção que tínhamos feito alguns anos antes, chamada "Out of Here". Ele chegou a me perguntar se eu poderia ir até lá para mostrar ao guitarrista como executar a parte que eu havia tocado na música, pois estavam tendo dificuldade para descobrir. Porém, recusei essa elogiosa oportunidade.

Quando cheguei em casa e abri a caixa, fiquei surpreso ao ver o título na lista de faixas, com os dizeres: "Cold Turkey for a Hot Poppa".

Joey aparentemente havia feito algo com a música e acabou esquecendo.

Eu apenas ri, lembrando de toda a aflição causada por aquele disco imbecil. Depois de tudo aquilo, eu acabei ficando com a fita. Não estava disposto a levá-la até o meu irmão e reacender toda aquela discussão. Fiquei contente por ele simplesmente ter deixado a fita lá, sem se importar com aquela canção ou o que mais pudesse estar naquela fita. Se é que havia algo mais.

Balancei minha cabeça, coloquei a caixa em uma estante com mais algumas dezenas de fitas e também me esqueci dela.

No mundo dos Ramones tudo estava na mesma. A banda fazia uma turnê, gravava um disco, tinha um clipe recusado pela MTV, não emplacava um hit e fazia mais uma turnê. Joey ainda não falava com Johnny, e Johnny também não falava com Joey. A única coisa que mudou foi o lado que os outros caras da banda tomavam quando o assunto era Joey e Johnny. Era um jogo — bastante estressante — que faziam constantemente, agravando o mesmo ambiente nocivo e insalubre que fervilhava durante 13 anos. Depois de todo aquele tempo, se tornou a norma.

Felizmente, os Ramones começaram a obter reconhecimento pela nova safra de bandas grunges que se tornavam cada vez mais populares nos meados da década de 1990. Era uma estranha forma de elogio, já que esses grupos haviam ultrapassado em muito o sucesso dos Ramones, vendendo milhões de discos e tocando em arenas lotadas.

Enquanto os Ramones ainda tocavam em bares, esses caras desfrutavam da carreira que a banda sempre sonhou ter. Joey oscilou entre a admiração e o despeito por nomes como Soundgarden e Pearl Jam. Ele deu várias entrevistas onde afirmava que o Nirvana plagiou totalmente o seu grupo e que devia todo seu sucesso aos Ramones. Para mim, eles pelo menos provaram que havia esperança para novas bandas.

Steven Sane e eu resolvemos formar um novo conjunto onde eu seria o vocalista dessa vez. Eu batizei-o de STOP. Gostei do nome tanto por ser uma palavra muito forte como também por ser uma palavra que pode ser encontrada nas esquinas de qualquer subúrbio americano. Percebi que era uma econômica jogada de marketing. E o que era ainda melhor, achei bastante divertida a possibilidade de um grande multidão gritar *STOP* para uma banda com o sentido de pedir bis.

Colocamos um anúncio no *Village Voice* procurando um baterista, mas não tivemos sorte. Por volta do Natal de 1994, Joey me ligou para dizer que George Seminara, seu amigo e diretor de videoclipes dos Ramones, tinha um baterista que poderia estar interessado. Foi um dos melhores presentes de Natal que já ganhei: Pat Carpenter não apenas se mostrou um excelente baterista como também veio a ser um dos meus melhores amigos.

"Não estava pensando em entrar para uma banda com o irmão de Joey Ramone", afirma Pat. "Eu só queria achar uma que tivesse um som muito bom. Então liguei para o Mickey, e ele me mandou uma fita. Achei ótimo. Adorei o grupo desde o primeiro dia."

Joey compareceu a alguns shows da STOP e ficou muito impressionado. Achou que Steve era muito mais eficiente como baixista, tendo eu como vocalista.

Em março de 1995, ele me contou que os Ramones tocariam em Londres no mês de junho e queriam que a STOP abrisse.

Em 20 anos tocando em bandas, abri para os Ramones uma meia dúzia de vezes. Era sempre divertido, mas não era exatamente um passaporte para o sucesso. O mais significativo foi que isso causou um rompimento naquela muralha entre Joey e eu. E mais significativo ainda: Joey disse para Johnny Ramone, que era categoricamente contra estarmos no show, que não iria fazê-lo caso não nos deixassem tocar.

"Estou orgulhoso dele", disse à minha mãe. "Já era hora de se impor ao John em *alguma coisa.*"

"Mas não diga isso a ele", minha mãe me avisou. Ela sabia que se eu falasse algo nessa linha, Joey provavelmente interpretaria como um insulto, ainda que fosse um comentário positivo indicando que ele havia feito um grande avanço no seu relacionamento com Johnny. Era triste não poder mais ser honesto ou franco com meu irmão. Às vezes, eu queria muito dizer a ele: *Qual é, meu? Esse cara está pisando em cima de você. Ponha ele no seu lugar. Faça seu disco solo. Mostre pra ele. Você pode!* Mas eu não podia. E o mais triste era que nem sua própria mãe podia. Ninguém mais podia, na verdade.

Eu ainda estava em liberdade condicional por mais cinco meses, então tive de apresentar todo tipo de informação ao meu fiscal para ser autorizado a me afastar do país. Em seguida, ele me informou que eu tinha recebido permissão para viajar. Mas, quando estávamos prestes a comprar as passagens, voltou a me ligar para dizer que, embora eu estivesse autorizado a viajar, não poderia ir, pois a alfândega britânica não permite que ninguém em liberdade condicional entre no Reino Unido. O fiscal da condicional tinha se esquecido de me informar sobre esse pequeno detalhe.

Eu temia ligar a Joey para contar as notícias — e ele ficou bravo com razão. Não havia nada que eu pudesse fazer, a não ser pedir desculpas.

"Joey me disse uma vez", Daniel Rey recorda, "*sempre que eu tento ajudar Mickey, acaba estourando em mim*".

"Foi uma droga", Pat disse, ao sacudir a cabeça. "Mas não achei que fosse o fim do mundo. Era só um show. A gente tinha uma banda muito boa. George Tabb até chegou a escrever um artigo na *New York Press* declarando a STOP *a melhor banda da cidade,* e eu achei que mesmo que aquele show não saísse, haveria outra coisa."

Depois de um tempo, Joey ficou mais tranquilo. Disse que queria me apresentar à sua amiga Veronica Koffman, presidente do fã clube dos Ramones no Reino Unido, e comentou que talvez ela nos ajudasse a arranjar uma turnê juntos. Veronica estava vindo para os Estados Unidos para assistir a um show que Joey iria dar no Continental durante o New Music Seminar, que caiu bem na data do meu aniversário, 15 de julho, para variar. A MTV chegaria às 10h da noite para filmar um segmento para o noticiário da emissora. Infelizmente para a STOP, Joey tinha nos colocado para tocar às 8h30min. Veronica queria saber por que Joey nos colocou tão cedo, mas não obtivemos uma resposta para ela.

Mais tarde naquela noite, Steven Sane caiu no banheiro e bateu a cabeça, fazendo um corte. Aguardei na sala de emergência do hospital Beth Israel enquanto os médicos davam pontos. Quando finalmente voltamos ao Continental, todo mundo havia ido embora. Liguei para Joey do bar e contei o que acontecera, agradecendo a ele ter por ter colocado a nossa banda no show.

No dia seguinte, minha mãe avisou que Joey tinha ligado para ela, reclamando estar muito bravo por eu não ter agradecido a ele. Contei a ela que Veronica estava bem ao meu lado quando eu liguei para ele. As coisas começaram a ficar estranhas novamente.

Alguns dias depois, Joey foi para Los Angeles se encontrar com o dono da Epitaph Records, Brett Gurewitz. Certos pacotes que eu havia mandado para a gravadora foram parar inevitavelmente em uma caixa debaixo da mesa de alguém. Nunca consegui ter uma resposta. Quando Joey voltou, perguntei a ele se chegou a deixar um pacote da STOP para Brett. A sua resposta foi curta e mal-humorada:

"Eu não fui lá por sua causa!", Joey disse, eriçado. "Fui lá por minha causa."

Joey argumentou que tinha ido para discutir sobre um disco solo, mas Veronica mais tarde revelou para mim e Steven Sane que ele deixou um kit dos Independents, a banda que estava empresariando agora. Veronica achou estranho, já que Joey supostamente tentava arranjar um contrato para o nosso grupo.

"Não entendo", ela disse a mim e a Steve durante o almoço no Dojo, na St. Marks Place. "Por que ele não deixou um pacote de vocês com o Brett enquanto estava lá?"

"Olha, Veronica", eu confidenciei, ainda perplexo, "cá entre nós, eu nunca sei quando ele quer que eu me dê bem de verdade".

Ela disse que não conseguia entender o motivo.

No dia seguinte, recebi uma ligação de Joey. Ele estava bravo como eu nunca tinha visto antes.

"EU OUVI QUE VOCÊ ESTÁ FALANDO MAL DE MIM POR AÍ DE NOVO", Joey gritou. "DE AGORA EM DIANTE, NÃO QUERO MAIS SABER NADA SOBRE AS SUAS BANDAS. NUNCA MAIS, OK?"

Então desligou na minha cara. De novo.

Joey se oferecia para ajudar — e demonstrava realmente querer ajudar. Mas quando havia mostras de que algo poderia acontecer com uma de minhas bandas, ele se tornava estranho.

Pat, Steve e eu gravamos mais algumas canções — incluindo uma versão de "Outsider", dos Ramones — e continuamos em busca de uma gravadora. Uma outra amiga antiga de Joey, Aime Elkins, havia se casado com Lee Josephs, o dono de um pequeno selo independente chamado Dionysus, em Los Angeles. Lee e eu não conseguimos chegar a um acordo para gravar um disco da STOP, mas Aime e ele me conseguiram o contato de uma gravadora pequenininha em Chico, na California, chamada Smut Peddlerz, que fabricariam os CDs. E acertei a distribuição com os meus velhos amigos da Bomp Records. O álbum se chamaria *STOP... Never*.

Em novembro de 1995, recebi uma ligação de alguém da BBC Radio One, dizendo que tinham recebido uma cópia da nossa fita por meio de Veronica Koffman.

Queriam saber se um CD e uma turnê estavam nos planos e, caso positivo, nos convidar para fazer uma apresentação ao vivo no Mark Radcliffe Show. Foi uma grande notícia! Jimi Hendrix havia tocado na Radio One!

"Foi quando as coisas ficaram um pouco estranhas, e eu pude ver a situação de uma forma mais clara", explicou Pat Carpenter. "Não faço ideia por que Joey estava mudando de opinião toda hora, mas, de repente, ele estava novamente interessado em ajudar a STOP. Apesar de Joey e Mickey não estarem se falando, Veronica ligou para o Mickey e contou que agora Joey queria ser o *empresário* da banda e tentar nos vender enquanto estivéssemos na Inglaterra."

Eu poderia explicar esse temperamento inconstante de uma forma mais detalhada e precisa, mas necessitaria passar vários anos estudando psiquiatria para isso.

"O pessoal de Joey me entregou um contrato de agenciamento da banda", Pat continuou, "exigindo 50% de qualquer acordo de gravadora em qualquer lugar do mundo — e também da divulgação, do *merchandise*, dos filhos que viéssemos a ter etc".

Lá vamos nós de novo — contratos, advogados que custam milhares de dólares...

Não tínhamos dinheiro para pagar advogados. Isso gerou mais loucura e transtorno. É claro que a minha mãe se sentiu impelida a ajudar. Afinal ela queria que eu tivesse sucesso — sempre quis.

"Deixem eu emprestar US$ 1 mil para vocês pagarem o advogado e resolverem essa questão do contrato", ela ofereceu. Considerando que Joey e eu não estávamos nos falando muito naquela época, ela atuava como uma intermediadora.

"Mas e se for mais?", argumentei com ela. "Por que você não pede para o Jeff relaxar? Se a gente diz que vai dar a ele 10% de qualquer contrato que ele arranjar, então nós *vamos dar*."

"Ah, ele vai dizer que eu estou ficando do seu lado de novo", ela respondeu.

Joey e Veronica ameaçavam cancelar a turnê se não assinássemos alguma coisa antes do embarque. Quanto mais perto chegávamos da data, mais acalorada ficava a situação. Veronica ligava da Inglaterra, dizendo que eu precisava aprender a tratar Joey mais como os seus fãs o tratavam — que eu deveria aprender a puxar o saco do meu irmão um pouco melhor.

Eu tinha de lembrá-la que ela era presidente de um fã clube, e não eu.

"Eles voltaram com uma proposta um pouco melhor", recorda Pat Carpenter, "mas a possibilidade de algum dia ganhar dinheiro era bem limitada".

"Era um contrato bem ruim", Pat acrescenta. "George Seminara disse pra mim: *Vocês estão loucos! Seja lá qual for o contrato, Joey Ramone quer ser o seu empresá-*

rio, e vocês vão recusar? Parece que sempre se resumia a isso: Joey é um rockstar, e Mickey deveria apenas aceitar. Muita gente esperava que Mickey fosse dançar conforme a música."

"Mickey e Joey estavam se estranhando de novo", Pat segue. "Não acho que Mickey brigava com Joey Ramone menos do que brigava com seu irmão. Eu via dois irmãos que se davam perfeitamente bem e que depois não se davam mais. Quando eu e meu irmão nos estranhávamos, era como se alguém dissesse: *Vá se ferrar! Ok, eu te ligo mais tarde!* Com eles podia ficar bastante feio."

CAPÍTULO 35
DEPRESSÃO NAS TERRAS ALTAS

Naquele momento, não poderiam cancelar nossa turnê apenas por não desejarmos assinar um louco contrato. Isso passaria uma má impressão aos *promoters*, e Joey ainda queria levar os Independents para tocarem lá. Veronica foi convencida de que não éramos gente de confiança, tendo sido instruída a nos acompanhar na estrada para recolher toda a grana, garantindo assim o seu pagamento.

"Nós cinco ficamos espremidos em um carrinho", Pat recorda, "incluindo Veronica, que ficou insistindo que precisava ir junto".

Estávamos gratos por tudo que Veronica havia feito, mas não tinha nada de prático naquilo. Depois de duas semanas comendo sanduíches de picles e molho e dormindo no chão sujo e frio dos locais onde recém havíamos tocado — que representava a "comida e hospedagem" inclusa —, nossa paciência estava sendo testada.

Estávamos em Edimburgo, na Escócia, numa monstruosa viagem de 12 horas para o próximo local onde iríamos tocar. Então pedimos, por gentileza, que Veronica pegasse um trem de volta a Brighton, onde ela morava e nos hospedava temporariamente. Ela ficou brava, berrando: "Por que vocês estão fazendo isso comigo?".

Veronica começou a gritar, ameaçando jogar todas as nossas coisas na rua assim que ela chegasse em casa. Quando ela foi embora, fui atrás dela.

"Mickey voltou e pediu para eu ligar para Joey de uma cabine telefônica", Pat disse. "Eu falei para o Joey: *Veronica está tendo um chilique!* Ele respondeu: *Vocês não podem simplesmente lidar com isso?* Eu rebati: *Joey, ela está indo embora com todo o nosso dinheiro e disse que vai jogar as nossas coisas na rua, incluindo os nossos passaportes. Ela está indo pegar o trem! Você não poderia falar com ela?* Ele começou a rir."

Meu irmão finalmente aceitou falar com ela. Então saí correndo pela rua atrás de Veronica, gritando: "Joey está no telefone!".

"Olhando hoje, foi realmente cômico", disse Pat.

No geral, foi uma viagem memorável. Só o programa da BBC já valeu por todo o desconforto e sofrimento. E os CDs se esgotaram em todas as lojas que aceitaram vendê-los — perto de duas mil unidades. A Smut Peddlerz fez uma tiragem de apenas duas mil cópias antes de ir à falência, mas ganhamos ótimas críticas. Por mais elogiosas que fossem as comparações, ainda eram tanto sobre os Ramones como eram sobre a STOP.

Como, por exemplo, essa da *Guitar World*:

O irmão de Joey Ramone, Mickey Leigh, nunca conseguiu se desvencilhar do peso da família, mas agora que os Ramones estão desaparecendo na história, Mickey pode enfim ter sua chance de brilhar na escuridão... Sua nova banda, STOP, tem toda a agressividade e a pose que os Ramones tinham antes de se tornarem acomodados e complacentes... Se os Ramones desenvolvessem sua habilidade musical e aumentassem seu repertório, seriam bastante como a STOP.

Da *Stereo Review*:

Liderado por Mickey Leigh (o irmão mais novo de Joey Ramone), este disco é um dos mais arrasadores exemplos de neo-punk dos últimos anos. Imaginem o fôlego e a intensidade da banda do irmão, mas com guitarras de verdade e um vocalista muito mais expressivo, e você tem uma ideia.

Suspeitei que essas críticas poderiam causar ainda mais atrito entre meu irmão e eu, mas torci para que isso não acontecesse.

De qualquer forma eu *ainda* gerava mídia para ele.

A STOP retornou da turnê bem mais pobre do que estava quando embarcamos, e, meses depois, Steven Sane saiu da banda. Pat e eu continuamos unidos, mas não tínhamos dinheiro para anunciar no *Village Voice* ou pagar por estúdios de ensaio para fazer testes com novos baixistas. Eu trabalhava como *barman* e porteiro em bares de rock — e precisava abandonar qualquer ideia de ter uma banda. Pat e eu unimos forças com nosso amigo Tim Heap em seu grupo homônimo Heap.

Eu estava em uma tremenda fossa, mas ainda me sentia grato pelo que tinha. Sempre que ficava muito para baixo, pensava na sorte que eu tive por não ter ido para a prisão. Qualquer dia com os pés no chão e longe da cadeia era um bom dia.

Meu amigo Jesse Malin, que uma vez foi *roadie* dos Rattlers e agora era o vocalista de uma banda bastante popular chamada D Generation, me deu trabalho como *barman* no seu bar Coney Island High, na St. Marks Place. Jesse também era amigo do meu irmão, mas devo dizer, em sua defesa, que jamais deixou isso influenciar na minha contratação.

Comecei a frequentar inferninhos *after-hours* depois do meu trabalho, sentindo pena de mim mesmo — enchendo a cara e fazendo farra até o amanhecer. Uma noite-manhã me deparei com uma velha amiga, Lucky Lawler, a editora de um jornalzinho local chamado *New York Waste*.

Ela me deu a oportunidade de escrever em uma coluna e aceitei. Batizei de *My Guitar Is Pregnant* — minha guitarra está grávida. Era um apanhado do que eu estivesse a fim de escrever: notícias, ficção, fantasia. Tinha um segmento esportivo chamado *Balls!* Basicamente era para o meu próprio entretenimento. Assim, gostava de me fazer rir o máximo possível. Uma das minhas favoritas foi uma coluna sobre o primeiro homem a ter um transplante de útero, que depois foi clonado, permitindo que desse a luz a si mesmo. Mais tarde, o *Waste* foi eleito o *melhor jornal underground* na edição anual de *o melhor de Nova York*, da *New York Press*, e minha coluna foi citada como um dos motivos.

Após retornar da turnê pela Inglaterra, Joey e eu falávamos um com o outro reservadamente, mas, de qualquer forma, estávamos nos comunicando. Ele me contou que os Ramones estavam putos com ele porque receberam a proposta de uma turnê sul-americana por muito dinheiro. Os Ramones eram como os Beatles na América do Sul, mas Joey não queria fazer essa turnê.

"Não estou me sentindo muito bem, entendeu?", Joey confessou. "Não acho que eu tenho força pra fazer outra turnê assim. Pelo menos, não agora. Mas os Ramones estão me pressionando bastante. Não sei o que eu faço."

"Que se fodam", eu o aconselhei. "Sua saúde é mais importante — e se você não acha que vai ser bom pra você, então não faça. Você sempre vai poder voltar lá e tocar de novo. Você tem de pensar por si mesmo."

"Pois é", Joey disse, "mas poderia dar, tipo, um milhão de dólares pra gente. Todo mundo quer fazer. Dizem que eu estou tirando dinheiro do bolso deles".

"É claro que eles querem que você faça", falei. "Mas, aparentemente, eles não se preocupam se você cair morto enquanto estiver fazendo."

A proposta para ir à América do Sul veio enquanto a banda estava em turnê com o Lollapalooza.

"Joey queria tocar no Lollapalooza", Johnny explica. "Eu só queria fazer uma última turnê dos Ramones. Mas Joey queria fazer isso — como se fosse render alguma coisa pra gente."

"O Lollapalooza foi ridículo. O Metallica era a banda principal, o Soundgarden era a segunda. Nós ficamos entre os dois. Quer dizer, metade do público foi lá para ver o Metallica. A outra metade foi pelo Soundgarden. A gente tocava dia sim, dia não, por 45 minutos, e quase não parecia que eu estava trabalhando. Pelo menos, se a gente tocasse na América do Sul", Johnny reclamou, "teríamos ganhado muito mais dinheiro do que naquela turnê de seis semanas do Lollapalooza. Joey sentiu-se bem após o festival e marcou a turnê quando, aparentemente, estava doente. Então qual é a diferença se fizermos mais quatro shows na América do Sul?".

"Eu até falei para o Johnny", Joey me contou pelo telefone, "que eu faria a turnê se me dessem uns dois ou três meses depois desse último show em Los Angeles".

"Joey disse: *Vou fazer dentro de uns meses*", Johnny recorda. "Qual é, ele estava enrolando! Eu respondi pra ele: *Olha, eu não preciso do dinheiro, mas tem dois caras na banda que precisam. Eles não ganham o que a gente está ganhando. E quanto a eles?* Joey falou: *Tenho de pensar no que é melhor para mim.*"

"Todo mundo na banda", Johnny alega, "estava puto com o Joey naquele momento — incluindo Marky e CJ".

"Não sei se foi porque Joey descobriu que estava com linfoma", Marky explica, "ou se foi porque ele só queria contrariar o Johnny".

"Joey não me contou que estava com linfoma", Marky admitiu, "mas eu senti só de olhar para a pele do Joey que havia alguma coisa".

"Às vezes, Joey parecia um pouco verde", Marky acrescenta, "e havia uns furinhos no seu pescoço. Eu achava que Joey estava tomando vários remédios por conta dos seus problemas neurológicos, então nunca achei que fosse algo grave. Mas ele deveria ter me contado que tinha linfoma, pois se alguém naquela porra da banda tinha o direito de saber, era eu!".

Nessa época, havia duas facções no grupo: Marky e Joey integravam uma ala democrata mais progressista, e Johnny e CJ integravam a ala republicana e conservadora. Joey até chegou a se apresentar com seu projeto paralelo, Resistance, no comício do candidato à presidência Jerry Brown. Ele levou Marky para tocar bateria e recrutou uma série de amigos para a banda. Ele não me convidou para participar, mas não fiquei surpreso. Joey havia parado de me incluir em seus projetos paralelos nos últimos anos. É claro que eu me sentia como se estivesse sendo deixado de lado, mas acho que era esse o motivo.

"Depois Joey começou a tomar Prozac. Para o seu TOC, acho", Marky recorda, "e estava falando mais".

Finalmente Joey estava se comunicando de novo.

"Um dia, eu estava na van, e Joey começou a falar com Johnny como se fosse um velho amigo. Joey tentou mesmo falar com Johnny, que não deu papo. Eu não acreditei. Então perguntei para o Joey: *O que aconteceu ali?* Joey disse: *Bom, eu tentei, agora eu não me preocupo mais.* Ele não deu a mínima para o fato de que Johnny não iria falar com ele, o que eu achei bem legal, pois foi provavelmente isso que o impediu de enfrentar Johnny durante todos aqueles anos. Talvez se Joey estivesse tomando Prozac há mais tempo", Marky especulou, "ele teria superado melhor a situação da Linda e seguiria em frente".

"Enquanto isso", Marky continua, "Joey nunca explicou por que não quis fazer a turnê na América do Sul — e ele teria feito uma grana boa com aquela proposta".

A visão de Johnny sobre a turnê sul-americana era que não fazia sentido adiá-la.

"Quando Joey disse que talvez fosse para a América do Sul dentro de alguns meses", Johnny Ramone lembra, "eu falei: *Não vou voltar pra casa, parar de ensaiar e depois voltar lá! Vamos fazer agora, vamos acabar logo com isso!*".

"Johnny foi um imbecil", Joey relatou. "Ele ficava falando: *Assim que a gente fizer esse último show, assim que eu pendurar a minha guitarra, é fim de papo! Se não podem marcar a turnê agora, então esqueçam!*"

"Da maneira como eu fui criado", Johnny explica, "você jamais falta! Era a mesma coisa com o Dee Dee — ele tocava, não importa o que houvesse de errado. Ele fez uma turnê com hepatite. Eu tive traumatismo craniano em 1983, e Joey foi para o hospital na mesma época por causa do pé. Eu fiz uma craniotomia em uma parte do meu cérebro, mas logo estava de volta pra tocar — e Joey continuava no hospital por causa do dedo do pé? Eu fiquei pensando: *Até quando ele vai se aproveitar disso?*".

"Ok, Joey estava doente", Johnny segue. "Mas todo mundo dizia que era possível tratar a doença com medicamentos. Até hoje ouço falar de gente que não morre de linfoma. Mas Joey apenas disse para mim: *Nah, tenho de pensar no que é melhor pra mim.*"

Joey recusou a proposta de turnê, mas não permitiram que ele esquecesse aquilo tão cedo. Nada era esquecido rapidamente na banda.

NO VERÃO DE 1995, LEGS MCNEIL E GILLIAN MCCAIN me entrevistaram para um livro no qual vinham trabalhando fazia vários anos, chamado *Mate-me por Favor: Uma História Sem Censura do Punk*. Levei o título ao pé da letra e falei sem rodeios. De que outra forma é possível se expressar em um livro sobre punk rock? Eles me deram a garantia de que tudo o que eu falasse seria remetido às pessoas sobre quem eu falei para que pudessem dar sua aprovação, e *nem sempre* isso dá merda.

"Achei que *Mate-me por Favor* seria igual a qualquer outra coisa que a gente fez", confessou Legs, "que seria interessante, que ninguém daria bola e, em pouco tempo, seria um fracasso. Mas não foi o que aconteceu".

"Eu não tinha dúvidas de que Joey iria detestar o livro", Legs acrescenta, "pois ele odiou tudo que eu já escrevi sobre os Ramones. Por que seria diferente dessa vez? Eu não sabia o que ia irritá-lo, mas tinha certeza de que seria a última coisa no livro que eu suspeitasse que ele fosse reclamar — e obviamente foi. Joey Ramone odiou *Mate-me por Favor* porque Mickey revelou que ele tinha sido hippie nos anos 1960 e que ele foi vocalista de uma banda de glitter rock, apresentando-se como Jeff Starship. Acho que essa é uma das cenas mais emocionantes do livro. Mickey fica muito impressionado ao ver seu irmão cantar no palco pela primeira vez. Mas a verdade é que Joey nunca leu livros, ele só lia coisas sobre ele".

"Eu planejava fazer uma nova entrevista com Joey para o livro", Legs disse, "mas quando li as entrevistas antigas que eu tinha feito com ele, achei tão boas. Eu sabia que Joey tinha mudado muito e não poderia mais ser tão sincero daquela forma. Assim, Gillian e eu resolvemos usar as entrevistas velhas. O que a gente tentava captar era a forma como você poderia correr riscos e se reinventar".

Logo após o livro ser lançado, Legs e Joey se encontraram na St. Marks Place. Legs carregava a edição em capa dura de *Mate-me por Favor*. Ele parou e escreveu no livro: *Joey, você salvou mesmo o rock 'n' roll! Eu te amo, Legs.*

"Joey pegou o livro", Legs recorda, "leu o que eu escrevi e me encarou, quase sem acreditar. Acho que ele pensava mesmo que eu me divertia tirando sarro da cara dele — ele era paranoico assim. Falei para ele: *Sei que você vai detestar o livro, mas eu acredito de verdade no que escrevi pra você. Cuide-se!*".

Ele agradeceu a Legs, e cada um seguiu seu rumo. Foi a última vez que Joey falou com Legs McNeil. Tenho uma forte sensação de que o motivo pelo qual Joey estava bravo com ele foi porque Legs e Gillian haviam me contratado para tocar sons de ambientação na guitarra quando faziam leituras do livro em bares e livrarias.

A dupla fez leituras durante quase um ano, e, então, o livro de bolso foi lançado. No fim da turnê de divulgação, Legs e Gillian estavam em Los Angeles, hospedados no Chateau Marmont. Legs estava sentado à beira da piscina, comendo ovos *poché*, quando recebeu uma ligação de Dee Dee Ramone alertando que o último show dos Ramones seria naquela noite.

Os fãs esperavam uma última turnê dos Ramones, mas como eles já tinham feito várias "últimas turnês", ninguém sabia ao certo qual seria realmente o derradeiro show da banda, até que uma apresentação em 6 de agosto de 1996, em Los Angeles, foi divulgada como sendo a definitiva e verdadeira despedida do grupo. Haveria convidados especiais subindo ao palco e tudo seria filmado.

A banda tinha convidado Dee Dee para tocar junto.

"Dee Dee confessou que estava nervoso e que não sabia ao certo o que fazer", Legs relata. "Aí eu o convidei para almoçar comigo no hotel. Quando ele perguntou se eu iria ao último show dos Ramones naquela noite, eu disse que não. Queria manter viva as minhas lembranças dos velhos Ramones e ignorar toda aquela palhaçada recente."

CAPÍTULO 36
ESTRANHO, NÃO É?

"No último show, Dee Dee cantou 'Love kills' tudo errado", Johnny Ramone lembra, entre risos. "Estava totalmente perdido. No meio da música, ele parou e disse: *É assim que eu sou.*"

"O show foi bom. Foi difícil fazer as pessoas subirem e, depois, saírem do palco. Lemmy, do Motörhead, tocou a sua música, 'R.A.M.O.N.E.S'. Aí, veio o Rancid com '53rd and 3rd', e Eddie Vedder participou na última canção, 'Any Way You Want It'. Eddie e Joey cantaram juntos, pois a minha ideia era: quanto mais convidados a gente meter nesse filme, melhor. Eu tinha uma visão geral, sem me preocupar com egos — queria qualquer coisa que vendesse o vídeo. Mas foi mal gravado. Filmaram *todo* o show com uma lente grande angular! Não vendeu muito bem", Johnny confessa.

A apresentação em si, embora tenha sido de indiscutível importância e significado do ponto de vista histórico, foi toda bagunçada e atípica para os Ramones, que paravam no meio para apresentar os convidados especiais, alguns dos quais fizeram longos solos de guitarra.

John havia comprado uma casa em Los Angeles onde agora morava e fazia amizades com celebridades de Hollywood — o que era historicamente inusitado para ele, mas que deve ter feito Linda vibrar. Ele insistiu em fazer o último show dos Ramones lá, uma escolha um tanto estranha — bastante incoerente para uma banda tão representativa da cidade de Nova York.

Já o ambiente nessa última apresentação foi tipicamente tenso. A banda exibiu a sua austeridade de sempre e não aparentava estar celebrando a carreira brilhante e inovadora que teve. Parecia que queriam apenas acabar logo com aquilo. O grande evento foi de uma enorme monotonia e bem decepcionante, sobretudo para os integrantes da banda.

"Nunca me despedi de nenhum dos Ramones individualmente", confessa Johnny. "Mas dei um tchau geral, tipo um: *Até a próxima, pessoal.*"

"Não sei se alguém me respondeu", Johnny faz uma pausa. "Não importa. Eram 22 anos... estranho, não é?"

Tão estranho que até Johnny percebeu.

"A forma como os Ramones terminaram", CJ Ramone recorda, "com cada um indo para um lado no fim da noite, foi conveniente de certa maneira. Eu nem dei tchau pra ninguém".

"Eu queria sair dali", Marky Ramone lembra. "Não dei tchau. Eu saí, comprei um sorvete, voltei para o meu quarto no hotel e assisti à TV."

"Eu estava mais preocupado com Eddie Vedder", Johnny explica, "porque eu, Vincent Gallo e Eddie estávamos indo jantar com Tim Burton. E eu aqui, preocupado, tentando levar o Eddie para o carro em segurança, já que tinha uma multidão de moleques ao nosso redor. Não convidei nenhum Ramone para jantar conosco. Quer dizer, eu via aqueles caras todos os dias. Tivemos uma festa de despedida na minha casa, e também não foi ninguém dos Ramones. O único que eu poderia ter convidado era o CJ. Não sei por que não convidei o CJ, já que ele era amigo dos caras do Soundgarden. Ninguém na banda foi convidado. Não sei se eles ficaram bravos, e se ficaram, pouco me importa. Quer dizer, eu nunca falei com Joey. Por que eu iria convidar ele para ir à minha casa?".

O único sentimento que Joey expressou a mim sobre o último show dos Ramones foi de que ele ficou feliz quando finalmente acabou. Mas o que aconteceu entre Johnny e Joey durante os seus últimos segundos juntos no palco foi mais revelador. Na demonstração mais mutuamente passivo-agressiva de suas carreiras, Johnny e Joey trocaram um encontrão ao se cruzarem pelo palco, saindo em direções opostas.

Ambos olharam bem em frente, seguindo seu caminho.

Que maneira de se despedir.

ENQUANTO EU ESTAVA SENDO ESCANTEADO PELO MEU IRMÃO, Joey foi logo dizendo para algumas pessoas que se fossem minhas amigas, não poderiam ser amigas dele. Ainda era bastante confusa a forma como ele poderia ser o cara mais gentil e generoso do mundo, mas também capaz de exibir um comportamento vingativo em níveis difíceis de conceber.

E o tratamento mais pesado era reservado para aqueles cujo relacionamento ia muito além da amizade ou da tietagem — é para isso que serve a família!

Quando Joey gritava e falava palavrões para minha mãe, eu reagia de uma forma protetora: "Ei! Não fala assim com ela, porra!".

"Ah, não?", Joey ameaçava. "O que você vai fazer? Contar pra todo mundo? Vai falar mal de mim para os outros de novo? Ninguém dá a mínima para o que você diz", ele zombou. "Ninguém quer nada com você. Só vai estar se afundando de novo."

E ele estava certo. Ninguém se importava se Joey estava zangado comigo por eu estar defendendo a minha mãe — só se importavam que ele estava zangado comigo.

Mais uma vez, bombas explodiriam entre Joey e eu.

Mais uma vez, eu levaria a fama de fracassado encrenqueiro — em más relações com o Santo Joey do Transtorno Obsessivo Compulsivo.

"Você só está se afastando cada vez mais", Joey me dizia, soando como a Nossa Senhora do Perpétuo Esporro.

Era a típica merda de irmãos — talvez.

Fui falar com meu tio Sy, o sábio da família Hyman, que Joey e eu sempre achamos o mais legal de todos. Contei toda a sórdida história para ele. O tio Sy não conseguiu ver muito bem como a minha carreira poderia ser prejudicada por qualquer coisa que Joey fizesse, mas concordou que era estranho o fato de ele demonstrar tanta resistência em compartilhar créditos com seu próprio irmão e ficou intrigado com suas reações exageradas. Ele também ficou chateado por Arlene e eu termos sido excluídos dos eventos da família Hyman, como a recente ceia de Ação de Graças e o casamento de Jonathan, filho de Nancy, no qual Joey cantou.

Ele percebeu que, basicamente, nós havíamos sido exilados de modo passivo da família, e não estava contente com isso. Tio Sy organizou uma conferência. Convenientemente marcou sua realização no refeitório do prédio das Nações Unidas, onde ele tinha alguma associação. Os participantes seriam meu pai, Joey, tio Henry, Sy, Andrew, o filho mais velho de Sy, e eu. Nós nos encontramos no apartamento de Sy na Rua 59 e fomos de carro até a ONU.

Estacionamos em frente às Nações Unidas, e observei os homens da família Hyman atravessarem a rua em fila indiana.

Tio Sy, que Deus me perdoe, tinha um grande problema de audição e seu aparelho estava nas últimas. Tio Henry, que Deus o abençoe, era uma das pessoas mais gentis do mundo, praticamente incapaz de pensar mal de alguém. Meu pai, que seus órgãos reprodutores o abençoem, não falava comigo fazia anos. O primo

Andrew, abençoado seja o menino, tinha alguns problemas emocionais e não fazia a menor ideia do que estava rolando. E o irmão Joey, com a bênção dos astros, também não.

Não sei onde isso vai dar, pensei, *mas estamos prontos para a viagem!*

Depois da refeição, meu pai, meu irmão e eu finalmente nos enfrentamos. Primeiro discutimos a questão do *tem de ter um contrato* e, então, chegamos ao assunto dos créditos pelos vocais e pelas composições.

Tio Sy precisou se retirar temporariamente devido a problemas técnicos.

Como de praxe, Joey e eu brigamos. Tio Henry disse que ele não precisava de contratos. Ele garantiu que confiava tanto em mim quanto em Jeff e que colocaria nossos nomes no seu disco se algum dia ele gravasse um. Surpreendentemente, meu velho concordou com seu irmão mais velho.

Começando a ficar bravo, Joey passou a diminuir toda e qualquer coisa que eu havia feito com ele.

"Ah, e daí, cara?", ele falava, com desdém. "E daí que você fez um verso da canção e umas partes na guitarra? Só por isso você tem de ter o nome na música? Quem você pensa que é?"

"E quanto àquela música 'We're Getting Out of Here'?", perguntei, fazendo referência à canção que gravamos na fita demo que eu tinha sem saber em meu armário. Estava no mesmo rolo de 'Hot Poppa', mas eu não sabia na época. "E quanto aos acordes no começo? Você até fez versos em cima da linha de guitarra que eu criei para o meio da música. Qual é, cara?"

"É", ele disparou, "então você fez uma linha de guitarra — não significa que compôs a música".

"Eu não disse que escrevi a música!", disparei de volta.

"É, isso aí. Porque você não escreveu mesmo! Acabou de dizer!", ele riu.

Olhei ao redor na mesa.

Tio Sy pediu desculpas por não poder ouvir a questão. Nosso velho deu de ombros, largou a conversa de mão e voltou para a mesa do *buffet*.

"Viu o que eu quis dizer?", falei brincando para Andrew.

O tio Henry, ainda sorrindo, balançou a cabeça tristemente.

Eu havia levado a minha guitarra. Antes falei para o tio Sy que talvez precisasse sair mais cedo, pois tinha uma sessão de gravação. Eu menti. Desculpe, Sy.

Disse que precisava ir, e nos levantamos para ir embora. Joey e eu evitamos falar um com o outro a caminho do saguão.

A parte positiva foi que meu pai e eu voltamos a conversar. Ele até havia me apoiado dessa vez. Foi uma sensação muito boa, e, antes de encerrarmos a conferência, falei a ele que fiquei contente por termos aliviado a tensão.

Joey estava puto, mais do que já estava. Então retornou à sua rotina de punição ao não me colocar em shows, não me convidar para festas onde todos haviam sido convidados, etc etc.

Se eu fosse a um show que Joey estivesse organizando, teria de ouvir perguntas do tipo: *Por que você não está tocando? Por que você não está na lista de convidados? Por que Joey não pediu para você tocar com ele?*

A rejeição foi eficiente, pelo menos para me fazer sentir como alguém que deveria ser evitado. No geral, eu estava sofrendo sanções impostas por uma superpotência — um resultado típico da maioria das conferências da ONU.

Levar pessoas ao seu lado para ajudar na punição de outra pessoa tinha se tornado uma atividade recreativa para os Ramones. Continuou sendo um dos passatempos favoritos da banda, mesmo após os integrantes do grupo terem se aposentado.

Joey e Marky tiveram uma grande briga no *Howard Stern Show*. Foi insípido, embaraçoso e, é claro, hilariante. Howard tratou a situação como se dissesse: *Ok! Que comecem os jogos!*

AS OLIMPÍADAS ESPECIAIS DE HOWARD STERN.

Howard: Marky quer que você saiba que ele não é um beberrão, apesar de você dizer que ele é.

Joey: Ele é um beberrão sóbrio.

Marky: Você também. É um falastrão e um mentiroso.

Joey: Sobre o que eu estou mentindo? Que você bebia? Eu não estou dizendo que você bebe.

Marky: Disse sim! Você falou que eu sou beberrão agora, que todo mundo sabe que é lorota!

Joey: Você é um beberrão.

Marky: Howard, ele está bravo porque, da última vez que a gente esteve em seu programa, o negócio do TOC foi citado, e ele fica puto com isso.

Joey: Não estou bravo com nada.

Marky: Qual é, Joey, para com isso. O que foi, o Prozac está fazendo efeito agora?

Joey: Por que você não vai dormir?

Marky: Você acordou bem cedinho pra me colocar pra baixo na semana passada, não foi?

Joey: Não falei nada.

E o vencedor é...?

CAPÍTULO 37
FORTE DEMAIS PARA MORRER?

NAQUELE INVERNO, EU ESTAVA TRABALHANDO como porteiro no Continental, bem em frente à rua do prédio de Joey e logo na esquina de Coney Island High, onde ele iria tocar naquela noite em específico. Enquanto eu encerrava friamente o meu turno de trabalho, Joey terminava uma de suas famosas festas de Natal, para a qual — música de violino, por favor — eu não havia sido convidado.

"Só mais cinco minutos, Mickey", Trigger, o dono do bar, disse para mim. "Aí você pode entrar."

Quando eu estava prestes a fazer isso, minha mãe, seu ex-marido Phil Sapienza e meu ex-colega de banda Dave U. Hall estavam caminhando pela esquina, rindo e brincando um com o outro. Estavam retornando da festa de Joey. Eles me avistaram ao se aproximarem.

"Ei!", eles gritaram, surpresos em me ver.

Foi constrangedor para nós todos.

Conversamos por um minuto, e Trigger os convidou para tomar um drinque. Bebemos um rápido e embaraçoso drinque juntos, e eles foram embora. Então o Continental começou a ser fechado.

Decidi passar no Coney, sabendo que vários dos meus amigos ainda estariam lá. Quando cheguei ao lugar, a pista principal estava vazia. Assim, fui ao bar do andar de baixo, onde ficava o camarim. No pé da escada, estava Jerry Adams, o guarda-costas de Joey. Ele era como um anjo da guarda para Joey e eu. Era atencioso tanto em relação ao perigo emocional como ao perigo físico.

"Mickey!", Jerry disse, me cumprimentando com um abraço tão forte que pude sentir seu colete à prova de balas. "Vá lá dentro, cumprimente o seu irmão", Jerry me implorou.

"Qual é, Jerry, você sabe que a gente não está se falando", eu respondi, ao ver um amigo com uma cerveja para mim.

Comecei a ir embora.

"Mickey!", Jerry disse, me puxando para trás. "É sério, vá lá e fale com ele. Ele precisa de você."

Jerry parecia bastante preocupado, então dei uma espiada no camarim. Não havia mais ninguém além do meu irmão, sentado no sofá sozinho, de cabeça baixa e mexendo no cabelo.

"Ei", eu falei, calmamente.

"Ô, e aí?", ele disse, olhando para cima.

"E aí, como é que você está?", perguntei. "Tudo bem?"

"Não sei", Joey respondeu, parecendo abatido, atordoado e confuso. "Estou me sentido meio estranho. Não sei o que é, sabe?"

"É, sei como é", comentei. "Esta época do ano talvez?"

"Pois é. Como é que você está?", ele perguntou, ainda mexendo no cabelo. Estava em um ângulo de onde eu podia ver seus olhos ao olhar para mim. Vi um olhar familiar naqueles olhos castanhos inocentes, um olhar indefeso e assustado — quase num estado controlado de pânico. Jerry tinha razão, algo estava perturbando meu irmão.

"Bom, sabe como é. Estou sobrevivendo."

"Certo", ele disse. "Bom, legal te ver."

"Você também", eu respondi. "Boas festas!"

"Obrigado."

"O que tem de errado com ele?", Jerry me perguntou. "Ele não está muito bem, não é?"

"Não sei", respondi, balançando a cabeça. "Parece que alguma coisa não está bem."

Nos dias seguintes, não consegui tirar da minha cabeça a tristeza e a perturbação de Joey naquele camarim. Mas eu não iria sair atrás de mais punição tampouco.

Deixe estar.

"Numa manhã do inverno de 1997", disse Jamie Foster, quiroprático de Joey, "fui ao térreo do prédio de Joey na Rua 9, mas o porteiro chamou no interfone e não houve resposta. A minha rotina era ir até o térreo, esperar o porteiro dar o sinal para o Joey, que responderia: *Pode pedir para ele subir aqui em dez minutos?* Aí eu me sentava e aguardava. Mas, naquela manhã, eu sabia que tinha algo errado, pois Joey sempre atendia ao interfone, mesmo quando estava fazendo o número dois".

Jamie esperou mais um pouco, mas ainda assim não houve resposta. Como o porteiro o conhecia bem, falou para que subisse e batesse na porta.

"Fui de elevador para o décimo andar e bati na porta, chamando: *JOEY? JOEY?*", conta Jamie, que mesmo assim não teve resposta e ligou para a nossa mãe. *"Tem alguma coisa acontecendo. Joey nunca fez isso. Não está atendendo à porta ou ao interfone — ou não está em casa ou tem algo errado."*

Joey tinha um código de combinação na porta, porque perdeu a chave tantas vezes que era mais fácil se lembrar de um código do que perder mais chaves. A mamãe imediatamente deu o código para Jamie.

"Depois que eu coloquei os números e abri a porta", Jamie lembra, quase em lágrimas, "eu vi Joey deitado inconsciente no chão, com sangue saindo da sua boca. Na mesma hora achei que ele estivesse morto. Fui correndo até ele, virei-o para cima e verifiquei o seu estado. Ele tinha pulso. Então eu sabia que Joey ainda estava aqui".

Com Joey em seus braços, Jamie ligou para o 911 e disse que recém havia encontrado um inconsciente Joey Ramone em seu apartamento. Uma ambulância chegou em dois minutos. Então Jamie ligou para nossa mãe e contou o que tinha acontecido.

"Charlotte avisou que iria nos encontrar no hospital", Jamie recorda. "Apesar de eu estar tomado pelo pânico, tentei manter a calma até os paramédicos, os bombeiros e a polícia chegarem todos ao mesmo tempo."

Os paramédicos confirmaram que Joey estava deitado no chão fazia pelo menos 24 horas, podendo ter permanecido lá por até dois dias. Deram uma injeção de adrenalina nele e oxigênio. Ele recobrou sua consciência, mas estava extremamente desorientado. Foram necessários cinco paramédicos para colocá-lo na maca. Desceram com ele pelo elevador e o levaram para o Mother Cabrini Memorial Hospital em questão de minutos.

"Levaram Joey para sala de emergência", Jamie relembra, "e foi quando eu comecei a entrar em pânico, pois o seu rosto estava mudando de cor e não estavam dando atenção a ele com a devida rapidez. Ele foi de branco para verde em poucos minutos. Ninguém fazia nada. Não tinham quarto para ele. Ficamos no corredor".

"Eu parei os médicos no corredor", Jamie explica, "e pedi para darem atenção imediata a ele quando vi Joey ficar roxo. Eles o estabilizaram e depois voltaram a atender às pessoas que estavam sangrando depois de levarem tiros ou facadas. Levou uma ou duas horas para arranjarem um quarto para o Joey e, nesse meio tempo, Charlotte e sua amiga June chegaram".

Jamie tentou manter Joey falando e agiu como se não estivesse preocupado. Na realidade, ele estava em pânico, achando que meu irmão estava à beira da morte. Assim que Joey teve o seu quadro estabilizado, contou a Jamie que a última coisa que se lembrava era de ter desligado o telefone após falar com a mamãe na hora do almoço de sábado.

Mais tarde, Dr. Coleman, que tratava o seu linfoma, ligou para a minha mãe e disse que se Jamie tivesse encontrado Joey 15 minutos depois, havia a possibilidade de que ele não sobrevivesse.

Mamãe me telefonou logo depois de ter saído do hospital acompanhada por June. É claro que, quando ela me contou o que havia acontecido, eu entrei em pânico, peguei meu carro e fui correndo até Manhattan. Creio que meus instintos fraternos vieram à tona, pois a última coisa na qual pensei, se é que cheguei a pensar, foram nossas brigas sem sentido. Quando cheguei ao hospital, Joey estava consciente e alerta, mas muito exausto. Estava tão fraco que não podia nem se levantar para ir ao banheiro. Então pediu para eu segurar um copo de papel para que ele pudesse urinar.

Obviamente fiz esse favor a ele. Joey então disse que não havia muitas pessoas com quem ele se sentiria à vontade para pedir isso — se é que havia alguma.

Não preciso dizer que, em diversos aspectos, ele ficou muito aliviado por eu ter vindo, e eu fiquei *mais* do que aliviado ao saber que ele ficaria bem.

Passamos várias horas na companhia de Joey, até que eu, June, Phil Sapienza e minha mãe descemos para comer alguma coisa.

"Sabe", June disse, "Joey me contou que ficou muito contente por você ter vindo e por saber que, a partir de agora, as coisas serão diferentes entre vocês dois".

"É muito legal ouvir isso", eu respondi sinceramente, mas com uma certa tristeza. "Só espero que ele ainda se sinta assim quando ficar melhor. Porém, sabe como é com ele, June. Mesmo quando não há motivo para brigar, ele arranja alguma coisa."

Phil disparou: "Ah, como Mickey é cínico".

Isso me magoou bastante. Eu larguei de mão e baixei minha cabeça. Tinha esperança de que as coisas seriam diferentes entre nós dois, mas agora, mais uma vez, eu havia perdido essa esperança.

Fiquei um tempo sem ir ao hospital até minha mãe dizer que Joey havia reagido mal a um medicamento, desenvolvendo uma desagradável alergia de pele. Ela falou que Joey não queria receber visitas que não fossem da família, pois estava envergonhado pela sua aparência e se sentindo um tanto solitário. Fui vê-lo várias vezes até que ele melhorou e ganhou alta do hospital.

Joey logo começou a ter dias nos quais se sentia muito bem. Então pôde começar a trabalhar no seu disco solo. Já tinha uma banda pronta, que incluía Daniel Rey na guitarra e Andy Shernoff no baixo.

"Joey tinha começado a pensar na ideia de um álbum solo havia bastante tempo", Andy Shernoff recorda. "Eu me lembro de ouvir isso nos anos 1980. Seymour Stein falava em gravar algo só com o Joey. Mas acho que Joey não tinha coragem de fazer coisas por conta própria. Ele estava naquela bolha que eram os Ramones. E acho que ele teria problemas com Johnny Ramone e com seu empresário Gary Kurfirst."

"Joey falava seguidamente no seu disco solo", Johnny Ramone se queixa. "De 1979 em diante, era só disco solo do Joey! Disco solo do Joey! Já tinha virado uma piada. Se os Ramones estavam vendendo 75 mil, 100 mil cópias, quantos discos o Joey iria vender? Já era bem difícil compor 12 músicas para um disco dos Ramones e sair com umas três ou quatro músicas muito boas. Como fazer um álbum solo? Você precisa ter pesos e contrapesos, ter um sistema. Alguém dá uma ideia, e os outros dizem se é boa ou ruim. Se você deixar uma pessoa correr solta e fazer tudo o que ela quiser, vai ter problemas."

"Os Ramones eram a segurança de Joey", Andy admite. "Talvez não fossem superstars, mas eram uma banda produtiva e que estava na estrada. Nos Ramones, Joey não tinha como dar com os burros n'água."

Joey ainda estava indeciso sobre quem iria tocar bateria no seu álbum. Em um estranho paralelo com o nosso relacionamento, sua rixa com Marky oscilava entre bons e maus momentos.

"Joey não queria trabalhar com Marky", Andy Shernoff declarou, num tom corriqueiro. "Ele ficou com raiva do Marky por causa daquela tremenda briga no Howard Stern. Mas Joey adorava o jeito que ele tocava bateria. Marky tinha um quê de Keith Moon que ele adorava."

No início, Joey queria o ex-baterista dos Dictators, Frank Funaro, que estava atualmente tocando bateria numa banda de relativo sucesso chamada Cracker.

"Fizemos uma sessão com Frank no Chelsea Studios, da Rua 14", Andy Shernoff afirma. "Foi uma boa sessão, e Joey acabou utilizando Frank em algumas faixas. Mas não era bem o som que ele queria. Então chamou Marky e pediu para ele fazer o restante. Joey engoliu seu orgulho. Sabia que a bateria de Marky iria deixar o disco melhor. No estúdio, eles estavam bem juntos. Foi tudo muito cordial."

"'What a Wonderful World' foi coisa do Joey", lembrou Daniel Rey. "Não sei de onde ele tirou a ideia, mas sempre gostou dessa música."

Certa vez, no começo dos anos 1980, Joey me contou que os Ramones pensavam em fazer um *cover* de "Young at Heart", de Frank Sinatra, e começamos a trocar ideias sobre outras canções na mesma linha que seriam legais de regravar.

Comentei que eu vinha pensando nisso fazia anos. Uma delas era uma versão metal-bebop de "Sing, Sing, Sing", de Benny Goldman. A outra era uma releitura punk-psicodélica do clássico "Blues Skies", de Irving Berlin, e também "What a Wonderful World", de Louis Armstrong.

Eu praticamente havia me esquecido daquilo, mas Joey, não. De qualquer maneira, jamais gravaria "What a Wonderful World" como ele gravou. Sua versão foi um clássico — para mim, fica atrás apenas da própria interpretação de Louis Armstrong —, embora aparentemente tenha levado uma eternidade para Joey finalizá-la.

"Alguns artistas", disse Daniel Rey, "têm medo de concluírem suas obras. E Joey, com certeza, era um deles. Era difícil tirá-lo do estúdio. Eu falava: *Ok, terminamos.* Joey rebatia: *Posso fazer só mais uma coisa?* Eu respondia: *Não, terminamos. Alguém precisa usar o estúdio.* Era difícil dizer *não*, pois, num disco dos Ramones, Joey só tinha dez dias para finalizar tudo. Quando não era Johnny dizendo a ele o que fazer, era alguém do estúdio. Agora, que ele fazia seu próprio trabalho, queria fazer sem pressa".

"A parte instrumental da música levou somente dois dias", Daniel continua. "Fizemos duas grandes sessões de gravação e, durante os próximos anos, provavelmente 200 sessões de vocal. Joey ia até a minha casa, onde gravamos a maioria dos vocais. Ele cantava quando se sentia suficientemente bem. Às vezes, ele soava bem pra caralho. Tudo dependia do seu humor e de como ele se sentia no momento."

Nunca tive ciúme do meu irmão por querer usar músicos da sua escolha para qualquer um dos seus projetos paralelos, mas é claro que eu teria adorado participar do seu álbum solo. Qualquer coisinha teria sido legal, mas, a essa altura, ele estava me mantendo a uma certa distância, creio que para provar um argumento. Agora era algo que eu esperava e aceitava totalmente.

CAPÍTULO 38
QUER SER MINHA MENINA?

Por mais que Joey tivesse ficado de coração partido por Linda tê-lo traído com John, a decepção que sentiu ao perdê-la não era nada em comparação ao que sentiu quando perdeu Angela. Seu relacionamento com Angela era muito mais significativo — e aquele que valia a pena manter.

Joey sempre manteve contato com Angela, que havia se mudado para o interior do estado no início da década de 1990, para uma cidade chamada Saugerties, próxima de Woodstock e da sua irmã Mary. Angela e Mary tinham um relacionamento mais ou menos semelhante ao meu com Joey. Mary tinha se casado com um advogado bem de vida. Enquanto ela e o marido viviam numa tremenda casa localizada em uma vasta faixa de terra repleta de celeiros, cavalos, estábulos e um curral, Angela morava num modesto *trailer* a algumas centenas de metros da luxuosa morada do casal.

Naturalmente, Angela estava saindo com outros homens desde que deixou Joey. Em 1994, ela engravidou. Queria ter o bebê, mas optou por não se casar com o pai da criança. Assim, Angela deu luz a uma linda menina, que batizou de Raven.

"Joey queria estar comigo na sala de parto quando eu tive a Raven, mas o pai dela teve um ataque!", Angela ri. "Eu não estava muito apaixonada pelo pai da Raven, que sabia disso."

Joey adorava tanto a menininha que chegou a se oferecer para adotá-la, mas o pai de Raven amava sua filha. Joey visitava Angela e Raven com frequência no *trailer* localizado na propriedade da irmã. Finalmente, ele ajudou Angela a se mudar dali, com a quantia de dinheiro necessária para dar uma entrada na sua própria casa, comprar alguns móveis e uma TV — as necessidades básicas.

Angela pegou qualquer emprego que estivesse à disposição para dar um sustento a ela e a Raven. Joey não queria que Angela dependesse dele, mas fazia questão de que as duas ficassem seguras e bem acomodadas.

"Às vezes, quando Joey vinha a Woodstock", Angela explica, "ele chegava se sentindo mal, mas logo ficava melhor. Parecia que ele recuperava a energia ao ficar perto da Raven, no ar fresco".

"Joey, Raven e eu ficávamos em volta num círculo", Angela ri. "A gente segurava as mãos um do outro e cantava *Oooooooom* pra ver quem conseguia segurar por mais tempo."

"Eu levava Joey para ver os bichos em um pequeno zoológico", ela continua. "Ele adorava. Tinha um bode que sempre seguia Joey até ele colocar o braço em volta do bicho. Ele se divertia pra caramba com aquilo."

"Todo mundo em Saugerties e Woodstock achava que Joey era o pai da Raven. Os dois eram tão parecidos. Uma vez, eu estava na loja, fazendo compras", Angela recorda, com ternura, "e Joey e Raven tinham atravessado a rua para se sentar na grama em Woodstock. Quando eu voltei, Raven estava sentada no colo de Joey, abraçando ele. Ela simplesmente adorava o Joey".

Às vezes, após Angela ir para o trabalho, Joey levava Raven a uma praia ao longo de Esopus Creek para passar o dia lá, carregando junto uma cadeira, um guarda-chuva e o lanche que ele havia preparado para os dois.

"Joey nunca queria ir embora de Woodstock", Angela segue, "mas ele sempre tinha de ir para Nova York fazer *alguma coisa*. O TOC começava a agir, e ele tinha de ir embora".

"É claro, sempre tinha algo estranho acontecendo com ele — como uma vez que a gente foi a um parquinho com a Raven e os amiguinhos dela. Joey ficou todo transtornado, porque deu uns US$ 100 para um dos amigos da Raven andar nos brinquedos e depois queria que os pais da criança lhe pagassem. Quando a gente chegou em casa, tivemos uma grande briga. Foi bem estranho. Ele disse que estavam se aproveitando dele. Ficar tão louco assim por causa de US$ 100 parecia mais paranoia do que pão-durismo, mas como a gente ia saber com ele? Na próxima vez que ele viesse estaria bem de novo", Angela ri. "Digamos que seria ele mesmo."

"Ninguém sabia como era o Joey de verdade, com exceção das pessoas que eram muito próximas dele", Angela completa. "Tinha um lado dele que era maravilhoso. As pessoas achavam Joey tão gentil. Até um certo ponto, ele era mesmo. Mas também havia o outro Joey, o que dizia coisas como: *Sua imbecil! Vai fazer um café pra mim, porra! Não sabe fritar um ovo?*"

(Nota: Se você deseja conhecer este Joey, ouça a canção "We're a Happy Family", dos Ramones, e aumente o volume no *fade-out* ao final.)

"Quando eu estava com Joey", Andy Shernoff lembra, "várias vezes, ele ainda era Joey Ramone em vez de Jeff Hyman. Quando estávamos no seu apartamento falando sobre comida ou filmes, ele era mais Jeff. Não que ele fosse pretensioso do outro jeito, mas era mais fácil lidar com ele sem toda aquela loucura dos Ramones no ar. Aí sempre que ele saía do apartamento, os bombeiros ligavam a sirene do caminhão e gritavam *E aí, Joey!* Em todo lugar que ele fosse, era *Joey! Joey! Joey!* Ele não tinha como passar batido. Quando ele saía do apartamento, era Joey Ramone, quisesse ou não. As garotas queriam falar com ele, pessoas queriam dar drogas pra ele — para o Joey, não para o Jeff".

"Tinha garotas", Angela explica, "que ele tratava como lixo. Elas ficavam obcecadas por ele e, então, Joey dizia: *Me deixa em paz!* Ele queria matar aquelas garotas. Claro que era errado, mas é isso o que a fama faz com a pessoa".

Foi mais ou menos nessa época que Joey e eu tivemos mais um conflito.

Um dia, ele me ligou para dizer que não conseguia encontrar a fita com "Cold Turkey for a Hot Poppa". Queria fazer alguma coisa com a música. Contei a ele sobre como consegui a fita e disse que ela estava guardada na minha casa, mas queria duas coisas em troca: que ele fizesse um pedido de desculpas pelas ofensas e ameaças que fez durante o incidente da Bud Light e que esclarecesse para o nosso velho e para a toda família que o negócio de nós precisarmos de um contrato era conversa fiada.

"Olha", ele respondeu. "Não sei quanto a um pedido de desculpas. Vou ter de pensar a respeito."

Disse a ele que eu tinha acabado de ver que "We're Getting Out of Here", uma das músicas que gravamos na década de 1980 e que foi discutida na conferência da ONU, estava na mesma fita. Ele pareceu muito bravo por eu ter descoberto a gravação da música. Aparentemente, era essa a principal questão.

"Eu quero essa fita", ele exigiu.

"Você pode ficar com a faixa do 'Hot Poppa' sem problema", assegurei. "Mas se quer a outra música, exijo em troca uma garantia de que você irá me dar crédito pelas minhas contribuições na canção. Aí é toda sua."

"Besteira, cara!", ele largou. "A fita é minha."

"É, parte da fita é minha também, Joey. Só estou tentando me proteger e, indiretamente, a você também. Pode ser que você queira me ferrar, mas eu não vou deixar isso acontecer mais uma vez. É para o *nosso* bem. Mas não sei se você consegue entender. E se você compôs toda a música, não precisa dessa versão", eu disse. "Por que você não faz uma nova gravação simplesmente?"

"Está bem, seu imbecil! Seja um bebezão e fique com a fita. Fique aí se afundando, cara."

E desligou o telefone.

O aspecto inconstante do nosso relacionamento também era confuso para os nossos amigos. Em um determinado mês, Joey e eu poderíamos estar passando um tempo juntos, nos abraçando e rindo como nos velhos tempos — e, no mês seguinte, poderíamos estar em um bar, possivelmente de costas, nos recusando a se virar para reconhecer a presença do outro. No máximo, daríamos um aceno com a cabeça ou um resmungo.

"A briga entre Joey e Mickey era ridícula", Legs McNeil afirma. "Ainda que Joey e eu não estivéssemos mais nos falando, eu sabia o quanto esses dois eram próximos."

"Uma noite", Legs recorda, "fui ao Coney Island High, a casa noturna na St. Marks Place, e o Mickey estava no andar de cima, trabalhando de *barman* em um bar vazio, porque todo mundo estava no andar de baixo encantado pelo seu irmão rockstar no palco. Joey estava dando mais um dos seus shows e não tinha convidado Mickey pra tocar. Era de partir o coração, pois era tão mesquinho. Era curiosa a forma como eles estavam sempre no mesmo lugar, ainda que brigados, mostrando isso publicamente. Era uma rivalidade entre irmãos bastante notória — e se esperava que todo mundo tomasse um lado. Joey sempre ganhava, porque era mais famoso. Isso era bem coisa de primeira série do colégio — dizer para as outras crianças no parquinho da escola não falarem com quem você brigou."

"Quando se odeia *mesmo* alguém", Legs ri, "a gente não fica *sempre* no mesmo lugar que essa pessoa. Tinha vários bares de rock em Nova York naquela época, então era bem fácil para o Joey e o Mickey se evitarem. Acho que eles tinham de ficar perto um do outro, porque eles eram *mesmo* próximos. Os dois eram muito ligados à mãe".

Conforme Phil Sapienza observou: "Quando o Jeff tinha um porto seguro, ele se agarrava mesmo ao lugar".

Tenho certeza de que o mesmo poderia ser dito sobre mim, assim como sobre minha mãe, embora talvez não com a mesma proporção. Nós três continuávamos fazendo um grande esforço, buscando retornar a um momento antes de tudo piorar com a briga da Bud Light — e antes de outras questões virem à tona.

Meu irmão, minha mãe e eu havíamos passado por muita coisa juntos. Até onde me lembro passamos por tragédias que superamos graças a uma união cada vez mais firme entre nós três. Depois que nossos pais se divorciaram, depois que Hank faleceu e depois que David e Reba foram embora, tudo o que eu, Joey e a mamãe tínhamos era um ao outro. Houve um vazio que todos nós sentimos e contra o qual todos nós lutamos. Por mais bravos que estivéssemos um com o outro, não importava o que Joey falasse aos seus amigos — ou o que eu falasse aos meus —, sempre buscávamos a reaproximação.

Mas era como se algo sempre atrapalhasse.

Havia períodos em que Joey e eu éramos como fogo e pólvora. Só precisávamos de um pavio para causar uma explosão. E aparentemente havia vários por aí.

Joey quase não saía mais com quem o conhecesse dos primórdios dos Ramones — não andava com Legs, Homlstrom, Stotts ou Robin Rothman. Com exceção de Andy Shernoff e Daniel Rey, não havia quase ninguém da velha turma por perto, e acho que ele sentia a nossa falta. Acho que Joey sentia falta do seu velho melhor amigo, o seu irmão.

Eu sei que sentia falta do meu.

Mesmo quando não estávamos nos falando, eu tinha um forte pressentimento de que Joey não estava tão feliz quanto poderia ou deveria estar. Sei que eu não estava. Mas, sinceramente, não sei o que mais eu poderia ter feito.

Minha mãe sempre dizia: "Sabe, Joey sempre me pergunta: *E como está o Mickey Leigh?* Ele quer saber o que você está fazendo e se está gravando algum disco".

"É?", eu dava de ombros. "Bom, ele sabe o meu telefone. Se quer mesmo saber como eu estou, deveria me ligar. Eu falaria com ele."

"Pois, então", ela dizia, "é exatamente isso que ele fala. *Quero falar com ele, mas não vou ligar. Ele pode me ligar*".

A verdade era que, desde que eu fui preso, nunca tinha estado tão triste e desesperado. Havia uma série de problemas financeiros e de saúde para tratar. Embora estivesse trabalhando constantemente, o dinheiro custava muito a entrar. Quem era *barman* não ganhava muito no Coney. E mesmo com a renda de atuar como figurante em filmes e fazer o vocal em *jingles* de coisas como Philsbury Toaster Strudel e vinhetas para os desenhos da Nickelodeon *Hey! Arnold!* e *Angry Beavers*, eu seguia afundando. Felizmente, tinha ótimos amigos que não viravam as costas para mim tentando agradar Joey Ramone. Eles generosamente quebravam meu galho, espiritual e financeiro, quando eu precisava, assim como a minha mãe. Mas era um tanto patético. No entanto, não sucumbi. Mantive a minha personalidade e minha perspicácia e continuei focado e criativo, mas, com certeza, me sentia derrotado.

Um amigo me arranjou trabalho no Irving Plaza, carregando e descarregando equipamentos pesados para shows. Era uma atividade arriscada. Eu tinha um disco rompido nas costas, uma hérnia e nenhum plano de saúde. Mas me pagavam bem e me davam pizza.

É claro que eu não comparava os meus problemas ao estado de saúde de Joey e me sentia mal por ele de verdade. Mas tinha dificuldade de demonstrar isso a ele. Quando você está arrastando um amplificador de 90 kg por um lance de escadas e há uma bola de golfe saltando da sua virilha, pode acreditar em mim: você não pensa em mais ninguém.

Meu irmão também mostrava uma postura de indignação legítima — possivelmente por causa da fita que eu não iria dar a ele, ou pelo que eu havia relatado no livro de Legs e Gillian, ou pelo que eu havia falado para Veronica Koffman, ou, quem sabe, até mesmo pelo que um estranho na rua disse que eu havia falado sobre ele. Eu não fazia ideia de fato e não me importava mais.

Creio que a conclusão era que ambos estávamos sendo idiotas teimosos.

Conforme o outono de 1998 ia se aproximando, o linfoma de Joey piorava aos poucos, e o Dr. Coleman decidiu que meu irmão precisaria fazer quimioterapia.

"Joey estava se sentindo bem", Daniel Rey recorda, "até começar a fazer quimioterapia. O primeiro tratamento foi porrada, e ele se assustou pra cacete. Ele disse que era a pior coisa pela qual teve de passar. Acho que foi uma merda pra cabeça dele. Aquilo te deixa louco. Foi feito no consultório, e ele não esperava que fosse nem perto do que foi. Joey não estava pronto".

Os tratamentos da quimioterapia continuaram por várias semanas e arrebentaram com Joey. Não sei por onde andavam os seus amigos quando ele estava nesse estado debilitado, mas não estavam por perto, aparentemente. De acordo com a minha mãe, ele se sentia sozinho.

Aquela solidão, assim como sua dor física, foi expressa em uma troca de e-mails entre Joey e a assessora de imprensa dos Ramones, Ida Langsam.

ISLPR (Ida): Como está se sentindo hoje?

HeyYoJoe (Joey): Isso é o que eu chamo de ter muito tempo livre à disposição.

ISLPR: É...

HeyYoJoe: Segunda-feira, na minha última consulta, fiz terapia intravenosa de esteroides para aumentar a minha contagem sanguínea. Apesar de ter mais energia, não consegui dormir por duas noites, principalmente ontem. Fiquei acordado na maior parte da noite.

ISLPR: Isso não é muito bom — o que o doutor falou sobre a falta de sono?

HeyYoJoe: Ele interrompeu os esteroides por causa desses efeitos colaterais... então agora eu estou meio abatido... a minha contagem de leucócitos está baixa, e eu estou com essa infecção no meu organismo faz três semanas, ele está tentando melhorar o meu sistema imunológico pra combater isso... os esteroides aumentam os leucócitos, mas me deixam muito agitado.

ISLPR: Lamento que você esteja passando por um momento tão difícil.

HeyYoJoe: Fico bem de dia, mal de noite, é assim por uns dias... Tem sido um momento bem difícil pra mim, e vou fazer mais uma infusão na quinta que vem. Da última vez, fiquei completamente derrubado.

ISLPR: Tem alguma coisa que você possa fazer para se preparar?

HeyYoJoe: Nada... Só tomar os meus antibióticos e torcer para que essa infecção passe, que é o que eu estou fazendo... então esse negócio do álbum é sério, mas sabe-se lá quando eu vou conseguir fazer... é mais pra levantar a minha moral...

ISLPR: Deve ser bem difícil pra você. Tem saído ou ficado mais no apartamento?

HeyYoJoe: Basicamente fico no apartamento... Mas eu tento sair, principalmente durante o dia... Enquanto isso, recebo um monte de convites... pra jantar.

ISLPR: Tem bastante gente te fazendo companhia?

HeyYoJoe: Na verdade não, eu fico mais sozinho, o que é um saco. Mas, por outro lado, se não me sinto muito bem, eu posso deitar e dormir... Mas é legal se encontrar com o pessoal, eu sinto falta disso... às vezes, não tenho energia nem pra fazer uma ligação.

ISLPR: Bom, se você se sentir melhor semana que vem, podemos ir jantar, se você quiser. Me avise quando você estiver melhor.

HeyYoJoe: Ok, é uma boa. Bom dia pra você aí na selva de Manhattan.

ISLPR: Tente dormir!

Minha mãe me ligou cerca de um mês depois para me contar que Joey teve, de fato, uma melhora.

"O que o Dr. Coleman falou?", perguntei. "Ele vai ficar bem?"

"Vai sim", minha mãe disse. "Falaram que a sua contagem sanguínea está melhorando, mas aos poucos. Ele está tomando esteroides e umas outras coisas também."

"Bom", eu falei, "o que importa é que ele está melhorando".

"Sim, ele está melhor, mas ainda está meio fraco e dolorido", ela revelou, esperando provocar uma reação proativa em mim, do tipo: *Ok, mãe, vou ligar pra ele agora mesmo e ir direto pra lá. O que ele desejar.*

Ela continuou largando: "Ele está meio triste...".

"Lamento ter de ouvir isso, mãe. Lamento mesmo", foi tudo o que consegui articular.

O importante é que Joey estava definitivamente melhor, e o Dr. Coleman estava confiante de que ele continuaria nesse ritmo. Ouvir isso me deixou mais tranquilo. Olhando para trás, gostaria de ter agido de uma forma diferente. Embora eu desejasse mais do que qualquer coisa que meu irmão ficasse bem, achei que deveria seguir com a minha vida e não alimentar expectativas a respeito do nosso relacionamento. Aconteceria o que fosse para acontecer.

Está tudo bem, mãe. Somos apenas irmãos.

É claro que a mamãe tinha boas intenções, mas essa abordagem prejudicava um relacionamento que, durante toda minha vida, havia sido muito afetuoso e leal. Finalmente, ela começava a se dar conta disso.

"Eu não sou hipócrita", Charlotte Lesher explicou. "E não sou uma heroína. O problema começou no início dos anos 1990, quando Mickey quis ser incluído nos lucros do comercial de cerveja da 'Blitzkrieg Bop'. Eu achei que eles chegariam a um acordo e que isso iria passar, que todo mundo iria esquecer. Mas não foi o que aconteceu. Acho que Joey não tinha muita confiança em si mesmo naquele tempo para falar alguma coisa com John. Com exceção daquela vez, sobre a STOP abrir para ele na Inglaterra, Joey não brigava pelo seu irmão. Isso era bastante óbvio, pois Joey, inclusive, me falou que queria que os Rattlers abrissem para os Ramones em vários shows. Mas Johnny dizia: *Não, não quero*. Aí nunca aconteceu."

"Mickey achava que Joey não lhe dava o devido valor", ela continua. "Ele tocava para o Joey, ensaiava com ele e ajudava a compor músicas. Então, num certo momento, Mickey ficou ressentido e achou que deveria ter um reconhecimento — que se Joey não iria pagar, pelo menos deveria dar crédito pelas suas contribuições, o que teria legitimamente ajudado a carreira do seu irmão. Joey achou que Mickey, assim como o resto dos seus fãs que o idolatravam, faria tudo por ele. Joey assumiu uma postura de *se os outros fazem por mim, por que ele não faz?* E ele dizia: *Eu estou sempre fazendo propaganda das bandas dele nas entrevistas que eu dou. Esses dias, falei sobre ele na MTV!* Mas ele fazia propaganda de várias bandas que gostava. E nem todo mundo o ajudava a compor músicas. Mickey acharia melhor ter seus talentos reconhecidos do que fazer parte da lista de bandas prediletas do irmão. Joey não era devidamente grato, e eu cheguei a falar isso pra ele. Eu disse: *Ele é seu irmão, por que você não consegue aceitar que ele merece algo?* E Joey ficou melindrado por Mickey achar que merecia alguma forma de agradecimento ou reconhecimento. Ele acreditava que Mickey o estava usando para ir adiante da forma mais fácil."

"Naquele momento", Charlotte lembra, "eu falei para o Joey: *Você está sendo igual ao Noel Hyman. Quando faz isso, eu só consigo pensar que você tem a quem puxar. São os métodos dele*. Joey ficava bem irritado quando ouvia isso. Ele ficava bravo comigo e dizia: *Você está sempre do lado dele!* E o Mickey dizia exatamente a mesma coisa! Os dois são teimosos, outra característica que puxaram ao Noel Hyman. Eu não chegava a lugar algum com eles. Era mais criticada por Mickey do que por Joey — porque acho que o Joey sabia que estava sendo vingativo. Joey falava do Mickey para as outras pessoas, e o Mickey também falava coisas sobre o irmão. Claro que Joey tinha noção de que as pessoas se preocupavam mais com o relacionamento que tinham com ele do que com Mickey, e isso incluía até mesmo seu pai — e Joey esfregava isso bastante na cara. Assim, cada ressentimento apenas piorava a coisa toda".

Charlotte suspira. "Eu estava entre a cruz e a espada e não conseguia agradar a nenhum dos dois."

Começou a ficar tão ruim que minha mãe e eu resolvemos ir juntos a uma terapeuta para solucionar o problema. Nós nos importávamos demais para permitir que a situação ficasse ainda pior. A Dra. Cynthia Luft determinou que minha mãe justificava a atitude do meu irmão como uma forma de protegê-lo, o que não é incomum, mas talvez fosse um pouco anormal nesta etapa da sua vida.

Claro que a psiquiatra não conhecia o meu irmão nem a peculiaridade da situação. Fizemos o melhor possível para esclarecer sobre os conflitos do passado e expressar o que sentíamos. Expliquei a ela que minha mãe dirigia um carro com três grandes adesivos dos Ramones na traseira e se autoproclamava Mamãe Ramone, e que eu não achava que isso ajudasse muito o meu irmão a manter os pés no chão — provavelmente acontecia o contrário.

"Mas eu também adoraria usar as camisetas da STOP ou dos Rattlers e colar os seus adesivos no meu carro!", ela disse. "Mas você não quer. Às vezes, você nem quer que eu vá aos seus shows."

"Não, mãe", eu falei, "eu não preciso que você faça isso. O que você não entende, parece, é que eu quero que você aja como *mãe*, não como fã. Você não é bem o público que a gente está tentando conquistar".

A psiquiatra concluiu que tanto minha mãe quanto eu estávamos agindo de uma maneira um tanto imatura, sobretudo em relação às nossas discussões sobre o meu irmão. Segundo ela, deveríamos nos concentrar apenas no nosso relacionamento. Ela salientou ainda que eu não poderia ficar bravo com meu irmão por ajudá-lo com frequência e, repetidamente, não receber o mesmo tratamento que eu daria a ele, impondo assim os meus valores a Joey.

A Dra. Luft relatou que só porque eu me comportava de uma determinada forma, aquilo não me dava o direito de exigir ou esperar o mesmo das outras pessoas.

Seu conselho foi que eu ficasse longe do meu irmão se ele sentisse a necessidade de fazer disputas para tirar a limpo questões sobre a nossa juventude, que ela acreditava ser o que Joey estava fazendo.

Nosso ex-padastro Phil Sapienza, que também era terapeuta, tinha uma opinião parecida.

"Surpreendentemente", Phil recorda, "Mickey sempre foi uma ameaça a Joey, porque ele representava a normalidade, algo que Joey não conseguiria alcançar em nenhum sentido".

"O que Mickey nunca se deu conta", Phil explica, "era de que Joey *queria ser um cara normal.* Você tem de lembrar que Joey tinha uma raiva generalizada no início dos anos 1970, quando eu comecei a fazer parte da vida deles. Enquanto Mickey tinha amigos ao seu redor, incluindo caras como John Cummings, Joey era o que ficava no quarto, sentado sozinho num canto. Dois caras num quarto — e ele é uma presença fantasma. Joey queria estar no outro lado do quarto. Ele achou que virando um astro conquistaria um certo grau de normalidade. Não foi o que aconteceu, é claro. Mickey era comparativamente normal. Joey tinha mágoas por causa disso. É simples assim".

"Por outro lado", Phil Sapienza explica, "é bem possível que os Ramones tenham salvo a sanidade de Joey. Do contrário, ele poderia ter passado a vida inteira num hospital. Lembrando que Joey apontou uma faca para sua mãe e para o seu irmão também. Quando ele começou a fazer isso, eu fiquei muito assustado. Qual é o limite entre apontar uma faca e fazer algo com uma faca? Com uma mente tão desequilibrada, se não fosse pelos Ramones, não sei como Joey sobreviveria".

Embora Phil e a nossa mãe estivessem divorciados fazia tempos, seguiram amigos, e Joey continuou a ligar para Phil pedindo opiniões e aconselhamentos.

"Como profissional, eu não deveria atender a uma pessoa com quem eu me relacionasse ou que fosse um membro da família, mas eu sabia que ele não iria consultar mais ninguém. A maioria das sessões com o Joey era sobre o seu TOC. Ele perguntava: *O que é essa merda? Por que eu faço isso? De onde isso veio? Por que eu? O que significa? O que eu faço pra me livrar disso?* Joey dizia: *Às vezes, eu tenho visões e não sei o que significam. Eu escuto vozes, e sempre são vozes negativas.* Então eu perguntava: *E de quem são essas vozes?* Às vezes, Joey sabia, às vezes, não. Foi muito revelador para mim saber que muitas dessas vozes eram o seu pai."

CAPÍTULO 39
O VELHO E OS FRUTOS DO MAR

Um dia, recebi uma ligação da namorada do meu pai, Nancy. O papai tinha desistido do seu apartamento em Chelsea e se mudado para a casa dela em Eastchester, um subúrbio nobre ao norte de Nova York. Ela estava em pânico, pois o meu pai tinha caído na sala de estar e parecia um tanto desorientado, e ela não conseguia levantá-lo sozinha. Meu pai tinha diabetes. Já havia sido hospitalizado uma vez, quando a falta de circulação fez com que vários dos seus dedos do pé fossem amputados.

Arlene e eu entramos no carro e fomos imediatamente para a casa de Nancy.

Quando chegamos lá, meu pai ainda estava um pouco atordoado, mas nós o levantamos. Nancy ligou para o médico, que a mandou chamar uma ambulância e levá-lo na mesma hora para o hospital. Foi estranho Nancy ter ligado para mim em vez de ligar para o meu irmão, já que eles eram bastante próximos, e eu estive tão distante por vários anos. Mas fiquei grato por ela ter ligado.

Durante o mês seguinte, fiz várias visitas ao meu pai no hospital. Joey não fez nenhuma. Eu conseguia entender, ele já tinha visto hospitais demais para o seu gosto.

Acho que meu irmão apreciou a atenção que dei ao nosso velho, pois me ligou, do nada, pedindo ajuda para um show beneficente que estava organizando no Don Hill's para a banda do seu amigo Chris Snipes, os Independents, que teve um caminhão com todo o seu equipamento roubado. Joey queria que eu tocasse a velha canção dos Rattlers, "On the Beach", com nós dois fazendo os vocais, assim como fizemos na gravação original.

Ter o meu irmão comigo no palco pela primeira vez em muitos anos fez eu me sentir como nos velhos tempos. Pelo menos, durante aqueles breves momentos, foi como se nada de ruim tivesse acontecido entre nós. Uma gravação do evento mostra meu irmão e eu nos abraçando calorosamente no fim da canção. E logo estava terminado, mas um caminho foi aberto para a comunicação. Mais uma vez estávamos nos falando de certa forma. Mais especificamente, não estávamos *sem* nos falar.

No inverno de 1999, a melhor amiga da mamãe, June, faleceu após perder uma longa batalha para o câncer de pulmão. Embora Joey e eu não tivéssemos falado muito um com o outro durante o enterro, conversamos na volta à casa da nossa mãe.

Ele me revelou que os esteroides que tomou durante a maior parte da última década o deixaram bastante perturbado, fazendo com que ele dissesse várias coisas que não queria dizer.

Não foi exatamente um pedido desculpas, mas chegava perto.

Em abril, a família Hyman reuniu-se para um Sêder de Pessach no restaurante de frutos do mar favorito do tio Henry, localizado em Sheepshead Bay, no Brooklyn, próximo ao seu apartamento em Brighton Beach. Lá estávamos eu, Arlene, meu pai, Nancy, tio Sy, tio Henry e Joey. O restaurante ficava bem em frente à rua do píer onde pescávamos quando éramos meninos. Nós nos lembramos de um dia, 40 anos antes, quando Joey e eu compartilhávamos uma vara de pescar que quase partiu ao meio ao puxamos algo monstruosamente pesado, que veio a ser uma bota de borracha cheia de água do mar.

Foi um jantar agradável e bem engraçado quando o tio Henry ficou perguntando para os garçons e ajudantes se conheciam os Ramones, orgulhosamente dizendo para eles: "Este é Joey Ramone!".

Eles eram imigrantes russos e não faziam ideia sobre o que ele estava falando.

Era a primeira vez que todos nos reuníamos desde a conferência da ONU. E foi uma sensação estranha estar falando mais com meu pai do que com meu irmão — mas foi bom. O meu velho não estava muito bem. Sua diabetes estava piorando, e ele estava com dificuldade para caminhar.

Quando o jantar terminou, levei meu pai para a rua, segurando-o pelo braço. Ao descer os degraus, ele não conseguiu manter o equilíbrio e, embora eu tenha tentado mantê-lo em pé, seu peso foi demais para mim. Ainda posso senti-lo escapar do meu alcance — mas não havia nada que pudesse fazer no momento em que ele tropeçou escada abaixo, caindo de cara na calçada.

Entrei em pânico e voltei correndo para o restaurante para pedir ao meu irmão e Sy que me ajudassem a levantar o meu pai. Ele estava bem, apesar de ter machucado levemente a mão e a cabeça. Notei a preocupação no rosto do meu irmão e percebi que ele se sentiu tão mal como eu me senti ao deixar meu pai cair.

No verão de 1999, o Coney Island High foi fechado, vítima da política de higienização de Rudy Giuliani para melhorar a "qualidade de vida" na cidade de

Nova York. Naquele momento, o estado de saúde de Joey melhorava bastante. Ele estava fazendo um tratamento com remédios contra o câncer, um "coquetel", como chamavam, que se mostrava eficiente.

Em março de 2000, o Dr. Coleman enviou a Joey uma cópia dos resultados do seu exame de sangue, juntamente com uma notinha de incentivo, exclamando: "Jeff, estamos chegando lá! Aguente firme!".

Ele se sentia mais forte e novamente estava muito ativo, trabalhando em seu álbum solo e até mesmo pensando em abrir outros negócios. Acredite se quiser: Joey e eu, junto com o nosso pai e o tio Sy, trocávamos e-mails sobre investir em um novo bar de rock com Jesse Malin. O local em potencial ficava na Bowery a apenas uma quadra do CBGB. Cada um iria investir US$ 10 mil. Eu pegaria um empréstimo com eles e pagaria depois, conforme o dinheiro começasse a entrar. Mas tudo com a condição de que entregaria a Joey a fita que ele tanto queria.

Era o acordo, ele disse. É claro que eu também pensava da mesma forma. Então ele me avisou que, mesmo se eu fizesse um empréstimo em outro lugar, sem entregar a fita eu não seria bem-vindo nem necessário nesse empreendimento.

"A gente pode fazer isso tranquilamente sem você", meu irmão me informou. "Eles só querem mesmo que eu esteja envolvido. A escolha é sua, se quiser teimar com isso."

Mais uma vez expliquei minhas condições, e mais uma vez ele sequer considerou a possibilidade de dar créditos na canção. Eu não dei a fita, ficamos de mal e as sanções foram colocadas em vigor de novo.

Eu não tinha emprego fixo, banda fixa e nenhum recurso financeiro. Pat Carpenter e eu ainda tocávamos juntos na banda de Tim Heap. Pat se ofereceu para me ajudar a entrar para o ramo de edição de vídeos, no qual ele estava se dando muito bem. Ele sugeriu que eu fizesse um curso de Avid, um programa de edição digital, e, com isso, ele poderia me arranjar pelo menos um trabalho de nível inicial na sua empresa. O curso de Avid custava US$ 4,5 mil, mas valeria a pena a longo prazo.

Liguei para o meu pai e perguntei se ele me emprestaria dinheiro para o curso. Fiquei perplexo quando ele disse que não. Eu tinha ouvido o meu irmão e ele falando sobre toda a grana que tinham ganhado recentemente no mercado de ações. Joey tinha até mesmo se tornado um grande investidor. Foi tão bem que até desenvolveu uma paixão pela repórter de economia da CNBC, Maria Bartiromo. Chegou, inclusive, a compor uma canção sobre ela em seu álbum solo. No entanto, escolher ações no fim dos anos 1990 era como tirar doce de criança.

Apesar do meu pai se gabar de ter quase US$ 100 mil na sua carteira de ações, não quis me ajudar.

"Olha", ele disse, "você tem de se virar. Ninguém me ajudou, ninguém me deu dinheiro. Eu tive de ralar pra cacete para conseguir tudo que eu tenho!".

"Entendo bem o que você está dizendo e não tenho problema nenhum em ter de trabalhar duro. Mas não foi o que eu ouvi", falei para ele. "Sei que você também trabalhou muito, muito mesmo, mas a mamãe me contou que até você teve de pegar dinheiro emprestado com os pais dela para abrir sua empresa de transportes. Às vezes, as pessoas precisam de uma ajudinha para desabrochar, não é?"

"Ah, sabe como é, você tem de se virar, garoto."

"Não acredito nisso, cara", eu respondi. "Com exceção do tempo em que a gente era criancinha, eu nunca pedi nada pra você em toda a minha vida. Eu trabalhava quando estava na faculdade. Minha mãe pagava pelo meu estudo. Você nunca teve de gastar um centavo com a nossa educação. Estou pedindo para você me apoiar só desta vez para uma coisa que vai me ajudar a sobreviver por conta própria, e você não quer? Pode contribuir com alguma coisa, que seja?"

"Desculpe, mas não posso. Como eu disse, você tem de se virar."

Eu não consegui me segurar e descarreguei em cima dele.

"Quer saber? Não sei por que você teve filhos se nunca quis ajudar quando eles precisavam. Por que é que você quis ser pai se nunca esteve disposto a fazer isso?"

Então desliguei o telefone. Ainda que eu tenha sido bastante ríspido, talvez tenha sido uma resposta justa para ele, da qual eu não me orgulho, no entanto.

Minha mãe contou para o meu irmão e passou para mim que ele também não estava disposto a me ajudar. E depois de ouvir isso, com certeza, eu não iria pedir para ele pessoalmente. É claro que, no fim, foi ela quem acabou me emprestando o dinheiro para o curso.

No início de outubro, recebi uma ligação do tio Henry, dizendo que meu pai estava no hospital em Westchester. Era bastante grave.

Fui até lá assim que consegui. O velho estava mal e agarrou minha mão quando fui até ele. É óbvio que deixei todas nossas desavenças de lado. Ele ainda era meu pai.

Nancy dava mostras de estar novamente entrando em pânico, não sabendo como lidar com a situação. Então falei com os médicos para reunir o máximo de informações e garantir que ele recebesse a maior atenção possível. Fui ao hospital praticamente todos os dias. O tio Henry também estava lá seguidamente. Por fim, quando meu pai piorou, tive de largar o curso de edição. Ele perdia e recobrava a consciência a todo instante.

"Eu te amo, pai", consegui dizer um dia antes de ele perder a consciência onde não mais poderia reencontrar.

Meu pai segurou minha mão e disse o mesmo, pronunciando as palavras silenciosamente com a boca.

Joey não estava indo ao hospital, mas certamente não era por indiferença ao nosso velho. Por algum motivo, ele não tinha como ir até Eastchester. Na verdade, Joey e o papai ficaram bastante próximos, principalmente nos últimos dez anos. Acredito muito que foi devido à reviravolta de comportamento do velho.

Por fim, os dois tiveram um relacionamento sólido. Joey o visitava com frequência na casa de Nancy, em East Hampton. O velho buscava Joey no Cadillac e o levava até lá. Eles jogavam damas, saíam para almoçar, iam ao cinema — todas as coisas que costumavam fazer no passado.

O afeto que se desenvolveu entre os dois velhos antagonistas era algo lindo de se ver, mesmo que eu não pudesse celebrar com eles.

Joey ainda precisava desesperadamente da aprovação do seu pai, assim como do seu amor. Não havia dúvida. E o velho, por mais estourado que pudesse ser às vezes, com certeza, sentia muito amor por ele. Como a maioria de nós, ele nem sempre sabia expressá-lo apenas.

Antes de June falecer, Joey parecia bastante nervoso. Ele não a visitou no hospital e praticamente preferiu evitar a realidade de que iríamos perdê-la.

Ele tampouco conseguia enfrentar agora a situação que tínhamos com o velho. O estado de saúde do meu pai havia chegado a um ponto no qual teríamos de tomar a decisão se o manteríamos vivo artificialmente. Fomos todos ao hospital, e foi a primeira vez que vi meu irmão lá. Dois dias depois, soube que meu pai não tinha mais chances. Não tínhamos chegado a um acordo se deveríamos desligar os aparelhos, então nos reunimos mais uma vez para tomar a decisão.

Joey havia organizado um grande show no CBGB no qual estrearia uma parte do repertório de seu futuro disco solo. A reunião aconteceria na manhã seguinte à apresentação de Joey. Essa foi uma noite em que eu praticamente dei graças a Deus por ele não me incluir, pois teríamos que nos encontrar no hospital às 9h da manhã. Eu não conseguia pensar em mais nada. Não sei como meu irmão conseguiu fazer o show. Dou crédito a ele pela força de levar o espetáculo adiante naquela noite.

Nós nos encontramos no hospital, e eu dei adeus ao meu pai. Mas Henry e Joey ainda não conseguiam autorizar que a sua vida fosse terminada. Estavam indecisos. Por sorte, seriam poupados dessa escolha. Meu pai viria a falecer mais tarde, à noite.

Joey e eu fomos separados ao enterro. Ele foi com Henry, enquanto eu fui com Arlene, minha mãe e seu namorado Larry. Mamãe e Larry estavam juntos fazia mais ou menos 15 anos, e ele era como outro padrasto para Joey e eu. Embora nós dois tivéssemos ido até a frente para discursar, no último momento, Joey pediu que eu falasse por nós dois.

Então contei uma história sobre nosso pai ter sido o responsável por ter nos ensinado a ter senso de humor.

"Quando éramos bem pequenos", narrei aos presentes, "e estávamos na rua ou em uma loja de departamentos, o papai costumava pregar uma peça em nós, escondendo-se num canto ou atrás de um poste e assistindo à gente entrar em pânico, pensando que estávamos perdidos".

"E aí quando estávamos prestes a chorar", expliquei, "ele saltava, rindo, e nos agarrava".

"Nós pensávamos: *Ah, isso é engraçado. Vamos tentar também!* Aí eu e o Joey caminhávamos alguns passos atrás do papai e nos escondíamos até vê-lo procurar por nós em pânico. Então saltávamos de trás, dando risada."

Quando terminei de contar a história, virei para o meu irmão, e ele estava com um grande sorriso no rosto. Joey me disse que tinha esquecido tudo aquilo até eu lembrar e que foi muito legal ouvir aquela história. Quando olhamos nos olhos um do outro, todo tipo de memória veio correndo como um rio em nossa direção — trazendo somente boas lembranças. Recordações que fizeram a gente se lembrar do quanto o cara nos amava: como ele nos abraçava apertado quando éramos crianças, como ele nos levava para os hotéis-fazenda — mesmo quando estava exausto de trabalhar e acordar cedo, sacudindo a cabeça no carro para evitar que caísse no sono em cima do volante.

E lembramos quando ele nos levava aos shows de rock que queríamos ver. Meu irmão e eu tínhamos muito a agradecer a ele, mesmo que o velho não fosse o pai perfeito. E quem é?

Quem é o filho perfeito? Ou o irmão?

Mais tarde, no entanto, Joey e eu novamente seguimos caminhos diferentes.

Dias após o enterro, minha mãe ligou e perguntou se Joey e eu tínhamos voltado a falar um com o outro. Ela me contou que o câncer dele tinha apresentado uma melhora notável e que os médicos estavam bastante confiantes de que ele iria se recuperar. Ela perguntou se eu iria ao show anual de Natal de Joey no Continental dentro de algumas semanas e se eu iria tocar. Disse que não sabia, já que ele não havia me convidado.

Nós dois achamos aquilo muito triste. Meu irmão ainda tentava me punir ou me magoar ao me excluir da sua festa. Estivemos juntos em um jantar de Ação de Graças na casa da mamãe, mas ainda havia tensão entre nós dois, e eu saí mais cedo.

CAPÍTULO 40
UM NOVO COMEÇO PARA VELHOS PRINCIPIANTES

As FESTAS DE NATAL DE JOEY RAMONE ocupavam um lugar especial no coração da comunidade rock 'n' roll do East Village. E essa comunidade, que Joey nutriu por tantos anos, também morava no fundo do seu peito. Um caso de amor se estabeleceu entre Joey e o sul de Manhattan. Todo o pessoal da região compareceu em peso para participar. Jimmy Gestapo, da Murphy's Law, estava lá. Jerry Only, dos Misfits, foi para tocar com Marky Ramone e Dez Cadena, do Black Flag. Ronnie Spector cantava músicas de Natal. Steve Bonge e seus camaradas dos Hells Angels até curtiam as festividades.

No último minuto, o dono do Continental, Trigger, me ligou, falando que Joey queria que eu tocasse uma música na festa.

"Que ótimo, Trigger. Mas seria legal se ele me convidasse pessoalmente, você não acha?", perguntei.

Estava além da compreensão de Trigger o porquê de eu ficar um tanto decepcionado pelo fato do meu irmão não ligar pessoalmente para mim — e ligar um pouco antes também. Trigger me repreendeu severamente por ter tido a audácia de levantar a questão.

"Você sempre age de forma negativa, Mickey", Trigger respondeu, com a reação e a lógica típicas de quem quer defender suas relações com Joey Ramone. "Por que você não mostra gratidão por Joey querer que você toque na festa? Eu entendo o que Joey diz, mesmo quando ele tenta te fazer alguma coisa legal, você sempre cria problema. Já liguei para um monte de gente em nome do Joey, e nenhuma delas viu problema nisso, a não ser você."

"Olha, Trigger, nenhuma dessas pessoas é irmão dele, certo?", argumentei, inutilmente.

Naquela época — faltando dois dias para o show —, o fato de Joey pedir para Trigger me convidar pareceu um gesto pouco inspirado, mas mesmo assim era um gesto. Decidi não ser teimoso e aceitar o convite. No fim, toquei uma canção solo, uma bizarra versão de "Holiday", dos Bee Gees, só com a minha guitarra e o baterista Joe Rizzo fazendo o acompanhamento durante um exaltado trecho da canção.

De qualquer forma, acabou sendo uma grande noite para Joey e para mim.

Estávamos praticamente sem nos falar fazia mais de um mês, desde que o nosso pai havia falecido. Aquela noite tinha sido uma forma de quebrar um pouco da muralha de gelo que tínhamos erguido entre nós dois ao longo da última década. Mas certamente não fomos os únicos a aproveitar a noite: o camarada de Joey, George Seminara, fez seu tradicional número de Papai Noel Sadomasoquista, dando palmadas nas suas Elvettes de meia-arrastão e trajes sumários, e uma dezena de bandas locais tocaram uma meia dúzia de canções cada.

"Talvez fosse porque era Natal", Legs refletiu, "mas todo mundo estava curtindo demais. John Holmstrom e eu estávamos lá atrás, falando um pro outro: *Isto é sensacional!*".

Joey tocou uma lista das suas canções favoritas com uma banda composta pelos seus amigos Daniel Rey, Andy Shernoff, Marky, Al Maddy, Chris Snipes e outros convidados. Joey fazia piadas, dava brindes e agradecia a todos por comparecerem. Todo mundo sabia que seria uma noite repleta de rostos conhecidos, malucos ilustres, música boa em alto volume, drinques de graça — e inibições mais relaxadas. Alguém estaria fazendo um boquete em alguém no banheiro, e alguém estaria vomitando nos tênis de outra pessoa na escadaria.

Toda aquela inebriante farra de fim de ano não estava à venda no bar, mas estava à disposição em grandes quantidades e poderia ser arranjada tão facilmente como uma long neck para quem estivesse com sede.

Era o tipo de noite pela qual Joey se tornou famoso na "vizinhança". Essa "vizinhança" que era nada menos que Manhattan, a capital do mundo. Mas, naquelas noites, ela se parecia mais com uma cidade pequena. E naquela noite, em específico, pareceu especialmente pequena.

Havia algo estranho no local naquela noite — como os enfeites pendurados no teto, que cintilavam como se fossem de prata nobre, e as luzes que brilhavam como pequenas tochas. O lugar parecia mais acolhedor e mais animado do que de costume. Talvez fosse o efeito dos Bacardis duplos que eu estava tomando. Talvez fosse por ser o primeiro Natal que Joey e eu passávamos juntos em um bom tempo.

E talvez fossem as boas notícias sobre a saúde de Joey: se tudo continuasse da mesma forma por mais alguns meses, os médicos iriam de fato considerar que seu linfoma estava em estado de remissão.

Mas também havia algo na noite que parecia um pouco melancólico. Talvez fosse apenas a típica tristeza de fim de ano. Talvez fosse o fato de Joey e eu ainda não termos conversado de verdade antes de sair do local. E talvez tenha sido o fato do nosso pai ter falecido apenas um mês antes e daquele ser o nosso primeiro Natal sem sua presença.

Seja lá o que for, fez com que Joey voltasse ao Continental exatamente na noite seguinte, quando eu tocava na banda do meu amigo Tim Heap. Foi uma visita surpresa.

Eu estava pronto para meter a palheta nas cordas da guitarra e começar a primeira canção da nossa lista quando levantei a cabeça para dar uma rápida olhada no público. Com um simples olhar de relance, identifiquei no mesmo instante uma desajeitada silhueta entrar pela porta na outra extremidade do bar. Reconheci até mesmo o casaco de inverno que ele vestia, pois minha mãe havia me dado um igual de presente.

Todos que foram assistir a Heap naquela noite sabiam quem havia entrado sem nem ao menos olhar o seu rosto. Joey Ramone era fácil demais de se reconhecer.

Meu irmão mais velho foi me ver. E eu fiquei muito contente com isso.

Quando descemos do palco, Joey veio me cumprimentar. Nós nos sentamos em uma cabine e conversamos. Joey e Chris Snipes chamaram a Heap e eu para ir ao Manitoba's, o bar onde os Independents tocariam às 10h da noite. Bem, na verdade, foi Chris quem nos convidou, já que Joey se mostrou um pouco apreensivo para estender o convite.

Depois que prontamente aceitamos, Joey ficou bastante animado.

Minutos depois, meu irmão se inclinou e sussurrou no meu ouvido: "Chris está de aniversário hoje. Vou cantar 'Parabéns a Você' com a banda dele. A gente vai fazer do mesmo jeito que os Ramones fizeram para o Sr. Burns nos Simpsons, sabe?".

Então Joey perguntou: "Quer cantar comigo?".

"Claro, vai ser divertido", respondi.

O Manitoba's reluzia com decorações. O desejo por celebração parecia excepcionalmente predominante na cidade naquele fim de ano. Talvez porque as pessoas estivessem nervosas em relação ao futuro e precisassem mesmo de uma festa. O ano 2000 havia sido péssimo. O mercado de ações, depois de atingir altas milagrosas, despencou subitamente em proporções recordes. Estávamos esperançosos em relação ao ano de 2001: tínhamos a esperança de que a economia iria se recuperar, que a saúde do povo iria melhorar, que a cena musical de Nova York iria prosperar e que o prefeito Rudy Giuliani pararia de encher o nosso saco.

Outra coisa era o que estava acontecendo entre nós, irmãos — e aqui "esperança" também era a palavra correta.

Fizemos rapidamente o arranjo da canção e, com a companhia dos Independents botando para quebrar no som atrás de nós, Joey e eu cantamos 'Parabéns a Você' para um radiante Chris Snipes. Quando terminamos, Joey sugeriu que cantássemos outra.

E assim nós cantamos.

"Isso foi muito legal!", Joey disse. "Vamos lá, vamos tocar mais um pouco!"

Cantamos todo tipo de música juntos, trocando os vocais nos versos e harmonizando nos refrões. Não queríamos parar. Assim continuamos até as 2h da manhã.

"Foi ótimo, não foi?", Joey falou, quando finalmente paramos.

"Cara", eu respondi, "isso foi muito foda, Joey!".

Trocamos um grande abraço. Joey e eu já havíamos nos abraçado várias vezes ao longo dos anos, mas nenhum abraço teve o significado que aquele teve.

"Escuta", Joey disse, "vamos esquecer o que se passou entre a gente, certo?".

"Ei", eu concordei, "por mim, tudo bem. Já era hora, não acha?".

Depois que tiramos isso do caminho, voltamos a falar sobre o quão divertido foi cantar juntos e como costumávamos fazer isso seguidamente, recordando o tempo em que éramos pouco mais do que criancinhas — e não músicos ou astros do rock. Apenas crianças.

Passamos o tempo juntos, conversando sobre aqueles dias, sobre nós dois cantando juntos no porão em cima do piano.

Era um novo começo para velhos principiantes. Era mais uma alvorada em nosso admirável mundo novo.

CAPÍTULO 41
EM BREVE

HAVIA UM CERTO DEBATE SOBRE A ENTRADA DO MILÊNIO ser em 2000 ou 2001. Então comemoramos nos dois anos. Por volta das 6h da manhã de domingo, 31 de dezembro de 2000, Jesse Malin, eu e mais alguns colegas de trabalho, além de outros consumidores transtornados, saímos do Niagara, o novo bar de Jesse, para ir a uma festa de réveillon em Tompkins Square. As grades das janelas estavam abaixadas desde o "horário de encerramento", às 4h30min, e ninguém percebeu que a neve tinha começado a se acumular.

Se essa neve tivesse passado a cair às 4h30min da tarde de um dia de semana, a atividade da hora do *rush* transformaria aqueles centímetros de neve branca em um gelo lamacento aglomerado nas esquinas. Mas agora a cidade estava linda, silenciosa, calma e totalmente parada, com exceção de um ou outro táxi cruzando as ruas e dos grandes e espumosos flocos de neve que serpenteavam até o chão. Parecia que seria uma grande nevasca.

Joey provavelmente estaria despertando na Rua 9 no momento em que eu cheguei em casa. Ele havia passado o Natal mais ao Norte, com Angela e Raven, e tinha retornado à cidade. Eu esperava que todos nós fizéssemos uma festa de Natal na casa da mamãe, como costumávamos fazer todos os anos, mas acabei ficando mais feliz ao ver que ele e Angela estavam se dando tão bem novamente. Tive um pressentimento de que Joey se preparava para reconciliações de todas as formas — talvez até Johnny fosse o próximo!

Algo parecia diferente com Joey agora, e tudo é possível no fim de ano.

Planejávamos nos reunir para uma pequena comemoração de virada de ano dentro de um ou dois dias, e já que queríamos deixar as desavenças de lado, dando finalmente continuidade às reparações da vida de irmãos, seria uma forma perfeita de começar 2001.

Nem as temperaturas congelantes nem a neve que caía sobre as já geladas ruas e calçadas conseguiram fazê-lo espantar seus demônios naquela manhã — ou talvez apenas ele não tivesse energia para isso. Como havia feito milhares de vezes antes, ele obedeceu a ordens silenciosas para se certificar de que havia feito tudo "corretamente" dessa vez. Foi até o escritório de Jamie Forster, no norte de Manhattan, para repetir um movimento, apertar um botão ou girar uma maçaneta — e fazer certo dessa vez. Com isso, esperava silenciar as vozes e ir para o ano seguinte sem que elas o desafiassem.

Joey foi até lá e retornou após, supostamente, fazer o que tinha de ser feito. Então, sabiamente decidiu fugir da tempestade, voltando ao seu apartamento — missão cumprida.

Ou será que não? Sim, missão cumprida, não foi?

Não foi?

Não, não foi. Ele teria de voltar mais uma vez. Os demônios haviam vencido novamente — e agora era mais do que apenas uma batalha.

Ele nunca voltou ao escritório do Jamie.

Joey resvalou no gelo e sofreu um duro tombo na rua, sentindo algo arrebentar no seu lado. Ele ficou deitado por um instante, sem saber se havia sofrido algum dano sério, até que tentou reunir forças para se levantar. Mas uma dor súbita e lancinante no lado do corpo o impediu de se endireitar. Ele continuou deitado na rua coberta de neve, sozinho, se contorcendo de dor. Pediu auxílio para alguns transeuntes, que o olhavam acreditando que ele estivesse bêbado e seguiam em frente.

Finalmente uma policial foi até ele. Pelo rádio, ela chamou uma equipe de paramédicos, que o levaram ao New York-Presbyterian Hospital. Exames realizados mais tarde confirmaram que Joey fraturou o quadril na queda. O efeito cumulativo de todos os medicamentos que ele tomava para o câncer e sua ampla variedade de problemas de saúde tinham enfraquecido seus ossos, tornando-os mais sensíveis a fraturas. Ele teria de passar por uma cirurgia de substituição do quadril.

Quando minha mãe me ligou do hospital pela tarde, Joey já estava sendo operado. Ela disse que não havia muito sentido em visitá-lo agora, pois ele estava sob efeito de forte anestesia e provavelmente só iria acordar na manhã seguinte. Ela mesma iria embora assim que a informassem de que a cirurgia havia sido bem-sucedida.

Não tive vontade de sair naquela véspera de Ano-Novo, principalmente por saber que iria ao hospital no dia seguinte visitar uma pessoa que, sem dúvida, estaria com profundas dores, tanto físicas como emocionais. Joey estava de volta ao hospital — mais uma vez.

Eu tinha muita pena dele. Quantas semanas ou meses esse cara já havia passado em leitos de hospital — e agora isso?

Mas ele também estivera em um bom estado de saúde nos últimos anos.

Joey não aparentava os piores dos ânimos, mas certamente estava frustrado e com dores. De qualquer forma, ficou feliz por ver a minha mãe e eu e por saber que estaria recuperado e de volta em poucos meses se tudo corresse bem. Ele ficaria no Cornell durante uma semana e passaria outras três em reabilitação no Rusk Institute. Enquanto permaneceu lá, lhe ensinaram a fazer tudo o que envolvesse seu novo quadril: como se sentar e se levantar da cadeira de rodas, como sair da cama, como se encurvar para amarrar os cadarços dos tênis — e até como caminhar inicialmente.

Joey dava mostras de que estava se recuperando exatamente conforme o planejado.

Fui visitá-lo o máximo que pude, mas recusar qualquer oferta de trabalho que surgisse era impensável. Eu estava escrevendo críticas de bares e restaurantes na *Time Out New York*, carregando equipamentos no Irving Plaza, administrando um bar chamado Under Acme na parte da noite e fazendo um estágio na empresa de edição de Pat. Mas ainda estava falido e afundado em dívidas, devendo para Pat e vários amigos que me ajudaram quando eu estava cuidando do meu pai no hospital e fazendo cursos de edição digital.

É claro que a minha mãe esteve todos os dias no hospital. Ela me disse que havia muito a ser feito por Joey, mas que ela ainda precisava dar atenção ao seu outro trabalho. Eu me ofereci para levar coisas do seu apartamento, como calças de moletom, produtos de higiene pessoal, etc, mas ela concluiu que, de alguma forma, eu não seria capaz de achar isso tudo. Como sempre, insistiu que precisava fazer ela mesma.

Eu quase havia me esquecido da superproteção da minha mãe e da sua estranha necessidade de ser a única provedora para todas as necessidades de Joey. Depois do que eu passei com eles e do que aprendi em nossas sessões de terapia, não iria discutir com ela. Na minha forma de observar, ainda acreditava que aquilo não era saudável para nenhum deles, e Joey certamente começou a ficar ressentido.

Em uma de minhas últimas visitas a Joey no Rusk Institute, mamãe, Joey e eu passeamos pela área de visitas, onde havia um pequeno jardim botânico e um aviário. Meu irmão apresentava melhoras físicas, mas também ia se revelando mais rabugento e um tanto zangado.

Conforme minha mãe foi ficando cada vez mais preocupada e zelosa — *Onde você colocou as roupas para lavar, Jeff?*, *Você tem roupas limpas o suficiente?*, *Você tem isso?* e *Que tal aquilo?* —, ele começou a se irritar com ela. Ele a imitava, xingava e a cutucava de um modo muito desagradável. Era como nos velhos tempos.

Ela voltou sua atenção a mim, buscando a confirmação de que o tratamento que recebia era injusto. Mas esse era novamente o Joey Ramone ofensivo, aquele sobre o qual seus "amigos" e familiares não falavam, evitando assim perder o prestígio que tinham diante dele e acabar "enterrados na plantação de milho". Ou, como Daniel Rey temia, "tomando porrada".

"Foi alguma coisa que eu fiz?", ela falou para mim.

Eu larguei de mão. "Não olhe para mim. Não vou entrar nisso com vocês dois de novo", respondi, visivelmente frustrado e decepcionado.

Eu esperava ter superado aquilo. Mas, naquele momento, o seu filho, o meu irmão, mais uma vez não nos dava o devido valor. Para mim, não havia mais o que valorizar. Embora ambos demonstrassem ter entendido o recado, foi preocupante.

Quando saímos, mamãe perguntou novamente por que Joey agia daquele modo, quando só o que ela queria era ajudá-lo. Ela explicou que tinha adaptado todo o seu apartamento para acomodar as necessidades pós-operatórias do filho, colocando barras na banheira, um colchão mais alto na cama, etc. Disse que teria de ficar com ele por tempo indeterminado, pois era possível que seu corpo rejeitasse o novo quadril.

"Mãe, você *pode* contratar pessoas para ajudar o Joey, sabe?", eu sugeri, temendo um mês inteiro das cenas que tinha acabado de ver, só que muito piores.

"Como é que eu vou deixar um estranho fazer isso?", ela falou, escandalizada. "Talvez *você* fizesse isso! Que tipo de pessoa você pensa que eu sou?", minha mãe zombou, pressupondo que eu me sentiria culpado. "Eu não confiaria em ninguém de qualquer jeito", continuou. "E ele não ia querer outra pessoa tomando conta dele."

"Eu entendo, mãe. Mas pode ser que ele precise de ajuda profissional", argumentei. "De qualquer forma, seria bom ver como ele se sente em relação a isso. Você já pensou que talvez ele esteja irritado e constrangido com você o tempo todo em cima dele? Talvez ele demonstrasse um pouquinho mais de respeito por você. Ele é um adulto, você sabia disso?" Novamente comecei a me exaltar, imaginando que não poderia suportar mais uma volta nesse carrossel. Jamais poderia ficar parado, impassível, vendo meu irmão tratar a minha mãe de uma maneira tão agressiva. "Não pense que eu vou empurrar a cadeira de rodas dele por aí se ele continuar te xingando dessa forma."

Joey me ligou no dia seguinte e me agradeceu por tê-lo visitado durante todos aqueles dias no último mês, o que foi uma grande surpresa — e um alívio ainda maior. Foi muito encorajador, e fiquei entusiasmado. Parecia que estávamos fazendo progresso de verdade. Como geralmente acontecia com ele, era preciso se impor ou ele se aproveitaria.

Minha mãe estava certa, no entanto. Ele iria precisar de muita ajuda quando saísse do hospital — um tipo bastante pessoal de ajuda. O tipo que ele não gostava de receber dos amigos e que realmente só se pode conseguir com a família, quando temos a sorte de ter uma. Agora que June e meu pai haviam partido, ele talvez estivesse enxergando o valor da sua família de fato. Talvez estivesse enfim dando reconhecimento ao seu irmão. Tive a impressão de que ele não queria se separar de mim de novo.

Depois de conversarmos por cerca de dez minutos, Joey disse que estava meio cansado e que recém tinha descoberto estar com uma leve febre. Então minha mãe ligou e contou que os médicos no Rusk queriam deixá-lo ir para a casa conforme planejado, mas o Dr. Coleman achou que ele deveria fazer uma transfusão de sangue. Ele viu algo no sangue de Joey do qual não gostou, provavelmente uma mudança causada pelos diversos ajustes nas medicações que estavam administrando.

Quando Joey fez a cirurgia de substituição do quadril, precisou tomar Coumadin, um anticoagulante usado rotineiramente para prevenir a coagulação do sangue. No entanto, para o Coumadin fazer efeito, foi preciso interromper por um tempo os medicamentos que ele estava tomando anteriormente para o tratamento do linfoma. Os resultados do seu exame de sangue não eram motivo para alarme, segundo Dr. Coleman, acrescentando que estava só um pouco preocupado. Ele também achou que era hora de Joey voltar a tomar os remédios de antes.

A transfusão foi realizada um dia antes de Joey receber alta do Rusk Institute, mas não produziu os resultados desejados, e a febre dele não baixou. Na verdade, tinha subido pelo terceiro dia consecutivo.

O Dr. Coleman ordenou que Joey não fosse levado para a casa, e sim readmitido no Cornell até que pudessem determinar a causa da febre, que rápido se aproximava de níveis perigosos. Pelo menos não havia nenhuma menção a nada relacionado ao linfoma.

Mais tarde naquele dia, quando fui ao Cornell, a febre de Joey chegava perto dos 40º C e continuava subindo. Ele estava com dificuldade para falar e não conseguia engolir os comprimidos de aspirina, sequer tolerar o gosto doce da mistura de aspirina líquida que tentavam dar a ele.

O Dr. Coleman ainda não havia chegado e nenhuma das enfermeiras parecia ter uma solução. Então decidi triturar os comprimidos e misturá-los com compota de maçã para que ele pudesse engolir. Funcionou. Poucas horas depois, a febre diminuiu um pouco, e Joey pôde adormecer.

Não preciso dizer que eu e a mamãe ficamos aliviados, embora ainda estivéssemos bastante preocupados. Queríamos uma explicação para a febre.

Considerando que meu irmão recém havia dado entrada no hospital naquele dia, ninguém no seu andar estava familiarizado com o caso e não sabiam nos dar respostas. Precisavam aguardar que o Dr. Coleman o examinasse antes.

Um dos médicos, no entanto, veio examiná-lo e parecia ter alguma informação nova. Nós o paramos no corredor, e ele falou com frieza, como se estivéssemos a par da situação. Ele nos informou que a febre provavelmente era causada por uma infecção interna, mas que essa não era a questão principal. Segundo ele, o mais provável era que fosse o início de uma progressão do câncer.

Foi quando eu me dei conta. Percebi por que meu irmão estava naquele andar específico do hospital. Era o andar dos pacientes com câncer.

Quando perguntamos se o câncer poderia ser controlado e reduzido, ele afirmou que apenas o Dr. Coleman poderia dar uma resposta mais detalhada, mas que na sua opinião... não parecia promissor.

Qualquer pessoa que recebe uma notícia dessas sabe o que vem depois. Você se sente como se a camada externa do seu ser fosse arrancada, como uma casca de cebola — arrancada aos poucos, camada por camada, até virar nada além de uma ferida aberta completamente exposta.

Quando ele pronunciou essas palavras, minha mãe e eu ficamos temporariamente sem respirar. Precisávamos fazer força para inspirar e expirar. É difícil inspirar quando sentimos como se nos derrubassem de costas no chão, pressionando o pé contra o nosso peito. Levaria um bom tempo até que respirássemos com facilidade de novo.

Entramos numa sala de espera, nos olhamos e desabamos em um pranto nos braços um do outro. Nada mais importava, apenas nossa carne e nosso sangue. Todos os problemas que pairavam de forma tão ameaçadora eram agora insignificantes. O mundo inteiro, com todas suas complicações — tudo, menos o chão em que pisávamos, se desfez rapidamente. Nada além da sobrevivência do meu irmão interessava naquele momento.

Isso não poderia estar acontecendo. Aquele cara não podia estar certo: ele não era o médico de Joey. Rezamos para que o Dr. Coleman tivesse uma visão mais otimista da situação. Não aceitaríamos nada menos do que isso.

Voltar para o quarto de Joey foi a coisa mais difícil que já fiz na minha vida. Felizmente, ele estava dormindo e não soube que estávamos falando com o médico no corredor, pois ele fatalmente teria perguntado o que foi dito.

Embora Joey não se mostrasse alerta, ainda estava plenamente atento. Queria saber tudo o que estava acontecendo com ele, fosse bom, ruim ou algo diferente. Sempre demonstrou coragem em seus ameaçadores encontros com problemas de saúde. Porém, dessa vez, ele parecia mais apreensivo do que o normal. Dava para ver em seus olhos. Ou talvez fosse porque ele podia ver a preocupação em nosso olhar. Não era apenas a febre persistente que deixava Joey — e nós dois — bastante preocupados. Ele mal tinha forças para se movimentar.

Depois de várias doses de compota de maçã com aspirina, a febre baixou alguns graus. Joey me chamou de Doutor Leigh de brincadeira e me parabenizou pelas minhas técnicas de administração oral da aspirina.

Foi difícil para nós irmos embora naquela noite. Joey não queria que fôssemos, mas estava cansado, então dissemos a ele que, com certeza, estaríamos de volta pela manhã. Saímos por volta das 10h da noite com a garantia da recepção do hospital de que o Dr. Coleman ligaria assim que chegasse.

Eu me sentia em estado de choque, e minha mãe ficou totalmente abalada.

Quando o Dr. Coleman ligou para ela, por volta das 11h30min daquela noite, ele pelo menos contestou o que o outro médico havia dito. Assegurou que poderiam existir vários motivos para a febre não baixar e que, mesmo se fosse causada por uma progressão do câncer para um estágio avançado, ainda tinham opções concretas que poderiam ajudar a mudar essa situação. Então pediu que fôssemos ao seu consultório no outro dia.

O amigo de Joey, George Seminara, chegou ao hospital de manhã cedo. George era uma das poucas pessoas de quem Joey queria receber visitas naquele momento. Ele ainda estava bastante fraco e cansado. George o visitava todas as manhãs, depois de deixar seu filho na escola, e ligava para Joey à noite.

Eu estava do lado da cama de Joey quando ele recebeu uma ligação de George.

"Eu fui ver Joey várias vezes enquanto ele esteve no hospital", George Seminara recorda. "Eu ia de manhã, e Joey queria que eu lesse livros do *Harry Potter* pra ele. Ele adorava! Naquela época, eu não tinha muita noção do que estava acontecendo. Só sabia que ele ia ficar lá por um tempo. Na sua terceira noite lá, eu liguei para saber como ele estava se sentindo, e Joey me falou: *Bom, sempre me sinto melhor quando meu irmão está aqui.*"

Quando meu irmão disse aquilo, eu sorri e esfreguei a sua mão. Tive de me segurar, pois novamente fiquei com um nó na garganta. Este era um enorme momento para nós. Eliminou cada situação negativa que ocorrera nos últimos dez anos. Aquelas palavras significavam tudo para mim, e o fato de Joey dizê-las para seu amigo George fez com que fossem muito mais profundas.

Ao mesmo tempo, suas palavras intensificavam um sentimento de urgência — de que *precisávamos* compensar todo aquele tempo perdido assim que Jeff melhorasse. Ele *tinha* de melhorar. E sim, eu começava a pensar nele novamente como Jeff. Talvez fosse porque este era o nome que agora usávamos consistentemente para nos referirmos a ele, assim como seus médicos e enfermeiros. Talvez fosse porque ele estava se comportando como meu irmão de novo.

Mas o que realmente me deixou nervoso quando ele disse aquelas palavras para o George, foi que eu senti que algo estava acontecendo — algo que *eu* nem queria pensar a respeito, mas que Joey poderia estar pensando. A possibilidade...

O namorado da mamãe, Larry, o visitava depois do trabalho. Joey não queria saber de receber muitas visitas. Até que estivesse se sentindo melhor, não queria nem mesmo dar o número do seu quarto ou do seu telefone. Por enquanto, queríamos que ele tivesse o máximo de repouso e o mínimo de estresse possível, conforme as recomendações do médico. Quem decidia se receberia ou não visitas era ele. Felizmente, por volta da primeira semana, ninguém sequer sabia onde ele estava, com exceção das poucas pessoas que ele queria ver. Contatamos Angela, que veio do interior do estado para visitá-lo.

Mamãe e eu nos encontramos no hospital e passamos no quarto de Joey antes da nossa segunda reunião com o Dr. Coleman. Joey estava melhor. Após o doutor examiná-lo, um tratamento havia sido iniciado e parecia estar fazendo efeito. Ficamos muito aliviados. Ele estava com um ânimo bem melhor, mas ainda bastante fraco e nervoso.

Quando chegamos ao consultório do Dr. Coleman, contamos a ele sobre o quanto Joey parecia melhor. É muito fácil ficar exageradamente animado quando há uma melhora. Queremos acreditar ardentemente que tudo não passou de um susto e que as coisas vão ficar bem. Ninguém queria ouvir boas notícias mais do que Joey, que aguardava ansioso pelo nosso retorno.

Ouvimos boas notícias e também ouvimos *más* notícias.

O passeio nessa montanha-russa havia começado, e teríamos de batalhar pela vida de Joey. Essas eram as lutas que ele vinha enfrentando desde o dia em que entrou no ringue, 49 anos antes, e estava disposto a vencer mais essa disputa. Joey esperava seu 50º aniversário e a continuidade dos trabalhos em seu disco solo. Ele sabia que uma edição da *Spin* comemorando os 25 anos do punk rock sairia em abril, com o seu rosto estampado em toda a capa.

Meu irmão estava confiante de que os Ramones seriam indicados para o Hall da Fama do Rock & Roll a partir do instante em que passassem a ser elegíveis, em 2002. Mas não estava nem um pouco preocupado com esses detalhes nas circunstâncias do momento.

Ele só queria uma coisa: a sua vida.

E assistir à nova temporada de *Família Soprano*.

Depois de mais ou menos uma semana, a febre baixou, mas outros problemas surgiram. Seus amigos estavam preocupados, e ele começou a atender ao telefone e receber algumas visitas. O problema era que metade da população do Lower East Side eram seus "amigos".

Num domingo pela manhã, entrei em um quarto repleto de gente. Pelo menos era o seu núcleo de amigos. Não acho que entendiam o que estava acontecendo ou a gravidade da situação. Na verdade, eu tenho certeza de que não.

Por algum motivo, Joey não queria que soubessem nada além do que já sabiam. Por mais que eu quisesse falar com eles sobre a situação, eu respeitava a sua vontade. Assim, o quarto foi tomado pelo vozerio de todos socializando. Havia cerca de 12 pessoas lá: Bob Gruen, Jesse Malin, Chris Snipes, Kevin Patrick, George Seminara, Larry, minha mãe e eu. Alguns dos caras ainda estavam acompanhados por suas mulheres e namoradas.

Todo mundo levou alguma coisa — comida, biscoitos e bebidas. Precisamos buscar pratos e copos. Parecia mais uma festa. Todo aquele movimento estava me deixando preocupado com meu irmão. Eu estava nervoso demais para socializar. Apesar de a intenção de todos ter sido boa, não acho que Joey estivesse preparado para tanto.

Dei uma olhada por cima em sua direção, e Joey me lançou um olhar de súplica. Abri caminho pela multidão para dar *oi* e ver como ele se sentia, se estava cansado e se queria repousar. Com apenas um olhar seu, notei que ele já tinha se cansado daquilo. Joey ainda não conseguia falar alto, mas deu a entender que toda aquela conversa e movimentação o deixaram um tanto atordoado. Ele não queria que seus amigos ficassem ofendidos caso ele fechasse os olhos e não falasse com eles, mas precisava de tranquilidade.

Pedi ajuda à enfermeira. Ela entendeu perfeitamente e ficou surpresa de ver que tantas pessoas ficaram no quarto por tanto tempo, levando em consideração que o paciente não podia nem caminhar até o banheiro sem ajuda. Foi uma situação estranha: havíamos passado tantos dias visitando Joey em hospitais que essa cena não era nada fora do comum. Mas aquelas ocasiões não eram nada angustiantes perto da situação atual. Esta não era só mais uma das suas infecções no pé.

A enfermeira anunciou que precisava fazer alguns exames em Joey e que teria de esvaziar o quarto. Ele ficou feliz pelos seus amigos terem vindo, mas também aliviado quando foram embora. Agora podíamos voltar a roer as unhas sem ter de dar explicação para ninguém.

Cerca de uma semana se passou, e Joey foi melhorando aos poucos, dia após dia. Quando eu e minha mãe fomos ao consultório do Dr. Coleman para ter o mais recente diagnóstico, ele relatou que estava bem preocupado. O médico do hospital tinha uma certa razão. O câncer estava avançando. O Dr. Coleman, porém, não estava nem um pouco disposto a desistir, pois ainda havia uma lista de possibilidades que poderia examinar. Ele acreditava que poderia reverter o quadro. O principal objetivo agora era deixar Joey forte o suficiente para aguentar a quimioterapia de novo.

Um dia, fui ao hospital visitar o Joey e, no corredor, vi ninguém mais, ninguém menos que Victoria Gotti, filha do chefão da máfia John Gotti. Seu amigo Andy Capasso estava em um quarto mais adiante no corredor. Ela parecia exausta. Seu amigo não estava muito bem. Acho que não importa o quão bem relacionado você é quando precisa enfrentar esse inimigo.

Joey tinha forças suficientes para começar a caminhar um pouco. As enfermeiras nos contaram que ele tinha sido visto andando pelo corredor tarde da noite, um tanto sonâmbulo. Ele estava tomando vários medicamentos e, uma noite, tropeçou ou simplesmente caiu. Então o transferiram para um quarto próximo do posto de enfermagem para ficarem de olho nele.

Dias depois, Chris Snipes partiu para fazer alguns shows com sua banda. Chris havia sido bastante solidário e prestativo.

Quando Chris saiu, Daniel Rey apareceu. Ele estava na Inglaterra trabalhando em um disco. Joey ficou contente ao vê-lo. A minha mãe e eu também ficamos num primeiro momento, mas logo começamos a sentir uma estranha possessividade a seu respeito. Precisávamos do máximo de apoio possível, mas Daniel tinha um certo ar de quem queria deixar claro que, agora que ele estava lá, nós poderíamos ir embora e deixar que ele cuidasse de Joey. Ele rondava o leito de Joey constantemente e, com frequência, impedia a minha mãe de chegar perto do seu filho quando ele precisava de algo. Era esquisito.

Daniel parecia desanimado pela proximidade que viu entre eu e meu irmão. Enquanto Chris Snipes, George Seminara, Kevin Patrick e o restante dos amigos vibravam ao ver que Joey e eu havíamos feito as pazes, Daniel não parecia confiar nessa suposta reconciliação que nasceu entre nós dois — ou não queria confiar.

Tanto minha mãe como eu tivemos a nítida impressão de que Daniel não achava que eu merecia estar próximo de Joey novamente, pois agia de uma maneira bastante desinteressada e fria comigo, mesmo considerando a reviravolta emocional pela qual nós passávamos. Parecia que Daniel se sentia incomodado quando uma enfermeira ou um médico entrava no quarto para pegar uma assinatura para administrar um remédio diferente e falava comigo, não com ele. Era como se ele estivesse louco para dizer a eles: "Não confiem no irmão do Joey. Ele vai cagar tudo. Perguntem para o Joey. Joey tem ódio dele".

Joey não aguentava mais ficar parado. Ele tinha passado dois meses inteiros em hospitais, e não havia nenhum sinal de receber alta em breve. Meu irmão queria desesperadamente ir embora para casa, ver as suas paredes e dormir na sua cama — mesmo que por um curto período de tempo.

Embora Joey apresentasse uma ligeira melhora, o Dr. Coleman estava bastante apreensivo com a possibilidade de autorizá-lo a sair do hospital. De qualquer forma, na época, os médicos não descartavam a chance de haver uma maneira de estabilizar o quadro de Joey, ganhando vários anos de vida para ele. Nesse meio tempo, um modo de melhorar ainda mais seu estado poderia ser descoberto, mas nos disseram que era improvável, assim como era improvável que uma cura surgisse em breve.

Até mesmo a possibilidade de Joey ficar conosco por mais alguns anos era, em todos os aspectos, milagrosa. Ficamos entusiasmados com o prognóstico, mas provavelmente não deveríamos ter permitido que esse entusiasmo tomasse conta.

Sua qualidade de vida também deveria ser considerada. Passamos a debater o que poderia ser feito para que ele pudesse ficar em sua própria casa. Dr. Coleman afirmou que era improvável que Joey recuperasse sua força ou suas capacidades algum dia. Caso sobrevivesse, precisaria de cuidados constantes e da presença de alguém forte o bastante para cuidar de um homem com um 1,95 m de altura.

"Você deveria cuidar de mim", Joey sugeriu para mim.

"Acho que eu não tenho a qualificação pra isso, Joey. Eu prefiro alguém que saiba o que está fazendo nessa função. E ainda tenho outros empregos."

"Eu cuido dele", minha mãe assegurou ao Dr. Coleman. "Vou ficar no seu apartamento dia e noite."

Achei uma má ideia — até mesmo uma receita para um possível desastre. Acreditava que ele não deveria ir para casa naquele estado sem ao menos ter um profissional para cuidá-lo diariamente.

Porém, era isso que minha mãe queria fazer — e talvez até *precisasse* fazer. Assim resolvi não insistir no assunto no momento. O doutor autorizou Joey a ir para a casa por uma semana. Depois teria de retornar.

"Se ocorrer *qualquer* alteração, me ligue imediatamente", Dr. Coleman alertou minha mãe.

Joey foi levado para casa naquela sexta-feira em uma ambulância, sentado numa cadeira de rodas, e ficou muito feliz ao reencontrar seu apartamento. Infelizmente, eu estava com um leve resfriado, e minha mãe insistiu que eu ficasse longe dele até melhorar.

Eu entendi. A última coisa que eu queria era causar riscos para a frágil saúde do meu irmão. Também compreendia o desespero dela e fiz o possível para manter todos calmos, incluindo eu mesmo.

Dois dias depois, eu estava me sentindo melhor. Então Arlene e eu fomos à casa do Joey. Ele estava com um bom ânimo, mas mal tinha saído da cama. Não parecia nem um pouco bem, na minha opinião. Minha mãe insistia para que ele caminhasse um pouco para ajudar na sua circulação. Mas ela não conseguiria aguentar seu peso caso ele precisasse se apoiar em alguém.

O namorado da mamãe, Larry, estava lá. Ele *sempre* nos dava força e, embora fosse um cara grandalhão, também tinha seus próprios problemas de saúde. Assim, ajudei Joey a se levantar, e caminhamos com ele até o fim do corredor, levando-o de volta para a cama em seguida.

Mamãe e Larry tinham encomendado comida chinesa e estavam colocando os pratos na mesa da sala de jantar. Arlene e eu estávamos ao lado da cama de Joey, falando bobagens para tentar fazê-lo rir e se divertir um pouquinho. Ele ainda tinha fortes dores. Sua perna doía e seu pé estava inchado. Na verdade, todo o seu corpo parecia estufado. Havia mais uma dezena de coisas causando dores nele. Mas, de alguma forma, conseguimos dar umas risadas.

Do nada, meu irmão disse a nós todos: "Sabe, eu amo vocês demais. Quero que saibam que, para mim, ninguém é mais importante do que vocês. Ninguém *mesmo*".

Quando ele disse isso, Arlene começou a chorar.

Eu me segurei da melhor forma que pude.

Larry sorriu.

E a mãe trouxe a sopa de ovos.

Depois de comer, tiramos Joey do seu quarto, e ele se sentou em uma poltrona por um tempo. Porém, não conseguia se levantar depois.

Tentei colocar meus braços em volta do seu peito para erguê-lo, mas quanto mais eu o puxava para cima, mais ele sentia dores, então tive de parar na metade. Eu simplesmente não tinha condições de colocá-lo de pé. Ou eu não tinha força ou não conseguia evitar o pânico toda vez que ele gemia de dores. Então liguei para Arturo Vega, que chegou em dez minutos. De algum modo, Arturo conseguiu levantá-lo, e, então, o colocamos de volta na cama.

Eu agradeci intensamente por ele ter ido nos ajudar.

"É o que eu sempre fiz", Arturo disse, rispidamente. "Sempre cuidei de Joey."

"Bom, obrigado de qualquer forma", eu respondi. "Sou muito grato por isso."

Arturo fez companhia para Joey por mais alguns minutos e depois foi embora.

"Isso não é bom", falei para minha mãe. "Ele precisa ser examinado. Está inchando em tudo quanto é lugar. É bizarro."

"Bom, vou ligar para o Dr. Coleman e ver o que ele recomenda", ela disse.

Mais tarde naquela noite, minha mãe ligou e contou que o Dr. Coleman insistiu para que Jeff fosse levado ao seu consultório na primeira hora da manhã. Ela marcou para a ambulância ir buscá-lo às 9h30min.

"Estarei lá", garanti a ela.

Quando fui ver o meu irmão na manhã seguinte, ele parecia ainda pior.

Joey estava extremamente fraco e ficava adormecendo com a cabeça virada para um lado. Um funcionário da ambulância o colocou na cadeira de rodas e nos levou ao consultório do Dr. Coleman.

Coleman deu uma olhada e falou para deixá-lo na cadeira de rodas e levá-lo imediatamente de volta ao Cornell. Mais uma vez, minha mãe e eu estávamos profundamente abalados. Mamãe correu até o apartamento de Joey para pegar umas coisas e iria nos encontrar no hospital depois. Coloquei um cobertor em volta do meu irmão, desci com ele no elevador e o levei para a rua.

A recepção do hospital ficava a apenas umas quatro quadras de distância do consultório do Dr. Coleman, mas a viagem até lá foi totalmente surreal.

Lá estava eu, empurrando o meu irmão quase inconsciente numa cadeira de rodas pela Avenida York em uma fria, porém ensolarada, manhã de março com um grande movimento ao nosso redor.

Normalmente, ao caminhar em qualquer rua de Manhattan com meu irmão, ele seria parado pelos fãs no mínimo umas dez vezes. Mas ninguém percebeu quem era o homem na cadeira de rodas ou as lágrimas escorrendo pelo rosto do cara que o empurrava.

Enquanto aguardávamos na recepção, Joey caía no sono e acordava a todo instante. Ele erguia a cabeça e mostrava um frágil sorriso de alívio quando enxergava minha mãe e eu sentados num banco ao seu lado. Lá estávamos nós três de novo, apoiando um ao outro, da mesma forma que fizemos em nossa casa por todos aqueles anos.

"Tudo vai ficar bem, Jeff. Vamos todos ficar bem."

Quando Arlene e eu fomos vê-lo no dia seguinte, ele estava em outro andar. Achei que era bom sinal, mas tudo o que a enfermeira no balcão me disse foi que ele havia recebido uma transfusão de plaquetas e que, com certeza, estava melhor do que quando deu entrada no hospital. A minha mãe, Larry e Rachel Felder, uma grande amiga de Joey, já estavam no quarto quando nós chegamos.

Assim que entrei, Joey abriu seus braços e disse: "Vem aqui, quero dar um abraço no meu irmão!".

"Nossa", eu ri, "você está melhor mesmo".

Eu me curvei em direção à sua cama, e ele me envolveu com seus longos braços, apertando muito forte. Não tive problema nenhum com aquilo.

Ele me puxou para baixo, próximo dele, e não quis mais largar.

Até hoje eu sinto aquele abraço.

Talvez isso fosse o que ele esperava.

Quando ele enfim me soltou, olhei para Larry, minha mãe e Rachel, que pareciam estar chorando.

"Uau, não conseguia respirar ali!", eu brinquei, tentando esconder os meus sentimentos e mantê-lo animado. "Você ainda tem muita força nestes braços!"

Meu irmão estava com um grande sorriso no rosto.

"Foi uma das coisas mais lindas e comoventes que eu já vi", Rachel disse. "Eu sabia o que estava acontecendo entre os dois. E aquele momento, aquele abraço — era como se Joey estivesse compensando pelos últimos dez anos. Meus olhos se encheram d'água, e os da Charlotte também. Nós estávamos muito desolados. É uma daquelas coisas que eu nunca vou me esquecer."

Minha mãe pensou que, já que Joey estava se sentindo mais forte, seria bom para ele caminhar um pouco. A enfermeira do turno alertou para não fazer isso, mas, de algum modo, minha mãe conseguiu convencê-la de que eram as recomendações do Dr. Coleman.

Ele foi até o fim do corredor e voltou, comigo de um lado e minha mãe e Rachel do outro. Ele parecia estar bem e até brincava de novo.

Quando voltamos ao seu quarto, perguntei a ele se queria continuar caminhando pelo corredor. Ele disse que se sentia bem e que queria fazer uma tentativa. Após caminhar alguns metros, ele parou por um segundo. De repente, suas pernas simplesmente fraquejaram, e, embora eu tivesse tentado, não fui capaz de segurá-lo. Fiquei atrás dele, tentando amortecer a queda da melhor forma possível, mas Joey era 90 kg de peso morto. Ao cair, suas pernas ficaram entrelaçadas debaixo do seu corpo, e ele desabou bem em cima delas. Tentei mantê-lo erguido em meu colo, no chão, e, ao mesmo tempo, tentava desentrelaçar suas pernas. Conseguimos colocá-las para fora, e eu fiquei sentado, segurando meu irmão enquanto ele berrava com dores insuportáveis.

Pareceu uma eternidade até a ajuda necessária chegar para erguê-lo, colocá-lo na cadeira de rodas e levá-lo de volta à sua cama. O médico do andar não achou ter havido danos sérios com Joey. Mas eu tinha dúvidas, pois a sua perna já estava inchada quando ele deu entrada no hospital. Depois de um tempo e de várias doses de analgésicos, a dor diminuiu e Joey pôde dormir. Felizmente, não houve dano algum.

No dia seguinte, Joey dava sinais de estar se sentindo melhor de novo, mas fomos informados de que ele estava no andar errado. Ele deveria ter ficado no mesmo andar de antes de ir para casa. Pegamos suas coisas enquanto ele era levado para o seu quarto antigo, que era bastante sombrio, sem janelas e com paredes danificadas.

Havia uma garota adolescente no quarto ao lado, uma fã de Joey. Porém, ela não estava mais lá. Também não vimos mais Victoria Gotti por perto. Seu namorado, Andy Capasso, não resistiu. Joey tinha visto o quarto dele, que obviamente era muito melhor e tinha uma grande janela com vista para o East River. E estava desocupado. Então Joey se mudou para lá. Ele queria um quarto onde se sentisse mais confortável, principalmente com a nova temporada de *Família Soprano* começando dentro de alguns dias. Mas só havia um minúsculo alto-falante ao lado da sua cama com o som da TV, que tinha uma seleção limitada de canais — e nada de HBO.

Arrumei então um videocassete para ele, fiz uma gambiarra com o fio da TV e coloquei um pequeno alto-falante de cada lado da cama. Assim eu podia gravar o seriado e levar no dia seguinte para assistirmos juntos. Além disso, outros podiam levar filmes e gravações de shows. Era a única distração que ele tinha. Ele se sentiria melhor, e as nossas esperanças aumentariam. Mas o seu estado de saúde continuava no ritmo de *um passo para frente, dois passos para trás*.

Em meio a isso, Joey pediu para Rachel Felder acionar seus contatos e arranjar ingressos para ver Jeff Beck no Roseland, que estava com as vendas esgotadas. Ele sabia que eu era um grande fã de Beck e dos Yardbirds e queria me surpreender com os ingressos. Fui com meu amigo Tim Heap e, embora eu tenha apreciado o gesto de Joey, não consegui curtir o show nem um pouco. Senti um vazio emocional. Tim e eu saímos na metade.

Joey já havia entrado e saído de hospitais tantas vezes que o público em geral e a mídia não davam mais tanta importância. No entanto, agora ele estava internado fazia dois meses, de modo que os boatos começaram a ficar fora de controle. Meu telefone passou a tocar com maior frequência, com ligações não apenas dos meus amigos na imprensa, mas também de estranhos que queriam saber o que estava acontecendo. Joey ainda não queria que ninguém soubesse sobre o seu estado.

Arturo Vega se sentiu forçado a falar com o *Daily News*. Ele deu uma declaração vaga à publicação, o que somente colocou mais lenha na fogueira.

Então recebi um telefonema de Kurt Loder, do *MTV News*. Ele havia ligado para saber informações sobre Joey. Apesar de nunca tê-lo conhecido pessoalmente, lembrei que ele havia escrito algo sobre os Rattlers na *Rolling Stone* no seu tempo pré- -MTV. Nós *meio* que nos conhecíamos, e, é claro, ele e Joey se conheciam muito bem. Kurt me disse que todo mundo na indústria sabia que algo estava acontecendo e que Joey estava muito mal.

Expliquei-lhe que Joey não queria falar sobre isso com a imprensa, mas que eu estava recebendo várias chamadas e já não sabia mais o que dizer para aqueles que me ligavam. É muito difícil ter de convencer os outros continuamente de que não há nada errado quando alguém está no hospital durante três meses sem nem ao menos ter uma data aproximada para sair da internação.

Kurt estava nesse meio e conhecia Joey fazia bastante tempo. Imaginei que poderia confiar nele. A primeira coisa que me perguntou foi se havia algo que ele poderia fazer. Então disse que entendia e que não iria trair a minha confiança revelando aos outros o quão ruim era a situação. E devo dizer, em sua defesa, que ele nunca revelou.

As ligações da imprensa continuavam incessantes. Havia todo tipo de palpite: *Ele teve outra infecção grave? Ele ia perder o pé desta vez? Ele tem câncer? Ele tem Aids?*

Um dia, Gideon Yago, da MTV, ligou. Conheci Gideon quando ele trabalhava como estoquista de uma loja de discos em Forest Hills, chamada The Wall. Era um garoto muito legal, com grande conhecimento musical e até tentou me ajudar a colocar os discos da STOP e do projeto Sibling Rivalry nas prateleiras da loja, mas foi impedido pelo seu chefe. Agora estava no *MTV News*, onde fazia seu trabalho: buscar informações sobre Joey.

"Seja sincero, Gideon", pedi. "Algum dia vão desistir de mim e partir para outra pessoa?"

"Sinceramente?", ele respondeu. "Não. Vão continuar te ligando. E se você não falar, vão começar a bombardear a sua mãe e, então, os seus tios, suas tias, qualquer um que eles consigam encontrar."

"Mas Arturo Vega já falou algo para o *Daily News*", eu disse.

"É", ele falou. "Mas eles pegam isso só para começar. O que eles querem mesmo é uma declaração da família, e eles não vão desistir até conseguir."

"Eu me sinto mal por você", ele admitiu, "e não vou te pressionar, mas talvez você queira falar com o Joey, levando isso em conta. Só estou sendo sincero com você".

Em meados de março, tornou-se cada vez mais difícil evitá-los. Era extremamente complicado e exaustivo, então tive de conversar com Joey.

Mas ele permanecia inflexível.

"O que você está querendo? Aparecer na mídia?", ele reclamou.

"Não seja ridículo, cara."

Expliquei a ele o que estava acontecendo e o que Kurt Loder e Gideon me disseram — que era uma situação ruim demais e que essa gente era implacável. Em breve, eles atacariam a mamãe. Se emitíssemos uma espécie de nota oficial com a sua autorização, pelo menos nos deixariam em paz. Ele não queria fazer isso, mas finalmente entendeu a situação e aceitou.

Escrevemos um rascunho, que eu iria revisar assim que chegasse em casa e que então passaria pela aprovação de Joey. Pedi a uma amiga de Joey, a jornalista Jan Uhelski, para me ajudar a finalizar a nota. Basicamente, o texto admitia que ele estava realizando o tratamento de um linfoma no hospital, que estava respondendo positivamente aos tratamentos, que estava bem e deveria retornar para casa em breve.

Quando liguei para Joey naquela noite para ler o texto, Daniel Rey foi quem atendeu o telefone.

Ele disse que achava que Joey não deveria falar no momento, pois essa questão do comunicado à imprensa o estava incomodando. Comentou ainda que não achava uma boa ideia *eu* escrever uma nota oficial da família, devido ao que havia se passado entre Joey e eu.

"Daniel, passe o telefone para o Joey", eu mandei.

Após aprovar a nota que Jan e eu escrevemos, Joey pediu para mandá-la primeiro a Kurt Loder.

Eu confiava em Kurt, que sabia que o nosso comunicado minimizava completamente a verdadeira situação. Ele contou que havia falado em particular com Bono e que, se o quadro piorasse, o U2 estava disposto a fazer um show para arrecadar fundos com o objetivo de ajudá-lo a pagar pelo tratamento médico, caso fosse necessário. Falei que era um gesto realmente muito legal e que iria repassar para Joey. Nesse meio tempo, Kurt manteve o real estado de saúde de Joey em sigilo. Eu só havia falado para poucas pessoas de fora da família.

Depois que a notícia de que Joey estava respondendo bem aos tratamentos foi publicada, começaram a chegar centenas de cartas do mundo todo desejando melhoras. As pessoas passaram a ligar feito loucas, querendo visitá-lo. Conectei uma secretária eletrônica ao seu telefone para que ele pudesse selecionar as chamadas, mas o aparelho não parava de tocar.

Em geral, todos tinham boas intenções. Todos queriam que Joey soubesse o quanto se preocupavam com ele. Bandas na estrada ligavam para Joey e passavam o telefone pelo camarim, pois todo mundo queria falar com ele e lhe desejar melhoras. Mas lidar com tanta gente assim tomava energia, o que o deixou completamente exausto.

Um dia, ele gritou com Jesse Malin por ter dado seu telefone para os caras do Green Day e para várias outras personalidades de destaque.

"O que você está querendo fazer? Impressionar essa gente, mostrando que tem o meu telefone?", ele repreendeu Jesse, da mesma forma que me repreendeu com a nota à imprensa. De certo modo, era um bom sinal. Pelo menos sabíamos que ele estava recuperando um pouco da sua força, sendo mais parecido com o seu velho eu.

Handsome Dick Manitoba levou uma espinafrada quando ligou para Joey, brincando que tinham lhe falado que ele estava dando loucas festas no seu quarto e querendo saber por que não tinha sido convidado. Era compreensível a irritação de Joey. Quem não estaria irritado?

Sem querer ofendê-los, mas ele estava cagando para conversas com Billie Joe, do Green Day, ou com Lars, do Rancid. Ele queria mesmo era atender a uma ligação do Dr. Coleman trazendo boas notícias e mais nada.

Depois ele gritou comigo quando alguém leu para ele o rascunho do artigo da *Spin*, no qual Johnny dizia que não andava com Joey antes dos Ramones, pois meu irmão era hippie.

"Ah, de novo essa porra sobre eu ter sido hippie. Viu só? Você e aquela merda de livro do Legs com essa coisa de hippie. Foi isso que começou tudo. Muito obrigado."

Aquilo me magoou bastante.

"Ah, cara, não me diga que você vai começar com isso de novo", implorei.

"Mas você tinha de abrir essa sua boca maldita, não foi?", ele continuou.

Eu não disse nada, mas fiquei muito desapontado. Não sabia o que fazer, pois não queria brigar com ele. Fiquei frustrado e não consegui lidar com aquilo.

Daniel, Chris Snipes, minha mãe e Angela estavam lá. Eu saí. Ele percebeu que eu fiquei chateado com o que disse. Ele faria quimioterapia no dia seguinte, mas como eu estava trabalhando, não fui.

"Mickey levou um videocassete para o Joey", Angela recorda. "Mickey levava várias coisas para o quarto do Joey, cuidando dele. Um dia, eu fui lá e todo mundo já tinha saído. Quando a gente ficou sozinho no quarto, Joey me disse: *Talvez eu estivesse errado sobre o meu irmão ao longo desses anos. Olha só o que ele tem feito por mim! Ele está sempre aqui para me ajudar!* Eu falei: *Porra, o que foi que eu te falei durante todos esses anos?* Ele respondeu: *Você estava certa.* Eu concordei: *É! Sei que eu estava certa!*"

"No dia seguinte", Angela continua, "quando estava indo fazer a quimioterapia, ele perguntou para Charlotte e para mim: *Cadê o meu irmão? Quando é que ele vai chegar?* Mas eu não sabia o que dizer pra ele".

Liguei para o quarto dele, e minha mãe estava lá. Ela estava lá todos os dias. Disse que ele sofreu bastante com a quimioterapia e que agora estava dormindo. Foi um dos poucos dias em que não fui visitá-lo.

Tenho certeza de que ele pensou que não fui vê-lo porque eu estava bravo por ele ter me xingado, pois, no dia seguinte, o telefone tocou. Era Joey, o que me surpreendeu, pois não estava telefonando com frequência. Ele me ligou de manhã bem cedo, e eu nem ouvi o aparelho tocar. Quando me levantei, ouvi seu recado na secretária eletrônica. Sua voz soava bastante enfraquecida.

"E aí, Mickey. Sou eu. Só estou ligando pra ver como você está e espero te ver mais tarde hoje."

É, ele se sentia mal pelo que falou. Deu para notar. E eu me senti como o maior merda do mundo. Liguei para ele e disse que já estava a caminho.

Os remédios da quimioterapia o derrubaram de jeito. Ele já havia feito tratamentos desse tipo, mas nunca o afetaram tão drasticamente como dessa vez, nesse estado fragilizado.

Ele estava com o artigo da *Spin* na cama. Desci os olhos em direção à matéria.

"Ih", eu disse.

"Não se preocupe", ele me falou. "Não quero discutir com você sobre isso nunca mais. É mesmo babaquice."

"Concordo plenamente", falei, dando um suspiro de alívio.

Agora meu irmão observava a vida com uma clareza maior do que ele havia demonstrado ao longo dos anos. Imagino que é da natureza da nossa espécie reconhecer o que é mais importante somente nos momentos de perigo, quando precisamos separar aquilo que fabricamos daquilo que é real. Meu palpite é que isso provavelmente esteja ligado ao nosso instinto de sobrevivência.

Em meio a toda essa angústia, ele invocou tremenda coragem e sabedoria. Eu me sentia como se estivesse aprendendo tanta coisa com ele agora.

Bob Gruen, um fotógrafo mundialmente reconhecido, trouxe uma ampliação de uma foto de Joey em um show. Era uma grande fotografia.

"Coloque ali na parede, Joey, para as enfermeiras saberem quem você é", Bob sugeriu.

Foi um gesto legal da parte de Bob, mas ele não entendeu muito bem. No momento, Joey não estava deslumbrado com sua imagem de astro do rock e não parecia estar interessado em impressionar alguém sendo Joey Ramone. Não era com isso que ele se importava quando os médicos e as enfermeiras entravam no seu quarto. Ele não queria deixar o pôster na parede para que as pessoas pudessem apontar para a foto e dizer: *Viu, é Joey Ramone deitado ali na cama.*

Não era como se ele quisesse renunciar à sua carreira ou ao seu pseudônimo: ele apenas não estava preocupado com isso no momento. Conforme a situação piorava, ele ficava ainda mais lúcido — mesmo com todo o medo, a dor e a incerteza.

O ritmo de *um passo para frente, dois passos para trás* tornou-se *um passo para frente, quatro passos para trás.* Quando o Dr. Coleman ligou para a minha mãe pedindo que fôssemos ao seu consultório, sabíamos o que estava acontecendo antes de chegar lá. Ele nos disse, porém, que ainda não iria desistir. Havia outras opções na lista, mas ela estava diminuindo, e ele estava cada vez mais preocupado com o resultado.

O doutor afirmou que organismo do meu irmão estava aos poucos entrando em colapso. Não que nós já não soubéssemos disso pela multidão de médicos que entrava em seu quarto para vê-lo.

Um de nós — eu, minha mãe, Angela ou o amigo de Joey, Chris — o acompanhava durante suas sessões de hemodiálise. Levávamos um pequeno aparelho de som para a sala de tratamento.

As primeiras coisas que Joey pediu quando foi para o hospital foram o novo lançamento dos Beatles, *One*, e o mais recente CD do U2, *All That You Can't Leave Behind.* Ele ainda adorava começar a manhã ouvindo música.

Abríamos as cortinas para que ele pudesse ver o East River e colocávamos "Beautiful Day" para tocar. Ele dizia que aquela música lhe dava energia.

Perdão, fãs, mas é a verdade.

A vida foi ficando cada vez mais surreal conforme seu estado de saúde se deteriorava. Havia caixas de cartões desejando melhoras chegando pelo correio, todos com uma aparência festiva e alegre. Por todo o país, as pessoas, de astros do rock a garotos em idade escolar, mandavam seus bons votos para Joey. Bono enviou uma plantinha para ele, que batizamos de Folhagem Bono.

A coisa que ele mais gostou foi o pôster que Steven Van Zandt mandou, posando como o seu personagem Silvio, dos *Sopranos*.

E então virou um circo. Pessoas apareciam no seu quarto, levando câmeras e coisas para ele autografar. Uma porção dos seus amigos casuais do sul de Manhattan queria visitá-lo. Havia gente que era somente fã, que queria apenas garantir que conseguiria vê-lo, independentemente do seu estado físico ou de ele não estar em condições de receber uma fila de pessoas querendo cumprimentá-lo. E tinha aqueles que Joey declaradamente não queria atender, seja qual fosse o motivo.

Se houvesse alguém que ele gostaria de receber como visita, marcávamos para que fosse em uma hora na qual ele não estivesse realizando exames ou recebendo tratamento, o que ocorria na maior parte do tempo. Alguns ficavam compreensivelmente magoados, e outros até mesmo um pouco bravos, mesmo depois de explicarmos que ele simplesmente não tinha energia para receber tantas visitas. Eles não entendiam por que *esse* ou *aquele outro* podiam ver o Joey, mas não eles.

E como se as coisas já não fossem ruins o bastante, eventualmente precisávamos ser recepcionistas de cretinos. Também foi muito estranho que, com exceção de Tommy, nenhum dos seus ex-colegas de banda ligou durante esse período.

Marc "Marky Ramone" Bell o visitou apenas uma vez depois que ele fraturou o quadril, quando estava fazendo a reabilitação no Rusk. Dee Dee estava na Europa em uma turnê ou coisa parecida. Richie Ramone estava em Los Angeles e provavelmente não estava nem a par da situação. CJ morava em Long Island a uma hora de distância — sempre manteve contato com Arturo e deveria saber.

Durante todo o tempo em que Joey esteve internado no hospital morrendo de câncer, nenhum deles foi visitá-lo. Nenhum deles sequer me ligou para saber como ele estava ou como minha mãe estava se sentindo naquele momento devastador. Mas, vindo desses caras, não causava muito espanto.

Enquanto o corpo de Joey se deteriorava, o nosso relacionamento continuou a se curar e os nossos laços nunca estiveram tão firmes. Conforme ficava cada vez mais difícil para ele respirar ou comer, o mesmo acontecia conosco. Não tínhamos apetite algum por comida ou outros prazeres. Nosso único objetivo era deixar Joey o mais confortável possível.

Arranjei um sininho de vento para ele e, enquanto ele dormia, pendurei em uma barra sobre a sua cama. Mas ele me pegou quando o barulhinho o acordou. Sorri para ele enquanto amarrava o sininho sobre a cama.

Eu ainda precisava trabalhar, quando conseguia. Recebi um convite para fazer uma ponta de figurante — interpretando um garçom, um fotógrafo e um homem de negócios — num filme sobre a vida de Howard Cosell estrelado por John Turturro.

Quando liguei para Joey do *set*, ele perguntou quando eu iria passar no hospital. Eu disse que não poderia ir até que parassem de filmar. Ele soou tão triste que partiu meu coração.

Quase fui expulso do *set* quando começou a ficar tarde e vi que não chegaria no hospital a tempo. Cheguei até a fazer um comentário para o diretor sobre o que ele poderia ter feito para poupar tempo na última cena. Turturro me lançou um olhar atravessado, como se estivesse dizendo: *Por acaso, você é louco?*

Depois disso, sequer tentei trabalhar. Não fazia sentido. Era impossível me concentrar em qualquer outra coisa. Precisávamos passar cada momento que fosse humanamente possível com Jeff, e ele também precisava disso. Ele apreciou muito, o que era evidente pelos seus gestos.

Como ficou muito mais sensível a certas coisas, ele percebeu que a mamãe também estava sofrendo. Um dia, falou para eu pedir a ela para lhe fazer um chá de hortelã. Ela não estava no quarto naquele momento.

"Posso fazer pra você, Joey", eu me ofereci. "Eu sei fazer chá."

Aparentemente, algo que jamais mudou entre nós dois foi a nossa capacidade de saber o que o outro estava pensando, pois ele olhou para mim com um pequeno sorriso e a sua expressão mostrava exatamente o que ele queria de verdade — e o que estava fazendo. Ele sabia que ela se sentiria bem e se manteria ocupada. Então ele queria que ela fizesse. Era realmente algo lindo, que também tornou uma série de outras questões muito mais claras para mim.

Agora Joey só queria que nos sentíssemos importantes. Ele falou para minha mãe que não havia terminado o seu álbum solo e que gostaria que eu trabalhasse no disco assim que ele saísse do hospital. Depois de tudo que passamos, a nossa mãe ficou muito contente de ouvir aquilo.

Estávamos tão felizes de ver que, apesar de tudo, ele ainda pensava de uma forma positiva, preservando sua força de vontade e sua moral — mesmo quando ficou ainda mais fraco e os médicos começaram a dar sinais de que não havia mais nada a ser feito. Quando a dor se tornou cada vez mais agonizante, Joey continuou a falar sobre voltar ao palco — até que finalmente houve um momento em que ficou cada vez mais difícil para ele falar ou assistir à *Família Soprano*.

Eu estava no Centro, fazendo uma visita ao meu amigo *barman* Tom Clark, quando saí para fazer uma ligação para a mamãe e conferir se ela tinha notícias do Dr. Coleman. Ao retornar, Tom olhou para mim e, sem dizer uma palavra, me serviu uma dose. O Dr. Coleman havia solicitado que Joey fosse para a UTI no dia seguinte. Segundo ele, isso não necessariamente sinalizava o fim, pois ainda havia algo a ser feito e ele achava que iria dar mais tempo a Joey. Embora eu soubesse, no fundo do meu coração, que o meu irmão estava partindo, ainda não podia acreditar. Eu rezava por um milagre, que poderia vir de qualquer lugar ou de qualquer um, até de Deus.

Cheguei até mesmo a pensar que a sorte dos irlandeses poderia ajudá-lo no momento em que Bono telefonou para falar com Joey na UTI. Bono havia me ligado algumas vezes quando eu estava em casa para dar apoio e ter uma conversa com o intuito de melhorar os ânimos. Então consegui uma ligação com Joey para ele. O cara realmente fez todo o possível.

Joey estava fraco demais para pegar o telefone. Então eu o segurei para que ele falasse com Bono — ou, mais precisamente, para que Bono falasse com ele.

Naquela noite, era o aniversário de fechamento do Coney Island High, e estavam dando uma festa de "reencontro de formandos" do antigo bar no Dom Hill's. Todo o pessoal da casa e as suas bandas iriam tocar uma ou duas músicas. Para a ocasião, eu planejava tocar a canção de Joey, "I Remember You". Parecia perfeita para um reencontro com clima de festa de colégio.

Anteriormente, naquele mesmo dia, eu havia perguntado a Daniel se ele gostaria de ir à festa e tocar a canção comigo, mas ele recusou o convite, dizendo que seria desrespeitoso. Ele falou que, como sabiam que Joey e eu estávamos brigando, eu levaria esporro por tocar uma das suas músicas, sobretudo essa.

"As pessoas vão falar", Daniel me avisou ao deixar o hospital.

Bono tinha tocado a canção no Irving Plaza. Assim, depois que ele conversou com Joey, perguntei-lhe se achava uma boa ideia. Bono respondeu: "Claro que é. É uma grande música que o Joey compôs. Vai lá e faz".

Joey também concordou, sussurrando para mim: "É, você tem de fazer. Com certeza. É perfeito. Quero que você faça".

Essas foram praticamente as últimas palavras que ele falou para mim.

No dia seguinte, quando passava por Manhattan de carro, vi enormes cartazes na rua anunciando a nova edição da *Spin*, que trazia o aniversário de 25 anos do punk. Lá estava Joey, maior que a própria vida, com o seu rosto cobrindo mais de um metro de parede, colado múltiplas vezes em todo e qualquer canto da cidade.

Quando cheguei ao hospital, contei o que eu tinha visto.

Ele estava quase inconsciente, mas ainda reagia a estímulos. Eu sabia que ele podia me ouvir.

"Tenho tanto orgulho de você, mano", eu disse.

Ele apertou a minha mão, olhou para o lado e sorriu.

"Obrigado", ele murmurou.

Passei a noite em claro.

Minha mãe me ligou por volta das 11h30min, justamente quando eu pensava em telefonar para ela. Não podíamos estar mais abalados.

Pela manhã, o telefone tocou.

"Ligaram do hospital", a mamãe disse. "Falaram para a gente ir até lá."

Chris Snipes estava em turnê com sua banda, então liguei para Arturo Vega e Andy Shernoff, pedindo para que fossem ao hospital se quisessem dizer *adeus*.

O caminho até Manhattan foi onírico. Eu mal conseguia dirigir. Minha mãe assumiu o volante. Depois de tudo isso, ela continuava firme, ainda mais forte do que eu. Era realmente incrível a maneira como essa mulher encontrava a força que tinha. Ela havia passado por tanto em sua vida, mas se mantinha inabalável. Jeff e eu tivemos tanta sorte de tê-la conosco.

A caminho do hospital, uma canção martelava minha cabeça. Era uma música que o meu amigo James Llorandi tocou várias vezes na jukebox do 5 Burro Café, no meu bairro, onde ele atendia no bar e eu afogava as minhas mágoas. Era outra canção do U2, "In a Little While", uma composição lenta, em ritmo de soul, com uma levada Otis Redding sessentista. Imaginei que seria legal para o meu irmão ouvir uma música relaxante para ajudá-lo a passar para o outro lado.

Eu não havia nem mesmo pensado na ironia do título — *em breve* — ou das palavras, não de maneira consciente: era apenas uma linda canção. Mas quando a coloquei para tocar, eu, Arlene, minha mãe, Larry, Andy e Arturo todos desabamos em um pranto incontrolável. O cara estava vivendo com a dor fazia tanto tempo. Queríamos apenas que o seu sofrimento acabasse.

Enquanto a música tocava, nós o acariciávamos e segurávamos a sua mão, dizendo: "Nós te amamos, Joey. Você vai estar bem em breve. Não vai mais ter dor, não vai mais sofrer. Pode deixar a gente agora. Nós te amamos".

Segundos depois de a música terminar a enfermeira disse: "Ele já foi".

Ele se foi. Foi com a canção, pensei, para o lugar onde as músicas vão depois que são executadas — seja lá onde for.

Mas, ao sair do hospital, vi o meu irmão por toda a cidade. Não apenas nos cartazes colados nas paredes, mas por todo o lugar. Eu o vi nos milhares de garotos na rua que usavam jeans com buracos nos joelhos e óculos de sol com armação redonda. Eu o senti nas canções que ele escreveu e cantou.

Ele ainda estava por toda a parte. Mas, principalmente, estava no meu coração e na minha alma, na minha carne, no meu sangue e na minha mente. Para o seu irmão menor, ele foi um gigantesco herói — não apenas por ser Joey Ramone, mas por ser muito mais que isso. Ele foi o azarão definitivo, que disparou rumo a um posto muito além da mera superação de limites. Mesmo em seus pontos mais baixos, ele nunca deixou de voltar as suas atenções para alturas astronômicas. Sua incrível e difícil sina foi inspiradora, assim como eu espero que esta história seja.

Vem comigo, porque vamos nos divertir pra caramba, ele cantava.

Com certeza nos divertimos. Obrigado por ter me incluído nessa, mano.

Mesmo que você não possa estar comigo, sempre será o melhor.

Nossa mãe, sempre com as mãos ocupadas. Forest Hills, 1954.

Eu e Jeff com nosso pai, 1955.

EU, DAVE, JEFF E REBA EM HOWARD BEACH, QUEENS, NO NATAL DE 1962.

BEATIN' ON THE BRAT: COM TIO AL, EM FOREST HILLS, 1957.

SHOW NO PORÃO DE CASA!

CONFERE SÓ QUEM É O MEU
BATERISTA! MAIS SOM NO PORÃO
DA CASA DE FOREST HILLS, 1965.

MÃE E JEFF EM
SUA FORMATURA
DO ENSINO
FUNDAMENTAL, NO
LOWE'S THEATRE,
EM FLUSHING,
QUEENS, 1966.

JEFF TOCANDO BATERIA
COM OS INTRUDERS, SUA
PRIMEIRA BANDA, EM 1967.

No CBGB, relaxando após um show.

Angela Galetto e Joey, 1983.

Eu, Arlene e Joey comemorando o aniversário de nossa mãe.

COM JOEY E NOSSO PAI NO THE RITZ APÓS UM SHOW DOS RATTLERS.

QUEM DISSE QUE ERA APENAS ENTRE PUNKS E ROQUEIROS QUE JOEY FAZIA SUCESSO?

EU TOCANDO COM OS RATTLERS EM 1979, NO MAX'S KANSAS CITY.

JOEY RAMONE E SUA INCRÍVEL PRESENÇA DE PALCO.

EU E MEU IRMÃO JOEY EM LONDRES, 1976.

JOEY AGUARDA ENQUANTO CARREGO O EQUIPAMENTO POUCO ANTES DO PRIMEIRO SHOW DOS RAMONES EM LONDRES, NO THE ROUNDHOUSE.

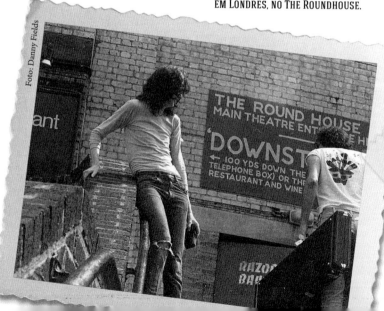

NOS TEMPOS DE ROADIE. OLHANDO MEU IRMÃO TOCAR E CUIDANDO PARA QUE NADA DESSE ERRADO.

JOEY EM SHOW NO LENDÁRIO CBGB, EM 1977.

DEE DEE, JOHNNY, TOMMY, EU E JOEY NA PRIMEIRA TURNÊ INTERNACIONAL DA BANDA, NA INGLATERRA, 1976.

Nossa última apresentação juntos. E a última vez que Joey subiria em um palco. Foi no Manitoba's, em 12 de dezembro de 2000.

EPÍLOGO

ACREDITEI QUE O FALECIMENTO DO MEU IRMÃO TRARIA uma breve pausa à insanidade que rondava o "mundo dos Ramones", garantindo ao menos um momento para minha mãe e eu velarmos a sua morte e nos recuperarmos, como também celebrar o quão especial Joey era. Eu não estava pensando direito. Melhor deixar para meus velhos amigos dos Ramones se encarregarem de manter as coisas interessantes, por assim dizer.

Richie Ramone veio de avião da Califórnia para estar conosco no enterro, e Tommy veio do interior do estado de Nova York.

Mas nenhum dos outros companheiros de banda do meu irmão nos contatou, ainda que Johnny tenha enviado flores para o local do funeral.

Dois dias depois do falecimento de Joey — justamente quando pessoas de vários perfis e localidades se reuniam no seu enterro —, Marky Ramone esteve no *Howard Stern Show*, reclamando que não havia sido convidado pessoalmente para o funeral de Joey. Ele me ligou no dia seguinte para fazer a mesma queixa.

"Marc, ontem mesmo o meu irmão foi enterrado", respondi. "Você não podia esperar um ou dois dias pra isso?"

"Bom", ele disse. "Acho que eu deveria ter sido avisado e informado sobre o funeral. Parece que você não organizou isso muito bem."

"Marc, você acha o quê? Que a gente mandou convites ou algo assim? As centenas de pessoas que estavam lá foram atrás da informação. Por favor, cara. A gente está exausto. Tenha dó!"

Embora ele ainda estivesse bufando quando desligou o telefone, ligou duas horas depois para pedir desculpas pela falta de *timing*. Mas aquilo não estava terminado. Como sempre, a situação ficaria mais bizarra.

Em março de 2001, quando ainda tínhamos esperanças de que Joey fosse sobreviver, ele, minha mãe e eu discutimos o que faríamos para comemorar o seu aniversário de 50 anos, que seria no dia 19 de maio. Ele nos disse que queria dar uma grande festa, não importasse o que acontecesse, mesmo se ele não estivesse bem o bastante para comparecer. Ele queria que seus amigos e suas bandas favoritas da região tocassem e festejassem em seu nome. Joey nos fez prometer que a festa seria realizada.

Infelizmente, Joey não chegou ao seu aniversário de 50 anos, falecendo em um domingo, 15 de abril, uma data que trazia a estranha combinação de Pessach, Páscoa e, é claro, último dia para declaração do imposto de renda.

As notícias do drama percorreram o mundo todo, repercutidas por todas as formas de mídia. Os fãs instintivamente se reuniram no CBGB. A área embaixo do toldo na entrada do bar tornou-se um enorme santuário para Joey, repleto de velas, flores, fotos, poemas, tênis, jeans com buracos nos joelhos e qualquer coisa que lembrasse o ícone do punk rock. Praticamente todos os itens tinham *Nós amamos você, Joey* rabiscado em algum lugar. No outro dia, o santuário havia se alastrado até o meio-fio, chegando praticamente na rua.

Para minha mãe e eu, a torrente de apoio veio sob a forma de cartões, flores, cestas de presentes e um fluxo constante de ligações. Era realmente avassalador e, por vezes, até vertiginoso. Naquele ponto, mamãe e eu estávamos totalmente esgotados, mas seguimos adiante com o plano de celebrar a vida de Joey em seu aniversário.

Kevin Patrick, um grande amigo do meu irmão, nos recolocou em contato com Dave Frey, que havia trabalhado com Joey esporadicamente ao longo dos anos. Dave havia subido muito na vida desde os tempos em que trabalhava no New Music Seminar. Ele conseguiu marcar o evento no Hammerstein Ballroom, em Manhattan, e nos ajudou de todas as formas possíveis. Decidimos colocá-lo para cuidar dos negócios de Joey, incluindo a finalização do seu disco solo, que estava para sair, e todos os seus outros empreendimentos, que eram agora nossa responsabilidade.

Não houve muito tempo para planejar a festa de aniversário de 50 anos de Joey Ramone, mas tínhamos uma ótima comitiva trabalhando conosco para garantir que conseguíssemos fazer o evento — e fazer direito. Amigos de Joey, como George Seminara, Kevin, Arturo Vega, Ida Langsam, Dave e a sua assistente, Lynn Probst, se reuniram com minha mãe e começaram a organizar a celebração.

O evento foi anunciado, e, apesar de ninguém saber quem iria tocar, os ingressos no valor de US$ 15 cada se esgotaram assim que foram impressos, o que lotaria o espaço com capacidade para 3,5 mil pessoas. Embora estivéssemos doando a renda para pesquisas sobre o câncer, queríamos que fosse acessível para os fãs de Joey.

Então combinamos com Blondie, Cheap Trick, Damned, Cramps e Misfits de tocarem na festa. Todos iriam participar sem cobrar nada. Também tínhamos planejado apresentações de talentos da região, discursos de Hilly Kristal, Danny Fields, Legs e John Holmstrom, além de vídeos de homenagem de Lars Frederiksen, do Rancid, Green Day, Elvis Costello, Joan Jett e Dictators. Tinha tudo para ser uma noite incrível. Com toda sua família, todos seus amigos convidados e suas bandas preferidas tocando em uma apresentação especial dedicada exclusivamente a ele, o evento tinha todos os componentes de uma noite memorável. A nossa intenção era fazer com que a festa trouxesse um consolo para velarmos o falecimento de Joey.

Dave Frey pensou em levar os Ramones para tocarem uma canção, de preferência "I Wanna Be Sedated". A ideia era colocar holofotes sobre um pedestal de microfone sem um cantor, na posição em que Joey normalmente ocupava no palco, enquanto microfones seriam espalhados pelo público para que seus fãs pudessem cantar em sua ausência. Gostamos da proposta: os holofotes sobre um microfone desocupado eram como uma versão rock 'n' roll do cavalo sem cavaleiro de um enterro militar ou de um par de coturnos em uma parada. Todos achamos uma linda e apropriada homenagem que enfatizaria o quanto sentiríamos a falta de Joey.

Arturo vinha tentando nos convencer com empenho de que Johnny estava mudado. Ele nos disse que Johnny tinha se tornando um cara legal e agora cultivava uma série de amizades entre celebridades que o consideravam um homem maravilhoso — e nos aconselhou a fazer o mesmo. Mas não sentíamos isso, já que só tínhamos permissão para nos comunicarmos com Johnny por meio de Arturo Vega. Mesmo quando quis agradecer a ele pelas flores enviadas, Arturo é quem teve de ligar para Johnny e me colocar na linha, já que ele não permitia que minha mãe ou eu tivéssemos o seu número de telefone.

Não parecia importar a Johnny que a minha mãe, declarada como inventariante legal de Joey, era agora sua única sócia na Ramones Productions Inc., tampouco o fato de ela ter delegado a administração criativa e financeira dos negócios musicais de Joey a mim. Na verdade, enquanto Johnny falava comigo de modo relutante, ele se recusava a ter qualquer tipo de conversa com a minha mãe.

Aparentemente, Johnny não gostou da ideia de um microfone desocupado e fãs dos Ramones cantando a música. Ele achou mórbido. E não lhe interessava o que a família de Joey achava. Arturo nos relatou que Johnny havia tomado a decisão de que seus amigos Rob Zombie e Eddie Vedder iriam assumir o lugar de Joey no palco junto com os Ramones. Suas outras exigências incluíam duas passagens de primeira classe para Linda e ele, além de três noites em um hotel cinco estrelas.

É bem possível que Johnny tenha pensado que estava nos fazendo um favor, mas, para essa ocasião, não tínhamos interesse em Rob ou Eddie cantando no lugar de Joey, por mais talentosos que fossem. Achamos que iria tirar o foco de Joey, e *isso sim* iria deturpar todo o sentido da homenagem. Por diversos motivos, a começar pelo fato de que talvez minha mãe não estivesse pronta para ver alguém assumir o lugar do filho na banda, a ideia foi recusada.

Na reunião seguinte do comitê do Birthday Bash, Arturo ficou encarregado de passar a informação para Johnny.

Minha mãe pediu para ele dizer a Johnny: "Não, mas obrigado mesmo assim". É claro que Johnny e seus amigos seriam mais do que bem-vindos, mas teriam de arcar com as despesas do próprio bolso, uma vez que estávamos doando todos os lucros do evento à pesquisa para o tratamento de linfoma.

Ela sugeriu ao comitê que, se alguém deveria cantar para o Joey naquela noite, deveria ser eu, o seu irmão. Houve uma pausa de cerca de dois segundos quando olhei para Arturo, que revirou os olhos. Então a sala inteira explodiu em gargalhadas com a ideia inocente, porém absurda, da minha mãe.

Eu logo disse: "Definitivamente não. Boa ideia, mãe, mas pessoas erradas".

Naquela noite, eu tocaria as três canções da STOP favoritas de Joey e três músicas dele com uma banda de amigos em comum. *Devo* admitir que nada faz eu me sentir mais próximo do meu irmão do que cantar as suas músicas. É como se ele estivesse dentro de mim. Mas eu, com certeza, não tinha nenhum interesse em substituí-lo como vocalista dos Ramones ou estar em qualquer lugar onde não fosse bem-vindo. Eu cantei as canções de Joey sentado no banquinho de um bar, com lágrimas escondidas por trás de óculos escuros.

Mas, por algum motivo bizarro, Arturo resolveu dizer a Johnny que se o restante dos Ramones tocasse, eu insistiria em cantar com eles. Provavelmente fez isso para poupar Johnny do constrangimento com os fãs caso ele resolvesse não comparecer e facilitar uma desculpa para recusar o convite. Arturo nunca explicou.

Ele escreveu uma carta para minha mãe, avisando-a para não ir contra a vontade de Johnny. E o mais estranho: Arty colocou lenha na fogueira ao lançar o boato de que todas as bandas que fossem participar teriam de tocar *comigo de vocalista*.

Kevin Patrick, que era amigo do pessoal dos Cramps, fez o melhor que pôde para estancar o boato, assegurando que não havia absolutamente nada de verdadeiro naquilo. Mas os Cramps cancelaram sua participação, optando por não se envolver no arranca-rabo. Logo em seguida, os Misfits, que haviam incluído Marky Ramone na sua formação, cancelaram também.

Felizmente, Blondie, Cheap Trick, The Damned e outros grupos não foram atrás. Com exceção da insanidade envolvendo Johnny e Arturo, a celebração ocorreu sem problemas. Bem, talvez com um pequeno problema.

Achei que seria legal dividir um bolo de aniversário com toda a plateia no fim do show, então pedi para Dave Frey contatar o pessoal da Drake's Cakes, que gentilmente doaram 3,5 mil bolos em miniatura para o evento. De uma forma bastante oportuna, enquanto os bolinhos iam sendo distribuídos, meus amigos Dane, Roddy, Norbert, Lix, Sherry K e o resto do contingente de Forest Hills começaram animadamente a jogar as tortinhas com recheio de creme um no outro, de cima do mezanino. Vários outros convidados entraram na brincadeira, e, minutos depois, o lugar inteiro se transformou no palco de uma guerra de bolinhos, forçando o gerente do Hammerstein a fechar os bares uma hora antes do combinado para limpar a casa. Os melhores roteiristas de Hollywood não seriam capazes de escrever um final mais apropriado para esse tributo.

Embora houvesse um misto de tristeza e felicidade, foi uma linda noite repleta de amor e respeito pelo meu irmão, que minha mãe e eu tivemos a oportunidade de compartilhar com milhares de amigos e fãs de Joey.

O Joey Ramone Birthday Bash de 2001 revelou-se um evento que ninguém esqueceria tão cedo. Principalmente eu, já que Marky e CJ, que sequer tinham interesse em saber se Arturo havia falado a verdade, foram até a imprensa me achincalhar publicamente para que todos acreditassem que eu fui a razão pela qual os Ramones não tocaram, e coisa pior.

Eis alguns exemplos que ainda podem ser encontrados no LiveWire.com:

Marky Ramone: Quando Joey morreu, a mãe dele herdou o seu patrimônio. Os Ramones iriam tocar no show, mas o irmão de Joey queria cantar com a gente. Nós queríamos que Rob Zombie e Eddie Vedder cantassem. Ele insistiu que queria cantar, então a gente mandou ele se foder. Não tocamos e falamos para várias das outras bandas para que não tocassem. Só quem tocou lá foi o Cheap Trick e a Debbie (Blondie), e Debbie disse que se sentiu bem estranha lá em cima, sabe, e que quando as luzes se apagaram, uma galera achou que os Ramones iriam entrar no palco, mas só viram as luzes e uma faixa e ficaram decepcionadas. E agora todo mundo sabe que foi culpa do irmão, porque ele teve delírios de grandeza. Foi isso que aconteceu.

CJ Ramone: Veja só, a família de verdade do Joey era uma coleção de amigos e todos esses desajustados e esquisitões de merda com quem ele fez amizade ao longo dos anos e que eram próximos dele. Ele tinha laços mais fortes com a família que ele fez na música do que com a família biológica, porque eles tentavam foder com ele de tudo quanto era jeito.

Pensem como é tirar proveito da morte do seu irmão para impulsionar uma carreira que você sequer teve. Bom, Mickey está tentando usar a morte de Joey como um meio.

Nós só seríamos convidados se ele pudesse cantar no microfone, quase como se ele estivesse tentando substituir o Joey. E é muito triste porque, de qualquer forma, nós deveríamos ter a chance de colocar a lenda de Joey em sua devida perspectiva. Os fãs foram enganados de verdade. Quer dizer, quem foi até lá ficou feliz com a maneira como o evento se saiu, mas não foi nada comparado com o que poderia ter sido. Não teve o clima. A noite inteira só poderia ser a antecipação de uma coisa, que era ver os Ramones no palco, e ninguém da banda esteve lá.

Imediatamente comecei a receber mensagens de ódio e ameaças de morte de pessoas com nomes do tipo *a Morte*, dizendo que eu deveria estar a sete palmos debaixo da terra por ter impedido os Ramones de tocarem.

A PRÓXIMA COISA A CAUSAR ENORMES PROBLEMAS foi o disco solo de Joey.

"Está pronto", Daniel disse.

"Você se lembra de que ele nos falou que não estava completo e que até queria que eu colocasse mais alguma coisa ali, não?", perguntei.

"Sim, mas está pronto", Daniel respondeu de forma arrogante. "Todas as gravações já foram feitas."

Quando Daniel me deixou escutar o álbum, achei que ele havia feito um bom trabalho até então. Mas, para os meus ouvidos, assim como para Andy Shernoff e Dave Frey, ainda eram necessários alguns ajustes.

Eu tive uma ideia para um pequeno trecho de guitarra e vocal de apoio que poderia embelezar o refrão de "Don't Worry About Me", que, embora fosse minha faixa preferida no disco, ainda soava um tanto vazia. Daniel me acusou de estar apenas tentando colocar meu nome no álbum, argumentando que ele tentava proteger o legado musical de Joey. Parecia algo estranhamente cruel para se dizer a alguém que tinha recém perdido o irmão após passar três meses ao seu lado na cama do hospital.

Fui para o estúdio com Joe Blaney para fazer os ajustes na canção. As partes adicionadas foram mudanças sutis, mas todos concordaram que, no geral, a faixa ficou melhor. Todo aquele drama foi bastante desnecessário.

Decidi batizar o álbum de Joey de *Don't Worry About Me*, que foi lançado em fevereiro de 2002, recebendo diversos elogios da crítica.

Eu tinha falado com Johnny pelo telefone depois do Birthday Bash para tentar colocar a situação em pratos limpos, mas as relações continuaram extremamente hostis. Àquela altura, ele simplesmente se recusava a reconhecer minha mãe como sua parceira na Ramones Productions, bem como o fato de que ela e eu agora representávamos Joey e atuaríamos buscando o seu melhor interesse. Naquele período, não fomos consultados para nada, e, quando uma nova edição de um álbum dos Ramones saiu com uma péssima foto de Joey, a situação começou a se deteriorar. Uma nova guerra fria havia começado. Levando em conta o relacionamento entre Johnny e Joey, sabíamos que enfrentaríamos grandes dificuldades pela frente, mas não iríamos deixar o legado do meu irmão ser controlado por um cara que nem mesmo telefonou quando ele estava morrendo.

A imprensa passou a dar atenção para a catástrofe do Birthday Bash, querendo ir até o fundo para descobrir por que ninguém dos Ramones, com exceção de Tommy, compareceu à festa, por que nenhum deles tocou naquela noite e por que "os Ramones foram desconvidados", nas palavras de Arturo.

Mais ou menos na mesma época, conforme o sonho de Joey, informações oficiais davam conta de que os Ramones seriam nomeados para o Hall da Fama do Rock &Roll no próximo mês de março.

Bill Werde, um jornalista do *Village Voice* que acompanhou a saga, escreveu uma matéria intitulada *Punks in the Hall*, na qual relatou os acontecimentos sórdidos após a morte de Joey e o drama atual. No artigo, Johnny expressou friamente sua insatisfação com a situação e a sua desconsideração com a família do seu antigo colega de banda, declarando: "Não sou obrigado a ter de ouvir a mãe ou o irmão de ninguém". O jornalista então informou aos leitores sobre a exigência de Johnny para que "a mãe e o irmão fiquem sentados longe" dele na cerimônia de nomeação, a ser realizada no Waldorf Astoria.

Imagino que Johnny tenha pensado: por que uma nomeação para o Hall da Fama do Rock & Roll deveria ser diferente de qualquer outro dia na carreira de 22 anos da banda?

E não foi diferente.

Minha mãe e eu fomos contatados pelo comitê do Hall da Fama e informados de que nos chamariam — separadamente da banda — para receber o prêmio em nome de Joey. Recomendaram que preparássemos algo para dizer, enviaram os formulários de autorização para uso de imagem da VH1, arranjaram um quarto de hotel e uma limusine para nós — o pacote completo.

Marky Ramone havia finalmente descoberto a farsa do Birthday Bash depois de ser informado pelos organizadores do evento de que eu nunca havia insistido em tocar com os Ramones nem com qualquer outra banda. Marky ligou para mim e para minha mãe pedindo desculpas pelas suas atitudes, dizendo que tinham mentido para ele. Nós dissemos que sabíamos disso e aceitamos seu pedido de desculpas, agradecendo a ele.

Ele nos revelou sobre um plano bizarro que estava sendo arquitetado, no qual os outros Ramones virariam as costas para minha mãe e eu caso subíssemos ao palco para pegar o prêmio de Joey enquanto eles ainda estivessem lá em cima.

Será que fariam isso? Quem diabos sabe? Duvidávamos, mas assim como táticas de terrorismo, só ouvir já era o bastante para nos deixar apreensivos.

Junto com as agressivas declarações públicas no artigo do *Village Voice*, a postura da banda não nos deixava saber que diabos esperar de Johnny e companhia a não ser mais falta de consideração, que foi exatamente o que recebemos.

O que deveria ter sido uma grande honra acabou sendo arruinado pela incapacidade dos Ramones de se sentarem todos juntos em uma mesma sala sem demonstrações de malícia.

O cerimonial do Hall da Fama determinou que somente os quatro membros originais poderiam ser indicados, excluindo Richie e CJ. Johnny estava de pé a três metros de distância, em frente à nossa mesa — com Tommy, Dee Dee e Marky aguardando para subirem ao palco. Ele ficou sorrindo em direção à sua mesa, atrás da nossa, e olhando através de nós como se não existíssemos — não houve nenhum aceno e sequer um olhar: Johnny nos ignorou da forma mais proposital possível.

Esperamos para sermos convidados a subir ao palco, mas o convite nunca veio. No último segundo, nos informaram de que houve um problema de planejamento e que a única coisa que poderia ser feita naquele momento era subir ao palco junto com a banda. Disseram que poderiam organizar uma apresentação *especial* em separado para a premiação de Joey. Assim, recusamos a oportunidade de dividir o palco com Johnny e o grupo. Em respeito ao meu irmão e até mesmo à banda, eu não iria subir ao palco com o locutor anunciando: *Senhoras e senhores... os Ramones.*

Eddie Vedder falou maravilhosamente sobre os diversos feitos notáveis que a banda alcançou, enquanto o relógio marcava um dos mais longos discursos introdutórios na história do evento. Não tenho dúvida de que isso foi meramente uma coincidência. Mas, alguns minutos depois, recebemos a informação de que uma apresentação posterior para a premiação de Joey seria impossível naquele momento, considerando o tempo, as normas do sindicato, etc., etc.

Todos os Ramones originais estavam representados, com exceção de Joey. Tommy fez uma bonita menção a Joey, e Marky mandou um *alô* para minha mãe e eu. Após os Ramones receberem seus prêmios, eles deixaram o palco.

O prêmio de Joey foi deixado de lado sobre o púlpito, enquanto os assistentes preparavam o palco para a próxima atração.

Dave Frey se aproximou e gritou: "Com licença, o que vocês pretendem fazer com o prêmio de Joey? Acho que a família gostaria de ficar com ele".

Um representante do Hall da Fama foi até Dave e conversou com ele por um minuto e, então, gritou para um assistente de palco, que se apressava para manter a apresentação no horário. Ele interrompeu de má vontade o que estava fazendo para seguir as ordens do representante, mas estava com muita pressa para caminhar alguns passos e entregar o prêmio nas mãos de Dave.

O prêmio de nomeação ao Hall da Fama de Joey Ramone foi arremessado do palco na direção de Dave Frey pela mão de um assistente aborrecido.

Mas esperem, tem mais.

Quando Dave voltou para a mesa e deu o prêmio à minha mãe, ela olhou e disse: "Dee Dee Ramone?!".

Dave levou o prêmio para Dee Dee, partindo do princípio que ele havia pegado o prêmio de Joey por engano.

Dee Dee olhou para o seu troféu e disse: "Johnny Ramone?".

Johnny pegou o prêmio de Joey, Dee Dee pegou o de Johnny, e assim por diante. Foi um fiasco — uma comédia de erros, ou melhor, de *terrores*.

Depois da cerimônia, acabei indo à famosa festa de recepção de Phil Spector. Ele ficou indignado com a maneira como o incidente foi administrado. Ele prometeu tomar medidas e pressionar o comitê do Hall da Fama para que corrigissem sua falha.

Certamente apreciávamos o gesto, mas sou muito grato por Phil não ter ido longe demais em nossa defesa.

Pouco tempo depois da cerimônia, comecei a escrever os capítulos deste livro.

Todos ficaram estarrecidos quando, apenas três meses após sua indicação para o Hall da Fama do Rock & Roll, Dee Dee Ramone faleceu após uma *overdose* de heroína.

Embora esse fosse um destino que qualquer pessoa que o conhecesse já considerasse uma possibilidade real, a sua morte foi um duro golpe, vindo logo após o falecimento do meu irmão.

Não existe nada de bom sobre a morte de ninguém, mas Dee Dee, que parecia atormentado desde o dia em que eu o conheci em 1972, não precisaria mais sofrer. Em 5 de junho de 2002, Douglas Colvin, também conhecido como Dee Dee Ramone, foi enterrado no Hollywood Forever Cemetery em West Hollywood, onde hoje descansa.

DEPOIS DE GRITAR COM A MINHA MÃE NA RUA CERTA VEZ, Arturo veio até nós em um evento que participávamos, desculpando-se emocionadamente por tudo o que havia se passado depois da morte de Joey, citando choque, tristeza, confusão e uma equivocada lealdade a Johnny. Aceitamos gentilmente suas desculpas. Sempre gostamos muito de Arturo. Nos primeiros anos dos Ramones, quando tínhamos de dividir quartos e às vezes camas, eu até cheguei a dormir com ele!

Uma jovem fã chamada Maureen Wojciechowski, que encontrou minha mãe pela primeira vez no Hammerstein Ballroom, havia iniciado um projeto para homenagear Joey com o nome de uma rua. A campanha popular tinha começado a ganhar fôlego. Depois do enorme empenho de um grande número de pessoas e com o apoio da comunidade do Lower East Side, o Conselho Municipal e o Gabinete do Prefeito deram a aprovação para batizar a esquina da Bowery com a Rua 2 como "Joey Ramone Place".

A placa foi revelada no dia 24 de novembro de 2003 em uma tremenda cerimônia que começou no CBGB, a meia quadra de distância da Bowery. Amigos como Steven Van Zandt, Debbie Harry, Jim Jarmusch, Danny Fields, Hilly Kristal e, é claro, Legs e Holmstrom se revezaram no microfone, com hilariantes discursos celebrando a ocasião. Enfim algo de bom estava acontecendo.

No fim, minha mãe e Arturo Vega puxaram *juntos* o pano que cobria a placa em frente a uma vibrante multidão, que cresceu tanto em tamanho que foi preciso fechar a Bowery.

Na minha opinião, uma placa de rua em Manhattan com o seu nome bate uma indicação para o Hall da Fama em qualquer dia do ano. Passo por ela frequentemente e toda vez tenho o mesmo sentimento profundo de emoção e orgulho ao olhá-la — uma placa de rua *com o nome do meu irmão. Puta que pariu!*

Quando Dave Frey e eu estávamos na casa de Daniel Rey em 2001, comentando sua mixagem do primeiro álbum solo de Joey, ele nos informou que existiam outras gravações que meu irmão fez em seu apartamento. Daniel tinha as demos de mais ou menos dez músicas que Joey havia escrito sozinho ou na companhia de Daniel ou Dee Dee, mas com as quais não tinha feito nada.

Mamãe e eu ficamos muito entusiasmados com a possibilidade de um segundo álbum solo de Joey Ramone e tínhamos certeza de que os seus fãs iriam vibrar. Mas Daniel recusou-se a entregar uma fita cassete para a minha mãe — *a mãe de Joey* — com as canções inéditas do seu filho, pois temia que ela colocasse as músicas na internet.

Daniel também afirmou ter medo de entregar as fitas *masters* para mim, pois eu iria enchê-las com as minhas próprias ideias e gostos, e ele estava protegendo o legado musical de Joey — de mim. Ele é um homem esperto, mas acho que deve ter escapado da sua mente que eu poderia ter feito o mesmo com o primeiro disco, se essas fossem as minhas intenções. No entanto, o seu advogado nos informou que ele estaria disposto a entregar as fitas se pagássemos US$ 100 mil a ele.

Fiquei perplexo de ver como um "bom" amigo de Joey poderia tratar a mãe dele de uma forma tão ofensiva. Havia uma boa possibilidade de que ela jamais tivesse o prazer de ver o segundo álbum do seu filho sendo lançado.

Em 2003, depois de batalhar vários anos com Johnny para sermos reconhecidos merecidamente como coproprietários da Ramones Productions, o que custou milhares de dólares em gastos jurídicos para ambas as partes, Johnny finalmente abriu mão do controle do empreendimento, e as coisas começaram a ficar mais tranquilas. Johnny e eu passamos a nos falar com frequência e conseguimos até mesmo reatar um pouco da amizade que havíamos compartilhado anos atrás. Além dos negócios envolvendo os Ramones, novamente conversávamos sobre esportes, filmes e música.

Ficamos sabendo que Johnny havia sido diagnosticado com câncer, a doença que eu recém tinha visto tirar lentamente a vida do meu tio Henry poucos meses antes. John estava com câncer de próstata. Eu esperava sinceramente que ele conseguisse superar.

Por volta do último ano, Johnny realmente ficou mais sereno. Talvez sua doença tivesse algo a ver com isso, mas não tinha como saber ao certo. O que de fato importava era que nós podíamos trabalhar juntos e ter uma existência mais feliz e menos estressante, para não dizer mais saudável. A última coisa que eu queria era ver outro amigo passar por uma morte profundamente dolorosa.

Quando o estado de saúde de Johnny começou a piorar, eu passei a telefonar com mais frequência. Felizmente, as coisas ficaram mais calorosas entre nós, culminando em um convite para visitá-lo na sua casa e até em uma permissão para que Legs e eu o entrevistássemos para este livro. Na ocasião, eu perguntei se havia alguma verdade na ideia de que ele rejeitaria uma música de Joey se tivesse o meu nome. Ele respondeu que dava o sinal de positivo para canções com o nome de outras pessoas desde que fossem boas para os Ramones. Além de explicar diversas outras questões, as quais foram expostas neste livro, Johnny pediu desculpas por nunca ter me incluído nos agradecimentos, pelo menos "aqueles agradecimentos que a banda deu para os outros *roadies*" que vieram depois de mim. Eu ri e balancei a cabeça. John e eu apertamos as mãos.

Infelizmente, John Cummings foi derrotado pela doença. No dia 15 de setembro de 2004, falecia o terceiro integrante dos Ramones em um intervalo de três anos, deixando Tommy como o único sobrevivente da formação original[1].

UM MÊS DEPOIS, DEMOS ADEUS A LARRY, o companheiro da minha mãe pelos últimos 20 anos e um dos meus melhores amigos.

Nossa amorosa mãe, Charlotte Lesher, faleceu repentinamente em seu quarto, vítima de um infarto fulminante no dia 27 de janeiro de 2007. Eu a encontrei lá no dia seguinte. Havíamos combinado de ir ao cinema. Ela nunca aparentou envelhecer, nunca ficou velha de fato, embora tecnicamente tivesse completado 80 anos em julho passado. O paramédico garantiu que o infarto aconteceu tão rapidamente que ela sequer sentiu algo.

Ainda assim, eu fiquei arrasado.

Felizmente, ela teve a oportunidade de ler este livro antes da edição. Fiquei muito grato por ter recebido sua total aprovação. Não há ninguém cuja opinião eu valorizasse mais tratando-se de uma história não apenas sobre rock 'n' roll, mas também sobre a nossa família e como superamos os nossos momentos de crise.

John Cummings havia se casado com Linda Danielle em 1992. Linda Cummings e eu nos tornamos — na falta de um termo melhor — sócios.

Ironicamente, depois de todas as brigas, acabei herdando metade da Ramones Productions — e todas as recompensas e responsabilidades que estão implícitas. Tudo o que sempre quis dos Ramones foi que me dessem reconhecimento pelas minhas contribuições em uma contracapa de disco e o preço da tinta para imprimir o meu nome.

Eu daria qualquer coisa para que meu irmão estivesse recebendo os direitos de "Blitzkrieg Bop" ao invés de mim. Às vezes, queria poder entregá-los pessoalmente a ele.

Sinto a falta dele — e de todo mundo.

---

1 Na ocasião da primeira publicação do livro, em 2009, Tommy ainda era o último remanescente vivo da formação original dos Ramones. No entanto, em 11 de julho de 2014, ele faleceu em função de um câncer no ducto-biliar, aos 65 anos. (N. do T.)

Depois de sete anos e seis dígitos, finalmente readquirimos as fitas que pertenciam de direito ao meu irmão, e um segundo álbum solo de Joey Ramone, chamado *Ya Know?*, foi lançado em 2012. Mas, dessa vez, a festa de lançamento do disco não foi no CBGB.

Hoje, o Bowery carrega similaridades com uma atração turística do Velho Oeste. As pessoas vão até lá para ter um gostinho da emoção e do perigo que uma vez houve naquele lugar, quando as ruas praticamente explodiam com tiros e uma incendiária criatividade. É possível se reclinar no poste que sustenta a placa da Joey Ramone Place, mas não é mais possível sentir as apagadas memórias que rondavam o local. O CBGB não existe mais. No lugar, estão hotéis cinco estrelas e boutiques. Há uma nova energia nessas ruas.

Onde antes havia bêbados adormecidos, poças de mijo e vidro quebrado, hoje há tapetes vermelhos, cordas de veludo e bares servindo garrafas de vodca no valor de US$ 500. Onde antes os táxis não paravam para Joey Ramone, Patti Smith ou Debbie Harry em noites geladas, as limusines permanecem estacionadas, mantendo os assentos aquecidos para Britney Spears e Lindsey Lohan.

As melodias punks de Joan Jett deram espaço aos timbres superproduzidos de Mariah Carey. Alguns dos habitantes mais recentes da vizinhança podem até mesmo chamar isso de *progresso*.

Estranhamente, embora existam cada vez menos pessoas naquele bairro que saibam quem foi o meu irmão, há muito mais fãs vindos do mundo inteiro todos os dias apenas para tirar uma foto posando alegremente sob a placa de Joey Ramone. E lá ela permanecerá, orgulhosa, no alto. Se ele está olhando para ela lá de cima neste momento, eu imagino que ele está rindo da cena. É bom que ele esteja: foi ele quem a criou!

AGRADECIMENTOS

Em memória especial de Charlotte Lesher (1926-2007).

Com amor e respeito ao meu... Hot Poppa.

Legs e eu gostaríamos de agradecer ao Gustavo Faraon e toda a equipe da Dublinense (responsável pela versão anterior do livro). Meus imensos agradecimentos a Marcelo Viegas e à editora Belas Letras pela publicação desta nova edição.

Agradeço cordialmente à agente literária Susan Lee Cohen, cujas palavras de incentivo e apoio a este "autor novato" deram o impulso necessário para que eu passasse pelos céticos e escrevesse eu mesmo a história, garantindo que não acabasse como uma história oral.

Agradecimento especial à editora *freelance* Patricia Mulcahy.

Minha gratidão sincera a Thais Padilha, que fez do meu desejo de ver este livro publicado no Brasil uma realidade.

Gratidão também a Tatiana Foresta Santa Paula por sua parte em fazer isso possível.

Meus agradecimentos a Tia Ida, Tio Sy, Mark Gompertz, Jen "você é tão bom quanto qualquer um deles" Osborne, Danny Fields, Seymour Stein, Craig Leon, Steven Van Zandt, Dave Frey, Anthony Patterson, Michael D. Friedman, Rory Rosegarten, Mel Berger, Dr. Morton Coleman, Dr. William Main, Dr. Schwartz, Dr. Tabb, Dr. Bazu, Legs, Holmstrom, Arlene Leigh, Angela Galetto, Tom Clark, Carol Cassidy, Rachel Rosen, Rachel Felder, George Seminara, Lucky Lawler & Crazy Glenn Wernig of the New York Waste, S.G., Kevin Patrick, Patrick Carpenter, Mars Newborn, Lori Eastside, Niagara Detroit, Holyboy Road, Larry, Harry, Tina, Tommy, Matty, Patty e a todos os meus familiares e amigos que ainda estão sobre a Terra.

SOBRE OS AUTORES

MICKEY LEIGH, nascido Mitchel Lee Hyman, tem desempenhado um papel importante no mundo do rock 'n' roll desde o final dos anos 1970. Ele colaborou e contribuiu para a música dos Ramones e esteve em várias bandas, incluindo The Rattlers e Birdland (esta última com o famoso e controverso Lester Bangs). Atualmente, ele vive em Nova York.

LEGS MCNEIL é coautor de *Mate-me por Favor: Uma História Sem Censura do Punk*, um livro amplamente aclamado como o trabalho definitivo sobre o assunto. Fundador da revista seminal que deu nome ao punk, ele é ex-editor da *Spin*. McNeil também é o autor do livro *The Other Hollywood: The Uncensored Oral History of the Porn Film Industry*. Ele divide seu tempo entre Nova York e Los Angeles.

PERMISSÕES

Ballad of Dwight Frye, Alice Cooper/Michael Bruce. © 19th Opus Publishing (BMI) o/b/o Third Palm Music (BMI) e Ezra Music (BMI). Todos os direitos reservados. Uso autorizado.

Get a Job, versos e música por Earl Beal, Richard Lewis, Raymond Edwards e William Horton © 1957, 1958 (renovado em 1985, 1986) EMI LONGITUDE MUSIC. Todos os direitos reservados. Direitos autorais internacionais reservados. Reproduzido sob permissão.

It Ain't Me, Babe, por Bob Dylan copyright © 1964, renovado em 1992 Special Rider Music. Todos os direitos reservados. Direitos autorais internacionais reservados. Reproduzido sob permissão.

Let's Get Together, por Chet Powers, Jr. © 1963 Irving Music, Inc. (BMI) Copyright renovado. Uso autorizado. Todos os direitos reservados.

Rock'n'roll Suicide, composição de David Bowie. Reproduzido sob permissão de Tintoretto Music admin. por RZO Music, Inc.

Rock'n'roll Suicide, versos e música de David Bowie. © 1972 (renovado em 2000) EMI MUSIC PUBLISHING LTD., TINTORETTO MUSIC, e MOTH MUSIC. Todos os direitos de EMI PUBLISHING LTD. controlados e administrados por SCREEN-GEMS MUSIC INC. Todos os direitos de TINTORETTO MUSIC administrados por RZO MUSIC. Todos os direitos de MOTH MUSIC administrados por CHRYSALIS SONGS. Todos os direitos reservados. Direitos autorais internacionais reservados. Uso autorizado.

Resenha publicada na *Village Voice* reproduzida sob permissão do autor, Robert Christgau. Copyright © 1985, 1986 The Village Voice.

Resenha de David Grad publicada na *Guitar World*. Uso autorizado, Jeff Kitts para *Guitar World*.

*O clube de livros dos
apaixonados por música.*

www.somnacaixaclub.com.br

AO SAIR DO HOSPITAL, VI O MEU IRMÃO POR
TODA A CIDADE.
NÃO APENAS NOS CARTAZES COLADOS NAS PAREDES,
MAS POR TODO O LUGAR. NOS MILHARES DE GAROTOS
NA RUA QUE USAVAM JEANS COM BURACOS NOS
JOELHOS E ÓCULOS DE SOL COM ARMAÇÃO REDONDA.
NAS CANÇÕES QUE ELE ESCREVEU E CANTOU.
ELE AINDA ESTAVA POR TODA A PARTE.
MAS, PRINCIPALMENTE, ESTAVA NO MEU
CORAÇÃO E NA MINHA ALMA; NA MINHA CARNE
E NO MEU SANGUE.

Este livro foi composto em Arno Pro e impresso em papel pólen bold 70g pela
Gráfica Impress para a coleção Rock Legends, da editora Belas Letras,
no verão de 2022, como parte do Clube Som na Caixa.

O primeiro clube de livros pra quem acredita que música não é apenas para
ser ouvida – é para ser vivida.

JOEY RAMONE